YASHIRO Tomonari
野城智也【著】

イノベーション・マネジメント
プロセス・組織の構造化から考える

Innovation

Management

東京大学出版会

Innovation Management:
Strategic Thinking for Process and Team Orchestration
Tomonari YASHIRO
University of Tokyo Press, 2016
ISBN978-4-13-042143-0

はじめに

　現代のイノベーションを成功裡に導くようマネジメントしていくためには，その本質を理解することが大前提となる．まさに，「彼を知り己を知れば百戦殆からず」（孫子）でなければならない．
　では，現代のイノベーションの本質を理解するとは，具体的には，どのようなことをいうのであろうか？
　筆者は，さまざまな社会的，経済的，文化的，技術的条件（コンテクスト）のもとで現れる，多様なイノベーションの「ありよう」，「やりよう」をマネジメントする視点から理解することが，イノベーションの本質を理解することであると考える．ここで，イノベーションのありよう（what to innovate）とは，イノベーションが引き起こす変革の内容や，変革が社会や当事者に対して持つ意味を指す．一方，イノベーションのやりよう（how to innovate）とは，イノベーションのプロセスや，そのプロセスを進める組織の様態を指す．イノベーションのありよう，やりようは密接に関連するが，本書ではやりように焦点を当てていく．
　では，なぜイノベーションのやりように焦点を当てていくのか？
　それは，イノベーションのやりようが急速に変化し多様化しているからである．
　19世紀後半から20世紀前半によく見られたように，偉大な発明が大きな社会的変革に至ったイノベーション事例では，発明から社会的変革に至る道筋は一本道であり，マネジメントにおいては，その出発点と終点だけを考えればよかった．プロセスの設計をイノベーションのマネジメントの主題とする必要性は低かったといってよい．しかし，現代では，そのような一本道の道筋を辿るイノベーション事例ばかりではなく，むしろ，本書で繰り返し述べていくように，行きつ戻りつ，何度もプロセスを繰り返す，複線循環プロセスともいうべき軌跡を描くイノベーション事例が夥しく存在する．とすれば，現代のイノベ

ーションのマネジメントにおいては，いかなる道筋でイノベーションを進めていくのか，というプロセスの「設計図」を示さなければならなくなっている．

　また，偉大な発明が大きな社会的変革に至ったイノベーション事例では，イノベーションのプロセスの進展を担うプレーヤーも限られていたため，組織様態のあり方をイノベーションのマネジメントの重要な課題としてことさら考慮する必要もなかったように思われる．しかし，本書で述べていくように，現代のイノベーションではユーザーも含む多くの人・組織がそのプロセスに関与し，それらのプレーヤーの営為の重なりが，変革を増進させている（本書では，こうした様態を，分担協調型のイノベーション・プロセスと呼んでいる）．人・組織の絡み合い方によって，イノベーションの成果は左右されるようになってきているだけに，現代のイノベーションのマネジメントにおいては，どのような組織様態でイノベーションを進めていくのか，関与する人・組織とその相互関係に係わる「設計図」も示さねばならない．

　このように，現代のイノベーションのマネジメントでは，イノベーションのプロセスと，プロセスを進める組織様態というイノベーションのやりようの「設計図」を示す必要が高まっているのである．

　では，どのようにイノベーションのやりようの「設計図」を描くのか？

　本書では，「設計図」の下敷きとして，プロセスについてはイノベーション・プロセス・メタモデル（IPMモデル），組織様態については価値創成網というメタモデルを用意する．たとえるならば，建築設計では，設計内容は平面図や断面図という表現形式を用いて描かれていくが，IPMモデルおよび価値創成網は，建築設計における平面図や断面図に相当するような，イノベーションのやりように関する設計の表現形式であるといってよい．

　では，どのようにして多様なイノベーションのやりようをマネジメントする視点から理解していくのか？

　現代のイノベーションのやりようは多様化が進み，たとえば，オープン・イノベーション，ユーザー・イノベーションなどさまざまなイノベーション類型が現れている．また，デザインに励起されたイノベーション・アプローチなどさまざまなアプローチ（攻め口）が現れている．本書では，こうしたイノベーションの類型やアプローチ（攻め口）のやりようを「設計図」を描くように記

述することによって，すなわち，IPM モデル，および価値創成網を下敷きに記述することによって，イノベーションをマネジメントする視点から各類型・アプローチのやりように関する理解を構築していく．建築の設計者が，平面図，断面図に描かれた設計事例集を参照しつつ，自らが直面するコンテクストを考慮して建築設計を行っていくのと同様に，イノベーションのマネジメントをする人は，IPM モデル，および価値創成網を下敷きに描かれた「やりようの設計事例集」を参照しつつ，プロセスや組織様態を設計していくことが期待される．「やりようの設計事例集」は，やりようを設計するという活術[1]を修得するための手がかりであるといってもよい．

では，本書は，イノベーションのありようについてまったく関心を払わないのか？

そうではない．前述のように，イノベーションのありようとやりようは密接不可分であり，ありようをまったく見ずしてやりようを論ずることもできない．そこで，本書では，現代のイノベーションのありようを理解する一助として，豊益潤福という概念を用いていく．豊益潤福は，筆者の造語であり，

・「豊」は精神的・身体的・経済的な豊かさ（richness and fullness），
・「益」は人や社会に役立つこと（benefit），
・「潤」は精神的・身体的・経済的な潤い（amenity），
・「福」はしあわせ（welfare），

を表す．従前は，イノベーションとは，豊益を実現・増進することであると考えられてきた．しかし，現代のイノベーションでは潤福の実現・増進を動機としていると思われる事例も少なからずある．現代のイノベーションを理解し，マネジメントしていくための手がかりとして，本書では豊益潤福という概念を用いていく．なお，本書が，ありようをも主題にするのであれば，社会学・文

---

[1]「活術」とは，座学だけでは取得しえない，実地への取り組みを通じて会得される知の運用術を指す．ここでいう「活術」と同様の用例として，明治時代の戦術家，秋山真之が「兵学」の講義で述べたとされる次のような訓言がある．
　「戦史，兵書より得たる所を自分にて種々様々に考え，考えた上に考え直して得たる所こそ実に諸君の所有物で，仮令観察を誤ることあるも尚百回の講座に勝る所得である．殊に兵術は口で言い筆で書いたものではない活術で，各自の研究により会得する外はないのだ．」
（秋山真之会編（1933）『秋山真之』刊行秋山真之会，p. 317，国会図書館 http://dl.ndl.go.jp/info:ndljp/pid/1208324（retrieved dated on 25 April 2016））

化人類学をはじめとする人文社会学をふまえた考察を展開しなければならないが，これは，筆者の能力を超える．生兵法は禁物だと自覚するがゆえに，イノベーションのやりように主たる関心をおいて上梓する次第である．

では，本書はいかなる人を対象にしているのか？

本書は，イノベーションのマネジメントにいま係わろうとしている人々だけを対象としているわけではない．むしろ，幅広く，一般市民の方々にも読んでいただくことを想定している．というのは，前述のように，現代のイノベーションでは，市民を含めさまざまな人・組織の営為が積み重なって変革を成就していく分担協調型のイノベーションが一般的になりつつあるからである．まさに「どこでも誰でもイノベーション」とも呼ぶべき状況にあり，市民の誰もがイノベーションに関与する可能性があるといわねばならない．現代のイノベーションの本質に係わる正鵠を得た理解がコモンセンスとして形成されていくことは，その国・地域のイノベーションの振興に大いに寄与すると考えられる．

では，我が国では，現代のイノベーションの本質に係わる正鵠を得た理解がコモンセンスとして形成されているのであろうか？

我が国の現況を見ると，この問いに対して，肯定的に答えることにはためらいを禁じえない．

いうまでもなく，今日，私たちが用いているイノベーションという概念は，経済学者 Schmpeter の一連の著作に由来する．Schmpeter は，イノベーションがひきおこす非連続な変化こそが経済発展の源泉であると考え，経済学に大きな影響を与えた．新たな財やサービスを続々と生み出して産業構造を塗り替え経済発展してきた 20 世紀後半の日本は，Schmpeter 理論を端的に裏付けているともいってよい．

ところが，一国の経済規模を表す GDP を米ドル建てで見てみると，日本の GDP は 1995 年まで規模拡大してきたものの，それ以降ほとんど横ばいで減少も含んでいる．大半の国々が GDP を拡大させてきたなかで，GDP が 20 年間も停滞するというのは特異な現象といわねばならない．

もちろん，一国の経済規模の拡大停滞の原因すべてを，その国のイノベーションの不振に求めるのは，いささか短絡しすぎた論理である．だが，過去の 20 年間に，私たちがどれだけ画期的な新たな財やサービスを生み出したのか，

そのことがどれだけの非連続的な変化を生んだのか，そして，いかなる社会的変革を生んだのか，胸に手を当てて考えてみても，多くの事例を挙げることができないことも事実である．一方，情報化革命に伴う非連続な変化を牽引してきた米国のGDPは過去20年間で倍増以上に拡大している．また，近年industry4.0という概念を打ち上げ，イノベーションを主導しようとしているに見えるドイツもGDPを1.5倍増させている．こうした彼我の違いを直視するならば，過去の20年間の我が国のイノベーションは，それ以前の日本と比べてみても，また，諸外国と比べてみても，総体としてみれば低調であると認識せざるを得ない．その状況は，マラソンの先頭集団で颯爽とトップを走っていたランナーがじりじり遅れ始めてライバルの背中の姿を見始めている姿にたとえられるように思われる．

　ならば，日本がイノベーションの努力を怠ってきたかといえばそうではない．むしろ，どの国にも増してイノベーションを生起させようという真摯な努力を払ってきたといってもよい．にもかかわらず，成果を生み出していないのは，南西に走っていくべきところを，北東に走っていってしまうが如く，努力の方向性や内容に問題があったとしかいいようがない．

　たとえば，日本におけるイノベーションの議論では，特異な技術，新規性のある技術を生み出すことが問われることが多い．しかしながら，Schmpeterの概念に立ち返って理解すれば，問われるべきは，シーズ（技術など）の新規性ではなく，その結果（変化）の新規性である．技術に新規性があっても新規性のある変化を引き起こせないこともありうるし，既存技術であってもその組み合わせや適用方法いかんで新規性のある変化を起こすこともありうるのである．言い換えれば，いかなる非連続的な変化を起こすのか，その構想の内容や実現するための戦略・手段も問われるべきなのに，技術の新規性に係わる熱心な議論や評価活動に比べれば，これらのことがらに関する議論はおろそかにされてきたように思われる．それでは，誤った方向に走っていってしまうこともありうるし，実際，我が国の現状を考えると，その危惧があたっていると認識すべきなのではあるまいか．

　それゆえに，「現代のイノベーションの本質をふまえた的確なコモンセンスが形成されているのであろうか？」という問いに筆者はどうしても肯定的にな

れないのである．

では，本書はいかなる構成をとっているのであろうか？

本書は4部から成る．

第I部は，2章から成り，第1章では，本書においてイノベーションをいかなる意味で用いるのか，その定義を提示する．第2章では，本書で用いる共通の下敷きとなるメタモデルとして，IPMモデル（イノベーション・プロセス・メタモデル），価値創成網を提示する．

第II部，第III部は「やりようの設計事例集」といってよい．

第II部（第3-6章）においては，IPMモデル，価値創成網を下敷きにして，現代社会における多様なイノベーションのやりようを描き出していく．取り上げるイノベーション類型は，第3章では，科学・技術による創動を基軸としたイノベーション類型，第4章では，漸進的と抜本的イノベーション，地歩持続型と地歩崩壊型イノベーション，および構成部品と構成則イノベーションの対概念の類型，第5章ではオープン・イノベーション，第6章ではユーザー・イノベーションである．

第III部では，IPMモデル，価値創成網を下敷きにして，イノベーション・プロセスを推進させていくためのアプローチ（攻め口）のやりようを記述していく．第7章では，デザインに励起されたイノベーション・アプローチ，第8章では，使用価値に視座をおいたイノベーション・アプローチ，第9章では，社会的イノベーションについて学ぶ．また第10章では，イノベーション・コミュニティのあり方について考察していく．

第IV部は，第I-III部で整理した知見をふまえて，我が国の現状を概観し，この国でイノベーションを進めていくためにはどのような戦略をとるべきかについて考察する．第11章においては，IPMモデル－価値創成網の枠組から，国全体のイノベーション・システムという枠組を設定した上で，日本の技術・経済・社会システムに潜むイノベーション・マネジメントに係わる構造的問題を整理する．第12章は，前章の内容を受けて，日本の未来に向けて，我々がとるべき戦略について提言する．第IV部は，日本のイノベーションの停滞に対する危機感を動機に草されているといってもよい．

私たちが豊益潤福の増進を望むのであれば，イノベーションの推進は必須で

ある．そのためには，イノベーションをマネジメントする視点から，現代のイノベーションの本質を理解し，コモンセンスを形成していかなければならない．本書がその一助となることを切に望みたい．

2016年4月　東京にて
筆者

目 次

はじめに …………………………………………………………………… iii

第Ⅰ部　イノベーション・マネジメント序説　　　　　　　　1

第1章　イノベーションとは何か　　　　　　　　　　　　　3

　1.1　語源 ………………………………………………………………… 4
　1.2　Schumpeter が提示した基本概念 ………………………………… 4
　1.3　イノベーション＝技術革新ではない …………………………… 6
　1.4　イノベーションをとりまく状況の変化 ………………………… 8
　1.5　本書における「イノベーション」の定義 ……………………… 9
　　　1.5.1　新たな取り組み・率先事例　　11
　　　1.5.2　豊益潤福の創造・増進事例　　12
　　　1.5.3　現状刷新・社会的変革事例　　13

第2章　認識基盤としてのイノベーション・メタモデル　　15

　2.1　イノベーション・メタモデル …………………………………… 16
　　　2.1.1　背景：イノベーションの多様化　　16
　　　2.1.2　イノベーション・メタモデルの概要・構成　　17
　2.2　共通認識基盤としてのイノベーション・プロセス・メタモデル
　　　（IPM モデル）………………………………………………………… 19
　2.3　IPM モデルの特徴 ………………………………………………… 21
　2.4　共通認識基盤としての価値創成網 ……………………………… 24
　　　2.4.1　価値創成網とは　　24

2.4.2　価値創成網のグラフィック表現　26
　　2.4.3　価値創成網のマトリックス表現　30
　2.5　イノベーション・プロセスの展開・発展 …………………………… 34
　　2.5.1　イノベーション・プロセスの多重展開　34
　　2.5.2　イノベーション・プロセスの結合　39
　　2.5.3　イノベーション・プロセスの分割　39
　　2.5.4　価値創成網の展開・持続様態　40
　　コラム　ビジネス・エコシステムとは　43
　　2.5.5　イノベーションの集積　43
　2.6　イノベーション・プロセスのパフォーマンス …………………… 44
　2.7　本書の構成 ………………………………………………………………… 47

第Ⅱ部　イノベーション類型　51

第3章　科学・技術による創動を基軸としたイノベーション類型　53

　3.1　第1世代：科学推動型イノベーション …………………………… 54
　　3.1.1　IPMモデルから見た科学推動型イノベーションのプロセス　56
　　3.1.2　IPMモデルによる「死の谷」の分析　58
　　コラム　「魔の川」は日本だけで用いられている　61
　3.2　第2世代：課題引動型イノベーション …………………………… 65
　　3.2.1　既往研究における課題引動型イノベーション　65
　　3.2.2　IPMモデルから見た課題引動型イノベーションのプロセス　67
　3.3　第3世代：押し引き互動型イノベーション …………………… 71
　　3.3.1　押し引き互動型が認識されるまでの経緯　71
　　3.3.2　IPMモデルから見た押し引き互動型イノベーションのプロセス　74

第4章　技術変化・技術構成とイノベーション類型　78

　4.1　技術内容変化とイノベーション類型 ……………………………… 78
　　4.1.1　漸進的イノベーションとは　79

  4.1.2　抜本的イノベーションとは　　81
 4.2　人工物の構成則とイノベーション ………………………………… 85
  4.2.1　モジュラー化とは　　85
  4.2.2　Clark らによるイノベーションの分類　　88
  4.2.3　構成則イノベーションの特性　　91
  4.2.4　人工物構成則設計とイノベーション・プロセス　　95
 4.3　技術による市場地位変化とイノベーション類型 …………………… 97
  4.3.1　地歩崩壊型イノベーションとは　　97
  4.3.2　地歩崩壊に関する二類型　　101
  4.3.3　地歩崩壊型イノベーションの意義・留意点　　106

第5章　オープン・イノベーション
　　　　（主体間関係とイノベーション類型その1） 　　112

 5.1　自己完結型価値創成網：その可能性と陥穽 ………………………… 112
  5.1.1　クローズド・イノベーションの基盤として　　112
  5.1.2　自己完結型価値創成網の陥穽　　113
  5.1.3　融通無碍で迅速最適な価値創成網編成の必要性　　118
 5.2　Chesbrough が提唱するオープン・イノベーション概念 ………… 120
  コラム　HEMS の普及阻害事例から学ぶこと　　121
 5.3　イノベーション・メタモデルから見た
  　　オープン・イノベーション概念 ……………………………………… 122
  5.3.1　価値創成源・調達範囲の広範化　　123
  5.3.2　2 種類の価値創成網編成方式：補完方式と結集方式　　127
 5.4　オープン・イノベーションをいかにしてマネジメントするか …… 128
  5.4.1　価値創成網に内在する脆弱性　　128
  5.4.2　モジュラー化による難点緩和・利点発揮の可能性　　131
  5.4.3　では人工物のモジュラー化は万能なのか　　134
  5.4.4　オープン・イノベーションにおける価値創成網編成戦略　　136
 5.5　オープン・イノベーションの適用範囲 ……………………………… 139
  コラム　オープン・イノベーションのマネジメントに求められる

　　　　組織能力　140
　　コラム　図5.13の2条件と既往研究におけるオープン・イノベーションの
　　　　適用範囲との関係　143

第6章　ユーザー・イノベーション
　　　　（主体間関係とイノベーション類型その2）　146

6.1　ユーザーへの情報・知識の集積・固着……………………………146
　6.1.1　専門的ユーザーへの情報・知識の固着　148
　6.1.2　消費財のユーザーへの情報・知識の固着　149
6.2　ユーザー関与レベルと諸概念……………………………………153
　6.2.1　ユーザー関与のレベルの分類　153
　6.2.2　Von Hippel が示す諸概念　155
6.3　実装・適用のみのユーザー関与（レベル1関与）と
　　　イノベーション………………………………………………………157
6.4　ユーザー知の受動的提供（レベル2関与）とイノベーション……159
　6.4.1　「ユーザーの代理人」を介した関与によるイノベーション　159
　6.4.2　「ツールキット」を介した関与によるイノベーション　164
6.5　概念・解決策創造へのユーザー関与（レベル3関与）と
　　　イノベーション………………………………………………………167
6.6　開発へのユーザー関与（レベル4関与）とイノベーション………170
6.7　ユーザー・イノベーションに関する留意点………………………173
　6.7.1　リード・ユーザーの自己認識　173
　6.7.2　ユーザーの組織化　174
　6.7.3　フィードバックの高速化　176

第Ⅲ部　価値掘り起こしのためのアプローチ　179

第7章　デザインに励起されたイノベーション・アプローチ　180

7.1　イノベーションとデザイン　180
- 7.1.1　英単語 design の語義　180
- 7.1.2　デザインの語義の展開　182
- 7.1.3　デザインとイノベーションの関連側面　185
- 7.1.4　デザイン思考を支える3種の思考回路　190
- コラム　デザイン思考に係わる教育プログラムの展開　192

7.2　人間本位のデザイン思考によるイノベーション　192
- 7.2.1　人間本位のデザイン思考　192
- 7.2.2　人間本位のデザイン思考：変革創始の様態　193
- 7.2.3　人間本位のデザイン思考によるイノベーション・プロセス　195
- 7.2.4　人間本位のデザイン思考：価値創成網形成の様態　196

7.3　デザインに駆動されたイノベーション　200
- 7.3.1　新たな「意味」の創造による抜本的イノベーション　200
- コラム　ウォークマン　203
- 7.3.2　デザインに駆動されたアプローチ：変革創始の様態　204
- 7.3.3　デザインに駆動されたアプローチ：価値創成網形成の様態　207
- 7.3.4　デザインに駆動されたアプローチによる多重展開　209

第8章　使用価値に視座をおいたイノベーション・アプローチ　213

8.1　サービスに関する諸学理　213
- 8.1.1　使用価値とサービス　213
- 8.1.2　野城によるサービス・プロバイダー論　215
- 8.1.3　Vargo によるサービス中心のロジック　217
- コラム　サービサイジング（servicising）とは？　218

8.2　使用価値アプローチにおける変革創始の様態　223
8.3　使用価値アプローチにおける変革駆動　226

8.3.1　使用価値賦活のための学びと共創　226
　　8.3.2　IPMモデルから見た経験知のフィードバック経路　227
　　8.3.3　使用価値の乖離緩和のためのすりあわせ　228
　　8.3.4　使用価値共創のための枠組　231
　　8.3.5　共創のためのコミュニケーション回路を拓く技術革新　234
　　8.3.6　ビッグデータ解析による学びと共創に関する註釈　237
　　コラム　森下の9グリッド・マトリックスを用いた共創構造分析　239

第9章　社会的価値に基軸をおいたイノベーション・アプローチ　243

9.1　社会的イノベーションとは何か　244
9.2　社会的イノベーションにおける変革創始　249
　　コラム　ほどほどのイノベーション（frugal innovation）　250
9.3　社会的イノベーションにおける価値創成網形成　250
　　9.3.1　共感の拡がりによる価値創成網の形成　251
　　9.3.2　繋ぎ役としての社会的起業家による価値創成網の形成　252
　　コラム　社会的企業（social enterprise）　254
9.4　社会的イノベーションに関するケーススタディ　254
　　9.4.1　事例1：トレーサビリティ・システム導入による国内人工林の持続可能性向上　254
　　9.4.2　事例2：住宅履歴書（いえかるて）による住生活価値の向上　257
　　9.4.3　事例3：建設技能技術者向け就労履歴システムの構築　259
9.5　社会的イノベーション推進に関する留意点　262

第10章　イノベーション・コミュニティ　266

10.1　イノベーション・コミュニティとは　267
　　10.1.1　価値創成網の母体としてのイノベーション・コミュニティ　267
　　10.1.2　既往研究におけるイノベーション・コミュニティの概念　268
　　10.1.3　イノベーション・コミュニティのパフォーマンス　271
10.2　イノベーション・コミュニティの地理的集積　273

  10.2.1 イノベーションの地理学 273
   コラム 地理的集積体としての東京大学生産技術研究所 277
  10.2.2 グローバリズムとイノベーションの地理学 278
 10.3 中間組織の役割と可能性 ･･･ 280
  10.3.1 中間組織とは何か 281
  10.3.2 将来洞察または問題同定を担う中間組織事例 284
  10.3.3 知識の処理・知識生成・知識結合を担う中間組織事例 287
  10.3.4 技術交流の仕切りを担う中間組織事例 289
  10.3.5 試験，検証および教育訓練を担う中間組織事例 289
  10.3.6 認証および標準化を担う中間組織事例 293
  10.3.7 知的成果の保護・商業化探索を担う中間組織事例 293
 10.4 イノベーション・ディストリクト ･･････････････････････････････････ 294
  10.4.1 イノベーション・ディストリクトとは何か 294
  10.4.2 イノベーション・ディストリクトの事例 298
   コラム シリコンバレーにおける知の有効活用 299
  10.4.3 イノベーション・ディストリクト形成戦略 301

第Ⅳ部 イノベーション・マネジメント：日本の未来のために 307

第11章 イノベーション：日本が抱える課題に関する試論 308

 11.1 現状概観 ･･ 308
  11.1.1 外形状況から推察されるイノベーション・パフォーマンス 308
  11.1.2 国際比較から見た起業活動の低調さ 313
  11.1.3 起業活動状況が意味すること 316
 11.2 問題把握の枠組 ･･･ 318
  11.2.1 国全体のイノベーション・システムとは何か 318
  11.2.2 構造的問題を整理するための論点 320
 11.3 論点1：システムのシステム（SoS）戦略の脆弱さ ････････････････ 321
  11.3.1 世界規模でのトップダウン・アプローチの顕在化 321
  11.3.2 システムのシステム（SoS）の一事例としてのIoT 322

        11.3.3　システムのシステム（SoS）という発想の脆弱さ　326
　11.4　イノベーション・プロセス創始不全……………………………………329
        11.4.1　変革創始点の偏在　329
        11.4.2　論点2：垂直統合による可能性狭窄　331
        11.4.3　論点3：潤福増進指向の薄弱さ　334
        コラム　文理分離の弊害　336
        11.4.4　論点4：人工物概念の創造活動の低調さ　336
　11.5　価値創成網の形成不全 ……………………………………………………338
        11.5.1　論点5：複合障害要因による「不動如山」状況　339
        11.5.2　論点6：繋がり形成のための変革促進役不足　342
        11.5.3　論点7：イノベーション・コミュニティ基盤の脆弱さ　344
        コラム　日本における海外資金比率の低さ　345
　11.6　イノベーション・プロセス駆動不全 ……………………………………349
        11.6.1　論点8：イノベーション・プロセス駆動促進に関する
                経験知の未成熟　349

第12章　イノベーション・マネジメント：日本への提言　354

　12.1　提言の構成 ………………………………………………………………354
　12.2　提言1：システムのシステム（SoS）戦略の強化……………………355
        12.2.1　SoS戦略の歴史的レビューによる立ち位置同定　357
        12.2.2　SoS構想策定のための組織母体　357
        12.2.3　SoS構想策定にあたっての留意事項　359
        12.2.4　SoSの策定契機として当面関心を払うべき技術的変化　361
        12.2.5　提言1まとめ：枠組戦略としてのトップダウン・アプローチ　362
　12.3　提言2，3序論：「何を？」からの変革創始推進……………………363
　12.4　提言2：日本型オープン・イノベーションによる
　　　　構造改革の推進 ……………………………………………………365
　12.5　提言3：発想転換による新たな概念創造の推進………………………372
        12.5.1　提言3.1：潤福増進から発想した変革構想展開　373
        コラム　食の潤福を増進するイノベーションの可能性　375
        12.5.2　提言3.2：人工物基本概念および構成則の練り込み推進　376

12.6 提言2，3まとめ：「国民皆革」による変革創始推進 ……………… 381
 コラム 「国民皆革」のための人材育成・能力構築　382
12.7 提言4-6序論：イノベーション駆動力の強化 ………………… 383
12.8 提言4：知の融合機会の組織的拡大 ……………………………… 385
 12.8.1 提言4.1：価値創成の「発進台」としてのプロトタイピング促進　386
 12.8.2 提言4.2：中間組織による「場」と「繋がり」の育成　391
 12.8.3 提言4.3：知の戦略的空間集積——日本型イノベーション・
  ディストリクトの形成推進　394
 コラム 知的産業の空間集積性に関する分析例　396
12.9 提言5：「やりながらの学び」による持続的価値向上 …………… 397
12.10 提言6：機会・リスク評価に基づいた経営資源投入のための
 包括策推進 ……………………………………………………… 401
12.11 提言まとめ：プロセス・組織構造の根本的改革へ ……………… 408

おわりに ……………………………………………………………………… 411

索　引 ………………………………………………………………………… 416

第 I 部
イノベーション・マネジメント序説

　第1章では，本書においてイノベーションをいかなる意味で用いるのか，その定義を提示する．20世紀初頭に Schumpeter がイノベーションに係わる概念を提示して以来，イノベーションが持つ意味は，社会的，経済的，文化的環境のなかでさまざまに変容してきた．その結果，今日では各所各人により多種多様な意味で用いられ，夥しい種類の定義が存在している．結果として，これだけ頻繁に用いられながら，総体としてはこれだけ曖昧模糊とした言葉はないのではあるまいか，と思えるほどである．こうした曖昧さは，本書の目的の達成を脅かすような混乱を生むおそれがある．そこで，第1章では，Schumpeter 以後100年の状況の変化を考慮しつつ，「豊益潤福」という筆者による造語を加え，本書としてのイノベーションという語の定義を提示する．

　第2章では，本書の主題である，イノベーションという事象をプロセス，組織という切り口から認識するためのメタモデルを提示する．イノベーション・プロジェクトを進めようとしている人・組織は，意識しているかいかんにかかわらず，結果としてイノベーションのプロセスと，そのプロセスを推進するための組織を「設計」している．イノベーション・マネジメントは，ある意味では，イノベーションのプロセスと組織を設計し，その設計内容の実現・運用・進捗・効果を観察・評価しつつ，プロセスと組織に係わる設計内容を継続的に改善していく行為であるといってもよい．設計という行為は，多様な知識を収集し結合させて，全体像を組み上げていく行為である．イノベーションに係わる知識の単なる増加だけでは，全体像を組み上げていく能力は向上しない．フ

ットボールの選手が過去の戦法の図解をもとにチームとしての作戦を構想し意識合わせをし実行していくように，また，建築家がさまざまな要求条件を勘案しながら設計図面をまとめる際に従前の設計事例を参照するように，イノベーションのプロセスや組織の設計においても，過去の経験をふまえた下敷きが必要である．第2章で提示する，プロセスと組織に関するメタモデルは，プロセスや組織を組み上げていくための下敷きとなるモデルであるともいえる．

第1章
イノベーションとは何か

　現代の日本では，カタカナ語である「イノベーション」という語の解釈には幅があり，その意味するところは一様ではない．たとえば，我が国の少なからぬ人々は，イノベーションはもっぱら科学者・技術者によって創始・推進されるものであるというイメージを持っており，自らが関与する可能性があることを想像している人は少数派であると思われる．しかし，それは，この国にとってとても不幸な誤解の蔓延ともいうべき状況である．

　本書で繰り返し述べていくように，現代社会においては，いつでも，どこでも，誰もがイノベーションのプロセスに何らかの形で関与するようになっている．それゆえに，世界各国では官民産学が一体となって，その国・地域でイノベーションを起こし，推進しようと，まさに包括的（holistic）でひたむきな取り組みがなされている．

　我が国一般のイノベーションという語への理解が一面的であるために，イノベーションへの取り組みが包括性を欠き，限定的・局所的であるのは誠に嘆かわしいことである．

　そこで，本章では，イノベーションという語の持つ意味を確認していく．まず，カタカナ語イノベーションの原語と思われる英語 innovation の語源，および近代になって経済学者 Schumpeter によって付与された意味合いを確認する．そのうえで，イノベーションをとりまく状況の変化をふまえ，本書においてイノベーションをいかなる意味で用いるのか，その定義を提示する．

1.1 語源

英語の innovation は中世英語には見られ，その語源はラテン語の名詞 innovatio に由来するという．innovatio は動詞 innovare から発生し，innovare は接頭辞 'in-' と語幹 'novare' から成り，'in-' は英語でいう into を，'novare' は刷新する（renew）を意味することから，ラテン語の原語 innovatio は，刷新すること，変更すること，という語義になる[1]．英語など現代の欧米語もこの原語の意味を継いでおり，英語の動詞 innovate は「すでに確立している何かを変えること，とくに新しい方法，アイデア，製品を導入することで変えること」，「種々の変更（changes）や新たなアイデアを導入すること」[2]といった意味を持っているとされる．

1.2 Schumpeter が提示した基本概念

今日用いられているイノベーションという語に，現代的な意味を与えたのは，Schumpeter による一連の著作（Schumpeter 1912, 1934, 1939, 1942, 1954a, 1954b）であるとされている．実際，イノベーションに係わる多くの著作は，Schumpeter の論説を起点に稿を起こしているものが多い．

Schumpeter は，経済発展は均衡を超越した非連続的変化によってもたらされるものであると考えた[3]．そして，非連続的変化の例として，駅馬車が汽車にとって代わられた事例を挙げている．すなわち，駅馬車がいくら連続的に変化しても汽車が実現されることはできない，という意味で，駅馬車と汽車の間には非連続的変化が横たわる．

---

1) Oxford Dictionaries Language Matter による（http://www.oxforddictionaries.com/ retrieved on 27 September 2015）．
2) Cambridge International Dictionary of English による．
3) 多くの新古典派やケインズ派の技術変化および経済成長に関する理論の弱点は，それぞれの歴史時代において変わりつつある技術の詳細を考慮にいれていないことにあるといわれてきた（Freeman 2000）．Schumpeter の理論は技術的変化と経済成長の間を結びつけた点で，これらと一線を画している．

Schumpeter は,『経済発展の理論』(Schumpeter 1912) でイノベーション・プロセスこそが「経済構造を内外から刷新し，古い構造を壊して新しき構造を徐々に創造していく」のであり,「この創造的な破壊 (creative destruction) こそが資本主義の本質である」と述べている．また,「発展とは際だった現象であって，従来の循環 (circular flow) で観察されていた現象や，古典的経済理論による均衡で見られた傾向とは異質のものである．それはお金の流れ (flow) の自発的で非連続な変更であり，従来の均衡を揺るがし，とって代わるものである」．そして，新しい組み合わせの遂行 (Durchsetzung neuer Kombinationen) が革新性の高い効果を生むがゆえに「発展とは新しい組み合わせの遂行であると定義できる」としている．Schumpeter は,『経済発展の理論』では, innovation という言葉をほとんど用いていないが，後世の研究者は, Schumpeter がこの著作でいうところの「新しい組み合わせ」は，イノベーションと同義であると解釈している[4]．

　非連続的に現れる「新しい組み合わせ」として，Schumpeter は下記の5つの場合を例示している.

(1) 新商品の導入

　消費者にとって新規性のある商品，もしくは商品の新たな品質の導入．

(2) 新生産方法の導入

　まだ当該産業部門の企業では実地試験がなされていない生産方法の導入．この新生産方法の導入は，必ずしも科学的に新規性のある発見に基づいている必要はない．また，商品の商業的取扱の新方法を含んでいることもあり得る．

(3) 新市場の開拓

　当該国の当該産業部門にとってみれば参入経験のない新市場の開拓．ただし，その市場が従前から存在したかどうかは問わない．

(4) 原材料もしくは半製品の新たな供給源の獲得

　原材料・部品が既存もしくは新規に創造された供給源かは問わない．

---

[4] たとえば，吉川は,「『経済発展の理論』にはイノベーションという用語は登場しない．使われているのは『新結合』という言葉だ．ただ，(中略)『新結合』は『イノベーション』と同じ意味である」(吉川 2009, p. 51) と述べている．また, 1937 年に刊行された『経済発展の理論』の日本語版に Schumpeter が寄せた序文で, "innovation" という英語が「新結合の遂行」の意味で使われている．

(5) 新しい産業組織の実践

独占的地位の形成（例：企業合同化）もしくは独占的地位の打破．

この Schumpeter の提示した 5 種の「新しい組み合わせ」は，今日のイノベーション概念に大きな影響を与えた（Meier 1957）．

1.3　イノベーション＝技術革新ではない

Schumpeter は，19 世紀後半の鋼鉄，電気，重工業の進展がもたらした技術革新による長足の経済発展の時代に幼少期・青年期をすごしている．駅馬車が汽車にとって代わられるような，非連続的な技術革新が頻度高く起きていたことと，非連続的変化を経済発展の源泉であると主張する Schumpeter の論説はけっして無縁ではないと思われる．

しかしながら，Schumpeter は「イノベーション＝技術革新」とは考えていなかった．Schumpeter は，

- イノベーション（innovation）とは「新しい組み合わせ」を経済社会に導入すること
- 発明（invention）とは科学・技術の領域において「新規性のある何か」を生み出すこと

であるとして，イノベーションと発明・技術革新とを厳格に区別していた．

発明によって生み出される「新規性のある何か」すべてが，「新しい組み合わせ」の経済社会への導入に結びつくわけではない．発明・技術革新と，イノベーションとは別概念なのであって，その関係は，図 1.1 の概念図に示すように理解すべきだと思われる．イノベーションは，丹羽がいうように「新技術や新製品，あるいは，新生産方式の開発（一般的には技術革新とよばれる）だけでなく，新制度，新市場，新ビジネスモデル，新販売法，新資源供給源，新組織の開拓などの広い範囲を対象と」している（丹羽 2006b）．これに対して，発明・技術革新の成果が及ぶ範囲はイノベーションの一部分であると認識すべきである．たとえば，新しいビジネスモデルの創造は，発明・技術革新を伴わずともなしうると考えられる．

Schumpeter はイノベーション（新しい組み合わせ）の担い手として起業家

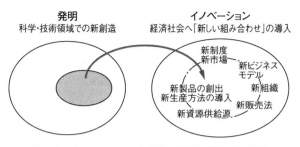

図 1.1 イノベーションと発明の関連と相違（概念図）

(entrepreneur)[5]の存在を重視した．起業家の活動が既存の価値を破壊して新しい価値を創造し（創造的破壊），経済発展（economic development）をもたらすと考え，次のように述べている．

> 新しい組み合わせを遂行するなにびとも起業家（entrepreneur）たりえる．ただし，他の人が行っていると同様のビジネスを営もうとした途端に起業家としての性格は失なうのである（Schumpeter 1934, p. 78）．

Schumpeter は，科学・技術領域での新創造に加えて，起業家の活動があってはじめて，経済社会への「新しい組み合わせの導入」がなされると考えていたと想像される．

日本では長年にわたって innovation の訳語として，技術革新という言葉が用いられてきた[6]が，「イノベーション＝技術革新」は Schumpeter の考えにはそぐわない「誤訳」であり，我が国におけるイノベーションへの理解を歪めてきたおそれがあるといわざるをえない．

なお，以上のような innovation の含意にぴったりと対応する和語を見出し

---

5) ドイツ語の原語は Unternehmer でその英訳語の 1 つが entrepreneur であるため英語版からの翻訳では起業家といわれている．しかしドイツ語版からの翻訳では企業家と訳されている（たとえば，塩野谷 1977）．
6) 一説には，技術革新という翻訳語は 1956 年の『経済白書』に初出するという．当時は，いわゆる 55 年体制という政治状況にあり，「革新」は特定の党派を表していた．政治とは関係のない中立的な概念であることを示すために，技術革新という訳語が案出されたのではないかともいわれている（たとえば，池田 2011）．

えないため，本書では，英語の原語のカタカナ表記である「イノベーション」を以下用いることとする．

1.4 イノベーションをとりまく状況の変化

　Schumpeter はイノベーションの基本概念を示した．彼の考え方は，多くの経営者・経済人・技術者に影響を与えてきたことから，Schumpeter を「イノベーション理論の父」とする研究者が少なからずいる（たとえば，Sundbo 1998; Lundvall 2006; Godin 2008; Callebaut 2010）．しかし，彼が初めてイノベーションについて論じた著書が出版された 1912 年からいまに至る約 100 年の間に，イノベーションをとりまく状況は下記のように大きく変化している．

状況 1：生活の質・持続可能性を重視した価値観への転換の進行
　いわゆる先進工業国（developed world）では，大量生産により充足を通り越してモノがあふれ，地球規模での環境問題が深刻化し，生活の質を脅かす状況が出現した結果，前世紀末から価値観の転換が起きている．それは，個人レベルで言えば，モノではなく人間本位（human centric）に考え，生活の質（quality of life）や社会的価値を重視するという価値観への転換である．その転換は，

- 画一性よりも個性・多様性を重視する行動
- モノそのものよりも使用価値やその背後にあるコトや物語を重視する行動
- 持続可能性や社会的公平性を意識した消費者行動（例：持続可能な消費（sustainable consuming）やフェア・トレード（fare-trade）など）

として顕在化している．また社会全体で言えば，効率・実効性一辺倒ではなく，持続可能性の重視や，コミュニティ価値の再評価を判断基準にするような価値観が浸透しはじめている．こうした，個人レベルや社会全体での価値観の転換は，企業家から見れば多様で特化した（大量生産指向の考えにたてばニッチな）市場が夥しく潜在し，かつ顕在化しつつあることを意味しており，技術シーズからだけではなく，人間本位の発想（human centric idea）を起点にサプライ・チェーンや価値連鎖を見直す動きも顕在化している．

状況 2：供給者とユーザー・消費者の関係の曖昧化

　Schumpeter は，消費者の満足に最適化するだけでは，非連続な変化は起きず，結局は供給者の創意・卓抜が，イノベーションを起こすと主張した (Schumpeter 1912)．現代社会にあっては，社会的分業が高度に進んだこともあり，ユーザー側（例：鉄道会社などの組織，医師などの専門職能）が，卓抜した専門的知識や専門能力を持つ場合も増えている．あらゆる分野で圧倒的であった，供給者・ユーザー間の情報の非対称性は，分野・局面によっては低まっており，情報化時代の進展により供給者との双方向の情報のやりとりを通じて消費者・ユーザーが能動的にイノベーションに関与し能力を構築する機会は増えている．また，両者間の情報の非対称性も低くなっている．第 6 章で説明する，ユーザー・イノベーションという概念は，こうした状況を背景にしている．

1.5　本書における「イノベーション」の定義

　以上述べてきた，語源，歴史的経緯，およびイノベーションをとりまく状況の変化をふまえ，本書では，イノベーションを，次のように定義する．

> 何らかの新たな取り組み・率先（initiative）により，何らかの豊益潤福を創造・増進し，現状を刷新するような社会的変革を生み出すこと．

ここでいう豊益潤福は筆者による造語であり，豊益潤福のそれぞれ字義を包含した意味を持つ．すなわち，
- 「豊」は精神的・身体的・経済的な豊かさ（richness and fullness）
- 「益」は人や社会に役立つこと（benefit）
- 「潤」は精神的・身体的・経済的な潤い（amenity）
- 「福」はしあわせ（welfare）

をあわせた概念である．
　図 1.2 に図示するように，本書におけるイノベーションの定義によるならば，イノベーションとなりうるためには，次の 2 つの要件を満たさねばならない．
　第 1 には，意図した豊益潤福が実現しなければならない．たとえば，革新的

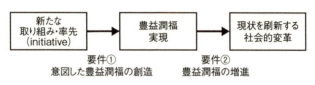

図1.2 本書におけるイノベーションの定義：イノベーションに至る2段階の要件

技術を駆使した製品を開発したとしてもユーザーが使いこなせずに意図したような利便性が得られない場合は，この要件を満たしていないことになる．

第2には，豊益潤福が増進されて，現状を刷新するような社会の変革に至らねばならない．たとえば，新製品が革新的な利便性を発揮できたとしても，その新製品が普及しない場合は，現状刷新にはなりえず，この条件を満たさないことになる．

図1.2のイノベーションに至る2段階の要件と，Schumpeterが想定していたイノベーションとは大きく矛盾はしないと思われる．ただし，Schumpeterのいう5種の「新しい組み合わせ」のうち，原材料もしくは半製品の新たな供給源の獲得[7]，新生産方法の導入は，図1.2の図式では「新たな取り組み・率先」に，新商品の創出は「豊益潤福実現」にあたり，新しい産業組織の実践，新市場の開拓が「現状を刷新する社会変革」にあたる．言い換えれば，仮に原材料・半製品の新たな供給源が獲得されたとしても，また新生産方法が導入されたとしても，あるいは新商品が創出されたとしても，現状を刷新するような社会的変革に至らなければ，イノベーションとは呼ばないという立場[8]を図1.2の図式に示すイノベーションの定義はとっている[9]．

---

7) たとえば，太陽光発電技術は，化石燃料ではなく太陽光を発電源に用いるという意味では，原材料もしくは半製品の新たな供給源の獲得であり，あくまで，新たな取り組み・率先（initiative）にあたる．太陽光発電の導入普及により化石燃料代替による持続可能性の向上，という現状刷新結果が生まれることをもって，イノベーションとして認識する，という立場を本書はとっている．

8) 想像するに，Schumpeterは非連続的な経済成長の要因としてイノベーションをとらえていたために，想起したイノベーション事例は，原材料もしくは半製品の新たな供給源の獲得，新生産方法の導入，新商品の創出が，現状刷新・社会的変革に帰結した成功例であったと思われる．一方現代社会にあっては，これらの「新しい組み合わせ」が必ずしも現状を刷新する社会的変革に結びつかない例があまた存在する．それゆえ原材料もしくは半製品の新たな供給源の獲得，新生産方法の導入，新商品の創出をもって，イノベーションとする立場を本書はとらない．

以下，本定義にいう「何らかの新たな取り組み・率先（initiative）」,「何らかの豊益潤福の創造・増進」,「現状を刷新するような社会的変革」の具体的例を示す．

1.5.1 新たな取り組み・率先事例

本書におけるイノベーションの定義にいう，「何らかの新たな取り組み・率先（initiative）」には，表 1.1 のような「新たな物事や事柄（something new）の創造・開発・構築・導入」などを含む．

表 1.1 に挙げるこれらの例のうち，「新たな科学的発見・技術開発」の主役が科学者・技術者であることは言わずもがなである．しかし，他の項目については，必ずしも，科学者・技術者が主役になるわけではなく，ユーザー，活動

表 1.1 「何らかの新たな取り組み・率先（initiative）」となりうる「新たな物事や事柄（something new）の創造・開発・構築・導入」例

- 新たな課題・ニーズの定義
- 新たな概念・解決策創造
    - 例：新たな概念（idea）の着想
      新たな規範（norm）・主義（principle）の樹立
      新たなモノやコトの基本概念の創造
      製品やサービスの新たな構成則（アーキテクチャ）の創造　など
- 新たな科学的発見・技術開発
    - 例：革新的技術の基盤となる基本原理の解明
      性能・品質・効率を向上させる技術の開発　など
- 新たな製品・仕組・サービスの開発
- 新たな仕組の開発・構築・導入
    - 例：新システムの開発
      新たな組織体制の構築
      新たな制度の構築
      新たな規制の導入　など
- 新たな生産方法・具現化方法の創造・導入
    - 例：新生産方法の導入
      新たなビジネスモデルの創造・導入
      物流商流の革新
      取引方法の革新　など

---

9) 中国では，イノベーションを「創新」と翻訳しているが，ここでいう「新」には，新たな取り組み・率先と，現状を刷新する社会的変革の両方が含まれていると考えられる．

家 (activist), 経営者, 営業担当者, 政策担当者をはじめとしてさまざまな主体が主役になりえる. 現代イノベーションの特徴のひとつは, 事情・状況によって, さまざまな主体が「何らかの新たな取り組み・率先」になりえる点（「どこでもだれでもイノベーション」）にある. その実相については, 第3章以降で説明していく.

1.5.2 豊益潤福の創造・増進事例

本書におけるイノベーションの定義にいう,「何らかの豊益潤福の創造・増進」とは, 具体的には, 表1.2に示すような事柄を指す.

後章でも述べていくように, かつては, イノベーションは豊益潤福のうち豊益の増進を企図する事例が多かったが, 現代社会にあっては, 生活の質（quality of life）の向上, 安心感の向上, 持続的可能性の向上など, 潤福の増進を図る事例も増加している.

表1.2 「豊益潤福の創造・増進」に相当する事柄例

「豊」：精神的・身体的・経済的な豊かさ（richness and fullness）増進
 例：低廉化による製品・サービスの入手性の改善
   所得・収入・資産の増加　　など
「益」：人や社会に役立つこと（benefit）
 例：利便性（convenience）向上, 煩わしさの解消
   自己実現のための機会創出　　など
「潤」：精神的・身体的・経済的な潤い（amenity）
 例：生活の質（quality of life）の向上
   コミュニケーション機会の拡大, 孤独感からの解放
   絆の強化
   楽しさ（amusement）向上
   居心地・アメニティ（well-being）向上　　など
「福」：しあわせ（welfare）の創造・増進
 例：安心感の向上
   健康（health and safety）増進
   ストレス軽減, 抑圧要因からの解放
   尊厳, 前向き姿勢（moral）の維持向上
   環境負荷の軽減への貢献
   社会的公正性の向上への貢献　　など

1.5.3　現状刷新・社会的変革事例

本書におけるイノベーションの定義にいう,「現状を刷新するような社会的変革」とは表 1.3 に示すような社会的変化を指す.

これらの社会的変革は,所得・資産の飛躍的拡大や,新市場創成・拡大など,経済社会での外形的事実として把握できる変革だけでなく,価値観・パラダイムの刷新,政策意思決定方式の変革,社会的公正性の飛躍的向上など,人々の意識行動に係わる変革も含まれている.

表 1.3　「現状刷新・社会的変革」に相当する社会的変化例

- 生活様式・行動様式の刷新
- 価値観・パラダイムの転換
- 所得・資産の飛躍的拡大
- 文明生活や経済活動を支える既存技術システムの淘汰, 更新, 革新
- 持続可能性の飛躍的向上
- 品質・生産性・効率性の飛躍的向上
- 新産業の創成
- 産業構造の転換
- 新たなビジネス・システムの創造・普及・展開
- 新市場創成・拡大
- 空間利用構造（都市構造, 地域の土地利用構造）の変革
- 政策意思決定方式の変革
- 教育学習方法の革新
- 社会的関係資本の飛躍的拡充
- 社会的公正性の飛躍的向上　　など

参考文献

Callebaut, W. (2010) "Innovation from EvoDevo to Human Culture. Innovation in Cultural Systems," O'Brien, M. J. and S. Shennan (eds.), *Innovation in Cultural Systems: Contributions from Evolutionary Anthropology*, MIT Press, pp.81-95.

Drucker, P. F. (2006) *Innovation and Entrepreneurship*, Harper Collins, HarperBusiness, New York.

Freeman, C. and C. Perez (2000) "Structural Crises of Adjustment, Business Cycles and Investment Behaviour," Preece, D., I. McLoughlin and P. Dawson (eds.), *Technology, Organizations and Innovation: Theories, Concepts and Paradigms*, Routledge, Vol. II, pp. 871-901.

Godin, B. (2008) "In the Shadow of Schumpeter: W. Rupert Maclaurin and the Study of Technological Innovation," *Minerva*, Vol.46(3): 343-360.

Lundvall, B. (2006) "Innovation System Research and Policy: Where it Came from and Where it Go," The 2nd International Forum on Technology Foresight and National Innovation Strategies (held by KISTEP), pp.91-144.

Meier, G. M. and R. E. Baldwin (1957) *Economic Development: Theory, History, Policy*, John Wiley & Sons.

Schumpeter, J. A. (1912) *Theorie der wirtschaftlichen Entwicklung*, Leipzig: Duncker & Humblot. English translation published in 1934 as *The Theory of Economic Development*.

Schumpeter, J. A. (1934) *The Theory of Economic Development: An Inquiry into Profits, Capital, Credit, Interest, and the Business Cycle*, Harvard University Press, Cambridge, Massachusetts.

Schumpeter, J. (1936) "Review: The General Theory of Employment, Interest and Money by John Maynard Keynes," *Journal of the American Statistical Association*, Vol. 31 (196): 791-795.

Schumpeter, J. A. (1939) *Business Cycles: A Theoretical, Historical and Statistical Analysis of the Capitalist Process*, McGraw-Hill, New York.

Schumpeter, J. A. (1942) *Capitalism, Socialism, and Democracy*, Harper & Brothers, New York.

Schumpeter, J. A. (1954a)*Economic Doctrine and Method: A Historical Sketch*, Translated by R. Aris, Allen & Unwin, London.

Schumpeter, J. A. (1954b)*History of Economic Analysis*, Oxford University Press, New York.

Smith, A. (1776) *Wealth of the Nations*, Dent, London.

Sundbo, J. (1998) *The Theory of Innovation: Enterpreneurs, Technology and Strategy*, Edward Elgar Publishing.

池田信夫 (2011)『イノベーションとは何か』東洋経済新報社.

小川紘一 (2014)『オープン & クローズ戦略 日本企業再興の条件』翔泳社.

丹羽清 (2006a)『技術経営論』東京大学出版会.

丹羽清 (2006b)「年度修士論文題目及び内容説明, 広域システム科学系」http://system.c.u-tokyo.ac.jp/previous/admission/2006-master-theme.pdf (retrieved dated on 26 January 2016).

塩野谷祐一・中山伊知郎・東畑精一訳 (1977)『シュムペーター 経済発展の理論――企業者利潤・資本・信用・利子および景気の回転に関する一研究 上』岩波書店.

吉川洋 (2009)『いまこそ、ケインズとシュンペーターに学べ――有効需要とイノベーションの経済学』ダイヤモンド社.

第2章
認識基盤としての
イノベーション・メタモデル

　本書は,「はじめに」にも述べたように,さまざまな社会的・経済的・文化的・技術的条件のもとで現れる,多様なイノベーションのありよう,やりようを,マネジメントという視点に立って理解することを目的とする.その目的を達成するため,実地のイノベーション・マネジメントで理論知,経験知を実践知として活用・適用できるように,共通の下敷きを用いてさまざまなイノベーションのやりようの構造を描き出すことによって,既往の知を系統的に整理していく.

　過去,特定のイノベーション類型や,イノベーション・アプローチ(innovation approach:イノベーション実現への攻め口)に焦点を当てた書籍・記事・論考は数多く出版されてきた.しかし,それらの類型,取り組みの関連性について,どのように理解し考えればよいのか,必ずしも豊富な示唆が提供されているわけではない.

　一方,イノベーションを創始し推進させる実務家の立場から見れば,いま自分が起こそうとしているイノベーションについて,過去のいかなる経験知を参考とすればよいのかを見極めることは肝要である.いきなり,特定のイノベーション類型や,イノベーション・アプローチに係わる理論知,経験知をあてはめるのではなく,推進しようとするイノベーションをとりまく状況,制約条件,入手できる経営資源,そして取り組むべき課題など,イノベーションに係わるコンテクストが,いかなるイノベーション類型や,イノベーション・アプローチと,関連性があるのかを判断できることも重要である.

　こうした観点からは,多様なイノベーション類型や,多岐にわたるイノベーション・アプローチをバラバラにではなく,共通の基盤のもとに理解できるこ

とが肝要である．言い換えれば，コンテクストも含めてイノベーションの構造を俯瞰的に洞察する能力が重要である．

本章はこうした俯瞰的洞察力の涵養に資するため，イノベーションのやりようの構造を理解する下敷きとなるメタモデル[1]を設定する．過去の文献に提示されているイノベーション類型や，イノベーション・アプローチに関して提示されている理論知，経験知を，このメタモデルのうえで記述できれば，共通の基盤のもとに現代のイノベーションのやりようの構造を俯瞰的に理解し，マネジメントの実地におけるやりようの「設計」に実践知として適用していくことができることになる．

2.1 イノベーション・メタモデル

2.1.1 背景：イノベーションの多様化

技術と社会のうねりは，Schumpeterの時代には想像すらもできなかったイノベーションのありよう（＝非連続的変化の様態），やりよう（＝イノベーションの進め方）を生みつつある．現代のイノベーションは，一様ではなく，個々のコンテクストに応じてそのプロセスや組織の様態を変容させており，結果としてイノベーションを多様化させている．

その多様化の諸相を理解するには以下のような状況に留意する必要があると思われる．

状況1：技術・システムの高度化・複雑化による専門分化・分業の進展

文明を支える技術・システムが高度化・複雑化し，ひとつの技術・システムの構築・運用を単一組織がフルセットで担うことは困難になっている．幅広い範囲から知識・能力を調達するため，さまざまな専門組織・専門家の分業によって技術・システムを構築・運用することがむしろ一般的になりつつある．しかも，その分業は，Schumpeterの初期の著書で想定したような地域・一国に

---

[1] メタモデル（metamodel）はモデルのモデルであるともいえる．すなわち，個別の具体的事象を記述するモデルを抽象化することによって，その基底にあるプロセスやシステムなどの普遍的性質・構造を提示することを意図したモデルである．

とどまるものではなく，国境を越え地球規模に拡がっている．

状況2：多様な人・組織による分担協調型イノベーション（distributed innovation）の展開

　技術の高度化・複雑化による専門分化・分業の展開に加え，1.4節で述べたような供給者とユーザー・消費者の関係の曖昧化，生活の質・持続可能性を重視した価値転換が進行した結果，多様な人・組織がイノベーション・プロセスに関与するようになっている．それらの人・組織がプロセスのいかなる段階にいかなる関与をして，他の人・組織といかなる連携をするのかは，課題・ニーズの内容・性質や，とりまく社会的・経済的状況および技術的条件に依存し，非定型的である．日々，新たな結びつきや組織間関係が生まれているといってよい．重要なことは，非定型的連携によるプロセスを通じて非連続的変革の芽が生まれ，育成され，改良されつつ，価値が創造されていくということである[2]．共創（co-creation），実践しながらの学び（learning by doing/using/interacting）という概念に象徴されるように，多様な人・組織が，行きつ戻りつ，と呼ぶべき双方向のプロセスを通じてイノベーションを展開していく機会は増えており，その潜在可能性も高まっている．このような様態は，分担協調型イノベーション（distributed innovation）[3]とも呼ばれている．

2.1.2　イノベーション・メタモデルの概要・構成

　イノベーションに関して過去にさまざまな研究が蓄積されてきた．これらの研究において，イノベーションは，組織，技術，経営資源，社会的受容性，政策・戦略，文化，プロセスなどさまざまな側面から分析され論じられてきた．これらの側面のうち，本書においては，イノベーションという現象を系統づけて認識するための基盤としてイノベーションのプロセスと，プロセスを支える組織に主たる関心をおく．それは，次のような理由による．

---

[2] 後章でも述べていくようにその提携のネットワークは地球規模に拡がっており，個人や，企業や大学・政府機関などの組織を結びつけ，知識を収集しアイデアを創造しつつ課題を解決しようとしている（De Backer 2008）．

[3] ここでいう分担協調型イノベーションとは，von Hippel が唱えた distributed innovation という概念を起源とする（von Hippel 1988）．

第1には，図1.2の図式で示したように，新たな取り組み・率先（initiative）を起点に，現状を刷新するような社会的変革を生んでいくプロセスとしてイノベーションを定義したことによる．

第2には，イノベーションのありよう（＝非連続的変化の様態），やりよう（＝イノベーションの進め方）を含め，現代のイノベーション・プロセスは個別化，非定型化してきており，現代イノベーションのダイナミズムはそのプロセスに鋭敏に投影されていると考えられるからである．

そこで，本書では，さまざまなイノベーション類型やイノベーション・アプローチにおいて生成されるイノベーション・プロセスを共通の基盤で認識するため，

・イノベーション・プロセス・メタモデル（Innovation Process Meta-model）

を設定する．イノベーション・プロセス・メタモデルは，以下IPMモデルと表記する．

加えて，本書では，イノベーション・プロセスの進行とともに形成されていく主体（人・組織）間のネットワーク的連携関係を記述するためのメタモデルとして，

・価値創成網

を設定する．本書では，IPMモデルと価値創成網が相互に影響しながら形成・構築され稼働していくと考え，IPMモデルと価値創成網を連成系としてとらえる．このIPMモデル−価値創成網の連成系を以下，イノベーション・メタモデル（以下，IMモデルと表記）と呼ぶことにする．

IMモデルを下敷きに，イノベーション現象を認識するため，次のような概念を導入する．

・価値創成源（sources of innovation）

価値創成網に関与する主体（組織・人）から提供される情報・知識・能力など，イノベーションにおける価値創成，すなわち豊益潤福の実現の元手となる経営資源．なお，本書では，イノベーションの内容を創成する知的活動に関与する情報，知識，能力を指し示す場合は知的価値創成源と呼ぶことにする．

・変革創始点（stages at which innovative changes has launched）

イノベーション・プロセスにおいて，イノベーションに至る変革が生起・創

始する新たな取り組み・率先（initiative）がなされる活動段階.

以下，これらのメタモデルおよび諸概念について解説する．

2.2　共通認識基盤としての
　　イノベーション・プロセス・メタモデル（IPM モデル）

本書は，イノベーションのプロセスの構造を俯瞰的に理解するための認識基盤として，IPM モデルを設定する．

IPM モデルは，さまざまな主体（人・組織）の関与と連携により，何らかの成果物が創造され，流布され，適用され，検証され，修正され，組み合わされつつ，豊益潤福を生み出し，社会を変革していくプロセスをモデル化したものである．図 2.1 に IPM モデルの概念を示す．これは，イノベーションの基盤となる知や情報が創造され適用されていくサイクル（言い換えれば，創造活動の循環的連なり）という切り口[4]によるモデルである．この図は，知的営為により創成された成果物が，次の段階に伝達され，さらに知的営為が加えられる，という具合に，行きつ戻りつも，知と活動・行動が輻輳し進んでいくプロセスを表している．

図 2.1 において，それぞれの記号は，以下のようなことがらを表す．

- 長方形で表されるノード：イノベーション・プロセスに関与する人または組織によってなされる，ある目的を達成するための活動・行動（actions）を表す．これらの活動・行動のどれもが，「新たな取り組み・率先（initiative）」として変革創始点になりうる．以下，「活動・行動ノード」と呼ぶ．
- 楕円で表されるノード：一連の活動・行動によって生まれた製品・仕組・サービスを実装・適用して得られた効果を表す．以下，「結果・効果ノード」と呼ぶ．

---

[4]　企業間もしくは企業内部における情報や知識の流れが重要であることは，数多くのイノベーションに関するケーススタディが示しているところである．加えて，科学・技術的知識への（からの）流れ，製品やサービスのユーザーへの（からの）流れが重要であることも実態的研究は示している（Freeman 1974, 1996）．

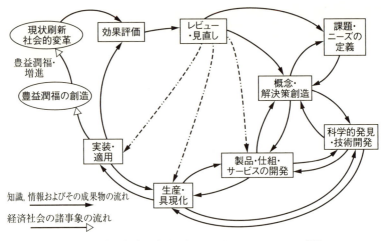

図 2.1 知の創成・適用サイクルによる IPM モデルの表現

- 黒三角（▲）を終点とする矢印線：活動・行動ノードの間で引き渡されていく成果物の流れ，およびその流れを介した活動・行動の連なりを表す．
- 白三角（△）を終点とする矢印線：製品・仕組・サービスの実装・適用によって生まれる豊益潤福が累積・展開し増進していく流れを表す．

なお，黒三角を終点とする矢印線が表す成果物の流れには，次のような様態の知識，情報の引き継ぎも含まれる．

- 各活動・行動ノードの成果物である人工物に埋め込まれた知識が，人工物の引き渡しによって引き継がれる．
- 各活動・行動ノードで生成された知識，情報が，データ，図面・数式・文書として引き継がれる．
- 人・組織が複数の活動・行動ノードに関与することによって，人・組織が獲得した暗黙知が，複数ノード間で引き継がれる．

IPM モデルは，以下の2つの結果・効果ノードを含む．

- 豊益潤福の創造：製品・仕組・サービスを実装・適用した結果，創造される豊益潤福を表したノード
- 現状刷新・社会的変革：豊益潤福の増進によって生じる現状刷新・社会的変革を表したノード

IPMモデルは，図2.1に示すように，以下の8つの活動・行動ノードからなる．

- 課題・ニーズの定義：課題の特定・定式化，暗黙的欲求を含むニーズの特定・記述
- 概念・解決策創造：基本概念（人工物が持つ意味，基底におく規範・指針，課題解決・ニーズ対応の方針・戦略）の設定，人工物の構成則（アーキテクチャ）の設計，機能・サービスの設計，技術的要求条件の整理・設定
- 科学的発見・技術開発：科学的発見，技術の開発，技術再定義（技術の新たな組み合わせの開発，既存技術の他用途への適用を含む）
- 製品・仕組・サービスの開発：製品[5]の開発，システム[6]の開発，組織体制・制度の構築，規制の導入，サービスの開発
- 生産・具現化：製品の生産方法の創造・導入，仕組やサービスの手順の構築・具現化
- 実装・適用：製品・サービスの販売・提供・普及，物事や事柄の商業化・普及，ビジネスモデルの適用，仕組の実施・施行
- 効果評価：開発した人工物を実装・適用した結果得られた豊益潤福の度合いを評価
- レビュー・見直し：実装・適用して得られた経験知の整理，改善すべき事柄を特定・整理

2.3 IPMモデルの特徴

図2.1のようなIPMモデルには，メタモデルとして次のような特徴がある．

特徴1：さまざまな変革創始点を想定している
　前節で述べたように，変革創始点となる「新たな取り組み・率先

---

[5] 物理的実体を持った製品（モノ，ハードウエア）だけでなく，プログラム（ソフトウエア）など物理的実体のない製品，および組み込みソフトウエアを持った製品などハードウエア・ソフトウエアが一体化した製品を含む．
[6] 本書においては，システムの構成要素には，ハードウエア（モノ），ソフトウエア，サービスが含まれうると考える．

表 2.1 各活動・行動ノードが変革創始点となりうる事例

活動・行動ノード	新たな取り組み・率先例
課題・ニーズの定義	単身高齢者にとっての潜在的ニーズの定義
概念・解決策創造	ソニーのウォークマンによる「音楽を持ち歩く」という概念の創造
科学的発見・技術開発	iPS 細胞の発見 iPS 細胞を臨床応用するための技術の開発
製品・仕組・サービスの開発	無人飛行機の開発 地球温暖化ガスの排出権取引制度の開発 宅急便サービスの開発
生産・具現化	トヨタ・カンバン方式の開発・導入
実装・適用	製品・サービスの普及による社会的意識の変化
効果評価	センシングによる人工物の利用特性評価
レビュー・見直し	利用実態評価に基づく改善方針の策定

(initiative)」は,多様である.表 2.1 に例示するように,IPM モデルのすべての活動・行動ノードは変革創始点になりうる.

　変革創始点が多様なイノベーション事例群のプロセスを,同じ雛形のもとに記述するためには,単線型モデルはなじまない.図 2.1 に示すような循環型・複線型のアクション・サイクルをメタモデルとして用意することによって,変革創始点が異なるさまざまなイノベーションの事例を共通の下敷きを用いて記述し比較できるようになると考えられる.図 2.1 における矢印の向きはノード間の先行後続関係を表してはいるが,図 2.1 がどの活動・行動ノードでイノベーションが創始するかを限定しているわけではない.それゆえに,IPM モデルは,多様な変革創始点を表すことができる.

　なお,既往のイノベーションの教科書でいうところの製品イノベーションは,「製品・仕組・サービスの開発」を変革創始点とするイノベーションであると理解できる.同様に,プロセス・イノベーションは,「生産・具現化」または「実装・適用」を変革創始点とするイノベーションであり,技術的イノベーションは,「科学的発見・技術開発」を変革創始点とするイノベーションであると理解できる.

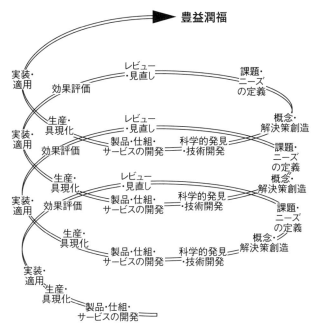

図 2.2 イノベーション・プロセスのらせん状表現

特徴 2：循環繰り返しプロセスを表現している

　図2.1 に示したプロセス・モデルは，この平面上に示された活動・行動ノードが何度も繰り返されつつ循環していくことを想定している．ただし，図2.1 のプロセスにおける半周（単線型）のプロセスだけで十分な豊益潤福の増進が得られイノベーションに至ることはありえる．また，図2.1 のプロセスを1周半まわることで，イノベーションに至ることも考えられる．しかしながら，多くのイノベーションにおいては，図2.1 のプロセスを何周もまわった末に社会的変革を起こすような豊益潤福の増進に至ると想像される．それは，行きつ戻りつつも，大略的には，図2.2 のようにらせん状に進んでいくプロセスとして描けるように思われる．図2.1 は図2.2 のようならせん状の循環繰り返しプロセスを平面上に投影して表現したものとみなすこともできる．

　なお，本書においては，何度も循環を繰り返すプロセスであるというIPMモデルの側面に焦点を当てて考察する場合は，図2.2 のような表現方法を用い

2.3　IPM モデルの特徴　　23

ることとする．

特徴3：複線のフィードバック・プロセスを含んでいる

次章以降に詳述するように，現代のイノベーションについては，実践しながらの学び（learning by doing/using）という言葉が多用されている（たとえば，Lundvall 1985）ように，変革創始点の活動・行動ノードから「現状刷新・社会変革」に至るまでにフィードバックが活動・行動ノード間で繰り返される．IPMモデルはこうした複線のフィードバック・プロセスを含んでおり，さまざまな行きつ戻りつのプロセス，言い換えれば非線形性のプロセスを表現することができる．

特徴4：イノベーションの隘路(あいろ)（missing link）を俯瞰的に表現しやすい

図2.1の活動・行動ノードが繋がることによってイノベーション・プロセスは完結する．言い換えれば，活動・行動ノード間の繋がりがよくないと，イノベーションの進展が阻害される．

たとえば，技術開発をしても製品開発までに至らない事態は図2.3に示すように「科学的発見・技術開発」と「製品・仕組・サービスの開発」の間のリンク（図中A）が切れている事態を指す．また，たとえば，近年のイノベーション研究においては，普及（diffusion）および採用（adoption）に関心が集まっている（たとえば，Ozaki 2011）が，それは，「生産・具現化」ノードと「実装・適用」ノードとの間のリンク（図中B）を研究対象としていることになる．このようにIPMモデルは，どのノード間のリンクが脆弱であるかを視覚的に表すことができることから，イノベーションの隘路を俯瞰的に把握するための手がかりとしても用いることができる．

2.4 共通認識基盤としての価値創成網

2.4.1 価値創成網とは

現代のイノベーション・プロセスの各段階（活動・行動ノード）には，設計者・開発者，製造者，部品供給者，ユーザーなど多様な主体（人・組織）が関

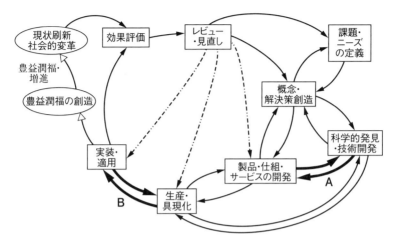

図 2.3 イノベーションの隘路の表現例（図中 A, B）

与して，何らかの形で情報提供・情報交換，知識融合，協働がなされ，何らかの価値が創造され，社会のなかで広められていく．多様な主体が関与するそのプロセスは，IPM モデルが表すように，単線型のプロセスではなく，知の創造，組み合わせ，適用，検証・修正，および実践を通じた教訓共有（collaborative learning）が行きつ戻りつ繰り返される，さまざまな相互依存性を含んだ複線型のプロセスである．このプロセスにおいて，関与主体が担う活動・行動の内容は範囲も多様で，個別的である．このような状況をふまえ，本書では，プロセスへの主体群の関与・連携の様態を表すため，次のように定義される「価値創成網」という概念を導入する．

> 豊益潤福を実現するために，コンテクスト（課題・ニーズの内容・性質，とりまく社会的・経済的状況および技術的条件）に応じて形成される，価値創成源を提供する主体（人・組織）相互の協働・連携関係，およびそれらの関係の集合体．

ここでいう協働・連携関係の集合体は，主体群からなるネットワーク型組織を形成する．

2.4 共通認識基盤としての価値創成網

2.4.2 価値創成網のグラフィック表現

価値創成源を提供する主体のネットワーク型連携関係としての価値創成網は，図2.4のように，ノードとリンクを用いてその概念を表すことができる．ここで，ノードは価値創成網・関与主体（agent）を，リンクは価値創成源を提供する主体相互の協働・連携関係を表す．

図2.4では便宜上，価値創成源を提供する主体同士がIPMモデルのどの活動・ノードにおいて協働・連携活動を持つのかを峻別するために，リンクの線種，太さを変え，表記の異なる矢印を用いている．これは，図2.5，図2.6に示すような主体とイノベーション・プロセスとの関係性を反映している．

図2.5は科学的発見・技術開発と価値創成源提供主体との関係を例示したもので，図中の主体（agent）A，C，D，Eが価値創成源（情報，知識，能力）を提供していることを示している．主体A，C，D，Eは，科学的発見・技術開発における活動・行動を通じて，図2.5の①，②，③，④に示すような協働・連携

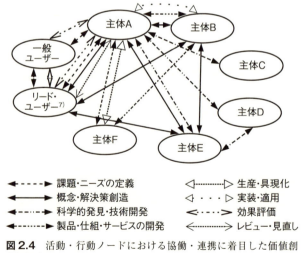

図 2.4 活動・行動ノードにおける協働・連携に着目した価値創成網概念図

---

7) リード・ユーザーとは自ら切実なニーズを抱えていて，もしないのであれば自ら作ってしまおうという能動性を持ったユーザーをさす．第6章6.2.2項参照のこと．

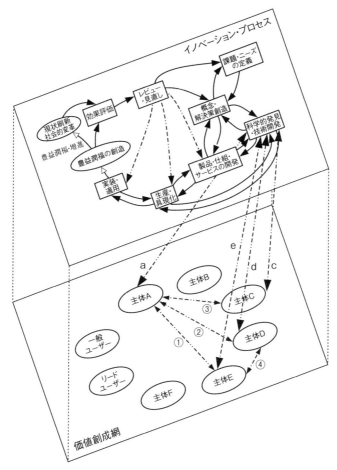

図 2.5 科学的発見・技術開発への価値創成源提供主体の関与に関する概念図

関係を持つ．これが図 2.4 で 2 点鎖線黒矢印で表すところの科学的発見・技術開発を通じた，主体 A, C, D, E 間のネットワーク関係となる．

図 2.6 は，すべての活動・行動ノードに対する各主体からの価値創成源の提供を概念的に表している．同じ活動・行動に対して価値創成源を提供する主体の間には，図 2.5 と同様に何らかの協働・連携関係が生じる．その協働・連携関係の総体が図 2.4 に示すような価値創成網となる．

2.4 共通認識基盤としての価値創成網　　27

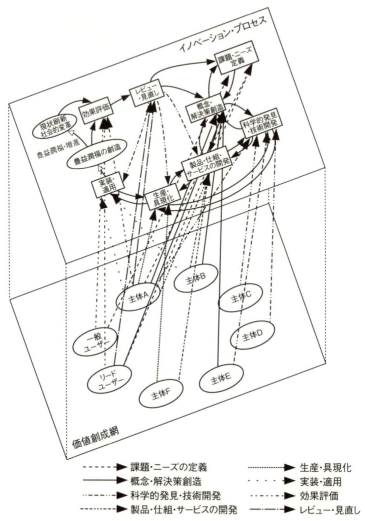

図 2.6 価値創成源提供主体によるイノベーション・プロセスへの関与に関する概念図

なお，同じ行動・活動ノードに対して価値創成源を提供する主体のすべての間に必ずしも協働・連携関係が生じるわけではない．たとえば図 2.5 の例でいえば，科学的発見・技術開発に主体 A, C, D, E は関与するが，C と D, C と

Eの間には協働・連携関係は発生していない．同じ行動・活動ノードに関与することは，協働・連携関係が発生する必要条件ではあるが十分条件ではない．

イノベーション・プロセスの進行とともに，価値創成網の提供・授受を通じて，主体同士が関係を持ち，価値創成網が形成されていくさまは，以上のように図 2.5 や図 2.6 のように概念的に描くことができる．

一方，図 2.2 と同様にイノベーション・プロセスをらせん状に進行していく繰り返しプロセスとして大略的にみなすとすれば，図 2.7 のように，らせん状のイノベーション・プロセスが価値創成源を吸い込んでいくことが契機になって，価値創成網が形成されていくとみなすことができる．また，らせん状の繰り返しプロセスで徐々に価値創成網が形成されていくさまを表した図 2.7 を平面投影すると，図 2.8 のように，ネットワークが延伸していくプロセスとして描くこともできる．

図 2.5，図 2.6 のように表現するにせよ，あるいは図 2.7，図 2.8 のように表現するにせよ，本書では，イノベーション・メタモデル（IM モデル）を図 2.9 に示すように IPM モデルと価値創成網の二層構成で表現できる連成系としてとらえるものとする．

なお，図 2.4，図 2.9 では，イノベーション・プロセスのどの活動・ノードで協働・連携関係を形成したかを峻別して表現するため，複数種の線種および両端矢印を用いてリンクを表現したが，こうした峻別が必要ない場合は，以後リンクは実線矢印なしで価値創成網を表記することとする．

価値創成網の形成において生まれる主体の協働・連携の内容・度合いはさまざまである．契約・協約や経済的取引を通じた比較的明確な協働・連携もあれば，情報・知識を提供するうちに，当事者が明確に自覚することのないまま関与しているような緩やかな協働・連携もありうる．それゆえに，価値創成網の範囲は，当事者にとっても必ずしも明確に意識されない場合もあり，かつ，イノベーション・プロセスの進行とともに拡大したり，縮小することもありうる．

現代イノベーションにおいては，さまざまな主体からいかにして幅広く知識を収集するのかがイノベーション・プロセスにおける焦眉の課題となっている（Stewart 2008）．価値創成網におけるノードとリンクの構成，延伸，変容を分析し考察することによって，イノベーション・マネジメントの手がかりが得ら

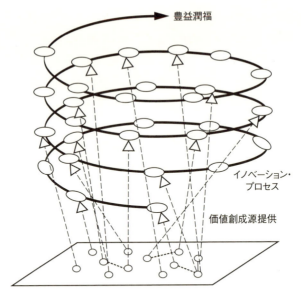

図 2.7 イノベーション・プロセスの進行に伴う価値創成源の吸い込み

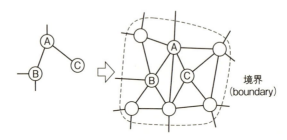

図 2.8 主体間の協働・連携関係の延伸による価値創成網の形成

れると考える（Howells 2006）．

2.4.3 価値創成網のマトリックス表現

イノベーション・プロセスの進行とともに，図 2.7 のように価値創成源（情報・知識・能力など）が吸引されることで，価値創成網が形成されていく．ただ

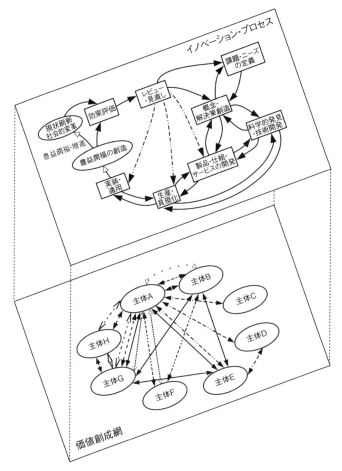

図 2.9 本書における IM モデルの表現：IPM モデル–価値創成網の連成系として

し，価値創成網上に現れる主体と，それらが関与するイノベーション・プロセス上の活動・行動ノードとは必ずしも 1 対 1 に対応しない．こういったイノベーション・プロセスと価値創成網の関係を，掘り下げて分析するため，IPM モデル–価値創成網の連成系（図 2.9）の内部構造や，価値創成網の内部構造をマトリックスを用いて表現することにする．

表 2.2 は，イノベーション・プロセスを構成する活動・行動ノードと，価値

表 2.2 P-Aマトリックス：活動・行動ノード−関与主体マトリックス例（図2.5の価値創成網事例における活動・行動ノードと関与主体との関係をマトリックスを用いて表現）

活動・行動	イノベーション関与主体							
	製品・サービス供給者				知識・情報提供者		ユーザー	
	主体A	主体B	主体C	主体D	主体E	主体F	リード・ユーザー	一般ユーザー
課題・ニーズの定義	1						1	1
概念・解決策創造	1	1			1		1	
科学的発見・技術開発	1		1	1	1			
製品・仕組・サービスの開発	1	1				1		
生産・具現化	1					1		
実装・適用	1	1						
効果評価	1						1	1
レビュー・見直し	1						1	

創成網・関与主体との関係をマトリックスで表した例である．以下，活動・行動ノード（Process）と価値創成網・関与主体（Agent）との関係を表現したものとして，P-Aと略記することとし，こうした形式の行列をP-Aマトリックスと呼ぶこととする．

表2.3は，図2.5の事例における科学的発見・技術開発に関与する主体間の関係をマトリックスで表したものである．以下，主体（Agent）間の関係を特定の活動・行動ノード（Process）について表現したものとして，A-A@Pと略記することとし，こうした形式の行列をA-A@Pマトリックスと呼ぶこととする．

表2.4は図2.6の価値創成網の構成主体と，活動・行動ノードとの関係をマトリックスで表したものである．これは表2.3のように特定の活動・行動における主体間の関係を表したA-A@Pマトリックスを，全活動・行動について重ねあわせたものにあたることからΣA-Aマトリックス（関与主体関係マトリックス）と呼ぶことにする．マトリックス中の数字は当該主体が相互に関係する活動・行動ノード数を表す（対角要素は自らが関与する活動・ノード数）．

ここに挙げた事例では前述のように，主体A，主体C，主体D，主体Eの

表 2.3 A-A@Pマトリックス：価値創成網・関与主体間マトリックス例（図2.5の価値創成網事例の科学的発見・技術開発に係わる主体間関係を表現）

			イノベーション関与主体							
			製品・サービス供給者				知識・情報提供者		ユーザー	
			主体A	主体B	主体C	主体D	主体E	主体F	リードユーザー	一般ユーザー
イノベーション関与主体	製品・サービス供給者	主体A	1		1	1	1			
		主体B								
		主体C	1			1				
		主体D					1	1		
	知識・情報提供者	主体E	1				1	1		
		主体F								
	ユーザー	リードユーザー								
		一般ユーザー								

表 2.4 Σ A-Aマトリックス：価値創成網・関与主体間マトリックス例（総合）（図2.6の価値創成網事例について関与主体が相互に関係する活動・行動ノード数を表現）

			イノベーション関与主体							
			製品・サービス供給者				知識・情報提供者		ユーザー	
			主体A	主体B	主体C	主体D	主体E	主体F	リードユーザー	一般ユーザー
イノベーション関与主体	製品・サービス供給者	主体A	8	3	1	1	2	2	4	2
		主体B	3	3			1	1	1	
		主体C	1		1					
		主体D	1				1	1		
	知識・情報提供者	主体E	2	1		1	2		1	
		主体F	2	1				2		1
	ユーザー	リードユーザー	4	1			1		4	2
		一般ユーザー	2					1	2	2

　4主体が科学的発見・技術開発に関与しているが，そのすべての間に関係があるわけではなく，主体Cは主体Aのみと協働・連携する．こうした情報は，P-Aマトリックスでは表現できないがA-A@Pマトリックスでは表現できる．

　以下，本書の各章では，イノベーション・プロセスにどのような主体が関与するのかということに主たる関心をおいて，イノベーション類型や，イノベーション・アプローチ（攻め口）のやりようの構造を描き出していくこととする．

A-A@P価値創成網マトリックス，および，Σ A-Aマトリックスは，イノベーション関与主体間の関係の複雑さ，錯綜度合いを表している．A-A@Pマトリックス上で相互に関係していることを表している1の数字が広く分布しているほど，主体間の錯綜度は高いと考えられる[8]．また，Σ A-Aマトリックスに現れる数値が大きくなるほど，当該主体間の協働・連携の範囲が広いと推察できる．

2.5 イノベーション・プロセスの展開・発展

2.5.1 イノベーション・プロセスの多重展開

図2.1-図2.9に示したイノベーション・プロセスと価値創成網の連成系からなるIMモデルは，たとえばソニーのウォークマンが「音楽を持ち運ぶ」というイノベーションを起こしたなどの，単一のイノベーション事象を想定している．しかしながら，個々のイノベーションは他のイノベーションと関連していることも少なからずある．Schumpeterは「個々のイノベーションの出現はけっしてランダムなのではない．技術は相互に関連していて，他のイノベーションの近傍に現れやすい」（Schumpeter 1939, p. 167）と述べている．また，技術と経済の相互連関を研究してきたPerezは，次のように述べている．

> いかなる変革も単独で生起することはない．一般的には，イノベーションとは，材料・部品供給者，流通者をはじめ，消費者も含むさまざまな主体をまきこみながら進められていく集積的なプロセスであり，生産者とユーザーの間の技術－経済的および社会的連関は，Schumpeterがクラスターと呼ぶところの，複雑でダイナミックなネットワークを紡いでいく．加えて，大規模なイノベーションは，さらなるイノベーションを誘導している（Perez 2009, p4 of 18）．

SchumpeterやPerezの言説が指している事象は，IMモデルの枠組からは，プ

---

[8] 5.4節も参照のこと．

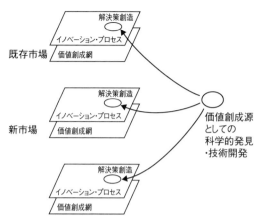

図 2.10 科学的発見・技術開発をもとにしたイノベーション・プロセスの多重展開

ロセス–価値創成網の1つの連成系から，まったく別個のプロセス–価値創成網と循環プロセスが形成される事象を指しているとみなすことができる．このように，あるイノベーション事象が別個独立のイノベーション・プロセスと価値創成網を発生させることを，以下，「イノベーション・プロセスの多重展開」と呼ぶことにする．

ひとくちに，イノベーション・プロセスの多重展開といってもさまざまな展開類型が考えられる．

(1) 科学的発見や基礎的技術の開発を起点とした多重展開

図 2.10 に示すように，1つの科学的発見や基礎的技術の開発が，それぞれ別個の価値創成網を形成しながら，いくつものイノベーション・プロセスとして多重に展開していくことがある．

たとえば，1982 年に荒川泰彦と榊裕之は，半導体中の電子を3次元的に閉じこめるナノ・メートル・サイズの微少領域である「量子ドット」という概念を提案し，この概念を半導体デバイスへ適用すれば，その特性や機能が飛躍的に向上することを理論的に示した．その後，素子製造技術やナノ加工技術の成熟に伴い，その概念・理論は実証され，さまざまな応用分野が開拓された．まず，

発振閾値が低く，温度制御が不要で，高速直接変調が可能な量子ドットレーザが開発されて製品化され，2006年には事業会社も設立されている．また，近年では，量子ドットの寸法によって光の色を自在に制御できる性質を利用して，色再現性の高い鮮やかな液晶ディスプレーを実現する技術として応用されている．さらに，「量子ドット」を用いれば，低いエネルギーの光の吸収，高いエネルギーの光のムダをなくすことで，変換効率75％となる太陽光発電が実現できるとされており研究開発が進んでいる．また，量子暗号通信や，量子コンピューターを実現するための基盤技術としての応用研究も展開している．「量子ドット」の概念提案にはじまる一連のプロセスは，図2.10に表すように，1つの科学的発見や基礎的技術の開発成果が使い回されイノベーションの多重展開を進めていったプロセス事例とみなすことができる．

(2) 開発された技術システムの他用途転用による多重展開

図2.11に示すように，あるイノベーションのプロセスで生み出された技術システムが，別のイノベーションでも転用され多重展開されていくことがある．
たとえば，赤外線サーモグラフィ[9]は，人体表面温度計測に基づく循環器病診断や，化学プラントや発電・送電設備の異常発熱検知による保守・管理，タイルなど建築外壁仕上げ材のはく離診断などで実績を挙げた（阪上 2001）．その後，近年では，構造物の非破壊検査や，人体検知による自動監視にも活用され，それぞれのケースで，豊益潤福のいずれかを生みつつある．これらの多重展開のプロセスでは，赤外線サーモグラフィおよびその画像解析技術は，特定用途で用いる技術開発を通じてさらなる進歩を遂げて，その成果が，他の用途で活用されている．たとえば，当初は建築外壁材の剝離を診断するに足る程度であった分解能が向上し，建築外壁のクラック（細かいひび割れ）の分析をはじめ建築外壁の劣化診断手段としても用いることができるようになり，さらには構造物の非破壊検査にも用いられるようになっている．
また，たとえば，エアバックの普及は自動車搭乗者の安全性向上（=「福」の向上）というイノベーションをもたらしたが，その過程を通じて加速度セン

---

[9] 物体の温度が高温になると放射される赤外線の放射量も大きくなる原理をもとに表面温度を測定する．

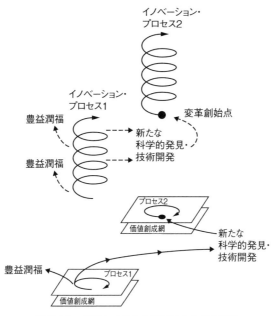

図2.11　技術システムの転用による多重展開

サー技術の進歩ももたらした．その成果は，ノートPCの内蔵HDDの衝撃検知による保護手段として転用された．さらにMEMS（Micro Electro Mechanical Systems: 微小電気機械素子創製技術）による3軸の加速度センサーが安価に調達できるようになるにおよび，ロボットの姿勢制御や，スマートフォンのディスプレーの向きの認識，身体を動かしながら楽しむゲームのコントローラーにも応用され，それぞれイノベーションの重要な価値創成源となっている．これらの事例も，他用途転用による多重展開とみることができる．

さらにまた，潜水艦の検知という軍事目的で発達し海上交通の維持保全に大きな役割を果たしたソナーが，魚群探知機として活用され水産業に豊益をもたらした事例も，他用途転用による多重展開にあたると考えられる．

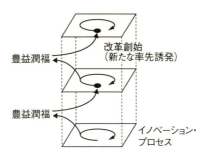

イノベーションによる社会的変革が
新たな課題・ニーズを生む

図2.12 豊益潤福の増進が新たな取り組み・率先（initiative）を誘発することによるイノベーションの多重展開

(3) 豊益潤福の増進が新たな取り組み・率先（initiative）を誘発することによる多重展開

　図2.12に示すように，豊益潤福の増進が新たな取り組み・率先（initiative）を誘発することによってイノベーションが多重に展開していくこともある．

　たとえばインターネットは，当初は，「複数のネットワークの相互接続によるコミュニケーションやデータ通信を網状組織化する」という豊益潤福を生むことを意図して，コミュニケーションのあり方を刷新させた社会的変革であった．だが変革はそれだけにとどまらず，さまざまな製品・サービスの開発を誘発し，情報・知識の形成・流通・交換のあり方を変え，人々のコミュニケーション方法や自己表現方法も変えるなど，多岐多様な豊益潤福を人々にもたらすことになった．インターネットという新たな社会基盤の出現は，図2.12のように，豊益潤福の増進が，さらに新たな豊益潤福を生む新たな取り組み・率先（initiative）を誘発するというイノベーションの多重展開を生んだのである．すなわち，インターネットは，新たな取り組み・率先（initiative）→豊益潤福創造→現状刷新・社会的変革→新たな取り組み・率先の誘発→多様な豊益潤福創造→多岐にわたる社会的変革，という変革の連鎖を生んだとみることができる[10]．

2.5.2　イノベーション・プロセスの結合

現代社会においては独立して開発・発展した技術システムが結合することによって，さらに大きな利便性を生もうとする試みが多くなされている．たとえば，ソニーが開発した IC チップ，メモリー，アンテナを内蔵した ID カードの技術（Felica）は，鉄道会社などが開発してきた自動改札機の技術と結合して，短時間での読み取り書き込みにより大量の乗客の改札をさばくとともに，バッテリー非搭載・非接触により耐久性も備えた，交通系カード・システム（例：Suica, ICOCA, PASMO など）として発展した．また，電子決済システムと結合して，電子マネーとしての利便性を拡大させている．加えて大量データの解析技術と結合してカードの使用履歴がさらなるサービス向上のために活用されようとしている．

このように複数の技術が結合しシステムとして構成されることによって発展していくイノベーション・プロセスは，図 2.13 の模式図に示すように，複数のイノベーション・プロセスおよび価値創成網が結合していくプロセスであると見ることができる．このような事象を，本書ではイノベーション・プロセスの結合と呼ぶことにする．

2.5.3　イノベーション・プロセスの分割

製品・仕組・サービスを支える技術システムが巨大で複雑になった場合，そのイノベーション・プロセスが複雑になり価値創成網が錯綜してしまうおそれがあること，また需要の変化に対する適応性が低くなってしまうおそれがあることから，技術システムを，独立のサブシステムに切り分けて，複雑度・錯綜度を低めて，イノベーションの進展速度や，需要変化への適応性を高めていくという工夫がなされることがある（くわしくは第 4 章 4.2.1 項参照のこと）．

たとえば，1980 年代初頭に IBM がパーソナル・コンピューターの開発・普

10）インターネットの事例にとどまらず，特定の豊益潤福の増進を想定せずに創造・構築された，メタ技術，プラットフォーム，ミドルウエア，制度枠組などに関連して，豊益潤福の増進が新たな取り組み・率先を誘発することにより変革が連鎖する事例が少なからず見られる．

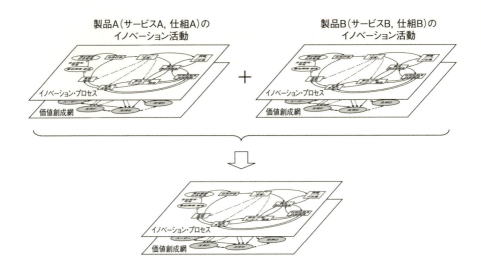

図 2.13 イノベーション・プロセスの「結合」

及を構想した際,開発のスピードアップを図るため,ソフトウエア,ハードウエアを複数のサブシステムに切り分け,OS,CPUなどのサブシステムの開発・製造を社外に委託した.このIBMの決定は,歴史が語るように,企業の参入・退場(IBM自身の退場も含む)を繰り返しながら,過去35年にわたって,パーソナル・コンピューターに係わる多様なイノベーションを加速させてきた.このような技術システムのサブシステムへの分割は,図 2.14 の模式図に示すようにイノベーション・プロセスを複数のイノベーション・プロセスおよび価値創成網に分割することになる.このような事象を,本書ではイノベーション・プロセスの分割と呼ぶことにする.

2.5.4 価値創成網の展開・持続様態

図 2.10 に示すような,科学的発見・技術開発をもとにした多重展開においては,それぞれまったく別の価値創成網が形成されることになるが,少なくとも,そのコアとなる科学的発見・基礎技術に係わる価値創成源の担い手は,多重展開の前後で重複すると考えられる.このように図 2.10-図 2.14 に示した,

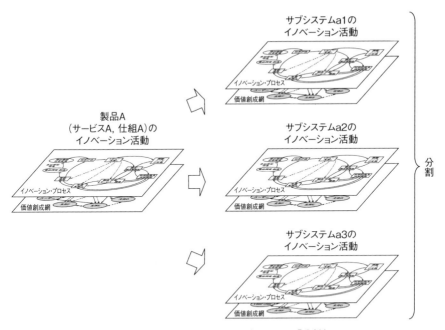

図 2.14 イノベーション・プロセスの「分割」

　イノベーション・プロセスの多重展開・結合・分割は，価値創成網の何らかの変容・持続を生むと思われる．その変容・持続の様態は，大別して図 2.15 に示すような 2 種類があると考えられる．

　その 1 つは，図中パターン 1 のように，あるイノベーション・プロセスに関与した主体（群）が，他のプロセスにより形成される価値創成網にも関与し，他主体と連携・協働するが，どの主体が展開・結合・分割後の価値創成網に参画するのかは，固定的ではなく流動的という様態である．

　もう 1 つは，図中パターン 2 として示すように，ある特定の主体（図中：主体 A）が，多重展開・結合・分割されるイノベーション・プロセスで形成される価値創成網のすべてに関与していくという様態である．固定的な中核的主体が見られる後者のパターンは，「ビジネス・エコシステム」にあたると解釈できる．

　現代のような情報化社会が形成される以前は，価値創成網の形成には，相当

2.5　イノベーション・プロセスの展開・発展　　41

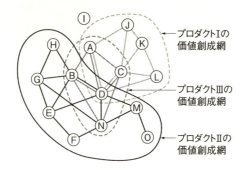

ビジネス・エコシステム

図 2.15 イノベーション・プロセスの展開・結合・分割による，価値創成網の変容・持続

な労力と時日を要した．そのため，いったん構成された価値創成網を変更することも容易ではなかった．しかし，現代社会においては，情報の生成量，流通量が飛躍的に増え，瞬時に情報・知識が，地理的空間的制約なく移動するようになった．デジタル情報空間に設けられたさまざまな道具・仕掛けを通じて，異業種同士，また地理的に離れた企業・組織同士の協業することが従前とは比べものにならないほどに容易となっている．いままでは一般的でなかったコミュニケーション回路が拓かれ，組織同士の知識・情報を介した連携が生まれ，さまざまな組織様態やプロセスを生み，また状況にあわせて変革し続けている．それに伴い，人々の意識，価値観や行動様式も大きく変化させつつある．かくして，情報の生成，流通のあり方の大きな変化や，情報量の飛躍的増大が，価値創成網の形成，展開，持続の様態に大きな影響を与えている．

―― コラム　ビジネス・エコシステムとは ――――――――――――――――

　Mooreらは，生物学や社会システムの研究をふまえて，共生的な関係を構築し持続させていくメタファーとしてビジネス・エコ・システムという言葉を用いるようになった（Moore 1993）．これは，共通のプラットフォームで結びつけられた別々の得意分野を持った主体同士のネットワークである．Mooreはビジネス・エコ・システムを「価値を持った製品・サービスを顧客に提供する人・組織の相互連携を基盤としたビジネスの世界における有機体ともいうべき経済的コミュニティ」と表現している（Moore 1996）．時間の経過とともに，この経済的コミュニティのメンバーは協働しつつその能力を磨き役割分担を滑らかにしていき，中核組織の示す方向に連携して活動することができるようになっていく．このようなリーダーシップを振るう人・組織は，投資・努力を整合させ，相互扶助的役割を明確にしつつ，メンバーが共有するビジョンの実現を促していく．

　こうした持続的発展性を内包したエコシステムにはさまざまな産業の主体が参画し，協働的にイノベーションを進めていく．市場における競争は，企業間の競争ではなく，エコ・システム同士の競争となっており，その勝者が重要な豊益潤福の増進を生むと考えられている．分担協調型イノベーションは，ビジネス・エコシステムと結びつきを強めている（Baldwin 2012）という指摘もある．

2.5.5　イノベーションの集積

　イノベーション・プロセスの多重展開，結合，分割が進行していくと，さまざまなイノベーションが連鎖し，集積していくことになる．イノベーションの連鎖・集積した結果について，Freemanらは，新技術システム（new technology systems），技術−経済上のパラダイム転換（changes of techno-economic paradigm）という概念を導入し，以下のように記述している（Freeman 1988, pp. 46-47；Freeman 1991; Latzer 2009）．

(1)　新技術システム（new technology systems）

　複数のイノベーションが組み合わされることによって，さまざまな産業セクターに影響を与えつつ新たなセクターを生み出すような多岐広範にわたる大きな技術内容の変化がもたらされることがある．このような複数のイノベーションの折り重なったクラスターをFreemanは新技術システムと呼んでいる．た

とえば，1940年代，50年代に起きた，複合材料に関するイノベーション群，石油化学に関するイノベーション群，射出成形・押出機械に関するイノベーション群は，その典型である．Schumpeter理論を研究していたKeirsteadは，技術的にも経済的にも相互に関連したイノベーションの群（'constellations' of innovations）という概念を提示（Keirstead 1948）しているが，新技術システムはその発展形であるとも見ることができる．

(2) 技術－経済におけるパラダイム転換（changes of techno-economic paradigm）

　技術システムにおける変化がさらに多岐広範になると，その影響は経済全体に及ぶようになる．このような変化は，さまざまなイノベーションからなるイノベーション・クラスター群を生み出し，さらに数々の新技術システムの創造を促していく．こうした変化の流れは，単に次々と新たな製品，サービス，システム，産業を生み出していくだけでなく，各経済部門に直接的もしくは間接的に何らかの影響を及ぼしていく．その変化は，特定の製品に係わる技術革新の道筋（engineering trajectories）を越えて，コスト構造，生産システム，供給システムにも至り，やがて，エンジニア，デザイナー，経営者の技術に係わる事の処し方（technological regime）を何十年にもわたって拘束するようになる．このような技術－経済（techno-economy）におけるパラダイム転換は，Schumpeterがいうところの長期のサイクルのなかで現れる創造的破壊（creative destruction）にあたる．いわゆる産業革命や，情報化社会の到来は，技術－経済におけるパラダイム転換の典型例である．

　技術－経済上のパラダイムは変化し続けている．たとえば，Henry Fordによる自動車の大量生産方式が切り拓いた大量生産の時代と，20世紀末から進行してきた情報化の時代とでは，技術－経済上のパラダイムは，表2.5に示すように大きく異なっている．

2.6　イノベーション・プロセスのパフォーマンス

　IPMモデルを下敷きにすると，イノベーション・プロセスのパフォーマンス（＝成果・実績の現れやすさの度合い）はどのようにとらえることができるであ

表2.5 第4次・第5次技術革新における技術 – 経済上のパラダイム：イノベーションを進めるうえで定石とされている基本方針．（Perez 2009）をもとに作成

石油，自動車，大量生産の時代	情報化の時代
大量生産／大規模市場	市場の細分化：ニッチな市場の増殖
規模の経済（製品および市場の規模）：水平統合（同一製品やサービスを供給している複数企業の一体化）	範囲（scope）および専門化（specialization）の経済：範囲内・専門内での規模の探求
製品の標準化	他との相違性，多様性，適応性
エネルギー密度（化石燃料ベース）	情報密度（マイクロ・エレクトロニクスを基盤としたICT）
機能上の専門分化：階層的ピラミッド	内外双方向の協働：クラスター
集中化：都心 – 郊外という二元的空間構造	多核的統合（非集中的統合）：ネットワーク空間構造
国単位でのイノベーションという発想に基づく国力の充実，国際的協約・対立	グローバリゼーション：地球全体と地域との間の絡みあい，相互交流
–	即時のコンタクトと行動：即時の世界規模でのコミュニケーション
–	資本としての知識：無形の付加価値

ろうか．ここではそのすべてのパフォーマンスを挙げることはできないが少なくとも次のような側面は，イノベーション・マネジメントの成果を計測し評価する観点から見て，重要なパフォーマンスであると考えられる．

(1) 新たな取り組み・率先（initiative）の始まりやすさ・始めやすさ

変革が創始されなければイノベーションは起きようがない．

変革創始点が立ち上がっていくためには，企図する豊益潤福の内容や，それを実現するための手段や人工物の使い勝手が魅力的で，高い潜在可能性を秘めている必要がある．そのためには卓抜した着想が次々と湧きあがるとともに，その着想を具体的な構想にまとめていく各個人の資質の向上を促すような環境，仕組，コミュニティを実現していかねばならない．

(2) 価値創成網の繋がりやすさ

プロセスの進展とともに価値創成網が次々と繋がっていくことは，多様で広範囲な価値創成源を収集する機会を高め，さらにプロセスを進展させていく．

また，イノベーション・プロセスをとりまく状況の変化にあわせて，価値創成網の繋がり方を適応させていくことも，豊益潤福の創造・増進には重要である．価値創成網の繋がり方に支障があると，活動・行動ノード間にリンクが形成されず，活動・行動ノードの間の知識・情報・成果物の流れが滞り，プロセスが頓挫してしまうおそれがある．

(3) イノベーション・プロセスの進行速度

　イノベーション・プロセスがどのくらいの速さで稼働しているかは，イノベーションの成否に影響する．プロセスの進行が遅延すると，価値創成源の適宜適切な情報・知識・能力の供給も滞り，イノベーション関係主体間のレントの維持増進（皆で進めていこうという求心力の維持向上）や，実践しながらの学び（learning by doing）を阻害し，ますます進行を阻害していくという悪循環に陥るおそれもある．さらに市場競争下で，豊益潤福を実現する別手段が先んじて普及して市場を席捲してイノベーションを実らせてしまい，進行させようとしているイノベーションの企図をくじいてしまう可能性もある．それゆえに，プロセスを滑らかに速やかに進めていくことは重要である．なお，イノベーション・プロセスの進行速度に関連し，イノベーション・プロセスを推進させる諸要因の活性度を変革駆動力（driving potential of innovative changes）と呼び用いていく．変革駆動力は，豊益潤福の増進に対する期待，見通しや，価値創成源の集積・組み合わせ・融合の度合いと密接に関連すると考えられる．

(4) イノベーションの多重展開度合い

　イノベーションが連鎖して，どのくらいの新技術システムとして発展させていけるかは，イノベーションの成果の意義を表す一側面となる．本書では，ひとつのイノベーション・プロセスが他の目的のイノベーション・プロセスとして展開していくことを推進させる諸要因の活性度を変革展開力（evolving and adapting potential of innovative changes）と呼び用いていく．

　以下の章においては，これらのパフォーマンスを向上させるための考え方を，さまざまな角度から学んでいくことになる．

2.7 本書の構成

　本書では，第Ⅱ部以降，本章で設定した IPM モデル − 価値創成網の連成系からなる IM モデルを共通の下敷きにして，現代社会における多様なイノベーションの類型や，イノベーション・アプローチ（実現にむけての攻め口）のやりようの構造を，既往の理論知，経験知を用いて描き出していく．描き出しにあたっては，それぞれの類型，アプローチの成立条件・適用範囲を能う限り明確にすることを試みていく．

　本第Ⅰ部に続く第Ⅱ部（第3-6章）においては，過去の研究群において一定の合意が得られていると考えられるイノベーション類型のプロセスや組織様態の構造を描き出し，既往の理論知，経験知をプロセスや組織様態の「設計事例集」の中に書きこむような意識で整理していく．個々のイノベーションは独自の目的を持ち，おかれている条件も千差万別であるが，過去の事例との間に，類似点がまったくないわけではない．過去に人類が経験したイノベーションを類型化し，各類型のプロセスや組織様態の構造に見られる理論的もしくは経験的共通則を適宜参照できることは，イノベーションを企画し推進しようとする者にとってみれば有益な示唆となるはずである．

　第3章では，科学的発見・技術開発とイノベーションとの関連に係わる学説の展開経緯を追って，科学・技術による創動を基軸としたイノベーション類型の概念と特性について，IM モデルによるプロセスと組織の構造の「設計図」を下敷きにして知見を整理していく．

　第4章では，技術の変化や，技術の構成が，イノベーション・プロセスや価値創成網とどのように関連するのかという点に焦点を当てたイノベーション類型についてそのプロセス・組織の構造の「設計図」を下敷きにして学ぶ．まず，漸進的イノベーションおよび抜本的イノベーションの対概念を学ぶ．次に，人工物の構成則に着目し，構成部品イノベーション，構成則イノベーションの対概念を学んでいく．また，地歩持続型イノベーション，地歩崩壊型イノベーションの対概念を学び，さらに，漸進的・抜本的，地歩持続型・地歩崩壊型の対概念同士の関係も整理する．

引き続く，第5, 6章では，イノベーションに係わる主体間関係に焦点を当てたイノベーション類型を取り扱う．

第5章では，オープン・イノベーションなどについてそのプロセスや組織様態の構造を下敷きにして知見を整理していく．

第6章では，ユーザー・イノベーションについて，IMモデルを下敷きに，ユーザーと供給者との分担協調型イノベーション・プロセスの構造を描き，そこから見えてくるユーザー・イノベーションに係わる留意点を整理する．

第Ⅲ部（第7-10章）では，イノベーション・アプローチについて学んでいく．

第7章では，デザインとイノベーションに係わる諸概念を整理したうえで，「人間本位の考え方」を基軸とするデザイン思考（design thinking），デザインに駆動されたイノベーション（design driven innovation）という2種類のアプローチについて学び，そのプロセスや組織の構造をふまえ変革駆動力，変革展開力向上のための方策について考察していく．

第8章では，使用価値に視座をおいたイノベーション・アプローチという，いま進行しつつあるパラダイム転換について概観したうえで，そのアプローチが，変革創始，価値創成網形成，変革駆動力向上にどのように貢献していく可能性があるのか，そのプロセス，組織の構造をふまえ知見を整理する．

第9章では，社会的イノベーション（social innovation）といわれているイノベーション事例を概観したうえで，社会的価値を向上させることに基軸をおくイノベーション・アプローチが，変革創始，価値創成網形成，変革駆動力向上に関して，どのような可能性を持っているのかを整理する．

第10章では，第7-9章で学んだイノベーション・アプローチの前提となる，専門分野・領域の境界や枠を超えた価値創成網の形成・発展に資するような，主体間の何らかのコミュニケーション回路や，何らかの人間関係・信頼関係などの社会的環境を，イノベーション・コミュニティと名付け，そのあり方について考察していく．

第Ⅳ部（第11, 12章）は，第Ⅰ-Ⅲ部で整理した知見をふまえて，我が国の現状を概観し，日本でイノベーションを進めていくためにはどのような戦略をとるべきかについて考察する．

第11章においては，IPMモデル‐価値創成網の枠組みから見た，日本の技

術・経済・社会システムに潜むイノベーション・マネジメントに係わる構造的問題を整理し，国全体のイノベーション・システムという枠組を設定したうえで，次のような8個の戦略策定上での論点を提示する．
- 論点1：システムのシステム（SoS）戦略の脆弱さ
- 論点2：垂直統合による可能性狭窄
- 論点3：潤福増進指向の薄弱さ
- 論点4：人工物概念の創造活動の低調さ
- 論点5：複合障害要因による「不動如山」状況
- 論点6：繋がり形成のための変革促進役不足
- 論点7：イノベーション・コミュニティ基盤の脆弱さ
- 論点8：イノベーション・プロセス駆動促進に関する経験知の未成熟

第12章は，これら8つの論点を受け，日本の未来に向けて，我々がとるべき戦略について提言する．

参考文献

Allee, V. (2000) "Reconfiguring the Value Network," *Journal of Business Strategy*, Vol. 21(4): 36-39.
Allee, V. (2008) "Value Network Analysis and Value Conversion of Tangible and Intangible Assets," *Journal of Intellectual Capital*, Vol. 9(1): 5-24.
Allee, V., O. Schwabe and M. K. Babb (2015) *Value Networks and the True Nature of Collaboration*, Meghan-Kiffer Press.
Baldwin, C. Y. (2012) "Organization Design for Business Ecosystems," *Journal of Organization Design*, Vol. 1(1): 20-23.
Christensen, C. M. (1997) *The Innovator's Dilemma: When New Technologies Cause Great Firms to Fail*, Harvard Business School Press, Boston, MA.
De Backer, K. (ed.) (2008) *Open Innovation in Global Networks*, Organization for Economic, OECD Publishing.
Freeman, C. (1974) *The Economics of Industrial Innovation*, Penguin Books, Harmondsworth.
Freeman, C. and C. Perez (1988) "Structural Crises of Adjustment, Business Cycles and Investment Behaviour," Dosi, G., C. Freeman, R. Nelson and L. Soete (eds.), *Technical Change and Economic Theory*, Pinter, London, pp. 38-66.
Freeman, C. (1991) "Innovation, Changes of Techno-economic Paradigm and Biological Analogies in Economics," *Revue économique*, Vol. 42(2): 211-232.
Freeman, C. (1996) "The Greening of Technology and Models of Innovation," *Technological Forecasting and Social Change*, Vol. 53(1): 27-39.

Howells, J. (2006) "Intermediation and the Role of Intermediaries in Innovation," *Research Policy*, Vol. 35(5): 715-728.
Jarillo, J. C. (1988) "On Strategic Networks," *Strategic Management Journal*, Vol. 9(1): 31-41.
Keirstead, B. S. (1948) *The Theory of Economic Change*, Macmillan, Toronto.
Latzer, M. (2009) "Information and Communication Technology Innovations: Radical and Disruptive?," *New Media & Society*, Vol. 11(4): 599-619.
Lundvall, B. Å. (1985) *Product Innovation and User-Producer Interaction*, Aalborg Universitetsforlag.
Moore, J. F. (1993) "Predators and Prey: A New Ecology of Competition," *Harvard Business Review*, Vol. 71: 75-86.
Moore, J. F. (1996) *The Death of Competition: Leadership and Strategy in the Age of Business Ecosystems*, Harper Collins Publishers.
Ozaki, R. (2011) "Adopting Sustainable Innovation: What Makes Consumers Sign up to Green Electricity?," *Business Strategy and the Environment*, Vol. 20(1): 1-17.
Peppard, J. and A. Rylander (2006) "From Value Chain to Value Network: Insights for Mobile Operators," *European Management Journal*, Vol. 24(2): 128-141.
Perez, C. (2009) "Technological Revolutions and Techno-economic Paradigms," *Cambridge Journal of Economics*, Doi:10.1093/cje/bep051.
Schumpeter, J. A. (1939) *Business Cycles*, Vol. 1, New York: McGraw-Hill, pp. 161-74.
Stewart, J. and S. Hyysalo (2008) "Intermediaries, Users and Social Learning in Technological Innovation," *International Journal of Innovation Management*, Vol. 12(3): 295-325.
Von Hippel, E. (1988) *The Sources of Innovation*, Oxford University Press.
阪上隆英 (2001) "赤外線サーモグラフィの現状と非破壊評価への適用,"『日本実験力学会研究発表講演会講演論文集』Vol. 1: 145-146.

第Ⅱ部
イノベーション類型

　イノベーションは技術的，経済的，社会的営為であり，個々のイノベーションをとりまく技術的，経済的，社会的環境は千差万別である．また，その実現しようとしている豊益潤福の内容も同一ではない．それゆえに個々のイノベーションは，不同不二の事象であると認識すべきである．時々刻々変化する事象をマネジメントしていくための能力は，通り一遍の座学だけでは修得できるものではなく，自分自身の持ち味にあわせて身につけていくべき知の運用術であり活術なのである．

　自分自身の持ち味にあわせた知の運用術は，唯我独尊の思考方法を指しているのではない．過去の膨大なイノベーション事例のなかから抽出された法則や理論を理解するとともに，教訓などの経験知を導き出し，自らが直面するイノベーション対象にあわせて，理論知，経験知を適用していく知の運用術を指しているのである．こうした知の運用術は，次のような知識や能力が基盤となる．

① 過去のイノベーション事例から得られた理論知を体系的に理解しているとともに，それらの事例から自ら経験知を抽出し咀嚼できていること．

② 直面する個々のイノベーションをとりまくコンテクストを読み取れること．ここでいうコンテクストとは，イノベーションをとりまく技術的，経済的，社会的環境，および実現すべき豊益潤福の内容を指す．

③ コンテクストにあわせて，理論知，経験知を参照・適用し，イノベーション・プロセスを進捗させていくための意志決定をすること．

　個々のイノベーションは無二無三の事象であるが，類似の環境，類似の目的

において創始されたイノベーション事例の間には，何らかの共通性を見出しうると考えられる．イノベーション・マネジメントにおいては，自らが直面するコンテクストにあわせて，理論知，経験知を実践知に変換し適用することは，その実践の一助となるはずである．

　こうした観点から，第3-6章においては，過去の研究群において一定の合意が得られていると思われるイノベーション類型に関する知見について，IMモデルの下敷きのうえで整理しつつ学んでいくことにする．

第3章
科学・技術による創動を基軸とした
イノベーション類型

　産業革命以来，蒸気機関，鉄道，電気機器，自動車，コンピューター，情報ネットワークなど新技術の開発・普及・利活用が，経済社会に大きな変革をもたらすイノベーションを生み出してきた．また，現代社会にあって，各国とも科学・技術の振興をイノベーション政策の柱石に据えていることが象徴するように，科学的発見や技術開発は，イノベーション・プロセスを創始させていくうえで，大きな役割を担うと認識されている．それゆえに，科学的発見・技術開発とイノベーションとの関連については，前世紀以来，多くの研究者が学説を展開し，その特性を理解するための類型概念（type concept）を提示してきた．

　では，これらの類型概念は，前章で提示された，IPM モデル – 価値創成網の連成系による IM モデルを用いると，どのように描けるのであろうか．

　また，イノベーションをとりまくコンテクストに応じて理論知，経験知を適用する観点から見て，それらの類型に係わる既往の学説・知見をどのように解釈すればよいであろうか．

　本章では，以上のような疑問への答えを得る端緒を提供すべく，科学的発見・技術開発とイノベーションとの関連に係わる学説の展開経緯を追って，科学・技術による創動を基軸とした以下の3つのイノベーション類型の概念と特性について学んでいくこととする．

- 第1世代類型（1940年代から1960年代後半）
  科学推動型（science/technology push 型）イノベーション
- 第2世代類型（1960年代後半から1970年代後半）
  課題引動型（demand/market/need pull 型）イノベーション

• 第3世代類型（1970年代後半から1980年代後半）
  推し引き互動型（coupling/interactive model型）イノベーション

3.1 第1世代：科学推動型イノベーション

　ペニシリンの発見や，紡績機，蒸気機関，大量生産システム，マイクロ・プロセッサーの技術開発など，科学的発見や，基礎的技術の開発が創始点となって，大きな変革を生むイノベーションは，既往の文献では，science push innovation，またはtechnology push innovationと呼ばれてきた．本書では，これらを総称して科学推動型イノベーション[1]と呼ぶこととする．

　科学推動型イノベーションは，イノベーションに係わる研究のなかでももっとも古典的な類型であるといわれている．既往文献では，科学推動型イノベーションのプロセスを，図3.1のように一方向の単線型プロセスとして描いている．たとえば，図3.1では，そのプロセスは，基礎科学における発見→科学的基本原理の応用（エンジニアリング・設計）→生産製造→営業→販売，という単線型プロセスとして描かれている（Dodgson 2005; Marinova 2003）．また，他の文献では，基礎研究，発明，初期技術開発，製品開発，生産・営業の5段階からなる単線型プロセスとして描かれている（たとえば，Branscomb 2002; Auerswald 2003）．

　イノベーション研究において，科学推動型イノベーションは，もっとも古典的な類型であるとされる．しかし，Freemanによれば，科学推動型イノベーションという類型の理論的柱石になるような学術的原典を辿ることは困難であるという．ただし，Freemanは，Bushが1945年7月に米国大統領宛に提出した報告書 "Science: The Endless Frontier"(Bush 1945) が，科学，技術，イノベーションの単線型モデルを紹介したことによって，米国をはじめ各国の政策担当者に対して与えた影響は大であったと指摘している（Freeman 1996）．Rothwellによる要約を引用するならばBushの主張は，「基礎科学における発見は，結果として技術開発を促し，やがて新製品や新プロセスを市場に登場させていく

---

1)　日本では，技術の押し込み型イノベーションとも呼ばれている（たとえば，児玉2004）．

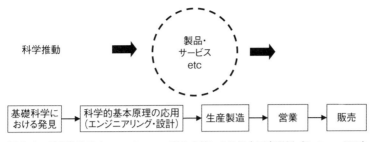

図 3.1 科学推動型イノベーション：既往文献による概念図表現例（Dodgson 2005）

流れをつくっていく」というものであった[2]（Rothwell 1985, p. 49）.

　第2次世界大戦中，米国は広い意味での軍事利用を目途に科学に対する巨額の投資を行ってきたが，Bush の報告書は，戦争終了後も国家が科学に対して巨額な投資をする理論的根拠になった．多大な研究開発投資をして，優れた科学の創成，技術開発をすることが，イノベーションを成功させるという考え方が政策担当者の思考を支配し，科学推動型イノベーションというモデルが暗黙の前提となった．NSF（アメリカ国立科学財団），NIH（アメリカ国立衛生研究所），NASA（アメリカ航空宇宙局），ONA（海軍研究局）など連邦政府機関が科学・技術に対する投資を本格的に支援する体制が成立し，原子力，宇宙分野などで科学・技術に対する国家による巨額の投資が行われた．科学推動型イノベーションは，まず概念が形成され，その概念を裏付けるような国家規模の投資が行われ，展開されてきたとみることもできるように思われる[3]．

---

[2] Bush は原著では次のように述べている．「基礎研究は新たな知識を導く．それは科学的な『資本』を提供する．それは知識の実際の利活用をひきおこす源となる資金を生み出す．新製品や新プロセスは完全に成熟した形で出現するのではない．それらは純粋な科学の領域における血の滲むような思いで開発された新たな原理や，新たな構想に基づいてはじめて成立するのである」（Bush 1945, p. 241）.

[3] ただし，高速増殖炉，コンコルド超音速旅客機など革新的技術への巨大な政府投資にもかかわらず幻滅を抱かせるような結果に至った事例も少なくない．後年になり，革新的技術への投資は生産性を向上させるなどの副次的効果もあるという論理，あるいは失敗はあるものの高い確率で投資回収できるのだという論理が前面に出されるようになっていった（Freeman 1996）.

3.1.1　IPM モデルから見た科学推動型イノベーションのプロセス

　科学推動型イノベーションは，図 3.1 のような単線型プロセスとして描かれてきたが，本書では前章にて設定した IPM モデルの複線型循環プロセスの一部に相当すると解釈し，既往の知見をレビューしていくこととする．というのは，IPM モデルを用いると，ひとくちに科学推動型イノベーションといっても，その径路・道すじが異なることが，整理できるからである．以下，IPM モデルの活動・行動ノードを結ぶ矢印線のなかのどの径路・道すじが，その単線型プロセスに相当するかを整理していく．具体的には，図 3.2 に示す 3 つの径路が相当する．

(1)　径路 1：科学的発見・技術開発→製品・仕組・サービスの開発
　科学的発見・技術開発が，新たな製品・仕組・サービスを生むことによりイノベーション・プロセスが創始され動かされていくケース．たとえば，新たな物質の開発や，物質の新たな性質の発見が，次のような事例のように，画期的な製品を生み出し，豊益潤福を増進させるイノベーションを生んでいる．
　　・大村智，Campbell が Avermectin という薬種を発見したことによって，特

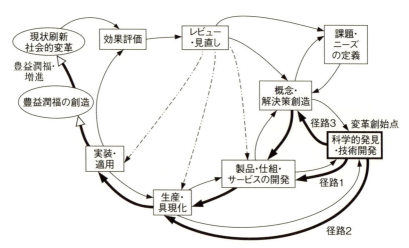

図 3.2　科学推動型イノベーション・プロセスにおける 3 つの径路（IPM モデルによる）

効薬 ivermectin が開発された事例.

　　Avermectin を元に製造された ivermectin は，寄生虫に起因しアフリカや中南米で猖獗を極めた，河川盲目症とリンパ系フィラリア症の発症を飛躍的に減少させ，その予防に劇的な効果を発揮した．アフリカを中心に 2 億人を失明のリスクから救ったといわれている．

・赤崎勇，天野浩が，窒化ガリウム（GaN）の単結晶や p 型 GaN 結晶の作成に成功したことによって，青色 LED が実現する途が拓かれた事例

　　赤，黄緑，青の三原色の LED が揃ったことによってあらゆる色を LED で発色できるようになり，照明によるエネルギー使用量を飛躍的に減らし，配電網が整備されていない国・地域の人々にも人工照明の恩恵を届けることができるようになった．

(2) 径路 2：科学的発見・技術開発→生産・具現化→実装・適用

　科学的発見・技術開発が，製品・仕組・サービスの生産・具現化方法を変革することにより，イノベーション・プロセスが創始され動かされていくケース．たとえば，下記のような事例があたる．

- 溶接ロボットなど産業用ロボットの開発により，自動車製造ラインの自動化が実現した事例．
- B 型肝炎ウィルスの表面抗原の遺伝子を酵母に組み込んで酵母に表面抗原だけを生産させることができるようになったことにより，安全な B 型肝炎ワクチンを安定的に効率よく製造する方法が確立した事例．
- 積層造形法の開発が 3 次元プリンターという新たな製造手段を生んだことにより，ユーザーが製造過程に関与するという生産・供給プロセス上の大きな変革を生みつつある事例．

(3) 径路 3：科学的発見・技術開発→概念・解決策創造

　科学的発見・技術開発が，概念・解決策を創造することにより，イノベーション・プロセスが創始され動かされていくケース．

　ある特性を持った新材料が開発された後に，その材料特性が材料の新たな用途の概念の創造，すなわち，「用途開発」による解決策の創造を誘発し，イノ

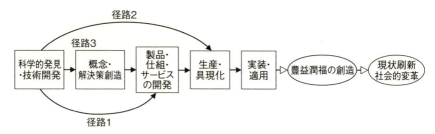

図 3.3 科学推動型イノベーションの表現：IPM モデル中の相当する単線型径路を抽出した表現

ベーション・プロセスが創始されていくケースはその典型である．たとえば，水中の酸化チタン（TiO_2）に光を照射すると水が水素と酸素に分解されるという現象（本多・藤嶋効果）の発見は，「酸化分解力」の発現による消臭，抗菌，防汚という用途の開発を誘発した．また，「超親水性」の発現による防曇，防汚（セルフクリーニング効果）という用途の開発も誘発した．これにより，住宅関連分野，浄化機器分野，生活・医療分野における多種多様な光触媒製品が開発され，さまざまな豊益潤福の増進を促している．

以上のように，ひとくちに科学推動型イノベーションといっても，IPM モデルを下敷きに整理してみると，図 3.2，図 3.3 に示すように異なるイノベーションの径路が含まれていると考えられる．なお図 3.3 は，IPM モデルのプロセスのうち，相当する単線型の径路だけを抽出し表現したものである．径路によって価値創成網の形成も異なってくるだけに，この差異を認識しておくことは，科学的発見・技術開発を変革創始点とするイノベーションを企画しマネジメントするためにはきわめて重要である．

3.1.2　IPM モデルによる「死の谷」の分析

　IPM モデルは，いわゆる「死の谷」の分析に活用できる．

(1)　死の谷とは何か
　科学的発見・技術開発から，イノベーションという果実が得られるまでには

さまざまな不確実な要因が作用するため，当事者の意図とは裏腹に，プロセスの進行遅延に当事者が耐えきれなくなったり，中途で頓挫することもたびたびである．科学的発見・技術開発を変革創始点とするイノベーションの流れ (sequence) が中断中止する事象は，死の谷 (valley of death) と呼ばれている．死の谷という表現は，児玉によれば，米国の下院科学委員会副委員長 Ehlers（物理学で Ph.D. を保有）が報告書 "Unlocking Our Future"（Ehlers 1998）のなかで，連邦政府の資金供給の対象である基礎研究と，民間企業が行う応用研究開発の間のギャップがますます拡大していくという現象を表現するために用いたのが初出であるという（児玉 2003）．以来，「科学の進歩の成果を，研究室のベンチから商業的に成功したビジネスまたは製品を生む現場に送り込むことを阻む障害を表す概念」（House of Commons Science and Technology Committee 2013, p. 3）として幅広く用いられてきた[4]．

(2) IPM モデルによる死の谷の表現

図 3.4 は IPM モデルを下敷きに「死の谷」を表したものである．ここでは，「研究室のベンチから現場に送り込むことを阻む障害」は，前節で整理した科学推動型イノベーションのプロセスの径路 1 から径路 3 の径路（図 3.2）に係わる齟齬として考えることができる．であるとすれば図 3.4 のように，活動・行動ノードを結ぶ矢印線①-⑥の流れの阻害として表すことができる．既往のイノベーションに関する多くの論考では，主として径路 1 における齟齬，すなわち矢印線①，②，③に係わる齟齬を「死の谷」として呼んでいる．たとえば，Branscomb らは，初期技術開発（early stage technology development）段階で資金不足になり，頓挫する事例が多いと指摘している（Branscomb 2002; Auerswald 2003）[5]．しかし，IPM モデルを下敷きに考えてみれば，たとえば用

---

[4] たとえば，『日本経済新聞』2015 年 4 月 8 日付け電子版は，iPS 細胞の研究でノーベル賞を受賞した山中伸弥・京都大学教授が同紙のインタビューに応じ，科学技術分野で日本発のイノベーションが次々と生まれていくためには，「大学と企業の間にあるギャップ，『死の谷』を埋める必要がある」と表現したことを伝えている．

[5] Branscomb らは，イノベーションのプロセスを，1. 基礎研究，2. 発明，3. 初期技術開発，4. 製品開発，5. 生産・営業の 5 段階からなる単線型プロセスとして表現し，3. 初期技術開発が隘路になると指摘している．

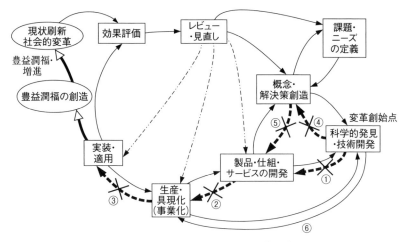

図3.4 IPMモデルによる「死の谷」の表現

途開発などにより矢印線④,⑤の径路を拓けば「死の谷」を乗り越えられる可能性がある場合もあると考えられる.

(3) ダーウィンの海

死の谷という表現では,本質を見誤るという見解もある.たとえば,米国国立標準技術研究所(NIST)の報告書において,著者のBranscombらは,基礎研究と実用化研究の間に深く谷が刻まれていて,その谷底を誰もいない荒れ地(a barren territory)として描かれているという比喩は現実から遊離していると指摘し,むしろ「ダーウィンの海(Darwin's sea)」という比喩を用いた方が現実にあっていると述べている(Branscomb 2002).科学・技術と,ビジネス・金融の両岸の間には海が横たわっていて,そこに棲む大小の魚同士の弱肉強食により,技術的着想も,起業をはじめとするビジネスの企図も淘汰され,創造性,敏捷性,持続性のあるものが生き残っていく比喩の方が現実を表しているというのである.

Branscombらは,「ダーウィンの海」のまわりには,具体的には,次のような隘路があるとしている(Branscomb 2002).

a.実用化研究への動機づけの弱さ

コラム 「魔の川」は日本だけで用いられている

日本においては，科学推動型イノベーションにおける齟齬を次のように3区分してとらえる見解もある（たとえば，出川 2005）．

魔の川：1つの研究開発プロジェクトが基礎的な研究から出発して，製品化を目指す開発段階へと進めるかどうかの関門

死の谷：開発段階へと進んだプロジェクトが，事業化段階へ進めるかどうかの関門

ダーウィンの海：事業化されて市場に出された製品やサービスが，他企業との競争や真の顧客の受容という荒波にもまれる関門

しかし，筆者が調べた限り，魔の川，死の谷，ダーウィンの海を直列的に並べてプロセスをとらえている事例は，日本人の著者による論考以外，英語文献で見出すことができなかった．そもそも，魔の川（devil river?）という語を英語圏のイノベーション研究で用いている事例はまったくないといってよい．原典に立ち返って理解すれば，「死の谷」と「ダーウィンの海」は対立的な比喩なのであって，これらを並列的に並べることはそのそれぞれの原典が指し示す意味に立ち返るならば奇異なことといわねばならない．

科学者・技術者は，新商品開発の基礎になるような科学・技術のブレークスルーに意欲を燃やすが，実用化研究に対する動機づけに乏しい．

b．科学・技術者と企業家との分断

科学・技術者は何が科学的に面白く，何が技術的に可能であるのか，あるいは，革新的であるかに関心を持つ．一方，企業家は出資者に対する責任感に依拠した考え方をする．両者の間の「言葉」は異なり，そのコミュニケーションは必ずしもうまくいかない

c．資金源不足

基礎研究に対しては政府資金などが支出されている．有望な製品の開発にはベンチャー・キャピタルなどが資金を提供する．しかし，実証研究と製品開発とを繋ぐ初期技術開発については，不確実性・リスクも高く，費用もかさむことから，資金源を獲得しづらい．

d．可能性を高める仕組の未成熟さ

新製品の流通供給，新技術を使いこなすためのトレーニングやサービス，用

表 3.1 液晶技術における「死の谷」「ダーウィンの海」の克服例.（児玉 2003）をもとに作成

- 1962 年米国の RCA（Radio Corporation of America）社 David Sarnoff 研究所の Dick Williams が液晶を 2 枚の透明電極で挟んで電圧をかけると特有のパターンが生じることを発見したことをきっかけに，1968 年に同社の George Heilmeier らが液晶ディスプレイ（liquid crystal display）の先駆けとなる表示装置を開発した．

- Heilmeier らは，「夢の壁掛けテレビはほんの数年で実現する」と述べ，種々の製品を試作したが，同社は結局商品化を断念した．

- 電気卓上計算機（電卓）メーカーとして熾烈な競争をしていた日本のシャープ社は，乾電池で長時間稼働できる小型薄型化された電卓を実現するため，液晶表示技術および集積回路技術を採用することとし，1973 年に液晶技術による長寿命小型薄型電卓の商品化に成功した．

- 「死の谷」にはまり込んだ「液晶表示関連の技術を製品に応用できるまでに育て上げ，量産が可能になる技術を開発したのは，日本の電卓および時計の専門メーカーであった．」（児玉 2003, p. 15）

- これにより，「長寿命・安定的な液晶表示技術の基礎」が確立し，「大画面化，高精細化，高速特性，カラー化，表示の見やすさの各方面において，技術革新が進行して，「汎用的」な表示技術の主流に」なり 21 世紀のいま夢の壁掛けテレビが実現している．

途を広げる補助商品やソフトウエアなど，可能性を高める仕組の未成熟さが実用化への足かせになりうる．

(4) 径路迂回による「死の谷」「ダーウィンの海」克服

ここで留意しなければならないことは，これら a-d の隘路は，マネジメント上での課題であり解決可能であることである．

図 3.4 において，①，②，③の隘路ばかりが，死の谷として意識されているが，実は④，⑤の隘路の存在が無視・軽視されている可能性もある．

たとえば，表 3.1 に示す液晶技術の事例や，表 3.2 に示す炭素繊維の事例（児玉 2003）は，当初の想定とは異なる用途を開発することによって，④，⑤の隘路を克服することにより，死の谷を越え，ダーウィンの海を泳ぎきっていける可能性のあることを示している．

児玉によれば，液晶技術や炭素繊維技術の事例は，「開発した技術の大量生産の製造経験をできるだけ早い時期に獲得するために，その応用を機能水準の低い製品に限定」して，「製造技術を蓄積すると同時に，付加価値の高い製品

表 3.2 炭素繊維技術における「死の谷」「ダーウィンの海」の克服例.(児玉 2003)をもとに作成

- 1961 年経済産業省大阪工業技術試験所の進藤昭男博士が PAN 系炭素繊維製造の基本原理を発表(大工試報告 317 号)して以来,未来の構造材料として日本での炭素繊維の研究開発が始まった.

- 米国,英国でも炭素繊維の研究開発は,ほぼ同時期に開始され,1963 年英国航空公社(RAE)が PAN 系高弾性炭素繊維の製造に成功した.

- 1967 年に Rolls Royce 社がファン・ブレードに炭素繊維を使用したジェットエンジン RB211 の実用化試験にこぎつけた.だが,鳥打ち込み試験(bird strike test)でファン・ブレードが破壊され,開発をやり直す必要が生じたため同社は倒産して英国政府によって国有化されてしまう.

- 1970 年東レは,進藤博士の特許実施許諾を取得し,1971 年には炭素繊維の商業生産を開始した.

- しかし,有望と思われた航空機や自動車といった大きな市場では需要は顕在化せず,高度な安全性を要求されるがゆえに研究開発や設備投資の費用ばかりが費消される「死の谷」にはまりこもうとしていた.

- そこで,東レは,ゴルフクラブ,テニスラケット,釣りざおなど,スポーツでの用途開発をして成功させ,技術開発と航空機用途での認定作業を継続させてきた.

- 1990 年にボーイング 777 の一次構造材の認定を得て以来,航空宇宙などさまざまな産業での用途が拓け,規模拡大による低廉化がさらなる需要を開拓するという好循環も起きて,今世紀に入って市場が急拡大した.

- 東レの推定によれば,2010 年度で,炭素繊維の世界シェアの約 40% を占め,他の日本メーカーをあわせると世界シェアの約 70% を占めるまでに至っている.

についての機能の学習を行い,順次,利益率の高い製品群や,特殊用途を必要とする市場へと展開させていった」成功例であるという(児玉 2003, p. 16)[6].

このことを,IPM モデル – 価値生成網の連成系から見れば,図 3.5 のような概念図として表すことができる.科学的発見・技術開発から,当初想定した製品・仕組・サービスの開発への流れが進行しない場合,新用途を含む新たな概念・解決策創造により,④→⑤の流れをつくり,新たな種類の製品・仕組・サ

---

[6] 児玉はこうした戦略をトリクルアップ戦略と呼んでいる.これは,「投資した資金を絶え間なく回収しながら技術開発を持続し,用途を順次高度化していくという,賢い財務戦略」であり,「欧米企業が『死の谷』に陥った技術を,富を生産する対岸へ無事にナビゲートすることに成功したのである」(児玉 2003, p. 16).

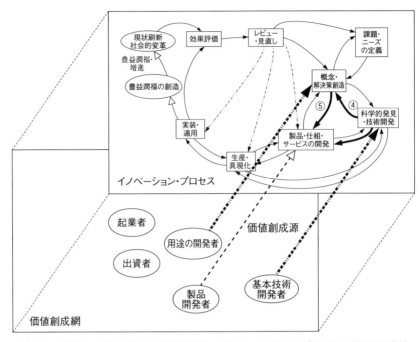

図 3.5 新概念・用途開発者を価値創成網にまきこむことによる「死の谷」克服の可能性

ービスの開発を展開して,イノベーション・プロセスを展開する.ここで肝要なことは図 3.5 に示すように,基本技術の開発者に加えて用途の開発者や,製品・仕組・サービスの開発者などを価値創成網にまきこんでさまざまな価値創成源を獲得し,イノベーション・プロセスを進めていくというマネジメント行為である.ここでいう用途の開発者には,たとえば,デザイナー,潜在的ニーズを先取りする洞察者など第 7 章で述べるデザインを基軸としたイノベーション・アプローチを担う主体や,企業の経営者やプロジェクト・マネジャなどさまざまな主体を含む.

用途の開発者には,実用化研究を動機づけるとともに,科学・技術者と企業家との橋渡しをして,資金調達にも直接・間接に貢献し,図 3.4,図 3.5 における④→⑤の流れをつくり出していくことが期待される.なお,こうした死の谷の克服過程では,科学推動型イノベーションが想定する単線型プロセスでは

なく，現実には IPM モデルが想定する，行きつ戻りつの複線型プロセスを経る可能性もあることに留意する必要がある．

そもそも，科学・技術に対する投資の意義は，単独の科学推動型のプロセスを発生させることに限定して評価されるべきではなく，イノベーション・プロセスの多重展開の可能性（図 2.10）や，新技術システムの創出など多重展開されたイノベーション・プロセスがもたらしうる集積効果の可能性も含めて理解され，構想もなされなければならない．換言するならば，特定の技術に対して巨大な投資をするのであれば，イノベーション・プロセスを多重展開させる具体的な構想，および多重展開を支える価値創成網を構築していく戦略もあわせて練り上げていく必要があると考えられる．こうした戦略を構築・実行したうえで，個々のイノベーション・プロセスにおいては，本節で述べたような，径路迂回による「死の谷」「ダーウィンの海」克服といった方策も戦術として検討されるべきであると思われる．

3.2 第 2 世代：課題引動型イノベーション

3.2.1 既往研究における課題引動型イノベーション

1960 年代に至り，課題引導型イノベーションという概念が生まれてきた．このことは，消費者との繋がりの深い企業が成長し，市場における営業の重視を基本戦略とする企業が増加し，使い手のニーズがより重要視されはじめたことと関連するともいわれている．

課題引動型イノベーションとは，既往の文献では，図 3.6 に示すように，市場のニーズを起点に

$$市場のニーズ \Longrightarrow 開発 \Longrightarrow 生産製造 \Longrightarrow 販売$$

という一方向の単線型プロセスを辿るとされ，demand pull innovation, need pull innovation, あるいは，market pull innovation と呼ばれてきた．本書ではこれらを総称して，課題引動型イノベーションと呼ぶこととする．

課題引動型イノベーションは，科学推動型イノベーションの対概念であり，

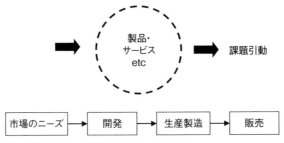

図 3.6 課題引動型イノベーション：既往文献による概念図表現（Dodgson 2005）

Myers による NSF のレポート（Myers 1969），および Schmookler の著作により形づけられたとされている（Schmookler 1966）[7]．

　Myers らの調査は，科学技術の民生分野における利活用を推進・刺激する要因を探ることを目的としたものであった．調査対象のイノベーション事例 567 例（5 種の産業）のうち 53％は市場に呼応することで生起していると指摘し，「技術的可能性を認識することよりも，要求・需要（demand）を認識することに起因するイノベーションの方が多い」（Myers 1969, p. 60）と述べ，競争環境や需要変化の激しい環境におかれた企業ほどイノベーション機会は多いと推測している．

　Schmookler は，米国における特許に関する統計を分析し，投資活動の山・谷に遅れて，発明活動の山・谷が現れることに着目した．そして，投資活動の変化が市場における需要の様態変化を表していると解釈するならば，発明やイノベーションの主たる刺激要因は，基礎科学や技術なのではなく，市場における需要の様態変化であるという仮説を提示している．Myers らのレポート，および Schmookler の著作は，数多くの文献で引用され，Freeman によれば，1960 年代から 70 年代にかけて，政策担当者に大きな影響を与えたという（Freeman 1996）．

---

7)　加えて，1968 年 Illinois 大学 TRACES プロジェクト調査チームは，大学・研究所の基礎研究があまりイノベーションを起こしていないことを指摘している．

3.2.2 IPMモデルから見た課題引動型イノベーションのプロセス

本書では，科学推動型イノベーションと同様に，課題引動型イノベーションは，IPMモデルの複線型循環プロセスの一部に相当する類型概念であると考える．具体的には，IPMモデルの以下の部分が相当すると考える．

(1) 径路1：課題・ニーズの定義→概念・解決策創造→製品・仕組・サービスの開発（図3.7）

潜在的要求・需要も含めて課題・ニーズが定義されることを変革創始点に，概念・解決策創造を経て，新たな種類の製品・仕組・サービスが開発され，イノベーションに結びついていくケース．具体的には，以下のような事例が該当すると思われる．

• 有機食品というカテゴリーの確立

食の安全性に対する要求・需要の高まりが課題・ニーズとして定義されることを変革創始点にして，「有機食材」という新たな概念が創造され，有機食材の認証システムや流通システムが開発・整備され，有機食材が市場に出廻ることによって，人々の食の潤福を増進させているとともに，農業に豊益をもたらしている．

• 個人から個人へのマイクロファイナンス導入（kiva.org など）

自ら賛意の持てる事業を援助することで開発途上国の貧困改善に貢献したいがその手段がないという潜在的篤志家の要求が課題・ニーズとして認識されることを契機に，インターネットを通じて応援したい個人事業家を見出して小口資金を融資するという解決策が着想・創造され，個人向けマイクロファイナンスの仕組が開発された．篤志活動の輪を世界中に拡げつつ，豊益潤福を生み出している．

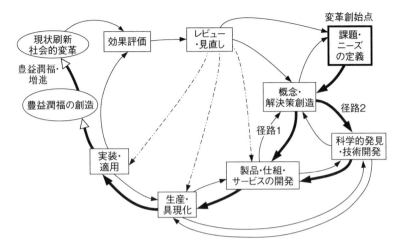

図 3.7 IPM モデルによる課題引動型イノベーション・プロセスの表現：径路 1 および径路 2

(2) 径路 2：課題・ニーズの定義→概念・解決策創造→科学的発見・技術開発→製品・仕組・サービスの開発（図 3.7）

要求・需要も含めて課題・ニーズが定義されることを変革創始点に，概念・解決策創造を経て，製品・仕組・サービスを実現するために必要な技術開発がなされたうえで，新たな種類の製品・仕組・サービスが開発され，イノベーションに結びついていくケース．たとえば，次のような事例が相当すると思われる．

- 小口荷物輸送としての宅急便

  郵便小包など従来の小口荷物の輸送に関する不便さを改善するという潜在的需要が課題・ニーズとして定義され，これに対応するため「宅急便」というサービス概念が創造された．1976 年に開始された新サービスを事業展開するため，不特定多数の荷主や貨物を対象にした物流管理システムなど業務システムが技術開発され，サービスと事業効率の高度化が継続的になされてきた．小口荷物の物流を大きく変貌させ，手ぶらでスキーやゴルフに行ったり，旅先の店から直接物品を送ることに象徴されるように日本人の生活様式も変貌させた．

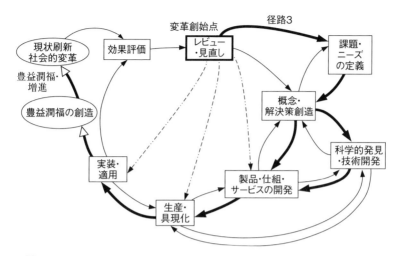

図 3.8 IPM モデルによる課題引動型イノベーション・プロセスの表現：径路 3

- 指定席券発券システム

　日本国有鉄道（現 JR グループの前身組織）は，1961 年のダイヤ改正以降，特急を増発した結果，指定席が大幅に増加し，その予約販売をいかに間違いなく効率的に行うかが課題となった．当初は，指定席の販売を管理する乗車券センターを設けて，指定席の予約情報台帳を用意し，各駅では指定席の申し込みがあると，乗車券センターに電話をかけて照会し，センターは紙台帳を照会・記入して，指定席券を発券していたという．このような人力に頼ったやりかたによる非効率性やトラブルの改善をするという要求が課題・ニーズとして定義され，これを満たすため，コンピュータをオンラインで結んで指定席券を発券するという概念・解決策が創造され，各地の駅に設置した端末機とコンピュータを結んだオンライン・システムが開発された．その導入の結果，指定席券の予約・発券の正確さや，効率性が高まり，顧客の利便性・快適性を飛躍的に向上させた．

(3) 径路 3：レビュー・見直し→課題・ニーズの定義→概念・解決策創造→科学的発見・技術開発→製品・仕組・サービスの開発（図 3.8）

　在来の製品・仕組・サービスの使われ方のレビュー・見直しを変革創始点に，

課題・ニーズが新たに定義され，新たな概念・解決策の創造を経て，必要な技術開発がなされたうえで，新たな種類の製品・仕組・サービスが開発され，イノベーションに結びついていくケース．たとえば，以下のような事例が該当すると思われる．

- 日本におけるコンビニエンス・ストア（コンビニ）のサービス拡充

    コンビニエンス・ストアは，営業時間の長いよろず小売店で人々の利便性を高めるという，図3.7における径路1での課題引動型イノベーションをまず引き起こした．その後，提供しているサービスが継続的にレビューされることを変革創始点に，新たな課題・ニーズが定義され，個人決済，発券，公共サービスの申し込みなど次々と新種の生活サービス概念・解決策が創造された．商流・物流をリアルタイムで管理するシステムをはじめとして，新サービスを支えるためのさまざまな情報システムが開発されることでこれらのサービスが実現され提供されてきた．これらの新サービスが時機をたがわずに続々と導入されたことにより，コンビニエンス・ストアは現代日本人の生活利便性を支える不可欠の存在となるまでに浸透した．

- 宅配事業者による通信販売事業者向けソリューション・サービスの提供

    前述のように，宅急便は，図3.7における径路2での課題引動型イノベーションを引き起こした．その後通信販売事業者からの受託荷物量が増加して「遅い」「希望日時に届かない」などの配送に関するトラブルが発生していることを背景に，サービスのレビューがなされた．その結果，荷主，配達先，宅配事業者にとって便益をもたらすためには即日配達を実現することが必要であるという課題・ニーズが特定された．そのうえで，商流，情報流，物流を切り離してマネジメントしていく概念・解決策が創造され，物流を一元的に宅配事業者が管理するというシステムが開発された．その結果，スムーズに商品の受注・所在管理・配送・決済を進める新サービスが可能となり，早朝・午前中に発注すれば即日配達される利便性を実現し，通信販売市場を飛躍的に拡大させた．

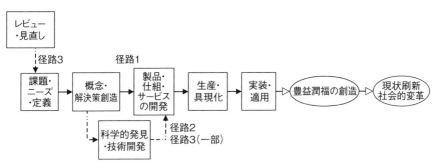

図 3.9 課題引動型イノベーションの表現：IPM モデル中の相当する単線型径路を抽出した表現

以上のように，ひとくちに課題引動型プロセスといっても，IPM モデルを下敷きに整理してみると，図 3.7, 3.8 に示したように異なるイノベーションの径路が含まれていると考えられる．IPM モデルのプロセスのうち相当する単線型の径路だけを抽出して課題引動型イノベーションを表現すると，図 3.9 のように描くことができる．

3.3　第 3 世代：押し引き互動型イノベーション

3.3.1　押し引き互動型が認識されるまでの経緯

(1)　「自らの解決策の着想と，他者の科学的発見を結びつける」

第 1 世代の科学推動型イノベーション，第 2 世代の課題引動型イノベーションという二分法は，科学・基礎技術とイノベーションの関係を認識する際には，大変わかりやすい考え方である．しかしながら，こうした二分法的な考え方には分類しがたい事例が，数多く存在する．

たとえば，狭心症や不整脈の治療成績を飛躍的に向上させたプロプラノロールという薬の開発プロセスを見てみると，James Whyte Black が狭心症や不整脈の治療のために心筋酸素消費の抑制をさせるという概念・解決策を着想したことと，イソプロテレノールという物質が β 受容体を遮断するという科学的発見は独立事象であった．Black は自らの解決策の着想と，他者による科学的発見を結びつけて，狭心症の治療ができると推論し 1962 年にプロプラノロール

の開発に成功し（神山 2013），治療成績の著しい向上をもたらしている．このイノベーション事例においては科学推動（push）と課題引動（pull）が同時に生起しており，変革創始点を，科学推動，課題引動という二分法的思考で特定するのは困難である．

(2) 単線型・二分類類型への疑問

こうした事例をふまえ，そもそも，単線型イノベーション・プロセスを暗黙の前提とした，二分法的な思考にたっては，イノベーションの本質を見失うのではあるまいか，という議論が 1970 年代から行われるようになった（たとえば，Rosenberg 1976; Freeman 1979）．それは，課題引動型イノベーションの概念の根拠となる論文への疑問から発している．

前述のように Myers らのレポート（Myers 1969），および Schmookler の著作（Schmookler 1966）は，多くの影響を与えた．一方で，研究者からの批判も多い．たとえば，Myers のレポートについては，そもそも要求・需要（demand）の定義そのものが曖昧であり，かつ，調査対象とした産業の種別や，調査対象者が，一般的知見を得るには偏りがあるのではないかと批判もされている（たとえば，Scherer 1982; Kleinknecht 1990）．また Schmookler の仮説に対しては，著作に示されたのと同じ方法を用いてより包括的に米国の製造業について調査をしたものの，特許の関係性について仮説の根拠としたほどの強い関係は見られないと指摘されている（Scherer 1982）[8]．

Mowery と Rosenberg は，単線型イノベーションを前提とした既往研究において，ニーズと要求・需要との間の区別，潜在的要求・需要（potential demand）と顕在的要求・需要（effective demand）の間の区別が曖昧であると批判している．およそ人間にとってのニーズは，非常に多様で長期間にわたって満たされないこともしばしばであるので，特定の時点に特定のイノベーションが起きたことの必然性を説明する根拠になりえないと主張している．こうしたことから，単線型イノベーション・プロセスを前提に，科学と要求・需要のいずれにイノベーションが導かれるのかと議論すること自体が不毛であり，むし

---

8) Scherer は Schmookler の分析結果をすべての製造業にあてはめるのは不適切であり，その著書の主張は，資本財に係わる発明だけに有効であると述べている．

ろ，新たに発見・開発された科学・技術と，その潜在的なユーザーとの間の複雑な交錯プロセスとしてとらえるべきであると論じている（Mowery 1979）．

(3) 科学推動・課題引動がともにはたらく

　Walsh は，1830-1980 年の化学工業における発明およびイノベーションについて分析し，複合材料，創薬，染料に係わるイノベーションの初期には科学推動的（"discovery push"）な要因が強くはたらくが，イノベーションが成熟してくると Schmookler が指摘するような課題引動的な傾向が強くなることを見出し，産業のライフサイクル段階に応じて2つの傾向が交錯するとした（Walsh 1984）．また Fleck はロボット産業についても同様の傾向が見られることを指摘している（Fleck 1983, 1988）．

　科学推動型，課題引動型といった単線型モデルにあてはめてイノベーションをとらえることの限界が広く認識されるところとなり，これに代わり，イノベーション・プロセスを，さまざまな相互関与・相互影響（interactions）やフィードバック・ループ（feedback loops）が働くようなプロセスとしてとらえる考え方が生まれてきた．たとえば，ある科学的発見をもとにイノベーションを進めようとするプロセスで遭遇する課題が再び基礎研究にフィードバックされるプロセスや，ユーザーからのフィードバックで製品・サービスが継続的に改善されていくプロセスがフィードバック・ループにあたる．

　このように，多方面との多様な結びつきやその集積効果を勘案し，イノベーションに係わる技術的変化を，イノベーション各段階の相互影響や，その結びつきの構成に着目して，俯瞰的にシステム的にとらえる考え方が，1970年代後半から有力になってきた．

(4) カップリング・モデルという発想

　このような考え方から浮かび上がってきたイノベーション類型は，カップリング・モデル（Mowery 1979），研究開発・マーケティングのカップリング（Rothwell 1994）あるいは相互作用（interactive）モデル（Rothwell 1985）と呼ばれている．本書ではこれらを総称して，押し引き互動型イノベーションと呼ぶこととする．図 3.10 は，既往研究における，押し引き互動型イノベーション

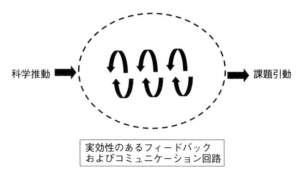

図 3.10 押し引き互動型イノベーション：既往研究による概念図表現（Dodgson 2005）

の表現例である．

3.3.2 IPM モデルから見た押し引き互動型イノベーションのプロセス

図 3.11 は，押し引き互動型イノベーションを，IPM モデルを下敷きに表現したものである．図中，概念・解決策創造の活動・行動ノードを挟み，課題・ニーズの定義，科学的発見・技術開発の間で，行きつ戻りつ進められる a，b，c，d の流れが押し引き互動型イノベーションの枢要なプロセスとなる．3 つの活動・行動ノードの間を，フィードバック・ループを描きながら結びつける a-d の流れのスムーズさと，そこで拡充展開する価値創造網の多方向性，多様性，投入される価値創成源の量および密度がイノベーションの成否に影響を与えると考えられる．

イノベーションを科学推動型 – 課題引動型という単線型モデルによってとらえるのか，押し引き互動型イノベーションに拠ってたつかで，イノベーションに係わる政策も戦略方針も異なってくる．押し引き互動型に拠ってたつのであれば，研究機関と企業との連携・ネットワークを継続的に発展させていくことによって，図 3.11 の a-d のフィードバック・ループを効率的に機能させていくことが重要になる．換言するならば，押し引き互動型イノベーションは，次のようなプロセスとして認識すべきと思われる（Soete 1993）．

① イノベーションの各段階には，さまざまな人・組織が関与し，各段階の活動は相互に関連し，関与する人・組織間の連携は多面多方向である．

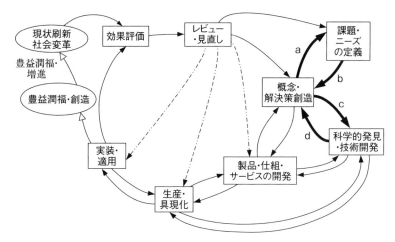

図3.11 IPMモデルによる押し引き互動型イノベーションの表現

② 関与する人・組織間のコミュニケーション経路 (communication paths) は，情報だけでなく知識移転の経路でもある．これらの情報・知識には暗黙知も含まれる．
③ 実践を通じた教訓的学び (learning) や，他の人・組織との相互関与（とくに暗黙知の場合）を通じて，知識が獲得され蓄積され，イノベーションの駆動力としてはたらいていく．
④ 知識の獲得・蓄積は，コミュニケーション経路の構造・構成・組織だてに影響される．

押し引き互動型イノベーションにおいては，優れたコミュニケーション経路を持っている組織ほど，知識獲得と蓄積を通じて，図3.11のa-dのフィードバック・ループが効率的に機能させて押し引き互動を推進し，そのイノベーション能力を加速度的に高めていくことができると考えられる．

参考文献

Auerswald, P. E. and L. M. Branscomb (2003) "Valleys of Death and Darwinian Seas: Financing the Invention to Innovation Transition in the United States", *The Journal of*

Technology Transfer, Vol. 28 (3-4): 227-239.
Branscomb, L. and P. E. Auerswald (2002) "Between Invention and Innovation An Analysis of Funding for Early-stage Technology Development," NIST GCR, 02-841.
Bush, V. (1945) "Science: The Endless Frontier," *Transactions of the Kansas Academy of Science*: 231-264.
Darroch, J. and M. P. Miles (2010) "Sources of Innovation," Narayanan, V. K. and G. C. O'Connor (eds.), *Encyclopedia of Technology and Innovation Management*, John Wiley & Sons, Chapter 14.
Dodgson, M. D. G. and A. Salter (2005) *Think, Play, Do-Technology, Innovation, and Organization*, Oxford University Press.
Drucker, P. F. (1985) "The Discipline of Innovation," *Harvard Business Review*, Vol. 63 (3): 67-73.
Edgerton, D. (2005) ""The Linear Model" did not Exist: Reflections on the History and Historiography of Science and Research in Industry in the Twentieth Century &rsq uo," Grandin, K. and N. Wormbs (eds.), *The Science-Industry Nexus: History, Policy, Implications*, Watson, New York, pp. 31-57.
Ehlers, V. (Representatives, US House of, and One Hundred Fifth Congress) (1998) "Unlocking Our Future: Toward a New National Science Policy," House Committee on Science, US Congress, Washington, DC.
European Commission Directorate General Environment (2009) Bridging the Valley of Death: Public Support for Commercialisation of Eco-innovation Final Report.
Fleck, J. (1983) "Robots in Manufacturing Organisations," G. Winch (ed.), *Information Technology in Manufacturing Processes*, Rossendale, London, pp.47-71.
Fleck, J. (1988) Innofusion or Diffusation? The Nature of Technological Development in Robotics, ESRC Programme on Information and Communication Technologies (PICT), Working Paper Series, University of Edinburgh.
Freeman C. (1974) *Economics of Industrial Innovation*, Penguin, Harmondsworth.
Freeman, C. (1979) "The Determinants of Innovation: Market Demand, Technology, and the Response to Social Problems", *Futures*, Vol. 11 (3): 206-215.
Freeman, C. (1996) "The Greening of Technology and Models of Innovation", *Technological Forecasting and Social Change*, Vol. 53 (1): 27-39.
House of Commons Science and Technology Committee (2013) *Bridging the Valley of Death: Improving the Commercialisation of Research: 8th Report of Session 2012-13*, HC348, London: The Stationery Office.
Isenson, R. (1968) "Technology in Retrospect and Critical Events in Science (Project Traces)," Illinois Institute of Technology/National Science Foundation, Chicago.
Kleinknecht, A. and B. Verspagen (1990) "Demand and Innovation: SchmooklerRe-Examined," *Research Policy*, Vol. 19: 387-394.
Kline, S. J. and N. Rosenberg (1986) "An Overview of Innovation," Landau, R. and N. Rosenberg (eds.), *The Positive Sum Strategy*, National Academy Press, Washington, D.C., pp. 275-305.
Kotsemir, M. N. and D. Meissner (2013) "Conceptualizing the Innovation Process-trends and Outlook," *Higher School of Economics Research Paper*, No. WP BPR, 10.
Marinova, D. and J. Phillimore (2003) "Models of Innovation," Shavinia, L. (ed.) *The International Handbook on Innovation*, pp. 44-53.
Mowery, D. and N. Rosenberg (1979) "The Influence of Market Demand upon Innovation: A

Critical Review of Some Recent Empirical Studies," *Research Policy*, Vol. 8 (2): 102-153.

Myers, S. and D. G. Marquis (1969) *Successful Industrial Innovations: A Study of Factors Underlying Innovation in Selected Firms*, National Science Foundation, Washington, DC, pp. 69-117.

Rosenberg, N. (1976) *Perspectives on Technology*, Cambridge University Press, Cambridge, MA.

Rothwell, R. and W. Zegveld (1985) *Reindustrialization and Technology*, Longman, Harlow.

Rothwell, R. (1994) "Towards the Fifth-generation Innovation Process," *International Marketing Review*, Vol. 11 (1): 7-31.

Scherer, F. M. (1982) "Demand-pull and Technological Invention: Schmookler Revisted," *The Journal of Industrial Economics*, Vol. 30 (3): 225-237.

Schmookler J. (1966) *Invention and Economic Growth*, Harvard University Press, Cambridge, MA.

Soete, L. and A. Arundel (1993) *An Integrated Approach to European Innovation and Technology Diffusion Policy: A Maastricht Memorandum. Commission of the European Communities*, SPRINT Programme, Luxembourg.

Walsh, V. (1984) "Invention and Innovation in the Chemical Industry: Demand-pull or Discovery-push?," *Research Policy*, Vol. 13 (4): 211-234.

神山治郎・齋藤繁 (2013)「β遮断薬の歴史と今後：アドレナリンの発見から超短時間作用型まで」,『日本集中治療医学会雑誌』, Vol. 20 (2): 227-234.

児玉文雄 (2003)「大学院教育としてのMOT (特集「産業競争力強化とMOT」」,『技術と経済』(442): 8-17.

児玉文雄 (2004)「産学連携論考――技術の受け手主導の移転パラダイム」,『技術と経済』(449): 44-53.

出川通 (2005)『図解入門ビジネス最新MOT技術経営がよーくわかる本――技術者と企業のための実践マニュアル』秀和システム.

第4章

技術変化・技術構成とイノベーション類型

　技術はいかに変化し，その変化の様態はいかにイノベーションと関連していくのであろうか．海外におけるイノベーション研究においては，技術の変化や，技術の構成と，イノベーションの様態との関連に関して，多くの研究的関心が払われ，知見が蓄積している．

　本章では，これらの既往の知見をレビューしつつ，イノベーション・マネジメントに有用と思われる知を以下のような視座から抽出し整理していく．

- 技術内容の変化のあり方と変革のあり方との関連に着目すると，いかなるイノベーション類型が見られるのか．
- 人工物の構成則（アーキテクチャ）とイノベーションはいかに関連し，そこにはいかなる類型が見られるのか．
- 技術変化に伴う市場での組織の地位の変化に着目した場合，いかなるイノベーション類型が見られるのか．

4.1 技術内容変化とイノベーション類型

　技術内容の変化のあり方と，変革のあり方との関連については，漸進的イノベーション（incremental innovation）および抜本的イノベーション（radical innovation）という二分法での類型的理解を多くの研究者が用いてきた（たとえば，Bright 1969; Rothwell 1976; Abernathy 1978; Ettlie 1984; Dewar 1986）．以下，漸進的イノベーションおよび抜本的イノベーションに関する既往の知見を筆者の解釈を交え要約する．

4.1.1 漸進的イノベーションとは

漸進的イノベーション（incremental innovation）とは，既存の製品，プロセス，組織，生産システムを継続的に改善していくことによりもたらされる変革である．ここでいう継続的改善には当事者に認識も記録もされないような小さな改善も含まれる．その個々の改善だけでは劇的効果や経済の構造的変化は生まれるものではない[1]．しかしながら，実践しながらの学び（learning by doing），使いながらの学び（learning by using）を積み重ね，一連の継続的改善を蓄積させていくことにより，社会的変革を生むことは多々ある．たとえば，いまやリーン生産方式（lean production）として世界の製造現場の方式を席捲し塗り替えた無駄を徹底的に排除したものづくり方式は，トヨタ自動車のものづくりノウハウを一般化したものであり[2]，そのノウハウはトヨタ自動車の生産現場での日々の改善運動の蓄積から生まれている．

図 4.1 は，漸進的イノベーションの概念を描いたものである．継続的改善は，スパイラル型の継続プロセスとして描くことができる．行きつ戻りつも大局的には循環プロセスを繰り返し豊益潤福を増進させていき，やがて社会的変革に至るというプロセスである．その循環プロセスを平面に投影するならば，図 4.2 の図中の太線で表現されているような循環的に繰り返していくプロセスとなる．その循環の経路は図中に示したように，レビュー・見直しから実装・適用に至る経路（①），生産・具現化に戻る経路（②），製品・仕組・サービスの開発に戻る経路（③），概念・解決策創造に戻る経路（④）が考えられる．この図に示すような繰り返しフィードバックによって豊益潤福が漸進的に生み出されていくためには，価値創成網が安定的であることは有利であると考えられる．ただし，安定的であることは価値創成網が固定的であることを意味するものではなく，フィードバックに応じて，むしろ適時適切に価値創成源が調達できる持続的適応性が求められると考えられる[3]．

---

1) それゆえに，Schumpeter は漸進的イノベーションの効果を過小評価（underestimate）していた，という見解もある（たとえば，Perez 2004）．
2) トヨタ自動車の生産方式を研究した MIT の James P. Womack や Daniel T. Jones がその要諦を一般化し，lean production と名付けた．

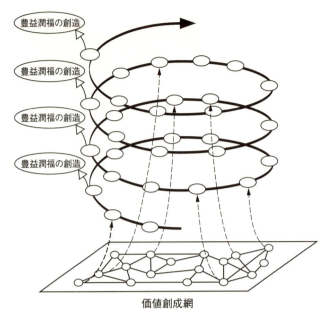

図 4.1 スパイラル型繰り返しプロセスとしての漸進的イノベーションの概念：安定的な価値創成網から提供される価値創成源を吸い込みつつプロセスを繰り返し，継続的に豊益潤福を創造していく

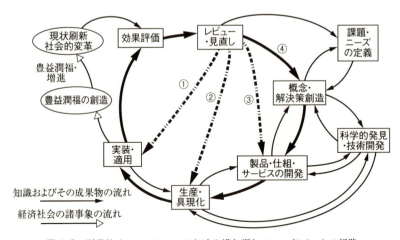

図 4.2 漸進的イノベーションにおける繰り返しフィードバックの経路

漸進的イノベーションはすでに確立した組織能力を強化することによって進めることで実現できるとされている（Henderson 1990）．したがって，漸進的イノベーションの事例は，前述のリーン生産方式をはじめとして，コンピューターにおけるユーザー・インターフェース（GUI: graphical user interfaceなど）の進化，サプライ・チェーン・マネジメント・システムの発展・進化・普及，鉄道運行システムや航空管制システムの進化，トイレ機器の高度化，火力発電の高効率化，臓器移植医療の進歩，化石燃料車の燃費向上など枚挙に暇はない．

4.1.2　抜本的イノベーションとは

抜本的イノベーション（radical innovation）とは，既存の製品，プロセス，システムを対象とした漸進的イノベーションからではけっして生まれないような非連続的な技術的変化によりもたらされるイノベーションを指す．たとえば，次のような技術内容の非連続的変化を契機とした性能の飛躍的向上や，手段・方法の革新などにより，画期的な豊益潤福の増進をもたらす変革が抜本的イノベーションにあたる．

- 駅馬車に対する汽車の登場

何台駅馬車を連ねても汽車は生まれない．

- 天然自然材に対するナイロンの登場

天然自然材をいくら改良してもナイロンは生まれない．

- 臓器移植に対する再生医療の導入

臓器移植をいくら改良しても，損傷を受けた生体機能を幹細胞などを用いて復元させる再生医療は生まれない．

- 銀行窓口決済に対するATM端末決済

銀行窓口における決済をいくら改善しても，ATM端末機器を用いた決済方法は生まれない．

- 目視観察による手術方式に対するコンピューター支援外科による手術方式

従来の目視観察をもとにした手術方式をいくら改善しても，ニューロナビゲータをはじめとするコンピューター支援機器で支援された手術方式は生まれな

---

3) 課題・ニーズの変化，技術システムの大規模化・複雑化と価値創成網の編成との関連については第5章でも言及する．

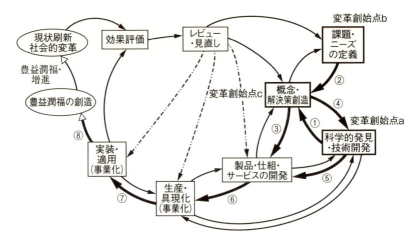

図 4.3 IPM モデルから見た抜本的イノベーションのプロセス（丸数字は表 4.1 のインデックス）

い．

- 火力発電に対する原子力発電の登場

化石燃料の燃焼装置をいくら改良しても，核分裂反応を制御・利用する装置は生まれない．

- 化石燃料エンジン自動車に対する電気自動車の登場

自動車用内燃機関をいくら改良しても，繰り返し充放電のできる二次電池による電気モーター駆動方式は生まれない．

- フィルム式カメラに対するデジタルカメラの登場

銀塩フィルムをいくら改良しても，撮像素子で撮影した画像をデジタルデータとして記録する方式は生まれない．

従来のイノベーションに係わる教科書・文献では，以上の例のような抜本的イノベーションは，その技術的内容の変化が非連続的であることをもって一様に扱われている．しかしながら，これらの事例を IPM モデルにあてはめてみると，図 4.3 に示すように，ひとくちに抜本的イノベーションといっても，その変革創始点は，科学的発見・技術開発（図中 a）だけでなく，課題・ニーズの定義（b），概念・解決策創造（c）などに分布し，一様ではないと考えられる．

表 4.1 抜本的イノベーションにおける変革創始点の事例

科学的発見・技術開発を変革創始点とする事例 ・蒸気機関の発明による汽車の登場 ・高分子からなる化学繊維の発明によるナイロンの登場 ・iPS細胞の作製を契機とした再生医療の登場 図4.3において変革に至る最短経路：科学的発見・技術開発→①→概念・解決策創造→③→製品・仕組・サービスの開発→⑥→生産・具現化→⑦→実装・適用→⑧→豊益潤福の創造
課題・ニーズの定義を変革創始点とする事例 ・サービス改善・業務効率改善を契機としたATM端末決済の導入 ・病変の立体位置のリアルタイムでの把握必要性を契機としたコンピューター支援外科による手術方式の導入 図4.3において変革に至る最短経路：課題・ニーズの定義→②→概念・解決策創造→④→科学的発見・技術開発→⑤→製品・仕組・サービスの開発→⑥→生産・具現化→⑦→実装・適用→⑧→豊益潤福の創造
概念・解決策創造を変革創始点とする事例 ・核分裂エネルギーでタービンを回転させるという概念創造を契機とした原子力発電の登場 ・電力モーターを動力源とするという概念創造を契機とした電気自動車の登場 ・画像をデジタルデータとして記録するという概念の創造に基づいたデジタルカメラの登場 図4.3において変革に至る最短経路：概念・解決策創造→④→科学的発見・技術開発→⑤→製品・仕組・サービスの開発→⑥→生産・具現化→⑦→実装・適用→⑧→豊益潤福の創造

　具体的には，前記の抜本的イノベーションの事例の変革創始点は表4.1に示すように分布する．蒸気機関の発明による汽車の登場，高分子からなる化学繊維の発明によるナイロンの登場，iPS細胞（人工多能性幹細胞）の作製を契機とした再生医療の登場は，科学的発見・技術開発が変革創始点となっている．

　一方，窓口時間の制約・待ち時間のイライラ感・金融機関の人的業務負担などの諸解題を契機にATM端末決済が生まれている．治療効果の向上のためには病変や周囲脳組織の立体的位置のリアルタイムでの正確な把握が必要なことが契機になってコンピューター支援外科による手術方式が生まれている．これらの事例は，課題・ニーズの定義が変革創始点になっている事例と考えられる．

　また，核分裂させて熱エネルギーを得て蒸気タービンを回転させるという新たな人工物概念の創造を契機に原子力発電が生まれている．また電気モーターを動力源とする自動車という新しい人工物概念の創造を契機に電気自動車が開発されている．さらに撮像素子で撮影した画像をデジタルデータとして記録す

るという新たな人工物概念の創造を契機にデジタルカメラが生まれている．これらは，概念・解決策創造を変革創始点としている事例と考えられる．

新たな人工物概念が創造される場合，必ずしも新規あるいは最先端の要素技術が用いられるとは限らない．新たな人工物概念の創造に見られる技術的内容の非連続的な変化とは，創造される新たな人工物（製品，仕組，サービス）と，従前の人工物とを比較して，下記のことがらが抜本的に変更されることを指していると考えられる．
- 構成則（system architecture, system configuration）[4]
- システムの機能・サービス（function, service/usability）
- 使い手や，社会にとっての人工物が持つ意味（meaning）[5]

イノベーション・マネジメントという立場から見て重要なことは，ひとくちに抜本的イノベーションとはいっても，必ずしも科学的発見・技術開発だけが抜本的イノベーションの変革創始点になるわけではないということである．課題・ニーズの定義や，概念・解決策創造が変革創始点となりうること（言い換えれば，科学推動型イノベーションだけでなく，課題引動型イノベーション，押し引き互動型イノベーションも抜本的イノベーションとなりうること）を認識しておくことは，一面的な理解に拘束されることなく，イノベーションを幅広くかつ柔軟に発想し企画するためには有益であると考えられる．

では，抜本的イノベーションの担い手はどのような主体で，その価値創成網はどのようになると理解すべきであろうか．図4.3，表4.1に示すように，抜本的イノベーションは，変革創始点になるかどうかにかかわらず，必ず概念・解決策創造を経る．その担い手は，構成則，または機能・サービス，もしくは人工物の意味を抜本的に変える主体，ということになる．なお，その主体が，抜本的イノベーションの前後で，入れ替わるか，継続するかは，ケースバイケースである．たとえば，現時点の日本では電気自動車の開発の担い手は，既存の自動車メーカーであり，価値創成網の中核は，化石燃料車と電気自動車で重複すると考えられる．抜本的イノベーションと4.3節で説明する地歩崩壊型イノベーションとでは語感が似ていながらも，後者は価値創成網の更新が必然で

---

4) 4.2節にて解説．
5) くわしくは，7.3.3項参照のこと．

あるのに対し，前者は必ずしもそうではないという点が異なる．

4.2 人工物の構成則とイノベーション

本節では，人工物の構成則（アーキテクチャ）に着目することにより，技術内容の変化とイノベーションとの関係について学んでいくことにする．IM モデル（IPM モデル − 価値創成網の連成系）を下敷きにして筆者の解釈を交え既往の知見を整理する．

4.2.1 モジュラー化とは

(1) モジュラー化とインテグラル化

現代社会において，人工物（製品・仕組・サービス）が複雑になればなるほど，価値創成網の複雑度も高まっていく．価値創成網の複雑度が高まれば高まるほど，関与する主体間の連携関係も複雑になり，イノベーション・プロセスの進捗に齟齬が生じるおそれが増す．人工物の複雑性を解消するために人工物の成り立ちを階層化させ (Suh 1990)，これに対応して設計タスクも，より小さい単位へと分割されるようにするという考え方が生まれ実践されてきた (von Hippel 1990)．このように，複雑な人工物を，独立したサブシステムの集合としてとらえ，それぞれのサブシステムは他と調整することなく併行して設計生産できるようにすることを，モジュラー化という．逆に，構成要素間や関与主体間の複雑な関係を包含することをインテグラル化と呼ぶ．

複雑な人工物の設計にあたっては，その構成則（アーキテクチャ）が内包する構成部品同士の相互関連性が斟酌されなければならない (Baldwin 2000)．図 4.4 の概念図に示すように，どこまでをモジュラー化し，どこをインテグラル化するかは，イノベーション・マネジメントを展開するうえで検討すべき重要な戦略事項となる．なお，図 4.4 において A-D はモジュラー化されたひとまとまりの単位（サブシステム）であり，以下モジュールと呼ぶ．

(2) 価値創成網・関与主体間マトリックスによるモジュラー化の表現

人工物をモジュラー化すると，それに対応して価値創成網の内部構造も変化

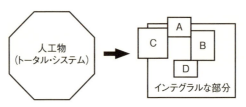

図 4.4 人工物をモジュール（サブシステム A, B, C, D）に分割することの概念図

	A	B	C	D	E	F	G	H
A	*	*	*	*		*		*
B	*	*			*	*	*	
C	*		*		*		*	
D	*				*	*		*
E		*	*	*			*	
F	*	*				*		*
G		*	*		*		*	
H	*			*		*	*	*

＊：1以上の数字の入ったセル

図 4.5 インテグラル型の人工物の Σ A-A 価値創成網・関与主体間マトリックスのイメージ

すると考えられる．第2章で取り上げた価値創成網に関与する主体（agent）間の関係を表現したマトリックス（ΣA-Aマトリックス）は価値創成網の内部構造の表現方法の1つである．このマトリックスを用いると，インテグラル型，モジュラー型の差異を表現することができる．図4.5はインテグラル型の人工物の，図4.6はモジュラー型の人工物の価値創成網の内部構造のΣA-Aマトリックスを概念的に表している．図4.5のインテグラル型では，マトリックスのほとんどのセルに1以上の数字が記入されている．これは，関与主体同士がさまざまな活動・行動ノードで何らかの関係を持っていることを示している．これに対して図4.6のモジュラー型では，表中に示すように，表の対角線まわ

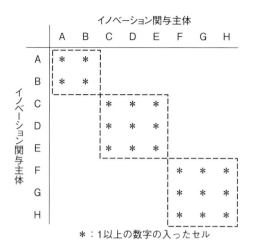

図 4.6 モジュラー型の人工物の Σ A-A 価値創成網・関与主体間マトリックスのイメージ

りの範囲にあるセルに 1 以上の数字が記入され数字が記入された部分が房をなすように分布している．図 4.5 のように人工物がインテグラル型である場合は，多数の主体との間に協働・連携があるために，仮に特定の主体に係わる事項で何らかの変更があると，変更の影響が多主体に波及する可能性がある．一方，モジュラー化された人工物の場合は変更の影響は図中に示したそれぞれの房（各モジュール）の内部にとどめることができる．図 4.5，図 4.6 は，インテグラル型の人工物の方がモジュラー型の人工物よりも価値創成網が複雑な内部構造を持っていることを示している．

(3) 「情報の固着性」とモジュラー化

情報化時代に入り，モジュラー化の利点はさらに高まっている．情報技術が普及するまでは，技術的なすりあわせをするためのコミュニケーションには多大な時間・費用が必要であった．そのため，技術のあり方も，組織のありようも，地域または領域で特化する傾向が強かった．これは，技術に係わる特定の知識が貼り付いているともいえる状態であった．

Von Hippel は，このようにある場所に所在する人・組織に貼り付いていて

他所に移転していきづらい情報を固着情報（sticky information）と呼んでいる（von Hippel 1994）．Von Hippel の定義によれば，情報の固着性（stickiness）とは，「情報をその情報を探している人が使えるような形で特定の場所に移転するためにかかる，費用負担の増加分」である．この増加費用が小さいのであれば情報の固着性は低く，費用が高いのであれば固着性は高いということになる（von Hippel 1994)[6]．

情報技術の爆発的発展と普及により，情報の処理コストは飛躍的に低廉化し，シミュレーションなどにより，実物の試作を経なくてもデザインの変更による影響を素早く評価することができるようになって，試作場所への情報の固着性は低められてきた．また，地理的には離れた主体にデジタル化された技術情報を移転することも容易にできるようになってきた．その結果，地理的に離れた主体群が特定のモジュールを分担することも容易になった．情報化の進展による情報の固着性低下と，人工物のモジュラー化とは絡みあい相乗しながら，分担協調型イノベーションが進展してきたと考えられる．20 世紀の後半の情報技術の飛躍的な発展と普及は，人工物のモジュラー化を伴いつつ，地球規模にも及ぶ高度な分担協調型イノベーションを可能にしたとみることができる．

4.2.2 Clark らによるイノベーションの分類

人工物を独立したモジュールの集合体として認識したうえで，イノベーションを構想するにあたっては，Clark らによって描かれた有名な図版（図 4.7）が参考になる（Henderson 1990）．これは，人工物構成および構成部品（モジュール）の変化に着目して，イノベーションを 4 類型に分離したものである．水平軸は構成部品の設計基本構想（core design concepts: 基本となる原理，技術，機能）の変更の有無，垂直軸は構成部品の相互関連性の変更の有無を表している．なお，本書では人工物の構成部品の相互関連性を，人工物の構成則，またはアーキテクチャ[7]と呼ぶことにする．

図 4.7 は，4 つのイノベーション類型を示している．

---

[6] 本書では，固着情報（sticky information）という用語は以降繰り返し登場する．特定のユーザーやその活動場所に貼り付いている情報をどのように取り扱うのか（第 6 章），技術者コミュニティをどこに設置するのか（第 11 章）などで用いる．

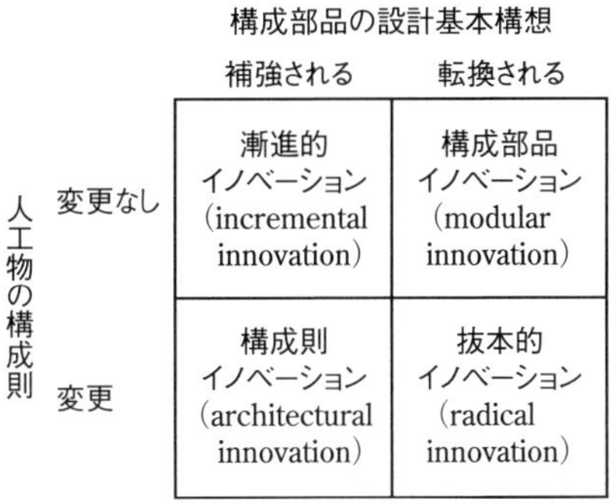

	構成部品の設計基本構想	
	補強される	転換される
人工物の構成則 変更なし	漸進的イノベーション (incremental innovation)	構成部品イノベーション (modular innovation)
人工物の構成則 変更	構成則イノベーション (architectural innovation)	抜本的イノベーション (radical innovation)

図 4.7 製品およびその技術構成の変化とイノベーション類型との関係. (Henderson 1990) をもとに作成

- 漸進的イノベーション (incremental innovation)

機能向上により構成部品の設計基本構想は補強されるものの変化はなく，人工物の構成則（アーキテクチャ）も踏襲される．

- 構成部品イノベーション (modular innovation)

構成部品の設計基本構想は転換（根本的に変更）されるが，人工物の構成則（アーキテクチャ）は踏襲される．

- 構成則イノベーション (architectural innovation)

構成部品の設計基本構想は補強されるものの変化はないが，人工物の構成則（アーキテクチャ）は変更される．

- 抜本的イノベーション (radical innovation)

機能向上により構成部品の設計基本構想は転換され，人工物の構成則（アーキテクチャ）も変更される．

図 4.8- 図 4.11 は，人工物構成則から見た，漸進的イノベーション，構成部品イノベーション，構成則イノベーション，抜本的イノベーションの概念を示したものである．

---

7) 藤本は，製品アーキテクチャとは，製品機能と製品構造をどのように対応させ，部品間のインターフェースをどのようにデザインするかに係わる基本的な設計構想であると述べている（たとえば，藤本 2001, 2002）．

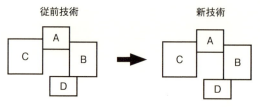

図 4.8 漸進的イノベーション：機能向上により構成部品（モジュール）の設計基本構想は補強されるが，人工物の構成則（アーキテクチャ）は変更なし

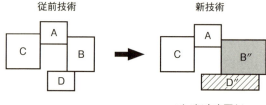

図 4.9 構成部品イノベーション：構成部品（モジュール）の設計基本構想は転換（根本的に変更）されるが，人工物の構成則（アーキテクチャ）は変更なし

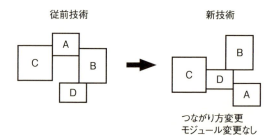

図 4.10 構成則イノベーション：機能向上により構成部品（モジュール）の設計基本構想は補強され，人工物の構成則（アーキテクチャ）は変更

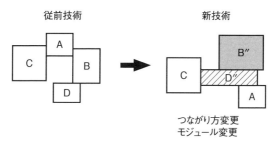

図 4.11 抜本的イノベーション：構成部品（モジュール）の設計基本構想は転換（根本的に変更）され，人工物の構成則（アーキテクチャ）も変更

4.2.3 構成則イノベーションの特性

漸進的イノベーション，抜本的イノベーションについては 4.1 節で概観した．ここでは，構成則イノベーション，構成部品イノベーションの意味するところを概観しておこう．

(1) 構成部品イノベーションの例

構成部品の設計基本構想の転換によってイノベーションが起きる事例は，枚挙に暇がないほどに私たちの身の回りで見付けることができる．

- 演算処理能力が飛躍的向上した半導体の導入による携帯電話の大容量・高速通信化
- 電動変速システムの導入による自転車の高機能化・運転快適化
- ハイブリッド駆動システム導入による自動車の化石燃料使用効率の飛躍的向上
- 高機能化した CMOS イメージセンサーの導入によるデジタルカメラの撮像速度と画質の向上
- 従前よりも機能が高度化した医療検査機器の導入による診断の精密化・迅速化

4.2 人工物の構成則とイノベーション 91

(2) 構成則イノベーションの例

　Clark ら（Henderson 1990）は，前述のように既存の構成要素間の繋ぎ方の変更によってもイノベーションが起こりうることを示し，構成則イノベーション（architectural innovation）と名付けた．構成則イノベーションは，構成部品は踏襲しつつもその構成関係を変更すること，組み合わせの新たなパターンを生み出すことによって変革をしようというもので，次のような事例を挙げることができる．

- インターネットへのオープン・アクセスによるスマートフォンのサービス端末化

　かつて携帯電話のインターネットのアクセスは，まず専用基地局（電話局）に繋がり，そこにあるパケット交換機からゲートウェイを通じてインターネットにつながる仕組であった．これに対して，スマートフォンは Wi-Fi などのインターネット公衆回線へ直接アクセスできるような機能を追加した．そのハードウエアの構成部品は，従前の携帯電話と大差がないにもかかわらず，ユーザーから見れば，専用基地局経由のインターネット接続に比べ安くて通信速度の速いアクセス方法が得られ，スマートフォンの意味を携帯電話機から，電話機能付き持ち歩き情報端末へと大きく転換させた．このような繋ぎ方の変化によるインターネット接続サービス提供の構成則の変更は，専用基地局の保有を基盤にした既存の通信サービス・ビジネスの根幹を脅かすような大きな影響も与えた．

- 高度医療検査の受託専門機関設立による小規模医院の医療水準向上

　MRI などの画像診断装置は精密な診断を可能にするものの，導入費用が高いために中小規模病院が診断のために保有することは難しかった．また，MRIを設置した病院では利用者多数で混雑し，疾病の懸念があっても検査までに1カ月待たなければならないことも珍しくなかった．こうした現状を改善するため，MRI 検査と画像診断を専門で行う機関が設立され普及しはじめている．中小規模病院はこうした専門機関と提携し検査委託をすることにより，すみやかに，精度の高い診断をすることが可能になった．また患者から見れば，身近な中小病院に通院していても，場合によっては即日で MRI 検査を受けることができるようになった．医療に携わる組織，検査機器という「構成部品」を変更

することなく，MRIの利用の仕組の構成則を変えたことによって実現したイノベーションである．

- 折りたたみ自転車によるモビリティ向上

通常サイズの自転車を縦横70cm未満，奥行30cm程度のコンパクトにたためる自転車が普及しはじめている．従前は日本では電車などの公共交通機関に自転車をのせるには別途料金を徴収されるなど制約的であったが，近年，縦横奥行きの合計寸法が250cm以下で袋に包んでいさえすれば無料で電車に持ち込めるようになり，8kg程度の重量の軽量な折りたたみ自転車も出回るようになった．その結果，電車での移動と，自転車による移動を組み合わせたモビリティの向上が徐々にではあるが実現している．折りたたみ自転車，電車という「構成部品」は変わらないものの，運用規則の変更，軽量化・コンパクト化によって電車利用と自転車利用との繋がりがスムーズになるようにモビリティ・サービスの構成則が変更されることにより実現しつつある変革である．今後，人口減少地域における公共交通機関の新たな利活用手段にもなりうる可能性を秘めている．

- ブラウザーからのソフトウエアのダウンロードによるアクセシビリティの変革

パーソナル・コンピュータが普及し始めた頃，そのソフトウエアはCDに収められていて，ユーザーはCDのパッケージというモノを買ってソフトウエアを入手していた．しかし，その後，ブラウザーからダウンロードしてソフトウエアを入手するように変わりつつある．ユーザーから見てダウンロードによる入手は利便性が高く，直販のため安価で，アップグレードも受けやすい．また，購入する前の試用もできる．ソフトウエアの供給者から見て，トレーサビリティが向上し，ユーザーの所在が把握でき，海賊版防止もしやすい．出荷後のバグ取りもしやすくなったことから，ソフトウエアの開発出荷までのリードタイムも短くなった．また，販路を持たない小規模事業者も市場に参入しやすくなっただけでなく，ユーザーが自作のソフトウエアを公開し配布することも容易になった．ブラウザーを含むソフトウエア，クレジットカードによる決済という「構成部品」が同じでありながら，その結びつけ方を変えソフトウェアの提供方法の構成則を変更したことによって創始されたイノベーションである．

(3) 構成則イノベーションのマネジメントに関する留意点

構成則イノベーションのマネジメントにおいては以下のような点に留意すべきように思われる．

- 構成則イノベーションは，構成部品の設計基本構想の変更を伴うことなく大きな変革をもたらすことができるが，そのためには，イノベーションを推進しようとする主体は，当該人工物の構成則（アーキテクチャ）について十分な知識を持っていることが求められる（Baldwin 2006）．
- 定められた人工物の構成則が変革の成果を挙げていくにつれ，各構成部品を開発・供給する企業などが増加し，価値創成網が拡充して，技術の専門分化が進行する．
- 構成部品の間の相互運用可能性（interoperability）を高める動きも顕在化し推進される．
- 価値創成網がいったん確立し普及すると，人工物の構成則を頻繁に変更することは難しくなり，性能向上とコストダウンを実現しつつ構成部品イノベーションを進めていく傾向が強くなっていく．
- このような状態に至ると，たとえ，より性能に優れた技術が開発されたとしても，確立・普及した人工物の構成則に整合しないかぎり，普及の道は閉ざされてしまう．たとえば，VHSに係わる人工物構成則（アーキテクチャ）が確立・普及したため，異なる人工物構成則を基盤とするソニー社のベータ・ビデオは優れた性能を持っていながら市場から退場することになったことは，その典型例といってよい．
- 消費者は，ベータ・ビデオの例のように個品としては優れた性能を持ちながら，その人工物構成則の持続性がなかったため，ユーザーが不利益を被った事例を見聞している．そのため，長期間にわたって用いる人工物を入手する場合はその構成則に持続性があるのかどうかに関心を払い，将来にわたっても有効であり続けるであろうと予測されるプラットフォームにのっている製品・サービスを選好している．技術間ではなく人工物の構成則・プラットフォームの間の競争がはじまっているのである[8]．

なお，四半世紀前にClarkらによって提示された構成則イノベーションという類型概念・用語は，近年あまり用いられていない．これは，サプライ・チェ

ーン，価値連鎖，技術の創造や使用に関する組織体制，顧客の選好の変化などを背景に，さまざまな主体が共創していく事例が増え，多主体が分担協調してイノベーションを進めることが通常化しているため，単一主体が一方的に人工物の構成則を決めることができるような状況ではなくなっていることも反映しているためとも想像される（Berkhout 2014）．しかし，人工物の構成則の間の競争が激化している現実を勘案するならば，現代のイノベーションにおいて，人工物の構成則を戦略的に考えることの重要性は高まりこそすれ，けっして減じているものではないと考えられる．

4.2.4　人工物構成則設計とイノベーション・プロセス

では，人工物の構成則に係わる戦略は，IPMモデルのなかではどこに位置づけられるのであろうか．

図 4.12 は，IPM モデルを構成する「概念・解決策創造」活動・行動ノードをブレークダウンし，含まれる活動・行動とその相互関係を整理したものである．

図 4.12 に示すように「概念・解決策創造」には，(1)基本概念（core concept）の設定，(2)人工物の構成則の設計，(3)機能設計，(4)技術的要求条件の整理設定，の4つの活動・行動が含まれている．

(1) 基本概念の設定

課題・ニーズを参照しつつ，創り上げる人工物（製品・仕組・サービス）に係わる基本概念を設定する．ここでいう基本概念には，人工物が使い手にとって持つ意味，人工物の設計にあたって基底におく規範（norm）・指針（principle），課題の解決策・ニーズに対応するための方針・戦略が含まれる．

(2) 人工物の構成則の設計

創り上げる人工物の構成要素を特定するとともに，構成要素の繋がり方の基本方針を定める．定めるにあたっては，課題・ニーズへの適合だけでなく，市

---

8) たとえば，自動車の自動運転システムについては，世界でいくつかのグループが自らが提案する構成則（アーキテクチャ）をもとに，各種要素技術の開発にとりくんでいる．構成則どうしの競争が進行しているとみることができる．

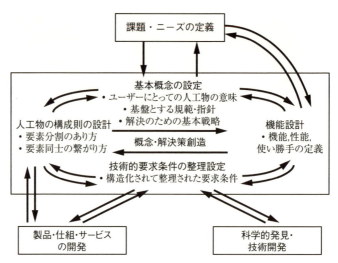

図 4.12 IPM モデルにおける「概念・解決策創造」を構成する活動・行動およびその相互関係

場競争に対処するための戦略も考慮される．

(3) 機能設計

創り上げる人工物が果たすべき機能，性能，使い勝手を定義する．

(4) 技術的要求条件の整理設定

製品・仕組・サービスの開発や，科学的発見・技術開発で人工物の構成則設計および機能設計の内容を参照できるように，技術的要求条件を，優先度をつけつつ体系的に整理し設定する．

人工物の構成則の設計は，人工物に係わる基本概念の設定，機能設計，技術的要求条件の整理設定と絡みながら進められることになる．

表 4.2 は，図 4.12 の枠組みによって，漸進的イノベーション，構成部品イノベーション，構成則イノベーション，抜本的イノベーションの特性を比較したものである．

表 4.2 は，図 4.7 の内容に加えて，基本概念（意味，規範・指針，解決戦略）の

表 4.2 基本概念，人工物の構成則，構成部品の基本設計概念の観点から見たイノベーション類型の特性

	漸進的 イノベーション	構成部品 イノベーション	構成則 イノベーション	抜本的 イノベーション
基本概念 (意味，規範・指針， 解決戦略)	踏襲する	踏襲する	転換する	転換する
人工物の構成則	踏襲する	踏襲する	変更する	変更する
構成部品の 基本設計構想	補強する	転換する	補強する	転換する

転換の有無を項目として加えている．表 4.2 が示すように，構成則イノベーションというシステム・レベルでのイノベーションの本質は，人工物の構成則の変更という手段よりも，創り上げられる人工物（製品・仕組・サービス）の基本概念の変革にあるとも考えられる．

人工物の構成則設計と，価値創成網における主体間の役割分担は密接に関連する．また，主体間の役割分担は，その人工物に係わる事業をしようとしている企業等のビジネスモデルとも密接に関連する．それゆえに，人工物の構成則設計は，企業等のビジネスモデルとも関連すると考えられる．また逆に企業などによる新しいビジネスモデル構築の企図は，人工物の構成則設計に投影する．こうしたことから，人工物の構成則設計（アーキテクチャ）とビジネスモデルの関連については既往研究が蓄積されている（たとえば，藤本 2001）．

4.3 技術による市場地位変化とイノベーション類型

4.3.1 地歩崩壊型イノベーションとは

(1) イノベーションのジレンマ

前節と視点を変えて，技術変化に伴う市場での組織の地位の変化に着目し，地歩崩壊型 (disruptive) – 地歩持続型 (sustaining) という二分法でイノベーションをとらえようとする考え方もある．これは，Christensen が，その著書 *The Innovator's Dilemma: When New Technologies Cause Great Firms to Fail*（邦題『イノベーションのジレンマ——新技術が偉大な企業を失敗させるとき』）で

示した概念で，実業界・学界に大きな影響を与えた（Christensen 1997）．

同著で，Christensen が関心を払ったのは，技術開発に積極的に投資し，しかも顧客と良好な意思疎通をしている優良企業が，市場において保ち続けてきた地位を突然失うという現象であった．Christensen は，優良企業が陥うる状況をイノベーターのジレンマと呼んでいる[9]．日本人の視点から見れば，イノベーターのジレンマは，「技術優良企業の技術者は，まじめに技術的性能と機能の向上を行って技術をよくわかってくれる現在の良い顧客に満足を与えようと努力を続けている．しかし，それは，過剰性能・過剰品質を招き，単純な破壊的技術の登場と出現を許してしまう」（丹羽 2006, p. 140）と表現することができると思われる．

(2) 地歩持続 – 地歩崩壊という対概念

Christensen の著作をふまえると（Christensen 1996, 1997, 2003），地歩持続型イノベーション（sustaining innovation）は，高度で洗練された要求条件を抱いている顧客層への対応を念頭に，企業などが市場における自らの地歩を保持しつつ，より高品質・高性能の製品・サービスを持続的に提供していくことによって生まれるイノベーションである．

一方，地歩崩壊型イノベーション（disruptive innovation）とは，既存市場で地歩を築いている企業にとってみれば，その持続的優位性を脅かすような破壊的変化を生むイノベーションである．それゆえに，一般には破壊的イノベーションと呼ばれている[10]．

(3) 地歩持続 – 地歩崩壊と抜本的 – 漸進的は独立軸

地歩崩壊型イノベーションと抜本的イノベーションの英語の原語 disruptive innovation と radical innovation は，語感が似ていて紛らわしい．しかし，地

---

[9] 顧客の声を真摯に聞き，顧客の次の世代のニーズに応えるために，技術，製品，および製造技術能力に対しても積極的に投資することは企業にとっての成功要因となるが，一方では，そのことが失敗要因になるというパラドックスを指す．顧客と親密な関係を保ちその望みにひたすら対応していくことが，俯瞰的状況に対して盲目的にして根本的な誤りを生んでしまうのである．このことは，既成の大組織が，移ろいゆく環境のなかで，現状認識の枠組みや資源配分の方針を転換していくことの難しさを示している．

歩崩壊型イノベーションでいう，disruptions とは，市場において企業が築き上げてきた地歩（多くの場合は優位的位置）を分断・崩壊させてしまうことを指しているのに対し，抜本的イノベーションにいう radical とは，技術が抜本的に変わることを意味している．地歩崩壊型（disruptive）－地歩持続型（sustaining）という二分法が対象にするのは市場における地位であり，抜本的（radical）－漸進的（incremental）という二分法で対象にするのは技術であり，分類対象が異なると考えれば，2種類の分類の混同は避けられよう．

　それゆえ，技術内容の変化が抜本的ではなく漸進的であっても（あるいは技術内容の変更がまったくない場合ですら），地歩崩壊型イノベーションに至る場合もある[11]．対照的に，すでに市場で確たる地位を築いている企業が抜本的に技術内容を変更することによってさらに高機能・高性能を顧客に提供する場合は，抜本的イノベーションは地歩持続型イノベーションに帰結することになる．すなわち，技術的シーズに着目すれば抜本的イノベーションであったとしても，結果として，当該技術シーズの開発・保有・運用主体の市場競争における地位が持続されるのであれば，そのイノベーションは，抜本的イノベーションにして，地歩持続型イノベーションである，ということになる．たとえば，前述のように，デジタルカメラに係わるイノベーションは，技術内容の抜本的変化を生む抜本的イノベーションであるが，日本における従前のフィルム充填式カメラとデジタルカメラの主要な供給者は変わらないことから，日本のカメラ・メーカーにとってみれば地歩持続型イノベーションの一種であったと理解される．

　また，当然のことながら，抜本的イノベーションが，地歩崩壊型に至る事例は多数存在する．たとえば，表 4.1 に挙げた抜本的イノベーションの事例のうち，蒸気機関の登場，ナイロンの登場はそれぞれ，駅馬車事業者，絹などの天

---

10) 日本では，一般的には，disruptive innovation は，破壊的イノベーションと呼ばれている（たとえば，富田 2012）．また，disruptive innovation が「将来の技術進歩の軌道を分断し，そこから外れた新たな技術進歩の軌道の開始をもたらすようなタイプのイノベーション」という趣旨を表現するために「分断的イノベーション」と翻訳する研究者もいる（たとえば，高橋 2005；近能 2010 など）．しかしながら，「破壊的イノベーション」や「分断的イノベーション」という名称では，既存技術を破壊すると誤解される可能性もあることから，本書は地位崩壊型イノベーションという訳語を用いる．
11) たとえば，マイクロファイナンス（microfinance）は既存の金融機関の地歩をおびやかす可能性もあるが，とくに抜本的に異なる新技術は要しない．

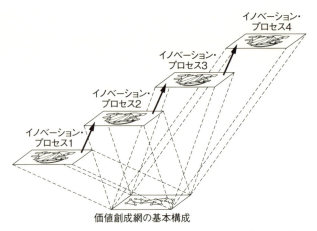

図 4.13 地歩持続型イノベーション概念図：価値創成網の主体構成は持続的

然自然材の製造者・供給者の市場における地位を崩壊させたという意味で，地位崩壊型イノベーションでもある．またKodak社が衰退したことに象徴されるようにデジタルカメラの登場は，銀塩フィルム・メーカーにとっては地歩崩壊型イノベーションであった．さらに，MOOCs (Massively Open Online Courses) は抜本的変化を生む新規の技術を活用しつつ，既往の教育機関や教育システムの地歩を脅かすような地歩崩壊型イノベーションを起こしつつある，という見方もできるように思われる．同様に，自動運転車（autonomous car）や3次元プリンターは，単に抜本的イノベーションを起こすだけでなく地位崩壊型イノベーションに発展する可能性もある．

(4) 地歩持続型・地歩崩壊型イノベーションと価値創成網

　地歩持続型イノベーションは，既存の市場構造，目標とする課題・ニーズの方向性[12]が持続していくことを暗黙の前提としていることから，一部の主体の入れ替わりはあるものの価値創成網の基本構成は持続すると考えられる．図4.13は，価値創成網の持続性とイノベーション・プロセスとの関係を概念図と

---

12) Christensen は，技術革新の道筋（trajectory）と呼んでいる（Christensen 1997）．

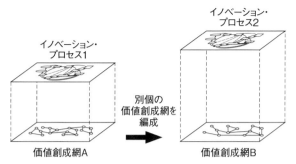

図 4.14 地歩崩壊型イノベーション概念図：価値創成網の構成は非連続的

して示したものである．連鎖するイノベーションにおいて，そのプロセスは，プロセス1→プロセス2→プロセス3→プロセス4と変容はするが，イノベーション・プロセスを支える価値創成網の主体構成は基本的に持続する．

これに対して，地歩崩壊型イノベーションは，図4.14に示すように，従前の人工物（製品・仕組・サービス）Aと，新たに出現する人工物Bは，異なる価値創成網を基盤にして生み出されるものである．従前の価値創成網Aと，新たな価値創成網Bとは，構成主体の重複はありうるものの，基本的には別個独立であり，人工物Bが市場を凌駕することによって，価値創成網Aの地歩は崩壊することになる．

4.3.2 地歩崩壊に関する二類型

Christensenは，地歩崩壊の類型として，ローエンド型（low-end disruptions）と，市場開拓型（new market disruptions）という2種類を提示している（Christensen 2003）．以下，その二類型について本書の視点から解釈していってみよう．

(1) ローエンドによる地歩崩壊

Christensenの *The Innovator's Dilemma* に提示されている地歩崩壊の経緯に関するモデルである（Christensen 1997）．その概念を表した図4.15は有名な図版で，水平軸は時間を，垂直軸は製品・サービスの性能を表し，性能と時間で構成される平面は，特定の顧客層・グループに対する市場を表している．こ

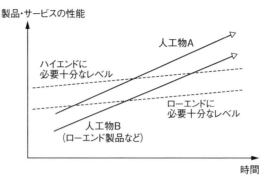

図 4.15 Christensen が描くローエンドによる地歩崩壊（Christensen 2003, p. 33）をもとに作図

の図で，人工物 A の製造者・供給者は市場で地歩を築いていて，より高い性能を求める顧客層を視野にいれて性能を持続的に向上させている．一方，既存市場では対象とされていないグループを対象に，新規参入者が，人工物 B を市場に投入する．人工物 B は，当初は最下層レベルのローエンドの製品・サービスとして位置づけられていたものの，その後，執拗かつ継続的に性能・品質を向上させ，やがて必要十分（simpler, good-enough）なレベルに達し，人工物 A を市場から追い落としていく．こういったストーリーを，Christensen は，低性能でありながらよりコンパクトなハードディスクが，市場競争で既存メーカーの地歩を脅かし凌駕した事例を題材に示している[13]．

このローエンドによる地歩崩壊のストーリーは話としてはわかりやすい．しかしながら，そもそも製品，サービスの性能を図 4.15 のような単一の物差しで計測できるのは，ハードディスクのような単機能の部品・部材に限られる．図 4.16 に示すように，現代技術システムが大規模化・複雑化して，人工物の

---

13) コンピューターに搭載されたハードディスクの容量の移り変わりが，1976 年から 1990 年にかけて分析されている．ハードディスク・ドライブは 14″ → 8″ → 5.25″ → 4.5″ とダウンサイズし，コンピューターも Mainframes → Minicomputers → Desktop PCs → Portable PCs → Notebook PCs とダウンサイズしてきているなかで，よりダウンサイズされたハードディスク・ドライブはコンピューターも導入時点では，市場を支配する大型部品・機種と比べ低性能ではあるものの，やがて，その性能も向上し，市場を支配していた大型部品・機種が凌駕されることが繰り返されてきたことが示されている．

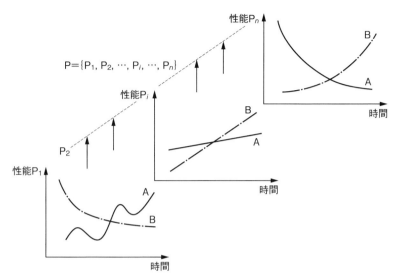

図 4.16 人工物の性能評価の考え方：人工物の性能は P_1-P_n までの n 個の種類の性能の組み合わせで測定される

機能・性能が複数の基準（図中 P_1, P_2, …, P_n という複数種の性能）で評価されることが一般化し，さらには人工物の使い手の価値観や人工物に求める意味が多様化していることを勘案するならば，人工物（製品・仕組・サービス）の性能を単一の評価軸（物差し）で測ることの有効性は限られているといわざるをえない．また，性能向上の道筋が単線型に性能向上するという前提が現実性・妥当性を持つかについても一考の余地がある．図 4.15 のようなローエンド型の地位崩壊をあてはめて考えるべき対象の選定（換言すれば適用範囲の設定）にあたっては慎重であるべきであるように思われる．

(2) 新市場による地歩崩壊

市場における評価軸，顧客層，価値創成網が変化・遷移することにより形成される新市場が引き起こす地歩崩壊のモデルである．このような変化・遷移をさせる主体をゲーム・チェンジャー（game changer）と呼ぶこともある．Christensen は，新市場による地歩崩壊を，図 4.17 のような概念図で説明している．この図で，水平軸は時間を，垂直軸は製品・サービスの性能を，破線で

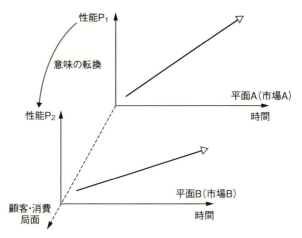

図 4.17 Christensen が描く新市場による地位崩壊.
(Christensen 2003, p. 44) をもとに作図

表される第3の軸は異なる顧客および消費局面を表し,性能と時間で構成される平面は,それぞれ異なる性能評価軸で競争が行われる別の市場を表している.平面Aと平面Bでは,異なる種類の顧客グループによる異なる価値連鎖[14]を構成しており,性能を測る物差しも異なる (Christensen 2003).平面Aから平面Bへの推移は,性能評価軸の転換であり,言い換えれば,製品・サービスの意味の転換を表している.

(3) 評価軸・意味転換→新市場創成→地歩崩壊という図式

以上のように整理してみると,Christensen が示す地歩崩壊の二類型のうち,前者に該当する例は少なく,むしろ後者の新市場創出による地歩崩壊の方が一般的であるように思われる.

---

14) Christensen は,価値連鎖 (value network) を,「さまざまな顧客のニーズに応えるために,企業がコスト構造と業務の遂行プロセスを構築し,部品・原料の供給者や提携者と協働してそれぞれの顧客層の共通のニーズに対応して利益を生み出すためのコンテクスト」として定義している (Christensen 1997).富田による意訳によれば,価値連鎖 (バリューネットワーク) は,「複雑な製品の入れ子構造の中で,複数の企業による分業・取引を通じて原材料から最終製品へと価値が付与されていくことにより形成される (Christensen 1995;宮崎 2000)」という (富田 2012).

たとえば，携帯電話が市場に登場した1985年頃[15]は，固定電話に比べて，接続性・音質が劣っていたという意味ではローエンドであり，その後の携帯電話の普及による，固定電話事業者の地歩崩壊はローエンド型の地位崩壊と見ることができなくはない．しかし，導入当初，携帯電話は高価格であり，Christensenのストーリーとは逆に，むしろハイエンドの顧客層から普及が始まった．また，携帯電話の価値は，携帯性（場所の非拘束性）にあり，新たな評価軸を加えたということを考えれば，むしろ新たな意味の創出が新たな顧客を開拓して新市場を創成して固定電話を地歩崩壊に至らしめたと解釈する方が，本質を見失わないように思われる．

　また，たとえば，日本におけるコンビニエンス・ストアは，導入された40年前には，深夜にも空いている小売店舗という性格が強く，店舗規模の制約から，品揃や商品価格という点ではスーパーマーケットに比べ見劣りしていた．このようなローエンドの地域密着型店舗が，大型スーパーマーケットを後年凌駕していく現象は，ローエンド型地位崩壊とも解釈できないわけではない．しかし，むしろ，物品発送・受け取り，チケット予約購入，公共料金支払いや預貯金・決済をはじめとして，さまざまなサービスを総合的に提供する地域拠点という，新たな意味を付加・転換したことが，新たな顧客を獲得して新市場を創成し，スーパーマーケットの地歩を崩壊させたと見る方が妥当であろう．

　さらにたとえば，そもそもChristensenがローエンド型地歩崩壊の典型としている，ハードディスクの移り変わりを見ても，ローエンドに本質があるのではなく，ハードディスクの搭載されたコンピューター・機器のコンパクト化という新たな評価軸のなかでとらえるべきようにも思われる．前述のように人工物に求められる機能・性能は多角的であり，人工物が新しい意味（例：コンパクト化，可搬性，自動化・無人化）を獲得するために，設計上のトレードオフで，ある特定の機能・性能を従前に比べ低下させることはありうることなのである[16]．ハードディスクなどの記憶媒体が起こしてきたイノベーションの多くもコンパクト化による意味転換→新市場創成→地歩崩壊というストーリーを辿ってきた側面が強いようにも思われる．

---

15) 1985年9月にNTTによってショルダーホン100型のレンタルが開始された．

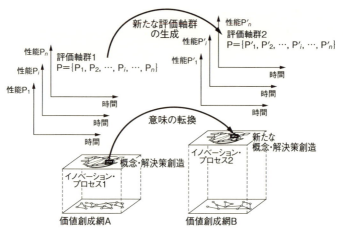

図4.18 意味の転換による地歩崩壊型イノベーションの概念

これらの例から考えてみると，地歩崩壊型イノベーションは，図4.18に示すように，新規市場の開拓を生むような人工物の意味の転換[17]や評価軸の転換によって起きると認識し，企画・構想すべきであると思われる．

4.3.3 地歩崩壊型イノベーションの意義・留意点

以下，地歩崩壊型イノベーションのマネジメントにあたって留意すべき点を整理する．

(1) Christensenの警句の意義

イノベーションのジレンマについて，攻め立てられる側になる既存市場で地歩を築いている企業（多くは大企業）の観点から見てみよう．表4.3に例示した

---

16) たとえば，海上での波浪や，高放射線のもとで，ロボットが自動的に組み上げる鉄骨構造物は，不安定で危険な環境で自動的に組み上げられることに人工物としての意義・主眼がある．その意義を達成するために，鉄骨部材同士の接合が，溶接，ボルト接合ではなく，嵌合で接合されることもありうる．嵌合による接合部の力学性能は，溶接，ボルト接合に比べて劣ることになるが，過酷な環境で無人でも組み上げられる構造システムが可能となることは，部分性能の低下を上回る便益を生むことは明らかである．
17) 人工物の意味の転換については第7章でも扱う．

表 4.3 近年の地歩崩壊型イノベーションを起こしたサービス例

・長距離電話に対する Skype のサービス
・研究図書館に対する Google Scholar や Google Books のサービス
・百貨店に対するネット・ショップのサービス
・レコード・CD小売店に対するインターネットを介した音楽配信サービス

　事例において，たとえば，すでに市場で地歩を築いた長距離電話事業社の企業経営者たちの，Skype などのサービスが開発または参入したおりの心理・思考を想像してみると，当面の市場規模が小さく，不確実性も高い対象に経営資源をまわすということはせず，既存の市場の土俵の上で努力を払った方が自らの優位性を維持しつつ安定的な利益が生んでいけると考えがちだったと思われる．表 4.3 の他の事例においてその地歩をおびやかされた企業でも同様の心理，考え方が支配的であったと想像される．

　筆者は，かつて日本の大手製鐵会社の新規事業の開発・立ち上げ責任者だった方が，「目の前の製鐵の巨大な売り上げ額に対して，新規事業の期待売り上げははるかに小さく，それが自社で育てた技術シーズが自社で事業化できなかった一因」と述懐していたことを記憶する．このようなケースはけっして例外ではなく同様の心理が，市場で地歩を築いた多くの企業では作用すると思われる．

　一般に地歩崩壊型イノベーションのマネジメントにあたっては，
① 人工物の意味の転換および新市場の創成
② 市場での要求条件で重視される性能の改善向上見通し
を考慮することが重要であるが，加えて
③ 市場における地歩の基盤（守り）
④ 起業意志および体制（攻め口）
⑤ 経営資源の配分
についても考慮する必要があると思われる．イノベーションのジレンマの警句は，これらの事項のうち，新規に出現してきた製品・サービスに係わる③-⑤について，大企業など大規模組織が硬直的・保守的になりすぎて，イノベーションを停滞させ，自らの地位を失う可能性があることを示唆していると解釈できる[18]．①-⑤に関して，迅速かつ的確に行動がとりやすいのは，むしろベン

チャー (start-ups) 企業など，その製品・サービスを改良し広めていかねば，自らの存立も危ぶまれるような状況におかれている組織であると思われる．第11，12章で議論する一国のイノベーション・システムにとって，ベンチャー企業が活躍する意義のひとつがこの点にあると思われる．

(2) 意味の転換をいかに進めていくのか

　前節で述べたように，また，表4.4に挙げた事例でも確認できるように，地歩崩壊型イノベーションの変革を主として駆動させているのは意味の転換であり，その転換は経営資源の迅速な配分で裏付けられなければならない．そのためには，IPMモデルにおける「概念・解決策創造」と，経営資源投入によるプロセスを駆動させていくための価値創成網の形成が肝要である．具体的には，以下の①，②のプロセスを繰り返していくことになる．

　① 「概念・解決策創造」において，すでに先行者が地歩を築いている人工物Aを下敷きにして，

- どのような潜在的なユーザー（グループ）がいるのか
- それぞれのユーザーはどのような潜在的・顕在的な課題・ニーズをかかえているのか[19]
- どのような技術的な手段が利活用できるのか，あるいは開発できるのか

を同定し，それに基づき，開発・供給する人工物がユーザーにとって持つ意味を人工物の基本概念（図4.12参照）として定義する．その意味は特殊なグループにとっての（市場のニッチな領域においての，または市場全体から見れば非主流の）意味創造であってもかまわない．問われるべきは課題・ニーズの規模よりも，その存在の確からしさである．

　② プロトタイピングなどを経て人工物を開発し，試用・実践から学びつつ

---

[18] Christensenが例示するように，日本企業はかつて真空管に対するトランジスタ技術，大型コピー機に対する卓上コピー機などを開発・供給し地歩崩壊イノベーションを起こし成長してきた（Christensen 2003）．しかし，近年は地歩崩壊型イノベーションの猛攻にさらされている感がある．大企業は機動的な資源の集中配分ができず，意味の転換による変革企図を理解し実現する感受性も経験も豊かであるとは言い難い．

[19] 本書7章においては，ユーザーの課題・ニーズを特定するために，文化人類学の知見も参考にしながら観察して発見していく方法や洞察的解釈者（interpreters）と呼ぶべき多様な専門家の洞察を集めるといった方法が紹介されている．

(learning by doing/using) 必要に応じて①のプロセスに戻って意味の再定義・付加をして，IPM モデルが示すような繰り返し循環プロセスを進めていく．なお，イノベーション創始当初は，市場規模が小さくともプロセスを動かすことが肝要で，試用から得られる学び (learning by using) を重視する．

①，②のイノベーションの繰り返し循環プロセスの「回転速度」を上げることによって，既存の製品・サービス A への対抗者となっていくと考えられる[20]．また既存市場で地歩を築いた企業から見れば，そもそも①，②のプロセスが駆動していること自体が，ほとんど認識されない可能性もあり，そのプロセスの「回転速度」が上がり，有力な対抗者として認識された時点では，その「攻撃」は不意打ち感が高いことが想像される．

参考文献

Abernathy, W. J. and J. M. Utterback (1978) "Patterns of Industrial Innovation," *Technology Review,* Ariel 64: 254-228.
Baldwin, C. Y. and K. B. Clark (2000) *Design Rules: The Power of Modularity,* Vol. 1, MIT Press.
Baldwin, C. Y. and K. B. Clark (2006) *Architectural Innovation and Dynamic Competition: The Smaller "Footprint" Strategy,* Harvard Business School, Boston, MA.
Baldwin, C. Y. (2012) "Organization Design for Business Ecosystems," *Journal of Organization Design,* Vol. 1(1): 20-23.
Berkhout, F. (2014) "Sustainable Innovation Management," Dodgson, M., D. M. Gann and N. Phillips (eds.), *The Oxford Handbook of Innovation Management,* Oxford University Press, pp. 290-315.
Bright, J. R. (1969) "Some Management Lessons from Technological Innovation Research," *Long Range Planning,* Vol. 2(1): 36-41.
Christensen, C. M. and R. S. Rosenbloom (1995) "Explaining the Attacker's Advantage: Technological Paradigms, Organizational Dynamics, and the Value Network," *Research Policy,* Vol. 24(2): 233-257.
Christensen, C. M. and J. L. Bower (1996) "Customer Power, Strategic Investment, and the Failure of Leading Firms," *Strategic Management Journal,* Vol. 17(3): 197-218.
Christensen, C. (1997) *The Innovator's Dilemma: When New Technologies Cause Great Firms to Fail,* Harvard Business School Press, Boston.
Christensen, C. M. (2000) "The Ongoing Process of Building a Theory of Disruption," *Journal of Product Innovation Management,* Vol. 23(1): 39-55.

---

20) こうした観点からも，新種の製品・サービス B の価値創成網に，既存の製品・サービス A の製造者・供給者（とくに，大規模組織）が関与することは，まれであると考えられる．

Christensen, C. and M. Raynor (2003) *The Innovator's Solution,* Harvard Business School Press, Boston.

Clark, K. B. (1987) "Knowledge, Problem-Solving and Innovation in the Evolutionary Firm: Implications for Managerial Capability and Competitive Interaction," Working Paper, Harvard Business School Division of Research, Boston, MA.

Danneels, E. (2004) "Disruptive Technology Reconsidered: A Critique and Research Agenda," *Journal of Product Innovation Management,* Vol. 21(4): 246-258.

Dewar, R. and J. Dutton, (1986) "The Adoption of Radical and Incremental Innovations: An Empirical Analysis," *Management Science,* Vol. 32(11): 1422-1433.

Ettlie, J., W. Bridges and R. O'Keefe (1984) "Organization Strategy and Structural Differences for Radical Versus Incremental Innovation," *Management Science,* Vol. 30(6): 682-695.

Freeman, C. and C. Perez (1988) "Structural Crises of Adjustment: Business Cycles and Investment Behaviour," Dosi, G., C. Freeman, R. Nelson and L. Soete (eds.), *Technical Change and Economic Theory,* Pinter, London, pp.38-66.

Freeman, C. (1991) *Innovation, Changes of Techno-Economic Paradigm and Biological Analogies in Economics,* Revue économique, pp. 211-231.

Henderson R. M. and K. B. Clark (1990) "Architectural Innovation: The Reconfiguration of Existing Systems and the Failure of Established Firms," *Administrative Science Quarterly,* Vol. 35: 9-30.

Iansiti, M. and R. Levien (2004) *The Keystone Advantage: What the New Dynamics of Business, Ecosystems Mean for Strategy, Innovation, and Sustainability,* Harvard Business School Press, Boston, MA.

Keirstead, B. S. (1948) *The Theory of Economic Change,* Macmillan, Toronto.

Lepore, J. (2014) "The Disruption Machine: What the Gospel of Innovation Gets Wrong," *The New Yorker,* June 23. http://www.newyorker.com/magazine/2014/06/23/the-disruption-machine (retrieved on 26 September 2015)

Lundvall, B.-Å. (1985) *Product Innovation and User-Producer Interaction,* Aalborg University.

Michael, L. (2009) "Information and Communication Technology Innovations: Radical and Disruptive?," *New Media & Society,* Vol. 11: 599-619.

Moore, J. F. (1996) *The Death of Competition: Leadership and Strategy in the Age of Business Ecosystems,* Harper Business, New York.

Perez, C. (2004) *Finance and Technical Change: A Neo-Schumpeterian Perspective,* Cambridge Endowment for Research in Finance.

Perez, C. (2009) "Technological Revolutions and Techno-economic Paradigms," *Cambridge Journal of Economics,* bep051.

Rothwell, R. (1976) "Innovation in the UK Textile Machinery Industry: the Results of a Postal Questionnaire Survey," *R&D Management,* Vol. 6(3): 131-138.

Schumpeter, J. (1934) *The Theory of Economic Development,* Harvard University Press, Cambridge, MA.

Suh, N. P. (1990) *The Principles of Design,* Oxford University Press, New York.

Yu, D. and C.C. Hang (2010) "A Reflective Review of Disruptive Innovation Theory," *International Journal of Management Reviews,* Vol. 12: 435-452.

Von Hippel, E. (1990) "Task Partitioning: An Innovation Process Variable," *Research Policy,* Vol. 19(5): 407-418.

Von Hippel, E.（1994）""Sticky Information" and the Locus of Problem Solving: Implications for Innovation," *Management Science*, Vol. 40(4): 429-439.
今村雅人・田中康介（2004）「ラディカル・イノベーションのマネジメント（考）――脱成熟化のための製品開発　プロセス」『産能大学紀要』Vol. 25(1): 1-21.
近能善範・高井文子（2010）『コア・テキスト　イノベーション・マネジメント』新世社.
高橋伸夫編，東京大学ものづくり経営研究センター（2005）『170 の keyword によるものづくり経営講義』日経 BP 社.
富田純一・高松朋史（2012）「破壊的工程イノベーションの影響――株式会社木村鋳造所の事例を中心に」，ディスカッション・ペーパー，no.420，東京大学ものづくり経営研究センター.
丹羽清（2006）『技術経営論』東京大学出版会.
藤本隆宏・武石彰・青島矢一編（2001）『ビジネス・アーキテクチャ――製品・組織・プロセスの戦略的設計』有斐閣.
藤本隆宏（2002）製品アーキテクチャの概念・測定・戦略に関するノート．RIETI Discussion Paper Series 02-J-008．独立行政法人経済産業研究所．
宮崎正也（2000）「価値ネットワーク」，高橋伸夫編『超企業・組織論――企業を超える組織のダイナミズム』有斐閣，第 17 章，pp.183-192.

第5章

オープン・イノベーション
(主体間関係とイノベーション類型その1)

　本章および次章では，分担協調型イノベーション（distributed innovation）における，価値創成網のあり方について学んでいく．本章では，いわゆるオープン・イノベーションに係わる知見を整理していく．次章では，使い手側に範囲を拡げ，ユーザー・イノベーションに係わる知見を整理していく．

　オープン・イノベーションは，Chesbrough が 2003 年にその著書（Chesbrough 2003）で提唱して以来，急速に多くの人々の共感を得て，大きな影響を与えてきた概念である．本章では，その背景や概念を整理したうえで，オープン・イノベーションを展開していくにあたっての留意点を整理していく．

5.1　自己完結型価値創成網：その可能性と陥穽

5.1.1　クローズド・イノベーションの基盤として

　前世紀後半の日本は，図5.1の概念図に示すように，自己完結的な価値創成網を熟成させることによって，さまざまな産業分野でイノベーションを生起・成功させ，日本に繁栄をもたらした．図5.1 は，次の2つの類型を例示している．

① 　社内完結型価値創成網
　日本のエレクトロニクス産業などは，中央研究所など大規模な技術開発部門を単一企業・グループ内に設置することによって，社内完結的で安定的持続的な価値創成網を形成してきた．

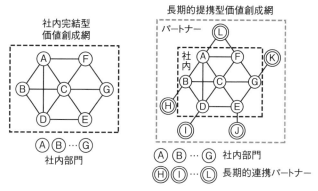

図 5.1 日本企業が築き上げてきた自己完結的な価値創成網の様態・概念図

② 長期的提携型価値創成網

日本の自動車産業などは，部品供給企業（suppliers）と，いわゆる系列と呼ばれる長期的提携関係を形成し，安定的持続的な価値創成網を形成してきた．

図5.1のような自己完結的な価値創成網によるイノベーションは，本章で扱うオープン・イノベーションとは対比的な類型であり，クローズド・イノベーションと呼ばれている．20世紀後半に世界市場での産業競争力を獲得した日本の製造業は，信頼のおける提携先，以心伝心に仕事を進められる提携先，暗黙知[1]の共有者であり取引費用の低い提携先とともに，安定で良質な価値創成源を持続的に提供する価値創成網をじっくり構築し，進化させ，クローズド・イノベーションを漸進的に進めることで，豊益を増進させてきたと見ることができるように思われる．

5.1.2 自己完結型価値創成網の陥穽

しかし，クローズド・イノベーションの有効性の限界は，以下のような状況変化により，顕在化してきていると考えられる．

---

[1] 野中らは，技術が開発されていくプロセスには，テキスト・図面等の明示的情報になりづらい暗黙知が係わることを指摘した（野中1996）．

(1) 技術システムの大規模化・複雑化

　私たちをとりまく技術・システムは複雑化・大規模化している．たとえば，自動車，家電製品など私たちが日常接している人工物にはソフトウエアが組み込まれており，その機能は日々高度化している．これらの人工物の見かけは大きく変わらなくとも，それを支える価値創成網にはICT技術に係わる関係主体が新たに参画し，機能の高度化とともに，さらに新たな主体の参画を促しているとみなすことができる．また，たとえば振動制御のメカニズムを組み込んだ制振構造の建築が普及している．これはダンパーをはじめとする制振技術に係わる主体が，従来の建築の構造安全性を担う価値創成網に参画したことを意味する．このように，私たちの身の回りでは，技術の複雑化・大規模化が進行しており，それに伴い，図 5.2 の概念図に示すような新たな主体が加わることによる価値創成網の拡大が進行している．

　技術システムの複雑化・大規模化の進行方向が予測可能で，しかも既存の人工物の供給者がその複雑化・大規模化のイニシアチブを持っている場合（たとえば，電気自動車，燃料電池自動車）は，自己完結性を維持したまま図 5.2 に示すような価値創成網の拡大が実現できると思われる．

　しかし，技術システムの複雑化・大規模化の進行方向は予測困難である．また，その複雑化・大規模化のイニシアチブを既存の人工物の供給者が持っていない場合もある．それゆえ図 5.2 の概念図のような価値創成網の拡大の必要性が生じているなかで，自己完結性を維持しようとするのは必ずしも合理的ではないといわねばならない．

　技術システムの複雑化・大規模化は，現代社会の必然であると思われる．科学の進歩は，さまざまな可能性を引き出し，人類は日々，新技術を創造している．たとえば，特許出願件数は漸増し，2012 年には世界全体で 234 万件余りの特許が出願されている（特許庁 2014）という．こうした「技術の膨脹」は，その前の時代には想像もつかなかったような豊益を実現する一方で，新たな技術的課題を生み出してきた．たとえば，ICT 技術の進展普及は豊益とともに，セキュリティ上でのリスクを生み，そのリスクの低減のための技術開発を促すという，因果の連鎖を生んでいる．技術の膨脹というシーズと，新たな技術的課題の生成とは，相互に因果を絡みあわせながら，予測困難なプロセスと，イニ

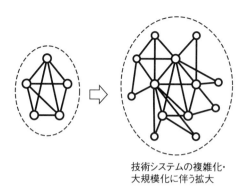

図 5.2 技術システムの複雑化・大規模化に伴う価値創成網の拡大（○は主体を表す）

シアチブの交代を伴いつつ，文明社会を支える技術システムを複雑化・大規模化させてきた．それゆえに，自己完結的な価値創成網は，常態的に拡大再編成を迫られていると認識すべきであろう．

(2) ニーズの多様化・変動の増速

加えて現代社会では，価値創成網を変動させる別の因子が作用する．それは，ニーズの多様化・変動化である．

現代社会において規範・価値観・選好はますます多様化しつつあり，個々の事情・選好に対して最適化された人工物（製品・仕組・サービス）を求める消費者行動は顕在化している．このことを総体的に見れば，大量生産時代の画一的（homogeneous）なニーズから，不同一・不均質（heterogeneous）なニーズ，多様なニーズへと様相が変わりつつあるとみなすことができる．

それは，類似の機能を持った人工物のニーズが多種多様に現れてくることを意味する．新たに出現するそれぞれの人工物のニーズに対して価値創成網が編成されることになるので，図 5.3 の概念図のように，既存の類似人工物の価値創成網を祖型として，異種異同の価値創成網が出現する（もしくは出現する可能性が高まる）ことになる．重要なことは，こうしたニーズの多様化に対しては，供給者側がイニシアチブをとれないのが一般的で，その動向も予測困難であるのが通例であるということである．類似・既存の人工物に対して，自己完結的

5.1 自己完結型価値創成網：その可能性と陥穽　115

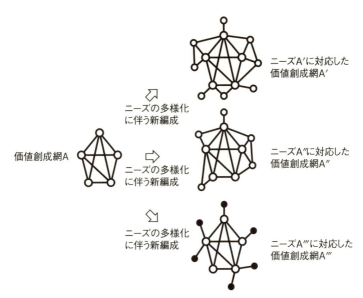

図 5.3 ニーズの多様化に伴う新種の価値創成網の変容（○，●は主体を表す）

な価値創成網を形成している当事者が，図 5.3 のようなニーズの多様化の流れに対してどれだけ追従できるか，不確実だといわねばならない．

さらに，情報化社会における情報・知識の交流の増加は，多様化だけでなく，規範・価値観・選好の流動化を刺激しており，社会経済の乱流的な動向とも相まって，社会がかかえる課題やニーズの変動速度は加速している．課題・ニーズの変化の激しさは，図 5.4 の概念図に示すように，価値創成網の拡大だけでなく，そのたえまない再編成の必要性ももたらしている．供給者側が課題・ニーズの変動速度のイニシアチブをとりうることはまれであると思われ，一般的には，その変動速度へ追従した対応を迫られることになる．単一組織・グループがいくら価値創成網を拡大させたとしても変動に追いつくことができるのか疑問を抱かざるをえない．もし仮に，その拡大した自己完結型価値創成網で変動速度への追従が当座できたとしても，人工物のライフサイクルが短縮化していることを勘案すると，対応するための技術開発に係わる多大な経費すべてを一者だけで背負うことのリスクは日々高まっているとも考えられる．

ニーズの多様化・個別化，および変動の増速は，人工物（製品・仕組・サービ

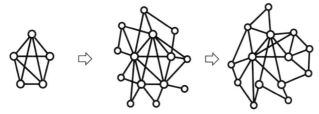

技術システムの複雑化・　　課題・ニーズの変化に
大規模化に伴う拡大(図5.2)　　伴う再編成

図 5.4 課題・ニーズの変化に伴う価値創成網の再編成 (○は主体を表す)

ス) の種類を増加させる一方で，陳腐化も促進し，人工物のライフサイクルを短縮化させている[2]．図5.3のニーズの多様化の流れ，図5.4の課題・ニーズの変動の加速の流れをあわせれば，図5.5の概念図に示すように価値創成網を再編成していく必要性が高まっている．

現代社会にあっては，供給者側ではなく，市場が変化の羅針盤と時計を持っている．図5.3のように多種多様に出現する価値創成網編成の必要性すべてに対して，単一組織・単一グループによる自己完結型の価値創成網で対応することは容易ではない．まして，仮に，せっかく対応してもたえまなく変容させていかなければならないとすれば，図5.5に示すすべての変化に対して，自己完結型で対応できる組織はきわめてまれであろう．潜在・顕在の多様な課題・ニーズに応えて，多様な価値創成網を併行して編成し，かつ，課題・ニーズの変化に追従してそのそれぞれの編成を適宜変えていくことを自己完結型の価値創成網が容易にできるとは考えられない．

自己完結型の価値創成網に拘泥することは，出現しているニーズ・課題に対応できない機会損失や，課題・ニーズが変わってしまって技術的投資が無駄になる陥穽にはまりこんでしまうリスクを高める．

そのリスクは，多くの既往文献がいうところのNIH（Not Invented Here syndrome）症候群[3]にあたると考えられる（たとえば，丹羽2006）．

---

2) このような状況は，企業からみれば，多様なニッチでしかも陳腐化が加速する市場が夥しく出現している一方で，ニーズを画一的・均一的で安定的にとらえられる市場が縮小していることを意味している．

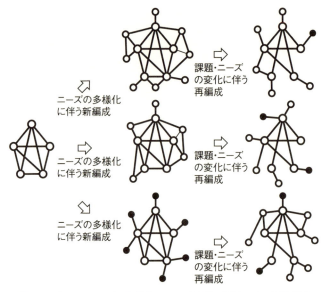

図 5.5 課題・ニーズの多様化,および変動の増速による価値創成網の再編成（○,●は主体を表す）

5.1.3 融通無碍で迅速最適な価値創成網編成の必要性

　イノベーションにおいて重要なことは，人工物の使い手・受益者にとって豊益潤福を最大化することである．そのためには，顕在的・潜在的な課題・ニーズに対して，最良の価値創成源を収集し，その最適な組み合わせによって，もっとも良い製品・仕組・サービスを提供していくことが求められる．技術システムが複雑化・大規模化し，課題・ニーズが多様化しその変動が加速している状況においては，従来の自己完結的な価値創成網によるクローズド・イノベーションに依存していては，その最良・最適が満たし得なくなっているというの

---

3) NIH 症候群とは「元来は文字通り「ここで（自分たちで）作ったものではないので,使わない」症候群という意味である．これは，いろいろなケース，たとえば，
　・外部のものは受け入れない．
　・現場を知らない人間の提案は受け入れたくない．
　・標準品は使わないで，自分たち向けの特注品を使う．
　などが含まれる」(丹羽 2006, p.88)．なお NIH は自前主義とも表現される．

が現代社会の状況である．

であるとすれば，NIH症候群の弊（自前主義の陥穽）を乗り越えるように，以下のような点に留意しつつ，融通無碍かつ迅速に最適な価値創成網を編成することを模索していかねばならない．

① 多様さこそが力

固定メンバーだけで発想・思考している限り，人工物の概念は限定され，収集される価値創成源の範囲も限定される．できるだけ広い範囲から価値創成源を調達し，利活用していくことが得策であると考えられる．多様な主体が価値創成網に関与することは価値創成源の収集範囲を拡げるとともに，構想力や創造性を羽ばたかせることができる．新規市場を開拓・発展させる機会を逸し続ける「打ち漏らし」を防ぎ，多くの機会を生むという意味で，多様さこそは力である．

② 「餅は餅屋」を忘れるべからず

技術の複雑化・大規模化によって，技術知識は日々拡大する一方で，各知識領域の専門化度は高まっている．自組織・チーム内に，特定の課題・ニーズもしくは要素技術に係わるもっとも優れた専門家がつねにいるわけではなく，外部に存在している可能性もつねに考えておかねばならない．組織・チームの内部に中途半端な専門家がいることがかえって最適最良技術の採用を妨げてしまう可能性があることも認識しておかねばならない．餅は餅屋の格言を忘れるべからずである．

③ 速さが大事

現代社会では市場が時計を持っている．自前主義に拘泥して，イノベーション・プロセスの進展が遅延すれば，他者によるイノベーションが先行して社会を塗り替えてしまうおそれがある．自前主義にこだわらず，その時点で動ける主体が連携して迅速円滑に価値創成網を形成することが求められる．

④ 適応性が肝要

　イノベーションの機会や可能性を持続的に得ていくためには技術の複雑化・大規模化に対応して価値創成網に新たな主体の参加を求め，その範囲を拡張していくこと，また課題・ニーズの変化に適応して価値創成網の編成を変えていく適応性が肝要である．

　こうした留意点を考慮すると，自己完結型の価値創成網を前提としたクローズド・イノベーションとは異なる，新たな価値創成網のあり方が構想されなければならないことは明らかである．まさにここに，オープン・イノベーションという概念が登場してくる必然性がある．

5.2　Chesbrough が提唱するオープン・イノベーション概念

　自己完結型の価値創成網によるクローズド・イノベーションの限界を喝破し，オープン・イノベーション（open innovation）という新たな概念を提示したのは Chesbrough である．Chesbrough は，2003 年の著書 *Open Innovation: The New Imperative for Creating and Profiting from Technology* で，オープン・イノベーションという概念を提唱し，次のようにその概念を説明している．

> オープン・イノベーションとは，「企業が技術を進歩させるためには，外部からのアイデアを組織内部からのアイデアと同様に活用すること，および組織内外の市場への経路を活用することが，可能でもあるし，またそうすべきである」と考えるパラダイムである．オープン・イノベーションは，組織内外のアイデアを結びつけ，ビジネスモデルによってその要求条件が規定されるところの人工物の構成則（アーキテクチャ）およびシステムに反映させていく．(Chesbrough 2003, p. xxiv)

　Chesbrough は，2006 年の著書では，オープン・イノベーションを次のように定義している．

― コラム　HEMSの普及阻害事例から学ぶこと ―――――――――――――

　HEMSはHome Energy Management Systemの略であり，住宅においてエネルギーを賢く効率的に使用していくシステムとして我が国の電機大手メーカー数社それぞれが開発をして普及を試みてきた．ただし，自己完結型の価値創成網でイノベーションを展開していくことを暗黙の前提としていた．そのスタートは早く世界的視野で見てもその技術には先進性があったが，自前主義華やかな時期に産声をあげたことが不幸な歴史を辿らせている．使い手視点で見れば，10-20%程度の省エネルギーだけでは，HEMSの導入費用を考慮すると，魅力が十分とは言い難い．便益を省エネルギーだけに限ってしまうと，導入費用の回収に5年から10年かかってしまうからである．むしろ，ネットワークで接続された機器同士が通信しあい解析しあいながらその動作を調整していくというHEMSの中核技術は，今日でいうところのIoT (Internet of Things) そのものである．関係者でもそうした認識を持っている人が少なからずいたと思われるが，NIH（自前主義）症候群の拘束のためか，自ら内製できる範囲でHEMSの意味を暗黙のうちに定義したことは，種々の制約をもたらした．自前のプロトコルやインタフェースにこだわってしまって，異種メーカーの機器やソフトウエアの相互運用可能性（interoperability）の確保が遅れ，普及を阻害することになってしまった．HEMSがもっと早期に普及していれば，そのオペレーション・データを解析することによって，個々のユーザーに対して最適に機器を制御していくような解析能力・制御能力を開発者たちがすでに獲得できた可能性は高い．自己完結型の価値創成網でつくろうとする指向が強いがために，分担協調型イノベーションを幅広く展開していく機会が失われただけでなく，相互運用可能性が確保されず普及の足枷までを生み出してしまったと思われる．

　なお，幸いにして，現在，価値創成網へ異業種の参入を促す動きが顕在化している．過去に失われた時間は戻らないが，関係者の巻き返しが効を奏して，国内のみならず，地球規模でもHEMS導入を契機としたIoTによるイノベーションが展開していくことを期待したい．

　組織内部のイノベーションを加速させるため，また，外部で活用する市場を拡大させるため，意図的に外部との間で知識を流入・流出させることである．オープン・イノベーションは，企業が技術を進歩させるためには，組織内外のアイデア，および市場への内外の経路を活用できるし，また活用すべきであると考えるパラダイムである．（Chesbrough 2006d, p. 1）

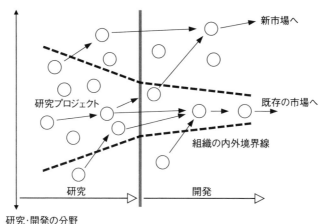

図 5.6 オープン・イノベーション概念図：外部知識導入（"outside-in"）と，組織内部の技術開発成果から企業が収入を得ること（"inside-out"）の組み合わせ．（Chesbrough 2003）を元に作図

Chesbroughは，オープン・イノベーションとは組織内部で研究開発，製品開発，供給まですべてをまかなう垂直統合組織による伝統的なイノベーションのやり方（＝クローズド・イノベーション）に対するアンチテーゼであるともいう（Chesbrough 2006d, p. 1）．Chesbroughは，オープン・イノベーションを図5.6に示すような概念図で説明している．この図では，オープン・イノベーションには，研究開発の成果を外部から取り入れること（"outside-in"）と，内部に埋没している研究開発成果を外部に販売すること（"inside-out"）が描かれている．

5.3 イノベーション・メタモデルから見たオープン・イノベーション概念

オープン・イノベーションの概念を提示し普及させたChesbroughによる定義，および著名な図5.6の図版は，市場競争における1プレーヤーとしての視点に焦点を当てている．

しかしながら，1プレーヤーのマネジメントのあり方のみに焦点を当てすぎると，オープン・イノベーションという多主体が連携して進んでいく事象の本

質を見失ってしまうおそれもある．本書では，イノベーション・メタモデル（IMモデル）の枠組を用いて，より俯瞰的にオープン・イノベーションをとらえ，そのマネジメントにあたっての留意点を整理していきたい．

5.3.1 価値創成源・調達範囲の広範化

(1) 俯瞰的観点から見たオープン・イノベーション

Chesbrough は，自社 – 他社という軸に視座をおいているが，「これらの定義は，個々の企業経営戦略の狭い視点のみから見たものである」という指摘や，より俯瞰的にオープン・イノベーションをとらえるべきであるという見解は数多く提出されている．たとえば，内閣府科学技術基本政策担当は，前記のChesbrough の定義を下敷きにしつつ，オープン・イノベーションの次のような定義を提案している．

> （必要により失敗を内生化するエクイティ・ファイナンスと外部のベンチャー企業群も活用し，）自社内外のイノベーション要素を最適に組み合わせる（mix & match）ことで新規技術開発に伴う不確実性を最小化しつつ新たに必要となる技術開発を加速し，最先端の進化を柔軟に取り込みつつ，製品開発までに要する時間（Time to market）を最大限節約して最短時間で最大の成果を得ると同時に，自社の持つ未利用資源を積極的に外部に切り出し，全体のイノベーション効率を最大化する手法（内閣府科学技術基本政策担当 2010, p.4）．

この定義の提案で重要な点は，最後のフレーズ「全体のイノベーション効率を最大化する手法」にある．一個のプレーヤー・レベルでの最適化だけでではなく，地域レベル，国レベルでイノベーションを進めていくマクロ・レベルでの最適化を図るという俯瞰的視点は重要である．

OECDが2008年に刊行したワーキング・ペーパーも俯瞰的視点からオープン・イノベーションをとらえている．ここでは，次のような事実が示されている（De Backer 2008）．

- OECD加盟国の製造業においては少なくとも40％以上の企業が，外部組

織を重要な価値創成源（sources of innovation）の供給者としてきわめて重要であるとしている．

- とくに，多国籍企業は，海外に研究開発拠点を設けたり，研究開発を含む知識集約的な企業活動において積極的に外部のパートナー（suppliers, customers, ベンチャー企業，大学，研究コンソーシアム，その他の外部組織）とさまざまな形で提携している．
- たとえば，調査対象の大半の国で大企業の 30-60％が国際的協働を展開している．
- 社内の未利用の技術開発成果をもとに外部のパートナーを見出して起業したイノベーションを商業的にも成功させようと積極的に動く企業も増えているという報告もある．

こうした事実から見てとれるのは，西暦 2000 年頃から，ICT 産業や創薬・バイオ技術をはじめとするさまざまな産業において，イノベーションを進めるために，顧客，原料・部品供給者，大学・研究機関，あるいは場合によっては競争相手も含めたオープンな価値創成網が組まれることは当たり前になってきているという状況である．

そこで，生まれてきているのは，自前主義とは正反対の外部組織に対する信頼である．専門性に裏付けられた知識などの価値創成源を幅広く探索・収集することによって新しい着想を生むためには，またできるだけ早く市場にその成果を投入していくためには，技術開発における外部組織との連携は必然であるという認識と動きが急速に広まりはじめたのが今世紀初頭であったと考えられる．今日では，多国籍企業は，イノベーションにおける価値創成源の探索範囲を劇的に拡げ，国境を越えて，能力のあるパートナーを探して地球規模でのイノベーション・ネットワークの羽翼を伸ばし活動している[4]．これは，各地域・各領域で発生するローカルな課題を，地球規模で拡がるネットワーク組織（すなわち価値創成網）による分担協調型のイノベーションによって解決策を見出していこうという指向であり，国境を越えて即応柔軟にイノベーションを持

---

4) たとえば，2015 年 9 月に，トヨタ自動車は，状況判断，物体の認識，人間との協調などに関する技術基盤強化のため，人工知能（AT）の研究で実績のある，Stanford 大学，MIT と連携すると発表したが，これも地球規模でのイノベーション・ネットワークの一例である．

続的に促進していく融通無碍な価値創成網を発展させていこうという戦略でもある．こうした価値創成源の調達範囲の広範化も背景にして，オープンソース（open source），オープン標準（open standard），オープンサーチ（open research）などの言葉が生まれていると思われる．

(2) 価値創成源吸い込みプロセスから見たオープン・イノベーション

地球規模でのイノベーション・ネットワークから生まれる分担協調型のイノベーションという俯瞰的な視点からオープン・イノベーションをとらえた場合，とくに注目すべきことは，個々のイノベーション・プロセスにおける分担協調の核になる価値創成源の収集のあり方，およびその結果としての価値創成網の編成・形成のあり方である．

そこで，本書は，図2.7に示した，イノベーション・プロセスの進行に伴う価値創成源の吸い込みという認識モデルを下敷きに，図5.7のように，オープン・イノベーションにおけるプロセスと，価値創成源の収集および価値創成網の形成との関係をとらえることとする．図5.7の左側に対比的に示しているクローズド・イノベーションにおいては，価値創成源の調達範囲は自己完結型の価値創成網にとどまる．その調達範囲が限定していることは，生み出される豊益潤福を制約するとともに，プロセス進行の遅延または停止・中止に至ってしまうリスクを抱えている．一方，価値創成源の調達範囲に係わる制約をなくしたオープン・イノベーションにおいては，イノベーション・プロセスの進行に応じて，必要な価値創成源が次々と吸い込まれていくと考える．すなわち，図5.7のような認識モデルを下敷きにするならば，オープン・イノベーションは，

> 価値創成源（情報・知識・能力）を制約なく適時適切に収集利活用することによって促進されるイノベーション

であると定義することができるように思われる．適時適切な価値創成源の収集利活用によって，イノベーション・プロセスは持続的に駆動し，豊益潤福の継続的な増進を図ることができると考えられる．

図5.7に示した，イノベーション・プロセスと価値創成網の形成は，まさに

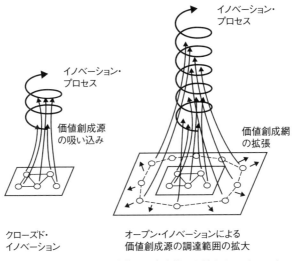

図 5.7 価値創成源の調達範囲の自由性から見たオープン・イノベーションの認識モデル

Groák がいうところの「プロジェクトが独自の需要の連鎖，独自のニーズや経営資源，独自のプロセスの連なり，独自組織を形成し，専門知識と技術的ノウハウとの新たな結びつきの様態を創成する」こと（Groák 1994, p. 290）にあたり，一個のプロジェクトとしてみなすことができる[5]．

　Christensen 以来，イノベーション・マネジメントに関する書籍・論文・記事の関心は企業という組織に着目してオープン・イノベーションをとらえてきた．一方，本書では，個々のオープン・イノベーションは図 5.7 のような認識モデルでとらえられるプロジェクトであると認識して，そのイノベーションのあり方を考察していく．技術システムの大規模化・複雑化，課題・ニーズの多様化およびその変動の増速という現代社会の状況に応じた，即応柔軟な適応性のある価値創成網を編成することにオープン・イノベーションの本質的意義がある．とすれば，プロジェクトという視点でとらえる方が，企業およびそれら

---

[5] プロジェクトとは，開始日および終了日をもち，調整され，管理された一連の活動からなり，時間，コストおよび資源の制約を含む特定の要求事項に適合する目標を達成するために実施される独自のプロセスである（JIS Q10006：2004（ISO10006：2003）品質マネジメントシステム–プロジェクトにおける品質マネジメントの指針）．

の相互関係という視点でとらえるよりも，包括的で正鵠を得たイノベーション・マネジメント上の方策を考察できると考えられる．

5.3.2 2種類の価値創成網編成方式：補完方式と結集方式

個々のオープン・イノベーションのプロセスをプロジェクトとしてとらえると，中心組織の係わり合い方によって，価値創成網の編成方式には次のような二類型があると考えられる．

(1) 中核組織による価値創成源の補完的調達

図 5.8 のように，中核組織たる企業等が組織内部では調達できない価値創成源を公募や交渉などを通じて補完的に調達しオープン・イノベーションを進める編成方式．Chesbrough による図 5.6 の概念はこの編成方式に相当すると考えられる．実現しようとしている人工物（製品・仕組・サービス）の基本概念，および構成則の素案は，中核組織によって構想されていることが前提となる．

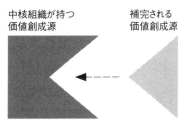

図 5.8 中核組織による価値創成源の補完的調達

(2) 複数組織の提携による価値創成源の結集

図 5.9 に示すように課題・ニーズや，実現しようとする人工物の基本概念を複数組織が共通認識として持ちつつコンソーシアムなど提携体を形成し，役割を分担しながら，幅広い範囲から価値創成源を結集させ，オープン・イノベーションを進めていく価値創成網の編成方式．外部からの価値創成源の調達範囲が広く，課題・ニーズへ対応しやすい．ただし，イノベーションの進行とともに人工物の構成則が変更されることもありうる．また，当該イノベーションの中心点（focal point）に位置する中核組織は状況的に決まってくると想像され，柔軟性適応性が期待できる一方で，主体間で主導権に係わる紛争や，リーダーシップ欠除による混乱が起きうる構造的脆弱性も内包していると考えられる．

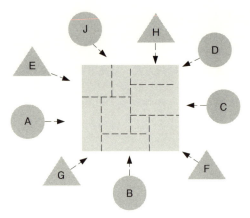

図 5.9　複数組織の提携による価値創成源の結集

5.4　オープン・イノベーションをいかにしてマネジメントするか

　オープン・イノベーション・プロセスをプロジェクトとしてみなせば，そのマネジメントにあたっては，プロジェクトのマネジメントに関して蓄積されてきた知見を応用することができると思われる．

　とくに，プロジェクト組織が持つ利点と難点に関する知見は，多くの示唆を与えてくれると考えられる．その利点とは，柔軟性・適応性・機動性であり，難点とは，時限の寄せ集め組織であるがゆえの脆弱性である．

　利害の不整合や，信頼感・意思疎通の齟齬など，プロジェクト組織一般が内包する脆弱性が強く現れてしまうと，せっかく広い範囲から価値創成網を調達しようにも，制約を受けてしまう．これらの難点を克服して利点を引き出すことによって，複数組織の提携による価値創成源の柔軟かつ速やかな結集が実現すると考えられる．では，どうすればよいのか考えてみよう．

5.4.1　価値創成網に内在する脆弱性

　まず，オープン・イノベーションのプロジェクト組織である価値創成網がどのような脆弱性を内包しているかを整理しておこう．

オープン・イノベーションにおけるプロジェクト組織である価値創成網の編成は，価値創成源（情報・知識・能力）の収集方法に依存する．その収集方法によって，次のような脆弱性が露見することもあると考えられる．

(1) 取引コストの発生

オープンだから費用がかからないと考える向きがあるが，それは誤解で，プロジェクト組織であるという基本性格に起因し，広い意味での取引コストがかかる[6]と認識しなければならない．具体的には，オープン・イノベーションのための価値創成網構築においては，以下のような広い費用が発生する可能性がある．
- 価値創成網形成の過程でライセンス費用を払わねばならない場合がある．
- 一般に，技術文化の異なる組織同士の協働は以心伝心とはいきがたく，意志疎通のための手間と時間がかかる．
- 成功した際の利益，失敗した際の損失の分配のあり方を含めた契約・約定手続きに手間と時間もかかる．
- 価値創成網を大規模化に伴い生じうる主体間の軋轢，利害対立，紛争に対処するために手間と時間を要する．
- 外部価値創成源の検索，内部価値創成源の棚卸し，およびそれらの価値創成源のやりとりに関する組織間調整を行いうるだけの能力を持った内部部署の設置が必要となる．

(2) 価値創成源の専有性保持に関する不確実性

価値創成網の形成に伴う主体間の協働を通じて，特定の主体が持つ，唯一無二のユニークな価値創成源（アイデアやノウハウ）などが，外部の提携者にも露わになる．重要な情報・知識の流出，知的財産の侵害などの問題が起こることもありうる．地球規模に価値創成網が拡がるなかで知的財産の盗用はもっとも重要なリスクであるという指摘もある（De Backer 2008）．加えて，協働を通じ

---

[6] なお，取引コストは，イノベーションが成功した場合の利益の大きさや利益分配に関する見込み，すなわち価値創成網の関与主体間のレントの大きさによっても変動すると思われる．一般的にはレントが大きい見通しがあれば，取引コストは小さくなると想像される．

て，提携者が能力を構築し，将来，競争相手になることもありうる．オープン・イノベーションを通じた協働は，重要な価値創成源の専有性の保全に不確実性を生む．その不確実性の認識が，警戒感や不信感や遅延，あるいは軋轢を生む可能性も持っている．

(3) 主導権の流動性

オープン・イノベーションを企図する主体（組織・人）が自らを価値創成網の中心点（focal point）に置き続け，その主導権を持続的に保持していくことができれば，イノベーションが成功した場合の利益分配を最大化することができると思われる．しかしながら，次のような場合，その主導権が脅かされる可能性が生じてくると考えられる．

- 主導権の基盤となる価値創成源の専有性が失われる場合．
- イノベーション・プロセスの進行に伴って獲得される知識・能力獲得（learning by doing）に差異が生じ，イノベーションの中心点が移動する場合．

後述するように，人工物の構成則（アーキテクチャ）設計を工夫することによって，こうした場合が発生する可能性を抑制することはできると思われる．しかしながら，オープン・イノベーションは，価値創成網の編成にあたっては，主体間で主導権が流動化して紛争や制約を生むような構造的脆弱性を潜在的には有していることを認識すべきであると思われる．

(4) 価値創成網の編成方式による脆弱性の相違

以上述べた，オープン・イノベーションが内包する構造的脆弱性の現れ方の度合いは，価値創成網の編成方式によって異なると思われる．表5.1に示すように，複数組織の提携による価値創成源の結集方式の方が，価値創成網のまとまりを形成・維持することが容易ではなく，提携のための取引コストはより高くなり，知的財産など重要な価値創成源の専有性保持についても不確実性が増すと考えられる．

表 5.1 価値創成源の調達方式による課題の現れ方の相違

	価値創成源・補完方式 (図 5.8)	価値創成源・結集方式 (図 5.9)
(1) 価値創成源調達の範囲	補完的 ←――――	――――→ 全面的
(2) 価値創成網形成のための取引コスト上昇	比較的小 ←――――	――――→ 比較的大
(3) 価値創成源の専有性保持	不確実性小 ←――――	――――→ 不確実性大
(4) イノベーションにおける主導権	流動性小 ←――――	――――→ 流動性大

5.4.2 モジュラー化による難点緩和・利点発揮の可能性

(1) 価値創成網・関与主体間マトリックスによる構造的脆弱性の分析

前章では価値創成網・関与主体間マトリックス（ΣA-Aマトリックス）を用いて，図4.5，図4.6で，インテグラル型の価値創成網と，モジュラー型の価値創成網の相違を表現した．ある主体同士の間に，取引コストの上昇，重要な価値創成源の専有性の低下，主導権の流動化による齟齬・紛争が生じた場合に，図4.5のようなインテグラル型の価値創成網の場合，その影響は当事者間だけにとどまらず，協働・連携関係にある他の主体との間の関係にも波及し，価値創成網全体にその影響が波及してしまう可能性があると思われる．一方，図4.6のモジュラー型の場合は，そうした齟齬は図中に示した房（モジュラー）の内部にとどめることができる．それゆえ，価値創成網が図4.5のようなインテグラル型のΣA-Aマトリックスの様相を示すような構造を持っている場合の方が，図4.6のようなモジュラー型の様相を呈する場合よりも，価値創成網の構造的脆弱性が高いと推測できる．

逆に言えば，モジュラー型のような簡素簡明な構造の場合の方が，オープン・イノベーションが内包する構造的脆弱性が現れづらいと考えられる．すなわち，モジュラー化によって，オープン・イノベーションが内包する価値創成網の構造的脆弱性を緩和できる可能性がある．

(2) プロセス－価値創成網の連成系から見たモジュラー化

このことを別の角度から考えてみよう．モジュラー化により，独立したモジュール（サブシステム）の集合体として人工物が定義され，それぞれのモジュ

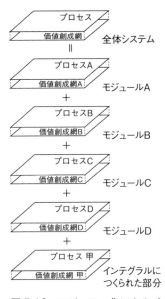

図 5.10 モジュラー化によるプロセスの重畳

ールの開発・設計・供給は独立した主体群が担うような価値創成網が形成される．人工物のモジュラー化は，情報技術の発展・普及と相まって，分担協調型イノベーションの進展を促進すると多くの研究者が指摘している（たとえば，Baldwin 2012）．

モジュラー化した人工物構成をとった場合，そのイノベーション・プロセスは，図 5.10 のように，モジュラーに係わるプロセス群が重畳したものであるとみなすことができる．図 5.10 では，それぞれのサブシステムには個々独立に価値創成網が形成されており，主体間関係の複雑性や錯綜性は低くなり，オープン・イノベーションが抱える構造的脆弱性を緩和することが期待される．

人工物のモジュラー化は，以下のようにオープン・イノベーションの利点を高めることが期待される．

① 同時並行開発による加速効果（5.1.3 項に示した「速さが大事」を満たす）

図 5.10 に示すようなプロセスの重畳性のゆえに，各サブシステムの開発を他と錯綜することなく併行して進めることができ，結果として全体システムの開発を増速できる．言い換えれば，市場が求めるスピードに追いつくために幅広い主体が参画して錯綜なく併行開発のできる価値創成網を形成することができ，分業による開発リードタイムの短縮という効果が得られる．

② 多種多様なニーズへの対応（5.1.3 項に示した「多様さこそが力」を満たす）

モジュラー化した場合，図 5.11 に示すように，モジュールを入れ替えることによって，全体システムを更新せずとも，多様広範な価値創成源を収集することが可能となり，多種多様な課題・ニーズに対応できる．

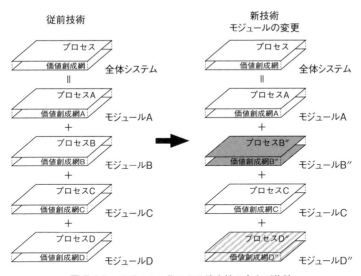

図 5.11 モジュラー化による適応性の向上可能性

③ **最良最適技術の活用**（5.1.3 項に示した「餅は餅屋」の格言に対応）

モジュールの製造・供給者への参入を促すことができれば，競争原理が働き，その時点で得られる最優秀（BOB: Best of Breed）のモジュールを用いることができる．（一方，自己完結型の価値創成網では，自社で開発した次善以下の水準の，場合によっては受け入れ水準以下のモジュールを使わねばならないリスクを背負う．）

④ **変化への適応性**（5.1.3 項に示した「適応性が肝要」に対応）

図 5.11 のようにモジュールを入れ替えることは，課題・ニーズの変動へ適応することも可能にする．これにより，要求条件などの変化がもたらす，不確実性への適応性を高めていくことも期待できる（Baldwin 2000）．

以上のように，人工物のモジュラー化により，イノベーション・プロセスを「分割」すること（図 2.14 参照）は，オープン・イノベーションの価値創成網が内包する構造的脆弱性を緩和するとともに，その利点の発揮を促進させる．実際，Gassman らは，124 社を対象とした調査に基づき，モジュラー度の高い人工物構成を持った産業でオープン・イノベーションが進んでいると主張してい

る[7] (Gassman 2004).

　技術システムの複雑化・大規模化は，個々の人工物を成立させる要素技術の専門化度を高めるとともに関連する専門領域を広域に分布させている．さらに，それらの要素技術同士の相互依存性も高まっている．そのためさまざまな要素技術に依存した人工物の開発には多大な経費を要するようになっている．しかるに，人工物のモジュラー化は，図5.10，図5.11 に示したように，モジュール同士の錯綜性を低めつつ，大きなリスクを負うことなく，各主体が分担協調的にイノベーションを進めることができる途を拓いている．今後，さまざまな産業分野，さまざまな専門領域において，人工物のモジュラー化によるオープン・イノベーションをはじめとする分担協調型イノベーションが展開していくことが予想される[8].

5.4.3　では人工物のモジュラー化は万能なのか

　では，人工物のモジュラー化はオープン・イノベーションが抱える構造的脆弱性を克服し，その利点を発揮させる万能薬となりうるのであろうか．

(1)　知識の不可分性とモジュラー化

　人工物のモジュラー化によって図5.10，図5.11 のように，オープン・イノベーションを進めていくことは，知識をはじめとした価値創成源が加算（足し算）的に扱えるということを暗黙の前提にしている．

　ただし，何をつくるのかに関する知識，すなわち設計に係わる知識と，どのようにつくるのか，すなわち製造・生産に関する知識は不可分である側面がある．

　たとえばマッキントッシュなど Apple 社が出す製品はその独自のユーザ

---

[7]　Gassman らは，モジュラー化の進行によって，技術力が相対的に低い企業が，技術力の高い企業から埋没技術として溢れだしてきた技術を outside-in により活用する機会を高めていることも指摘している（Gassman 2004）．

[8]　人工物のモジュラー化そのものは，価値創成網への参画者の継続的な関係を必ずしも指してはいないものの，ビジネス・エコシステムの概念（第2章参照）と融合するにおよび，中長期的レントを共有する継続性，繰り返し性を持った価値創成網の設定・形成を促しているとみることができる．

ー・インターフェース（GUI）による操作性によって多くのユーザーを獲得した．加えて，それらの機器の「かたち」には独特の表象性があり，操作性と表象性が相乗したメッセージを発しつつ，ICT の使い方のスタイルを開拓するというイノベーションを進めてきた．それだけに Apple 社の製品の形は重要な意味を持つが，たとえば，出っ張りのない，あるいは継ぎ目のない形状を実現するため，高度な製造技術が用いられている．Apple 社の製品の「かたち」は，設計と製造を統合した知識によって成立しており，設計と製造に関する知識がモジュラー化によって切り分けられている場合にはけっして生まれない「かたち」であると思われる[9]．

　設計に関する知識，製造・生産に関する知識のすべては形式知されておらずその少なからぬ割合は暗黙知である，といわれている．仮にモジュラー化だからといって，設計知識と製造知識の融合を阻むようなことがあれば，イノベーションの可能性を制約してしまうといわねばならない．

　それゆえに，人工物のモジュラー化，あるいは価値創成網とプロセスのモジュラー化（図 5.10, 5.11）を徒に進めればよいかといえば，モジュールへの切り分けがすべてよしというわけにはいかない．不可分の知識体系がイノベーションの成否を握っていることも少なからずあり，その体系性を損ねるような単位でのモジュールへの分割は避け，不可分の知識体系のまとまりに対応したモジュールを設定しなければならない．

(2)　固着知識とモジュラー化

　4.2.1 項で述べたように，設計や，製造・生産に係わる知識のなかには，組織の慣行や，個人の思考回路に埋め込まれたノウハウという暗黙知として存在するものもあり，それらは，ある場所の組織・人に知識が貼り付いているとい

---

[9] 製造工場を社内に持たず委託生産に徹する業態（fabless）がいま急速に地球規模で進展し，人工物のモジュラー化によって設計と製造の組織分離（unbundling）が進んでいるとされている．こうした組織分離という現象をみて，設計のためのノウハウ・知識と，製造のためのノウハウ・知識を加算的に扱えるという解釈をする向きもあるが，筆者は疑問を持つ．こうした委託生産方式にすべての企業が成功しているわけではなく，成功企業の多くは設計開発スタッフだけでなく製造知識を持った者を内包するか，もしくは設計・製造の統合した知識を持つ者を内包し，委託製造先との実効性の高い価値創成網を形成していると考えられる．

う見方もできる．本書では，von Hippelが提案した固着情報（sticky information）にならって（von Hippel 1994, 2005），人・組織やその活動場所に貼り付いているように見える情報，知識，能力を固着情報，固着知識，固着能力と呼ぶこととする．

　人工物構成のモジュラー化や，価値創成網のモジュラー化によって，重要な固着情報，固着知識，固着能力を持った主体が，他のサブシステムと安易に入れ替わってしまうおそれもある．各システムを担う主体に固着している情報，知識，能力を慎重に評価・洞察し価値創成網を編成する必要がある．

5.4.4　オープン・イノベーションにおける価値創成網編成戦略

(1)　価値創成網のまとまりを考える手がかり

　オープン・イノベーションを進めるにあたって，次の2つのことがらの切り分け方を，イノベーションをとりまく内的外的条件に即して整合させていくことが肝要である．

- 人工物のモジュールへの切り分けにおけるまとまり
- 価値創成源（情報・知識・能力）の不可分なまとまり・体系

　これら2つのことがらのまとまりを整合させて全体システムを構成していくにあたっては，明示的な設計情報・技術情報（例：インターフェース・ルール）を提供するだけで，切り分けられる人工物のまとまり（モジュール）同士を相互調整することなく，全体システムを機能させることができるか否かにより，切り分けのまとまりの適否を見極める必要がある．

(2)　設計情報・技術情報のデジタル化が拓く地球規模での分業・連携

　全体システムの設計者が各モジュール（サブシステム）の設計者に対してそのモジュールが稼働するために必要十分な設計情報・技術情報を提供できる場合は，そのモジュールと全体システムとの間の相互調整は大幅に軽減する．情報技術（ICT）の爆発的発展と普及により，デジタル情報に変換された設計情報・技術情報は瞬時に伝達が可能で，地球規模での協業により，図5.10に示すようなモジュールに切り分けられたプロセス－価値創成網による並行的開発を迅速に進めていくことができる．小川は，地球規模での多様な分業・連携が

急速に展開していると喝破している[10] (小川 2014). 人工物へのソフトウエアの埋め込みは，デジタル・データの交換により切り分けたモジュールを調整・統合して全体システムとして機能させていく一手法として理解できる.

(3) 外モジュラー・内インテグラル

一方，イノベーション・プロセス促進に必要な価値創成源に，暗黙知，固着情報・知識・能力が含まれている場合は，価値創成網を構成する主体間で相互調整のためのコミュニケーションを繰り返す必要が出てくる．この相互調整の繰り返し範囲は，図 4.6 に示した価値創成網・関与主体間マトリックス（Σ A-A マトリックス）においては，対角線まわりの房に相当する．こうした内部に複雑な構造を持った房が存在することを考慮すれば，図 5.12 の概念図のように，内部にインテグラルな価値創成網構成を持ったモジュールがあると考えることができる．言い換えれば内部がインテグラルな主体間関係を内包したモジュールがあるとみなして人工物を構成していけば，暗黙知，固着情報・知識・能力を含む価値創成源の不可分性も考慮した，オープン・イノベーション推進のためのモジュラー化された価値創成網を編成することができると考えられる．

(4) 以心伝心システムの重要性

図 5.12 で，内部にインテグラルな価値創成網構成を持った外モジュラー・内インテグラルのモジュールが，消極的な存在であるという誤解が生じるといけないので，その効用，可能性を確認しておく．それは，成果を挙げているインテグラルな価値創成網を構成する主体間では以心伝心のコミュニケーションがなされていると想像されることである．ここで以心伝心とは，とくに詳細な設計図書，仕様書，指示書など明示的な設計情報・技術情報のやりとりをしなくても，技術的規範[11]も含む設計思想や，暗黙知，固着情報・知識・能力を共

---

10) 小川は，土木・建築・機械のように自然科学論理に依存する人工物に対して，組み込みソフトによるアルゴリズムによって能動的に制御される人工物が増えていく状況を，「ソフトウエアリッチ」製品の登場と形容し，そのことが瞬時の技術情報・ノウハウの移動を可能にし，モジュラー化を通じた国際分業を促進していると指摘している（小川 2014）．

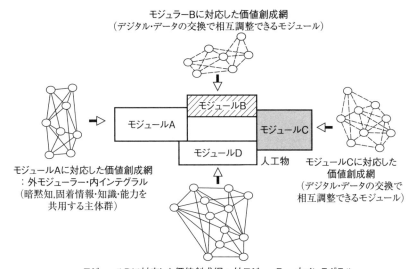

図5.12 暗黙知,固着情報・知識・能力の不可分なまとまりに考慮したオープン・イノベーション推進のためのモジュラー化された人工物構成概念

有することによって,限られた明示的情報のやりとりだけで,主体同士が協調的にプロセスを進めていくことができることを指す.こうした連携は,大量の明示的な設計情報・技術情報を交換していくやり方よりも,より即応的で迅速であり,しかも適応性が高い,と考えられている[12].

藤本が一連の研究で示しているように,日本には,部品を相互調整して最適設計する擦り合わせ型(インテグラル型)の人工物構成則(アーキテクチャ)を持った製品が多数存在し,こうした製品分野でイノベーションを促進してきた.技術の成り立ちが複雑で,価値創成網内で複雑高次に知識・情報の交換を繰り

---

11) たとえば,トラブルが起こった際には致命的な機能支障に至らぬように安全側に制御する機構(fail safe 機構)をどのように構成するのか,あるいは,安全を脅かす外的要因に対して人工物をどのように挙動させ制御するのか,ということは規範や設計思想に係わることであり,明示的には記述されないことも多い.
12) 以心伝心ともいうべき滑らかなコミュニケーションが成立するためには,高度の専門的知識や経験知が要求されるだけでなく,長期間にわたる信頼感の醸成が不可欠である.ただし,長期間関係は価値創成網の硬直化を招くおそれもあることに留意する必要がある.

返すプロセス，すなわち擦り合わせは，以心伝心でコミュニケーションできる価値創成網の方が，伝達に必要な情報量が圧倒的に少ないため，明示的な設計情報・技術情報の交換によって稼働する価値創成網よりも円滑かつ速やかにイノベーションを進めやすいと思われる．日本の国際競争力は，モジュラー型というよりも，すりあわせ型の人工物構成則を持った製品で高いともいわれている（たとえば藤本 2003, 2005）．

このように内部に以心伝心の高度なコミュニケーションのできる価値創成網を持った外モジュラー・内インテグラルと呼ぶべき価値創成網の形成には長期間を要し，模倣・再現が難しいがゆえに，唯一無二の価値を生み続ける可能性があることに留意しなければならない．

(5) 地球規模でのオープン・イノベーションにおける以心伝心システムの価値

価値創成網の形成において，複数の企業のネットワークや連携体（alliance）によって，地球規模の分業をいかに設計し実行するかという戦略および実践がイノベーション・マネジメント上での重要な課題になっている[13]．デジタル化された情報をもとにしたモジュールは，模倣されて置き換えられていく可能性を持っている．しかし，以心伝心システムにより唯一無二の価値を生み続けるモジュールが置き換えられる可能性は低い．基本戦略として人工物構成や価値創成網の構成をモジュラー化していくにしても，以心伝心で成果をあげうる価値創成網のまとまりがあるのであれば，そのまとまりは切り分けず積極的に利活用していくことが，地球規模でオープン・イノベーションを推進し豊益潤福を創造増進していくためにはむしろ好ましいと考えられる．

5.5 オープン・イノベーションの適用範囲

前節までの内容をふまえれば，大きな価値創成源のプールにアクセスできる

---

[13] たとえば，米国の流通王手 Wal-Mart や Microsoft 社は，自らは，ハブとなるようなプラットフォームを提供したうえで，さまざまな企業がサブシステムを分担するネットワーク組織を構成して，企業間の錯綜度を低めつつ，顧客の要求に柔軟に適応していく仕組をつくりあげ運用している（Iansiti 2004）．

> **コラム　オープン・イノベーションのマネジメントに求められる組織能力**
>
> 　オープン・イノベーションを成功裡に導くためには，どのような点に留意すればよいのであろうか．Dasher は，オープン・イノベーションを成功裡に導くための要件として下記のような組織能力を列挙している（Dasher 2009）．
> 　1　外部の知識を的確に評価できる
> 　2　暗黙知・形式知を含む外部の知識を統合できる
> 　3　企業の方向性や競争力に関する明確なビジョンを構想できる
> 　4　市場心理およびありうるべき新市場（満たされていないニーズ）に関して明晰に理解できる
> 　5　計画変更をすべきタイミングの認識力も含めた業務計画における柔軟性を持つ
> 　6　外部の強力な知識源に支援を受けつつ，リスクを防御し手当てできる
> 　これらの要件は，本書の論点とも整合するだけに興味深い．

というオープン・イノベーションの便益は明白で，今後さらに，オープン・イノベーションが多様に展開していくだけの必然性があると考えられる[14]．

　しかしながら一方では，前述のように，価値創成網形成のための取引コスト上昇，重要な価値創成源の専有性損失，イノベーションにおける主導権喪失などの構造的脆弱性も抱えている．オープン・イノベーションは現代社会において大いなる可能性を秘めているが，すべてに適用できる万能薬ではなく，その有効性が発揮できる適用範囲にも限界があることにも留意しなければならない．オープン・イノベーションは，ある意味では自己完結型の価値創成網によるクローズド・イノベーションのアンチテーゼであり，戦略の選択肢の1つであると認識すべきである[15]．

　では，オープン・イノベーションの適用範囲はどのように定められうるので

---

14)　従前は「オープン・イノベーションは，Lucent, 3Com, IBM, Intel や Millenium Pharmaceuticals といった高度技術企業に馴染む」といわれてきた時代もあったが，必ずしもそうではない事例は増加し（Chesbrough 2006b），いまや幅広い産業，技術領域で適用されている．

15)　銘記すべきは，「オープン・イノベーションだけが未来のすべてなのでない．ありうる未来のひとつなのであって，オープン・イノベーションに係わるツールを選択的に活用することが賢明なのである」（Birkinshow 2012）．

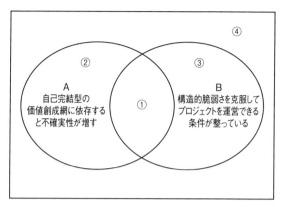

図 5.13 オープン・イノベーションの適用範囲を定義する2条件：2条件が成立するベン図領域①がオープン・イノベーションの適用範囲

あろうか．プロセス・組織の構造化から考えるという本章の視点に立つならば，次のような条件Aおよび条件Bが満たされている場合，すなわち，自己完結型の価値創成網に依存すると不確実性が増し，かつ，構造的脆弱さを克服するプロジェクト運営ができる条件が整っている場合（図5.13ベン図の領域①）が，オープン・イノベーションの適用範囲になると考えられる．

条件A：自己完結型の価値創成網に依存すると不確実性が増すと考えられる場合
 1 技術の流動性が高い場合，すなわち，技術システムの複雑化・大規模化の進行方向が予測困難であるか，または，既存の人工物の供給者による技術システムの複雑化・大規模化への対応に限界がある場合
 2 ニーズ・課題の多様性，変動性が高い場合，すなわち，ニーズ・課題が多様化，もしくは，変動している場合

条件B：構造的脆弱さを克服してプロジェクトを運営できる条件が整っている場合
 1 連携に伴う取引コストの上昇を抑制しつつ，円滑柔軟迅速な価値創成網の構築・運営ができる場合

2 価値創成源の専有性が保持できるとともに，主導権の流動性による紛争・制約を抑制できる場合

　裏返せば，上記の条件Aまたは条件Bが満たされない場合，すなわち，自己完結型の価値創成網に依存しても不確実性が増すわけではない場合か，または，構造的脆弱さを克服するプロジェクト運営ができる条件が整っていない場合（図5.13ベン図の領域②，③，④）は，オープン・イノベーションの適用範囲外になると考えられる．少なくとも，次のような条件A′が成立する場合（図5.13ベン図の領域③，④）は，自己完結型の価値創成網によるクローズド・イノベーションが適していると思われる．

条件A′：自己完結型の価値創成網に依存しても不確実性が増さないと考えられる場合
　1 技術の流動性が低い場合，すなわち，技術システムの複雑化・大規模化の進行方向が予測可能で，しかも既存の人工物の供給者がその複雑化・大規模化のイニシアチブを持っている場合
　かつ
　2 ニーズ・課題の多様性，変動性が低い場合，すなわち，ニーズ・課題は対応不能なほどには多様化しておらず，かつ変動もしていない場合

　言い換えれば，複雑化・大規模化してはいるが徐々に進んでいるために現行の自己完結型の価値創成網で対応可能で（または，参入障壁が高く価値創成源を調達できる他の主体が見当たらないために現行の価値創成網で対応せざるをえず），かつ，多様性への対応の必要性が低く要求条件・ニーズの変動が小さい場合は，そのまま自己完結型の価値創成網でイノベーションを進めていこうとすることはけっして不合理ではない．加えて，構造的脆弱性が好まれない事情があり，さらには以心伝心システムが有効にはたらいている場合は，むしろ積極的に自己完結型の価値創成網によるクローズド・イノベーションを進めていくべきであると考えられる．
　もっとも難しいのは，自己完結型の価値創成網に依存すると不確実性が増す

> **コラム　図5.13の2条件と既往研究におけるオープン・イノベーションの適用範囲との関係**
>
> 　既往研究（たとえば，Chesbrough 2011）では，下記のような特徴を持つ場合は，オープン・イノベーションの適用範囲に入ることは概ね合意されているように思われる．
> 　特徴1：組織外の価値創成源（知識・着想など）を活用する必要がある
> 　特徴2：技術者・技能者の流動性が高い
> 　特徴3：大学など外部の研究機関に有用性の高い価値創成源が多種多様に存在している
> 　特徴4：ベンチャー企業（start-ups）等が多数ひしめいている
> 　特徴5：ベンチャー・キャピタルなど知の交流・橋渡し（brokerage）をする主体の活動域である
>
> 　特徴1, 2は，本書でいうところの流動性，多様性，変動性が高いことを指していると思われる．
> 　特徴3, 4, 5は，構造的脆弱さを克服してプロジェクトを運営する諸条件，とくに，連携に伴う取引コストの上昇を抑制しつつ，円滑柔軟迅速な価値創成網の運営ができることを指していると考えられる．

にもかかわらず，構造的脆弱さを克服するプロジェクト運営ができる条件が整っていない場合（図5.13ベン図の領域②）である．この場合，オープン・イノベーション，クローズド・イノベーションいずれもそのままでは進めがたい．現実的には，構造的脆弱さを克服するプロジェクト運営ができる条件を整えて，オープン・イノベーションを進めていく方策がとられるべきであると考えられる．

参考文献

Baldwin, C. Y. and K. B. Clark（2000）*Design Rules: The Power of Modularity*（Vol. 1），MIT Press.
Baldwin, C. Y.（2012）"Organization Design for Business Ecosystems," *Journal of Organization Design,* Vol. 1(1): 20-23.
Birkinshaw, J., C. Bouquet and J. L. Barsoux（2012）"The 5 Myths of Innovation," *MIT Sloan Management Review,* Vol. 52(2): 43.

Chesbrough, H. (2003) *Open Innovation: The New Imperative for Creating and Profiting from Technology*, Harvard Business School Press, Boston.
Chesbrough, H. (2006a) *Open Business Models: How to Thrive in the New Innovation Landscape*, Harvard Business School Press, Boston.
Chesbrough, H. W. (2006b) "The Era of Open Innovation," *Managing Innovation and Change*, Vol. 127(3): 34-41.
Chesbrough, H. and A. K. Crowther (2006c) "Beyond High Tech: Early Adopters of Open Innovation in Other Industries," *R&D Management*, Vol. 36(3): 229-236.
Chesbrough, H., W. Vanhaverbeke and J. West (eds.) (2006d) *Open Innovation: Researching a New Paradigm*, Oxford University Press.
Chesbrough, H. W. (2011) The Era of Open Innovation Sloan Select Collection Winter 2011 a Special Collection of Innovation and Management Insights from MIT Sloan Management Review Top 10 Lessons on the New Business of Innovation.
Cooke, P. (2005) "Regionally Asymmetric Knowledge Capabilities and Open Innovation: Exploring 'Globalisation 2': A New Model of Industry Organisation," *Research Policy*, Vol. 34(8): 1128-1149.
Dasher, R. B. (2009) Stanford University, http://www.stanford.edu/group/us-atmc/cgi-bin/us-atmc/wp-content/uploads/2009/09/090924-dasher402a-part2.pdf (retrieved dated on 30 April 2016)
De Backer, K., V. Lopez-Bassols and C. Martinez (2008) "Open Innovation in a Global Perspective: What do Existing Data Tell us? Statistical Analysis of Science, Technology and Industry," Working Paper 2008/4, OECD, Paris. http://www.oecd.org/sti/ind/41885837.pdf (retrieved dated on 1 August 2012).
European Commission (2004) Innovation in Europe Results for the EU, Iceland and Norway.
Gassmann, O. and E. Enkel (2004) "Towards a Theory of Open Innovation: Three Core Process Archetypes," *R&D Management Conference*, Vol. 6: 1-18.
Groák, S. (1994) "Is Construction an Industry? Notes Towards a Greater Analytic Emphasis on External Linkages," *Construction Management and Economics*, Vol. 12(4): 287-293.
Iansiti, M. and R. Levien (2004) *The Keystone Advantage*, Harvard Business School Press, Boston.
Rausch, L. M. (2010) "Indicators of U.S. Small Business's Role in R&D," *InfoBrief*, NSF-10-304.
Von Hippel, E. (1994) "Sticky Information and the Locus of Problem Solving: Implication for Innovation, *Management Science*, Vol. 40(4): 429-439.
Von Hippel, E. (2005) *Democratizing Innovation*, MIT Press.
小川紘一（2014）『オープン＆クローズ戦略 日本企業再興の条件』翔泳社．
石黒周（2006）学位論文「長期的研究推進のためのNPO型分散研究システムの研究」（東京大学 博総合第649号）．
特許庁（2014）『特許行政年次報告書2014年版』．
内閣府科学技術基本政策担当（2010）「「オープン・イノベーション」を再定義する〜モジュール化時代の日本凋落の真因〜」総合科学技術会議第7回基本政策専門調査会．http://www8.cao.go.jp/cstp/tyousakai/seisaku/haihu07/sanko1.pdf（retrieved on 12 September 2015）
丹羽清（2006）『技術経営論』東京大学出版会．
野中郁次郎・竹内弘高（1996）『知識創造企業』梅本勝博訳，東洋経済新報社．
藤本隆宏・延岡健太郎（2003）「日本の得意産業とは何か——アーキテクチャと組織能力の相

性」RIETI（独立行政法人経済産業研究所）Discussion Paper Series.
藤本隆宏（2005）「アーキテクチャの比較優位に関する一考察」『赤門マネジメント・レビュー』Vol. 4(11): 523-548.
米倉誠一郎（2012）「オープンイノベーションの考え方」,『一橋ビジネスレビュー』Vol. 60(2): 6-15.

第**6**章

ユーザー・イノベーション
(主体間関係とイノベーション類型その 2)

　本章は，前章に引き続き分担協調型イノベーション (distributed innovation) における，価値創成網のあり方を学んでいく．本章で取り上げるユーザー・イノベーションという概念は，第 4 章，第 5 章でも紹介した von Hippel いうところの固着情報 (von Hippel 1994)，すなわち個々のユーザーへの知識・情報の固着に拠ってたっている．20 世紀に起きた技術革新によって溢れ出した多種多様な人工物の運用・使用を通じて，ユーザー側に情報・知識が蓄積されてきた．個々のユーザーに固着した知識や情報は，イノベーションを創始させる重要な価値創成源となりうるが，人工物の製造者や供給者から見て，そのすべてを見通すことは困難になっている．こうした状況をふまえ，von Hippel は，分担協調型イノベーションのプロセスにユーザーが参画する，ユーザー・イノベーション (user innovation)[1] が有効であると説いてきた．本章では，IPM モデルを下敷きにしつつ，ユーザーの関与によって分担協調型イノベーションのプロセスが，どのように創始されていく可能性があるのかを学んでいく．

6.1　ユーザーへの情報・知識の集積・固着

　約 100 年前，Shumpeter は，『経済発展の理論』を著したおり，非連続的変化は，最終製品の消費者の欲求 (wants) 側ではなく，むしろ産業側に起きるとして，次のように記している．

---

[1] Von Hippel は，ユーザー・イノベーションをユーザー本位のイノベーション (user-centered innovation) とも呼んでいる．

経済システムにおけるイノベーションは，まず消費者側に自然発生的に欲求が生まれることによって生産手段が変わっていくという道を辿るのではなく，生産者側がイニシアチブをとって消費者が生産者に教育されることによって生まれる（Shumpeter 1912, 1934, p. 65）．

Shumpeter が活躍した時代は，今日の目から見れば，衣食住や移動・情報・教育の自由が満たされていた時代ではなく，満たされていない豊と益（what）の内容は明瞭で，むしろ，豊益の実現方法（how）の方が焦眉の課題であった．豊益を飛躍的に向上させる新たな種類の人工物の構想（what）は，その構想を実現する科学・技術（how）の開拓者である製造者・供給者がもっぱら担っており，ユーザーとの間には画然とした情報の非対称性が存在した．新たな種類の人工物の構想・開発にユーザーが関与する余地は乏しく，「いくら駅馬車のユーザーの満足度を分析しても，けっして汽車や自動車によるイノベーションは生まれない」（Shumpeter 1912, 1934, p. 64）という論理は有効であったと考えられる．

しかし，20世紀後半以降，豊益に加えて潤福も重要な目標になり，Shumpeter の論理が必ずしも有効ではない分野が徐々に拡がっていった．潤福には個人の価値観が反映し，その価値観は多様化している．また人工物が飽和していくとともに，何をもって豊益とするかについても曖昧化している．

また社会的分業の進行とともに，人工物の製造者・供給者よりも，その使用者・運用者の方に情報・知識が集積し，供給者と需要者の情報の非対称性が逆転する分野も現れるようになった．その結果，実現すべき豊益潤福の内容（what）は，科学・技術（how）の開拓者である製造者・供給者だけで定義することは困難になり，費用と時間をかけて，ユーザーのニーズを特定することに努めるようになった．

1980年代末までは，製造者・供給者はユーザーの一部をフォーカス・グループとして組織化し，継続的系統的に，ユーザーのニーズを探ろうとしていた（Innovate America 2005）．しかしながら費用・時間をかけても，企業にとってユーザーのニーズは把握しづらく，かつ開発期間や初期の販売期間中に，ユーザーのニーズがゆらいでしまうという不確実性もあることが分かってきた．

こうした状況に対して，von Hippel は，普通のユーザーは彼ら自身のニーズを知らない，だから，フォーカス・グループを対象にいくら調査してもニーズは見えてこないと指摘し，むしろイノベーションのプロセスにユーザーが参画する方が合理的であると論じてきている．

分担協調型イノベーションのプロセスへのユーザーの関与は，ニーズ・課題に関する情報・知識のユーザーへの固着と表裏一体であるといってよい．では，どのように，ニーズ・課題に関する情報・知識がユーザーに固着しているのであろうか．専門的ユーザーへの固着，および消費財のユーザーへの固着について整理してみよう．

6.1.1 専門的ユーザーへの情報・知識の固着

社会的分業が進むなかで，人工物を使いこなしてサービスを提供するユーザーに高度の専門的知識が蓄積されている分野は少なからずある．

医療分野はその典型例であり，たとえば，医療機器の使い方に関する専門知（適用条件，使い方のコツ，使い勝手など）は，その機器を使用している医師や医療技術者に蓄積していると考えられる．その専門知に，暗黙知も含め医師・医療技術者に固着した情報・知識が相当割合含まれていると想像される．こうした専門知を抜きにして，開発者・製造者が医療機器を改良したり，次世代の機器を開発することは困難であると思われる．ではあるが，使い勝手によほどの不満がない限り，医師・医療技術者が時間や費用をかけてまで，開発者・製造者に使い方に係わる専門知をフィードバックする動機付けは必ずしも高くはないと想像される[2]．

また，高速鉄道や航空機などの交通分野も専門的ユーザーへの情報・知識の固着の典型例であると思われる．たとえば，新幹線のダイヤの組み方を含め定時運行させるための諸々の知識・ノウハウは，新幹線車両の開発者・製造者で

---

[2] 小川は，通常は積極的には製造者にフィードバックされないユーザーの専門知として，次のような事例を挙げている．「メーカーは，ユーザーである医師から，利用頻度に応じて表示画面の色が変わる電子カルテの開発を依頼された．その病院の医師は診察の際，患者の病気の状態や来院頻度をカルテが手垢でどの程度汚れているかで判断していたのである．この医師の提案がなければメーカーは電子カルテの画面を，画一的な白にする予定であったという」（小川 2003）．

はなく，車両のユーザーである JR 各社に蓄積されてきた．それらの運用・運行に係わる知識やノウハウは，マニュアルや仕様書に展開できる形式知だけでなく，慣行も含めた組織レベル・個人レベルでの暗黙知も含んでいると想像される．新幹線車両への要求条件を除けば，運用・運行の知識・ノウハウ全般を費用をかけてまでユーザーから車両の開発者・製造者にフィードバックする動機づけは乏しいと思われる．したがって，運用・運行に係わる知識・ノウハウは全般としてユーザーである JR 各社への固着性が高いとみなすことができる．

これらの例のように，人工物を使いこなしてサービスを提供する専門職能（例：医師・医療技術者）や，専門的運用組織（例：鉄道会社や航空会社）に情報・知識が蓄積・固着され，人工物の使用に係わる科学・技術を発展させているという例は，現代社会においては多数見出すことができる．

6.1.2　消費財のユーザーへの情報・知識の固着

消費財とは生産財との対語であり，人々がそのニーズを満たすため日常生活で消費する財貨を指す．前章でも述べたように，現代社会において，満たさざるニーズは多様化・曖昧化してきている．消費財一般についてみれば，豊益潤福のうち潤福の重みが増しているとともに，何をもって潤とするのか，あるいは福とするのかは，個人の使い勝手や価値観・規範に依存している．消費財の個々のユーザーに，潤福に係わる情報・知識が固着されていると考えられる．こうした固着した情報・知識の所在やそれらの情報・知識へのアクセス可能性は，以下に述べるように，大量生産された人工物の場合と，少量生産された人工物とでは異なると思われる．

⑴　大量生産された人工物におけるユーザー知の所在

Ford が自動車の大量生産システムを開発して以来，自動車，通信機器，電化製品など，多くの人工物が大量生産に適するように標準化されてきた．標準化にあたって，人工物の供給者は，ユーザーがどのように使うのかについて思いを巡らし，「普通の人」の使い方を想定して，人工物を設計し，製造してきた．生産のための標準化は，多かれ少なかれ，使い方の標準化も伴うものであった．ユーザーは文明生活を営むための嗜みとして，標準化された人工物の設

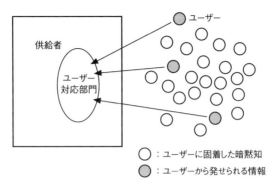

○：ユーザーに固着した暗黙知
●：ユーザーから発せられる情報

図 6.1 大量生産された人工物の使用に伴い獲得された知（ユーザー知）の所在

計者が想定した使用方法（操作方法，運転方法）を学んでいった．一方，ユーザーが増えれば増えるほど，開発・設計での想定とは異なる条件での使用や，想定外の使い方もなされるようになる．こうした想定外の使い方や使いこなしのコツはユーザーに固着した暗黙知として蓄積される．何らかの齟齬があって問い合わせや苦情として供給者に連絡されない限り，ユーザー側から製造者側にフィードバックされないのが通例であると考えられる．

こうした状況は，図 6.1 の概念図のように表すことができる．たとえば，家電製品の使い勝手は，よほどの不具合がない限り，わざわざ，その供給者に連絡するユーザーはあまりいないと想像される．このように消費財の使い勝手に係わる情報は，受忍を越えるような齟齬がない限り，暗黙知としてユーザーに固着し続けることが一般的で，供給者に言葉や文書などの明示的な情報としてフィードバックされることはごくわずかな割合であると想像される．

とはいっても，大量生産・大量供給される人工物の生産ロットが増えて母数が増えていけば，問い合わせ件数や，苦情件数は増えていくことから，供給者は組織内にユーザーへの対応部門を設置することになる．結果的に，ユーザー対応部門には，たとえば「雨に濡れた猫を電子レンジで乾かそうとした」という驚きの不適切な使用方法を含め，人工物の使用を通じて獲得された広範な情報・知識がそれなりに集積する．こうして集まった情報・知識は，新商品・サービス開発の動機づけを与えることになる．

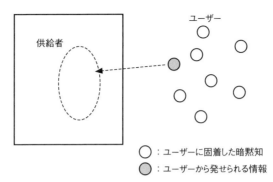

図 6.2 少量生産された人工物の使用に伴い獲得された知（ユーザー知）のほとんどの情報は固着情報・固着知識としてユーザーに滞留する

(2) 少量生産された人工物におけるユーザー知の所在

　では，生産・供給・流通した人工物のロットが小さな場合はどうなるのであろうか？　仮に使い勝手に係わる不満が昂じて明示的に表現するユーザーが確率的に同じ割合で出現したとしても，母数が小さいために，供給者に返ってくるフィードバックの絶対数ははるかに小さくなる．問い合わせ・苦情の件数の絶対数が小さいために，供給者が組織内にユーザーへの対応部門を設置するかは疑問で，ユーザーからのフィードバックが組織的に蓄積され系統的に分析されるかは，大量生産された人工物と比べより不確実である．少量生産された人工物の場合，使用を通じて獲得された情報・知識の供給者への集積量はごくわずかで，供給者がユーザー知をもとに新商品・サービスを開発する動機づけが得られる可能性は，低いと考えられる．

(3) 「だったら自分でつくってみよう」という気運の高まり

　前世紀末までに，製造者，供給者には次のような発想が支配的であったと思われる．

> ニーズの種類が有限で，それぞれの種類への需要が一定数存在すれば，多品種少量生産など，供給者側の差配によって個々のニーズへの対応は可能である．しかし，その種類が多数でそれぞれの種類の需要が少数である

場合，あるいは，ニーズが始終変動する場合は，対応するのは難しい．

こうした発想は現時点でも根強く存在する．それゆえに，人工物を用いてサービスを提供する専門的ユーザーや，少量生産された消費財のユーザーに，その人工物の製造者・供給者からアクセスされることはまれで，ユーザーに固着したままになっている情報・知識が少なからず存在していると考えられる．その情報・知識には，変革を創始させうる重要な価値創成源も含まれていると思われる．

言い換えれば，少数であるというそれだけの理由で，製造者・供給者のつぶやきや所作に関心を払わず，ユーザーに固着した情報・知識に無関心でありつづけることは，やがてはユーザーのニーズとの乖離を顕在化させることになり，製品開発内容をつまらなくし，イノベーションを停滞させているおそれもある（鷲田 2015）．

こうした供給者による機会損失を埋めるように，ユーザー自身が「だったら，自分でつくってみよう」と考え，自らにとって心地良いように人工物を改造したり，調整したり，また場合によっては自作する動きが前世紀後半から顕在化した．今世紀に入りその気運はさらに高まり，Shumpeter の時代には想像できなかったようなイノベーションを駆動させている．このようにユーザーが変革のための費用や労力を自ら支弁し，自らの課題の解決に乗り出すとことによって，ユーザーは分担協調型イノベーションの重要な参画者となっている．

いまやイノベーションの契機になるような発明・開発は，作り手・使い手の両側で行われてきている観を呈しており，一方的な受け身の使い手という観念だけで，現代イノベーションの実相を理解しようとするのは無理になりつつある（Innovate America 2005）のである[3]．

---

3) こうした先見的な指摘が米国では本書執筆に先立つ 10 年前になされていることに，日米彼我の差異を感じざるを得ない．

6.2 ユーザー関与レベルと諸概念

6.2.1 ユーザー関与のレベルの分類

　それでは，ユーザーのイノベーションへの関与をどのようにとらえればよいのであろうか？　ひとくちに，ユーザーの関与といっても一様ではない．分担協調型イノベーションにおけるユーザーの関与範囲・内容を，IPMモデルを下敷きに，レベル分けしてみよう．

　図6.3に示すように，IPMモデルの活動・行動ノードを図中の①-④のように4つのグループに分類する．ユーザーが関与する領域は，①の実装・適用が基本であり，ユーザーの関与のレベルが上がるに従って，①+②，①+②+③，①+②+③+④と拡がっていくと考えられる．となると，論理的には，ユーザーの関与のレベルは以下のレベルⅠからレベルⅣの4段階に設定できることになる．

　レベルⅠ　①：ユーザーは実装・適用に関与する．
　レベルⅡ　①+②：ユーザーは，レベルⅠの範囲に加えて，効果評価，レビュー・見直し，課題・ニーズの定義に関与する．
　レベルⅢ　①+②+③：ユーザーは，レベルⅡの範囲に加えて，概念・解決策創造に関与するとともに，場合によっては製品・仕組・サービスの開発に部分的に関与する．
　レベルⅣ　①+②+③+④：ユーザーは，レベルⅢの範囲に加えて，製品・仕組・サービスの開発に関与するとともに，場合によっては生産・具現化に部分的に関与する．

　ただし，現実のイノベーション事例に照らしあわせてみて，レベルⅡがありうるのか疑問を持たざるをえない．というのは，ユーザー自身に課題・ニーズを言語や画像を用いて表現するような能動性がある場合，その関与が課題・ニーズの定義まででとどまり，その後の段階である概念・解決策創造に一切係わらないということは現実性に乏しいと思わざるをえない．むしろ，レベルⅡの類似ケースとして，より一般的であると思われるのは，ユーザーとは別の第三者の人・組織が，ユーザーの使用状況の観察・分析などから，ユーザーに固着

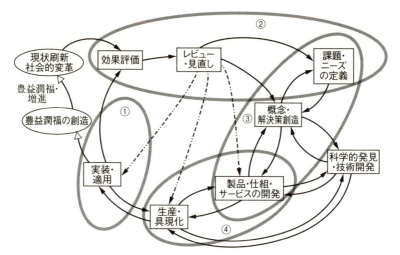

図6.3 イノベーションへのユーザーの関与範囲

した情報・知識を読み解き明かすことで効果評価やレビュー・見直しを進め，課題・ニーズの定義に至るケースであると思われる．なお本書では，ユーザーと製造者・供給者との間に立って，ユーザーにとっての豊益潤福を定義し，変革を創始・駆動させていく橋渡しをする人・組織を以下「ユーザーの代理人」と呼ぶことにする．

また，レベルIIの類似ケースとしてもう1つありうるのは，製造者・供給者が，「ツールキット」(6.4.2項参照) をユーザーに提供して，ユーザーは「ツールキット」を通じて課題・ニーズの定義を行う場合である．この場合は，「ツールキット」が「ユーザーの代理人」と同様の役割を果たすことになる．

以上のことを考慮し，レベルI-IVを，次のようなレベル1-4の4レベルに置き換えることとする．

レベル1　①：ユーザーは実装・適用に関与する．

レベル2　①（+②）：ユーザーは実装・適用，場合によっては効果評価に関与するとともに，「ユーザーの代理人」が，効果評価，レビュー・見直し，課題・ニーズの定義に関与する．または，製造者・供給者の提供する「ツールキット」を通じて，課題・ニーズの定義に関与する．

レベル3　①+②+③：レベル2におけるユーザーおよび「ユーザーの代理人」の関与範囲に加えて，概念・解決策創造に関与するとともに，場合によっては製品・仕組・サービスの開発に部分的に関与する．

レベル4　①+②+③+④：レベル3の範囲に加えて，製品・仕組・サービスの開発に関与するとともに，場合によっては生産・具現化に部分的に関与する．

6.2.2　Von Hippel が示す諸概念

　種々の条件の変化により，ユーザー関与の範囲・深度は，レベル1からレベル4に向かうほど広まり，深まっていくと思われる．こうした深まり，広まりは，von Hippel がいうところの「イノベーションの民主化」の流れに相当すると考えられる（von Hippel 2005）[4]．Von Hippel は，イノベーション・プロセス，価値創成網へのユーザーの関与が受け身から主体的になっていっている流れを受けて，本書の分類ではレベル3以上の広がり，深みのあるユーザーの関与を想定して，次のようにユーザー・イノベーション（user innovation）を定義している．

> リード・ユーザーが自分自身にとって必要となるイノベーションを自ら創始し，その成果を対価なしで利用可能にすること

ここで，リード・ユーザーとは，次のような2つの特性を持った人々である（von Hippel 1986）．
- 将来は一般的になるであろうが，市場のなかで一定規模になるまでには何ヶ月もあるいは何年もかかってしまう可能性のある先鋭的なニーズに直面している．
- そのニーズに対する解決策を得ることによって重要な便益を得る立場にある．

リード・ユーザーは，自らの体験・利害に根付いた切実なニーズを抱えてお

---

[4]　イノベーションの民主化とは，製品やサービスのユーザー（個人・組織）が自分自身のために変革する機会や可能性が徐々に拡がっていることをいう．

り，人工物への要求条件について確実性の高い情報が提供できる人々・組織[5]である．言い換えれば，リード・ユーザーとは，「だったら自分でつくってしまおう」と，自ら能動的に豊益潤福を実現しようとしている人々・組織である．

Von Hippel は，ユーザー・イノベーションを，製造者がイニシアチブをとるイノベーション（manufacturer innovation）と対比的に扱い，次のように説明している[6]．

- 何らかの新しいモノ・コトの開発者が，それを使用することによって開発者自身が便益を得る場合はユーザー・イノベーションである．
- 何らかの新しいモノ・コトの開発者が，それを売ることによって便益を得る場合は製造者イノベーションである．

Von Hippel は科学実験器具，CAD ソフトウエア，手術道具，図書館の情報システム，スポーツ用具などをユーザー・イノベーションの事例として挙げている．これらの事例においては，専門的ユーザーであるリード・ユーザーが，単に課題・ニーズの定義にとどまらず，概念・解決策創造に主体的に関与し，変革創始を促している．前述のように von Hippel によるユーザー・イノベーションの定義は，レベル3，レベル4での関与を射程にいれているといってよい[7]．

では，どのような条件の変化が，「イノベーションの民主化」を推進してきたのであろうか？　すでに述べたように，

① ユーザーに固着した情報の重要性が増してきていること

---

5) 言い換えれば，リード・ユーザーとは単なる顧客（customers）ではなく，一般ユーザーが潜在的に抱いているニーズを先んじて切実に認識し，そのニーズを満足するため何らかの行動をとることを辞さない人々であるといえる．
6) なお，von Hippel は，「イノベーションとは，実際に使われている何らかの新しいモノ・コト（多寡大小を問わず）」と意味づけている．（von Hippel 2004）
7) Wise らは，user-driven innovation という語を提示し，「新しい製品，サービス，概念を開発するために，ユーザーの知識を利活用するプロセス．そのプロセスは，ユーザーの『本当の』ニーズへの理解と，ユーザーのイノベーション・プロセスへの系統的な参画を結びつけることを基盤とする」と定義している．この定義は，von Hippel の user innovation の定義よりも緩やかである．Von Hippel は，ユーザーが変革創始点に係わった場合のみを user innovation としているのに対し，Wise らは，仮に変革創始点ではなくとも，ユーザーが何らかのプロセスに主体的に係わった場合，すなわち，本書で言うレベル2程度のユーザーの関与でも user-driven innovation と呼んでいる（Wise 2008）．

②　ニーズの個別化が進行していること

は,「イノベーションの民主化」を進める要因となっている．加えて,

③　ICT の普及により，ユーザーの能動的・組織的関与への障害が低くなりつつあること

④　ユーザーが開発，試作，生産に関与する技術的可能性（例：3次元プリンタ）が拡がっていること

などの技術的環境も整ってきていることも相まって，ユーザーの関与は拡大し深化している．

以下の節では，レベル 1，レベル 2，レベル 3，レベル 4 の順に，ユーザーが関与する分担協調型イノベーションの特徴を整理していく

6.3　実装・適用のみのユーザー関与（レベル 1 関与）とイノベーション

　ユーザーの関与が人工物（製品・仕組・サービス）の実装・適用のみにとどまる場合，一般的には，使用に伴って蓄積された情報・知識はユーザーに固着したままであって，変革を生むような課題・ニーズの定義や，概念・解決策創造に結びつき，変革が創始される可能性はきわめて低いと思われる．したがって，レベル 1 でのユーザー関与がイノベーションに結びついていくのは，一般的であるとはいい難い．ただし，次のような特殊例が考えられる．

　1つは，図 6.1，図 6.2 に示したようなユーザーのクレームや問い合わせが，核心を衝いていて，変革の創始となる概念・解決策創造，製品・仕組・サービスの開発を促すというケースである．

　もう 1 つ特殊な例として考えられるは，表 6.1 の事例のようにユーザーが人工物の供給者の想定外の使い方をすることが，変革の創始に結びついていくケースである．

　表 6.1 の事例のなかでもとくに面白いのは，40℃ で自然対流乾燥できる食器乾燥機が，プラモデル用塗装乾燥ブースや，顕微鏡のプレパラートをつくる際の水あめ乾燥用器具として転用されている例である．このような使い方はインターネット通販サイト Amazon の当該商品の評価欄が情報媒体となっており，そこでの 150 件を越す書き込み（2015 年 10 月時点）がユーザー・コミュニティ

表6.1 ユーザーによる想定外の用途開発例

当初の用途	ユーザーによる「想定外」の用途
塗装用のマスキング・テープ	ポスト・イット（何度もはがせる貼付けメモ）
緊急呼び出し用ポケットベル	特定の数字記号による女子高生間の連絡手段
きざみ海苔をつくるための調理用はさみ	簡易な書類シュレッダー
液晶テレビをPCとして活用するためのスティック型PC	出張先にコンテンツを持参するための編集機能付き記憶媒体
物流の履歴管理用のQRコード	携帯電話でのサイトアドレスを呼び出すためのコード，航空券などのチケット
40℃で自然対流乾燥できる食器乾燥機	プラモデル用塗装乾燥ブース，顕微鏡のプレパラートをつくる際の水あめ乾燥用器具
レコード再生機としてのレコード・プレーヤー（turntable）	ターンテーブリスト（turntablist）とも呼ばれるディスク・ジョッキーたち（DJs）の演奏機械としてのレコード・プレーヤー（レコードを擦って独特の音を出すなど，楽器のように演奏する）

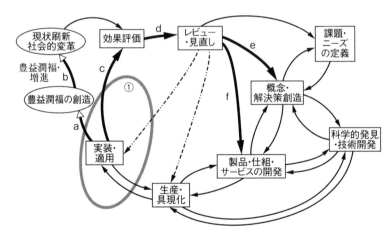

図6.4 レベル1のユーザ関与範囲：ユーザーによる用途開発によるイノベーション・プロセスへの関与（図中①）

を形成し想定外の使い方を伝播させている．また，2台のレコード再生機を用いて，独自の擦り音を出して，ターンテーブリストという演奏家たちとヒップホップという音楽ジャンルを生み出した例も想定外の使い方による変革創始例として興味深い（Faulkner 2009; 杉野 2014）．

このような，ユーザーによる想定外の用途の開発によるイノベーションのプロセスは図 6.4 のように描くことができる．ユーザーの関与範囲は，図中の①（実装・適用）の範囲にとどまるが，その想定外の用途が，そのまま豊益潤福を創造し社会的変革に結びつく場合もありうる（図中 a→b の経路）．または，ユーザーによる想定外の用途を，その人工物の製造者・供給者やその連携者が認識し，図中の c→d→f の経路（または c→d→e の経路）でフィードバックし，新種の製品・仕組・サービスを開発（または概念・解決策を創造）し，その開発（または創造）が変革創始となる場合が考えられる．後者の場合は，想定外の使い方をしているユーザーと，人工物の製造者・供給者との間で，たとえばインターネット通販サイトにおけるユーザーの書き込み欄など何らかの情報回路で繋がることが前提になると思われる．

6.4 ユーザー知の受動的提供（レベル 2 関与）とイノベーション

レベル 2 でのユーザーの関与では課題・ニーズの定義にユーザーが間接的に関与する．前述のように，その関与形態は 2 種類であり，1 つは，「ユーザーの代理人」がユーザーに固着した情報・知識を読み取り課題・ニーズを定義するという関与形態であり，もう 1 つは製造者・供給者の提供する「ツールキット」を介してユーザーが課題・ニーズを定義する関与形態である．

6.4.1 「ユーザーの代理人」を介した関与によるイノベーション

「ユーザーの代理人」が介した関与とは，図 6.5 に示すように，ユーザーの直接の関与は実装・適用にとどまる一方で，「ユーザーの代理人」が効果評価，レビュー・見直し，課題・ニーズの定義に係わり，変革創始への橋渡しをしていく関与を指す（図中 a, b, c, d, e の経路）．

図 6.5 に示したイノベーション・プロセスが成立するかどうかは，効果評価，およびレビュー・見直しを通じて，「ユーザーの代理人」が，ユーザーに固着した情報・知識を，課題・ニーズの定義に結びつけていけるかに懸かっている．

前述のように，かつて企業は，ユーザーの一部をフォーカス・グループとして組織化し，継続的系統的にアンケートやインタビューを行って課題・ニーズ

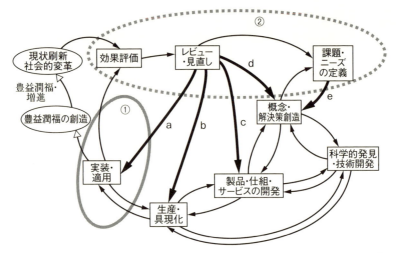

図 6.5 レベル 2 のユーザ関与範囲：イノベーション・プロセスへのユーザーの関与範囲（図中①）および「ユーザーの代理人」の関与範囲（図中②）

を把握しようとしていたが，その成果ははかばかしいものではなかった．アンケートやインタビューであがってくるのは，ユーザーが自覚している課題・ニーズである．ユーザーが自覚していないような暗黙の課題・ニーズや，たとえ認知していても技術的用語を使って表現することが難しい課題・ニーズは，アンケートやインタビューを通じては専門家に伝達しづらい（Gann 2003）のである．

では，ユーザー自身も意識していないような情報・知識をどのように読み解き明かしていくのであろうか？ 変革創始の糸口となりうるようなユーザーに固着した情報・知識は，次のような方法からあぶり出すことができると考えられる[8]．

① 行動観察
② 新たな製品・サービスの提案や試作品に対する反応
③ ユーザーの行動データの読み取り
④ インターネット・コミュニティからの読み取り

---

[8] 行動観察をはじめ何らかの方法でユーザー固着情報へアクセスしようとすることに対してユーザーが承認することが前提となる．

それぞれの方法の概要・事例を以下に示す．

(1) 行動観察

ユーザーの行動を長期間にわたって観察し[9]，潜在的な課題やニーズを特定していこうとするものである．ただし，観察をするといっても，人間は単純ではない．各個人，各組織が自らの文化・慣習などを背景に多様な行動をとることから，たやすく糸口が得られるわけではない．そこで，心理学や文化人類学の手法が適用されつつある．章7章で取り扱う人間本位のデザイン思考によるイノベーション・アプローチは，ユーザーの行動観察などから手がかりを得ようというアプローチにもあたる．次章，7.2.2項で行動観察の事例を紹介する．

(2) 新たな製品・サービスの提案や試作品に対する反応

試作品やプレゼンテーションに対する反応から，ユーザーに固着した暗黙知をあぶり出し，課題・ニーズの定義に結びつけていこうとするものである．建築設計の初期段階では発注者が設計案の模型や図面等を見ることによってはじめて言語化されて，要望される設計条件は数多くある．この例のように，ユーザーが提供されるモノ・コトに関する具体的なイメージを提示されることにより，固着した暗黙知が浮かび上がってくる作用は，「ユーザーの代理人」による課題・ニーズの定義に活用できる可能性を持っている．開発商品をネット上で公開しその商品を欲しいと表明する人の数が十分に大きくなった場合に実際にその商品を製造するDTP (Design To Order) の仕組は，こうした暗黙の課題・ニーズの掘り起こしにも活用できると思われる．

(3) ユーザーの行動データの読み取り

近年は，ICTの技術の発展に伴い，ユーザーの行動，状況に係わるデータを収集し，そこからユーザーに固着した情報・知識を読み出し，図6.5のa, b, c, dの経路を介し，変革創始の糸口にしていこうとする事例も現れている．

たとえば，建築の使用エネルギー低減を目的に開発されたスマート・エネル

---

9) たとえば松波は，はたらく母親の1日の生活をずっと行動をともにすることで，そこに眠る課題・ニーズを把握しようとする事例を挙げている（松波2011）．

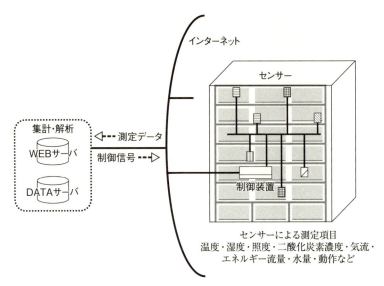

図 6.6　スマート・エネルギー・マネジメント・システム概念図

ギー・マネジメント・システム（図6.6）では，エネルギー流量計や，室内環境条件を計測する各種センサーや，窓・ドアなど可動開口部の動作を認識するモーション・センサーが建築の各所に配置されており，エネルギー使用効率や，環境条件を評価するためのデータとともに，室内環境調整に係わるユーザーの行動履歴データ（「足跡データ」）が収集される．

スマート・エネルギー・マネジメント・システムは，図 6.7 に示すような予測と試行からのフィードバックを繰り返して解を探索していくヒューリスティクスなアルゴリズムを内包している．これにより，がまんの省エネルギーではなく，空調機などの機器側の機械学習を活用することで，建築室内の気候条件が居住者の快適性を阻害しないという制約条件を守りつつ，公共建築や店舗など不特定多数の人が利用する建築における省エネルギーに画期的な効果を生んでいる（迫 2013）．図 6.7 のアルゴリズムは，個々の居住者によって異なる快適域を機械の制御情報に翻訳していることになる．

この事例でのユーザーの関わりは建築や設備を操作するという間接的な関与であり，スマート・エネルギー・マネジメント・システム（図 6.6, 図 6.7）の構

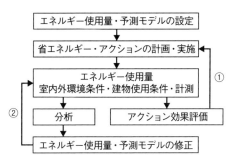

図 6.7 スマート・エネルギー・マネジメント・システムのユーザーによる継続的改善：センシング・データの解析に基づいた予測運転に係わるアルゴリズム（①，②はフィードバックを表す）

築者・運用者が，「ユーザーの代理人」の役割を果たしている．ユーザーが残した使用履歴データが重要な価値創成源となって益（省エネルギー）と潤（快適性の維持・向上）を増進させていくこの変革創始の事例は，今日いうところのIoT（Internet of Things）によるイノベーションの先駆けである[10]といってもよい．

(4) インターネット・コミュニティからの読み取り

インターネットを媒体としたコミュニティは，ユーザーの課題・ニーズに関する情報が集積する場となりうる．その可能性に着目し，ユーザーからの情報が集まるプラットフォームを構築・運用し，課題・ニーズの定義に繋げていこうとする動きが近年顕著になってきている．

たとえば，非営利団体 Sage Bionetworks が構築運用している BRIDGE はその好例で，ウェブを活用したオープン・ソースのプラットフォームである．BRIDGE は，体験を通じて患者やその家族が蓄積している病気に関する情報，経験知，洞察を把握することによって，新たな医療のあり方が発見できるという認識のもとに，医療研究に患者の思いや声が届くことをめざすものである．

Sage Bionetworks と Rochester 大学は，Apple 社が提供する ResearchKit と

---

10) 各種機器が，情報ネットワークを介してアルゴリズムに基づいて相互制御されている，という意味で，IoT の一種と見ることもできる．

いうオープンソースのソフトウエアのフレームワークを利用してアプリケーション mPower を，共同開発した．これは，スマートフォン iPhone に内蔵された，マイクロフォン，加速度計，タッチ・スクリーン・センサーを介して，パーキンソン病患者の症状の変動や，睡眠状況や運動状況などの環境条件を長期間にわたって記録していくアプリケーションである．パーキンソン病は徐々に機能障害をもたらす疾患で，しばしば患者にとっては大変つらい症状が短期的に現れるが，こうした症状の変動は医学的に解明されてこなかった．そのため，mPower は包括的で大規模なデータ収集に貢献することが期待されている．

Sage Bionetworks は，UCLA Jonsson 癌総合センター，Penn Medicine, Dana-Farber 癌財団とともに，ResearchKit を利用して，Share the Journey という，乳がん措置後の患者向けのアプリケーションを開発した．乳がん措置後の患者の症状は極めて個人差が大きいが，患者たちは，Share the Journey を介して，疲労感，心理状態，活力状況，認知力などに関する情報を，睡眠の質や量など環境状況に関する情報とともに提供していく．これらの情報は，患者にとっての課題・ニーズがどの辺にあるのか，その要因はどこにあるのかを解析する材料となり，長期間にわたる化学療法の副作用に関する対処法を含め，患者の生活の質を向上させる研究に活用される．

「ユーザーの代理人」として Sage Bionetworks が設定したインターネットを媒体としたコミュニティは，患者や家族（ユーザー）が抱えている課題・ニーズを浮かび上がらせる役割を果たし，医療研究に変革をもたらそうとしている．なお，これらの事例の場合，ユーザーは受け身というよりも，自らのために医療開発に積極的に協力し参画したいという意志を持ち，レビュー・見直し，効果評価にも積極的に参加する存在であるとみることもできる．

6.4.2 「ツールキット」を介した関与によるイノベーション

「ツールキット」を介した関与とは，図 6.8 に示すように，製造者・供給者の提供する「ツールキット」にユーザーが必要な情報を入力することで，課題・ニーズの定義に係わり，変革創始の橋渡しをしていく関与を指す．

ここで，ツールキット（toolkits）とは，ユーザーが自ら望んでいる製品・仕組・サービスの内容を，開発・設計に反映させていくユーザー・インタフェー

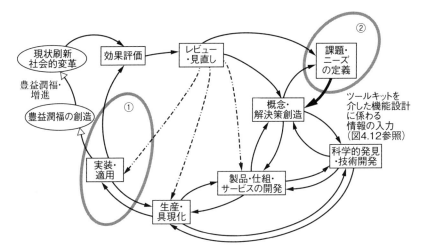

図 6.8 レベル 2 のユーザ関与範囲：ツールキットを介したイノベーション・プロセスへのユーザーの関与範囲（図中①，②）

スである[11]（von Hippel 2002）．

たとえば，半導体の製造企業が，ユーザーである顧客企業が要求条件に適ったチップを設計するために提供しているソフトウエアは，ツールキットにあたる．従前は，受注生産の半導体の製造企業は，回路の根幹部分だけでなく，ユーザーから提供された仕様書に基づいてニーズに対応した配線もひとまめに設計・製造していた．一方，ツールキットが導入されることによって，半導体製造企業の技術者は標準化された回路の根幹部分の設計に注力する一方で，ニーズに対応した配線部分の設計については，ユーザーが，ゲーム機やロボットな

---

11) 類似の概念に configuration system がある．これは，「ユーザーと供給者のインタラクティブなやりとりを生むシステム・仕組の総称」である．Configuration system は，個々のユーザーにニーズに柔軟に対応しユーザーが価値創成のプロセスに効率的に関与することを意図しており，その意図するところはツールキットと同様である．ただし，configuration system は，一義的には製造企業（manufactuer）が個々別々の要求条件に対応すること（mass customization）を実現するための道具で，必ずしもユーザーが能動的に何かをするための道具ではない．Configuration system におけるユーザーの役割は，用意された選択肢などをもとに，製造企業が設計した製品・サービスの機能に変更を加えたりするような受動的で限定的な役割である．Von Hippel はツールキットは，ユーザー・イノベーションのための道具であって，ユーザーにはより能動的・主体的な役割を果たすことが求められている点が異なると述べている（von Hippel 2002）．

ど，それぞれの用途に最適な機能が発揮できるように設計できる．

同様な例は，ユーザーである顧客企業が独自の香料を調合できるようなツールキットを食用香料の供給企業が用意している例や，GE 社がプラスチックの製造企業として，顧客企業にプラスチック製品を開発するための WEB ツールを提供している例にも見出せる（Innovate America 2005）．ツールキットを提供することで，製造企業は，ユーザー・イノベーションを促進させることが可能となる（水野 2011; von Hippel 2001; Franke 2003; Jeppesen 2005; Piller 2006; Prügl 2006）．

ツールキットをユーザーによる課題・ニーズの定義手段として機能させるためには，以下のように，適用範囲と要件があることを認識する必要がある．

① ツールキットの適用範囲

ツールキットは，製造企業が担ってきた開発・設計の全作業を，製造企業が行う作業と，ユーザーが行う作業に切り分けたうえで，両者の作業成果を結びつける役割も果たしていることになる．こうした切り分けが可能になるためには，図 6.9 の概念図のように，製品・仕組・サービスなどの人工物がモジュラー化されて分割されているような構成則を持っていることが必要となる[12]．換言するならば，図 6.9 のような人工物の構成則を持っていることがツールキット活用の前提条件となる．

② ツールキットの要件

ツールキットは，ユーザーが入力する情報内容が，
a 製造者・供給側の技術システムに整合していること
b 製造者・供給者が開発するにあたって必要十分で過不足のないこと
が保証できるような機能を備えていなければならない．

以上のような 2 つの定義・条件をツールキットが満たすことによって，ユー

---

[12] ユーザーは，提供されるツールキットを用いて，自らに固着した情報（sticky information）を用いて試行錯誤を繰り返してやりながらの学び（learning by doing）を積み重ねつつ，自らが欲している人工物をデザインしていくこと ができる（von Hippel 2001）．

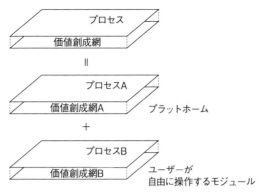

図 6.9 モジュラー化されたサブシステムへのアクセスによる課題・ニーズの定義（モジュラー化については第4章図 4.4 参照のこと）

ザーはツールキットを介して課題・ニーズを記述し，製造者・供給者側に整合的かつ過不足なく伝達することができる．製造者・供給者側から見れば，ツールキットを介して情報を受け取ることによって，課題・ニーズの定義に関する不確実性を抱えることなく，人工物の開発を進めていくことができることになる．

6.5 概念・解決策創造へのユーザー関与（レベル3関与）とイノベーション

レベル3におけるユーザーの関与では，ユーザーは，課題・ニーズの定義にとどまらず，概念・解決策創造に関与し，場合によってはサービス・仕組・システムの開発にも部分的に関与する．概念・解決策創造にユーザーが関与するということは，ユーザーが自らにとって望ましい，あるいは必要な人工物（製品・仕組・サービス）を能動的に実現していこうとするものである．「望むモノがないのであれば自ら動いて実現していこう」というユーザーの姿勢は顕著で，その関与は能動的である．図 6.10 は IPM モデルにより，レベル3のユーザーの関与範囲を表したものである．

以下に，レベル3でのユーザー関与によるイノベーションの事例を挙げる．

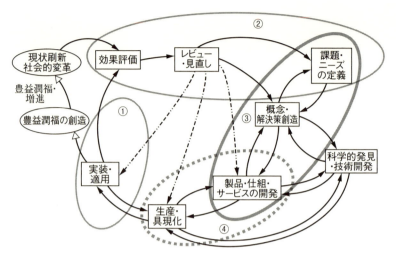

図6.10 レベル3のユーザー関与範囲：概念・解決策創造へのユーザー関与（図中①-③）

(1) 事例1：生活クラブ組合による生野菜サラダに適したマヨネーズの開発

　消費者団体である生活クラブは1965年に設立された．当時は，安全性や品質の高さを求める消費者の声は商品開発現場に届かず，売り手主導で商品としての見た目の美しさや目新しさばかりが求められていた．自分たちが切実に欲しているものが手に入らないという不満に耐えきれなくなった生活クラブの組合員たちは，「だったら，私たちが本当に必要なものは自分たちでつくるしかない」と着想して行動を起こした．その結果72℃15秒間殺菌によるパスチャライズド牛乳，無添加ウインナーなどさまざまな「消費材」を消費者主体で開発し供給している．そのひとつの代表例が，化学調味料を使わないマヨネーズの開発である．

　1970年代半ば，組合員から「市販のマヨネーズをたくさん買いすぎてしまって……．口の中に化学調味料の味が残って，つらかった！」という声を受けて，味が濃すぎず酸味を抑え，サラダなど生のまま食べるのに適したマヨネーズを生活クラブで開発することにした．当時，市販のマヨネーズには，食品をまろやかな味わいにするグルタミン酸ナトリウムが必要不可欠な素材であった．グルタミン酸ナトリウムを除いた品が1980年につくられたが，素材の味がス

トレートに感じられてしまって「お世辞にも美味しいとは言えない」ものであった．そこで，味に強く影響が出る酢に注目し，製造委託先企業（オリエンタル酵母工業）と生活クラブ組合は試行錯誤を繰り返した．その結果，私市醸造のりんご酢と米酢を2対1という割合でブレンドすることで，まろやかでコクのある味わいを出せるところまでたどりついた．1993年，生活クラブが提携した生産者からの鶏卵，リンゴ酢，米酢，なたね油をうまく組み合わせることで，おいしさのある「身体にも舌にも美味しいマヨネーズ」が完成し，以来，組合員に供給し続けている．ユーザーで構成した組織が，素材と味にこだわった「身体にも舌にも美味しいマヨネーズ」という基本概念を能動的に創造し，17年の月日をかけてパートナーとなる製造委託先企業とともに開発に深く関与し実現した変革事例である．

(2) 事例2：内視鏡の開発導入による医療革新

　胃がんは日本での発生率が高く，早期発見が治療成績に強く相関している．このことを背景に，1949年東京大学医学部附属病院分院の宇治達郎が「患者の胃のなかを写して見るカメラをつくってほしい」という課題を企業（オリンパス光学工業（当時））に持ち込んだことが，胃カメラ開発の端緒であった．医師側からの，a.安全性，b.患者負担軽減，c.胃内壁全面を短時間で撮影可能，d.診断可能な映像の鮮明性という概念・解決策の提示が，製造企業における，極小レンズ，光源，本体軟性管，映像記憶媒体（フィルム）の開発を具体化させた．こうして始まった医師と企業との協働は，ファイバースコープ付き胃カメラ，ビデオスコープ，超音波内視鏡，ハイビジョンシステム，カプセル内視鏡など内視鏡技術の発展を牽引してきた．現在では，単に撮像だけでなく，検体の採取や，病巣の切除も内視鏡で可能になっており，早期がんであれば内視鏡によって治療がなされているという．

　ユーザーが概念・解決策開発に能動的に関与することによって，内視鏡が発達し，定期検診による診断でも活用され，予防医学の発展にも大きく貢献した．患者負担を大きく軽減し医療現場の光景を一変させるという変革をもたらした事例である．

(3) 事例3：生細胞超解像イメージング技術による研究開発手法の変革

　現在，科学・技術分野で幅広く使用されている電子顕微鏡は光学系顕微鏡よりも解像度が高いが，あくまで観察対象を凍結し真空状態においた制約での観察であって，生きた細胞の動態を観察することはできない．生物学者中野明彦は1997年「細胞内の小器官の間をさまざまなタンパク質がどのように運ばれるかを観察したい」という切実なニーズを抱えていた．しかし，そのようなニーズを満たす顕微鏡はなかった．そこで，中野は「ないのであれば作ればいい」と着想し，企業等との協働で，超高速共焦点スキャナと超高感度カメラシステムを組み合わせた超高感度高速共焦点レーザー顕微撮像装置を開発した（中野 2010）．この装置は，「生きている細胞内で起こる生物現象をリアルタイムで観察する」という研究者のニーズを満たし，生細胞内の膜交通や細胞小器官動態を高速超解像の3次元動画で観察し，その分子機構を解明するなど，革新的研究成果を生みつつある．研究方法を変革したイノベーションといってよい．種々の企業が装置の開発製造に参入し，創薬や治療法の開発を含む生命活動のメカニズムを解明する研究で幅広く利活用されようとしている．ユーザーである中野らと装置を開発製造する企業との間で何度もフィードバックが行われたうえでイノベーションに至る過程は，まさに，ユーザーによる能動的な概念・解決策創造への関与の好例である．

6.6　開発へのユーザー関与（レベル4関与）とイノベーション

　前述のように，レベル4でのユーザーの関与とは，レベル3の関与に加え，製品・仕組・サービスの開発にユーザーが能動的に関与するとともに，場合によっては生産・製造にも一部関与することを指す．名実ともに，ユーザー自身がイノベーターとなっているといってよい．近年の技術の長足の進歩によって，工学的知識がなくても使いこなせる生産・製造手段が多様に現れてきており，ユーザー自身が開発のみならず試作生産する可能性は飛躍的に拡がっている．たとえば，カメラや現像の詳細な技術的知識がなくても，高性能化したデジタルカメラとソフトウェアとプリンタを活用して，試行錯誤をしながら画像調整して写真を楽しむことができるようになっている（山内 2012, p. 6）ことはその

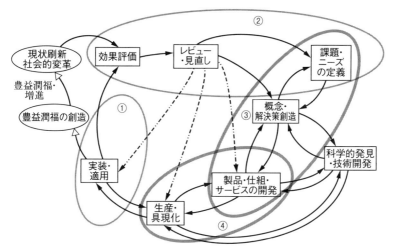

図6.11 レベル4によるユーザーの関与範囲：開発へのユーザー関与（図中①-④）

一例である．また，ソフトウエアの開発・設計から，使用・実行，サポート，アップグレードに至るまでのすべての製品ライフサイクルの段階でユーザーが何らかの形で参画しソフトウエアの付加価値を高めることは当たり前となりつつある．

図6.11はIPMモデルにおけるレベル4でのユーザーの関与範囲を示している．以下に，レベル4でのユーザー関与によるイノベーションの事例を挙げる．

(1) 事例1：World Wide Web（WWW）

1980年Tim Berners-Leeは欧州原子核研究機構（CERN）に所属する研究者や，同機関が主催する世界規模での協働プロジェクトに参加する研究者が効率良く情報を共有する仕組づくりの任務についた．CERNでは当時さまざまな機種のコンピュータが使われ多様なソフトウェアが使われていた．Tim Berners-Leeは，自らがすでに開発していたランダムに他の文書と連結できる仕組を持ったENQUIREというプログラムを用いて，複数の文書（テキスト）を相互に関連づけ，結びつける仕組を着想した．その後，1989年にCERN内の情報にアクセスするためのグローバル・ハイパー・テキスト・プロジェクトの提案書

を提出し，世界初のWebサーバであるhttpdと世界初のウェブブラウザHTML，エディタであるWorld Wide Web（WWW）を構築した．これにより，World Wide Webを介して世界中の人たちが瞬時に情報共有できるというコミュニケーション方法の大変革を生んだイノベーションが生まれることになった．重要なことは，市販ソフトウエアを供給していた企業にとってみれば地歩崩壊型イノベーションとなる変革が，研究機関・研究プロジェクト内で情報を共有したいという自らの目的動機（ソフトウエアを売る，という商業的意図とはまったく無縁の目的動機）で創始されたということである．まさにリード・ユーザーが課題・ニーズの定義，概念・解決策創造，仕組・サービスの開発までを能動的に行ったイノベーションの事例である．

(2) 事例2：ユーザーの共同製作によるOS

1991年にフィンランドの大学院生Linus TorvaldsがUNIX互換のOSとしてLinuxを開発しフリーソフトウェアとして公開した．GNU一般公衆利用許諾書（GNU GPL）に基づいて自由に改変・再配布することができるため全世界のボランティアの開発者によって改良が重ねられた．今日では，他のOSに比べ，性能の低いコンピュータでも軽快に動作し，安定して作動し，ネットワーク機能やセキュリティにも優れていることから，携帯電話やデジタル家電など組み込み機器のOSとしても普及し始めている．Linus Torvaldsが開発した動機は「アクセスしやすく，使い勝手がいいOSがほしい．ならば自分がはじめて皆でつくってしまおう」という意志であったと想像される．これも，リード・ユーザーが課題・ニーズの定義，概念・解決策創造，サービス・仕組の開発までを能動的に行ったイノベーションである．

(3) 事例3：3次元プリンターを活用した建材試作開発

3次元プリンターは，ユーザーの開発，試作，政策への関与のあり方を大きく変えようとしている．いままでは，身の回りの建材や設備は，メーカーがつくるモノであって，ユーザーはカタログから建材や設備を選んで購入し使用していた．しかし，積層造型法による3次元プリンターの性能向上と低廉化によって，自分に気に入らない建材があれば自分で設計・試作して開発すればよい，

と考え実行することが可能になった．米国のUSC（University of Southern California）では，実物の建物を施工するための3次元プリンターを開発中であるともいう．筆者の研究室のメンバーもスペーサーをはじめとした3次元形状部材を試行錯誤しつつ製作し暖冷房に用いる輻射パネル・システムを開発している．3次元プリンタという技術手段が汎用化されたことによって，建材の調達，開発におけるユーザーの関与のあり方が大きく変わり，課題・ニーズの定義から製品の開発・試作，生産・実装に至るまでユーザーが主導する建材・設備開発プロジェクトが動こうとしている．

6.7 ユーザー・イノベーションに関する留意点

6.3節から6.6節に示したイノベーション事例をふまえると，ユーザー・イノベーションを進めるにあたっては，以下のような点に留意する必要があると考えられる．

6.7.1 リード・ユーザーの自己認識

ユーザー・イノベーションの変革創始のイニシアチブをとるのは，「だったら自分達でつくってしまおう」という意志を持った「尖ったユーザー達」である．ここで，「尖った」という形容詞をつけるのは，その抱えている課題・ニーズの内容が先端的であるという意味でもあり，概念・解決策創造や人工物の開発のプロセスで能動的であるという意味でもある．かつては，リード・ユーザーの活動域は，内視鏡や手術道具のような専門的ユーザーによる産業財が主な対象であったが，近年では消費財についても，リード・ユーザーの活動が高まっている．

リード・ユーザーによるイノベーションは，既存の市場において地歩を築いた企業などから見れば，当初はニッチすぎる市場を対象にしているように見えると思われる．それゆえに，リード・ユーザーによるイノベーションが成功した場合は，地歩崩壊型イノベーションに至る可能性もあると考えられる．

注意すべきことは，リード・ユーザーは，自分自身がリード・ユーザーであるとつねに自覚しているわけではないことである．ある製品の製造企業が，リ

ード・ユーザーとの協働を望んで，広く呼びかけても，自らがリード・ユーザーであるという自覚のもとに該当者が手を挙げてくれるかどうかの保証はないのである．

　少なくとも，リード・ユーザーには2種類あると思われる．

　1つは，製品・仕組・サービスのヘビー・ユーザーであり，その使用頻度・使用回数の高さ，あるいは使用条件の多様性のゆえに，一般ユーザーよりも，はるかに大量の，あるいは深みのある情報・知識を固着させ蓄積させている．課題・ニーズの切実さが昂じれば，こうしたヘビー・ユーザーはリード・ユーザーとして顕在化してくると想像される．

　もう1つは，好奇心や探究心の強い，いわゆる「オタク」型ユーザーである．従前は，こうしたユーザーはバラバラであったが，SNSをはじめとするインターネットがもたらしたコミュニケーション手段により，「オタク」型ユーザーはお互いに連携し，コミュニティを形成することが容易になってきた．今後「オタク」型ユーザー出自のリード・ユーザーがイノベーションを主導していく可能性が高まっていくように思われる．

6.7.2　ユーザーの組織化

　通常ユーザーは，バラバラであり，人工物（製品，仕組，サービス）の生産者，供給者から見て，ユーザーの課題・ニーズは，地理的にもメディア上でも，散在している．図6.1，図6.2に示すように，そうした散在性がユーザーの抱く顕在的・潜在的要求条件をイノベーションに反映するための隘路になっていた．

　しかし，インターネットの普及により，ユーザーのコミュニティの成長機会・スピードは高まっている．「オタク」型ユーザーを含めて，ユーザーは能動的になり，しかも「利用者によるオンラインコミュニティが出現し利用者はわからないことを簡単に検索し，解決することができる．最近のソーシャルメディアの動きも，この傾向に拍車をかけている．利用者がただサービスを受けるだけではなくレビューや口コミの提供，他の商品との比較や組合せの提案，利用者同士のインタラクションなど，利用者の参加がそれほど珍しいことではなくなった」(山内 2012, p. 6) 状況が招来している．

　ユーザーが持つ固着情報自身の移転は難しいものの，類似したニーズを持っ

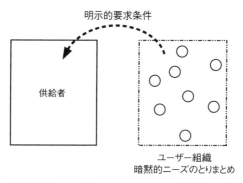

図 6.12 ユーザー・コミュニティの組織化によるユーザー知の集約・フィードバックの可能性

ている同士の共感がユーザー・コミュニティの成長を促進しているとも想像できる事例（たとえば：クックパッド）も増えており，このコミュニティが，固着情報や固着知識の人工物設計の要求条件への翻訳を促進させるという見解もある（Jeppesen 2006; Mizuno 2008）．

　図 6.12 のように，ユーザーの暗黙的ニーズをとりまとめて，その要求条件の実現を供給者側に要請または委託するような「ユーザー組織」は，散在しているユーザーの固着情報・知識を集約し，ユーザーからの価値創成源を分担協調型イノベーション・プロセスに反映させる媒体となることが期待される．

　図 6.12 に示すようなユーザー組織は，自らが心地良く使うための情報をギブ・アンド・テイクで得られる相互扶助組織であり，そうした特性が参加の動機となると想像される．その活動が，さらに活発になってくれば，その創造性や，利他精神に魅力を感じて積極的に参加してくる人々が現れてくる．実際，リード・ユーザーが，自らの着想内容をユーザー組織内のコミュニティに情報・知識をオープンにすることはめずらしくない．ユーザー組織は創造的な雰囲気を保持向上することで，ユーザー・イノベーションにおける役割を果たすことができるように思われる．このような相乗効果によりユーザー組織によるユーザー・コミュニティが成長すると，その成長がさらなる参画参入を促して価値創成網を拡充させていき，イノベーション・プロセスを駆動させていくことが期待される．ユーザー組織の拡充によって高度な情報・知識がユーザー組

織に蓄積され，かつ体系化されていく可能性が高まっていくと思われる．

6.7.3 フィードバックの高速化

　ユーザー・イノベーションのプロセスが単線構造であることは稀で，行きつ戻りつのプロセスが繰り返されると考えるべきである．

　たとえば，ユーザーに貼り付いていた情報・知識が，製品・仕組・サービスの開発者から見れば突然に顕在化することもある．製品・仕組・サービスの開発の段階まで進んでも，何らかの試作・試行が，ユーザーの意識下に眠っていた暗黙の要求条件を呼び覚ますことはけっして珍しくない．これは開発者にとって煩わしいことかもしれないが，ユーザー・イノベーションの成否が，ユーザーに固着したままの重要な情報・知識を人工物の開発や実装・適用に反映できるか否かにかかっていることを勘案すれば，暗黙を破って突然顕在化した要求条件をけっしてぞんざいに扱ってはならず，概念・解決策創造に立ち戻って，その対応が検討されなければならない．

　また，課題・ニーズを定義する段階で関与したユーザーが，必ずしもすべてのユーザーを代表しているわけではない．プロセスの進行とともに，また別種，別方向のリード・ユーザーが出現し，新たな課題・ニーズが顕在化することもありえる．

　レベル3，レベル4のユーザー関与によるイノベーションの事例が示唆しているように，成功例では，試作・試行や，多様なユーザーの参画を通じて，ユーザーとパートナーである製造者・供給者の間で，何度もフィードバックが繰り返され，開発される製品・仕組・サービスが磨かれている．

　課題・ニーズの定義，概念・解決策創造，製品・仕組・サービスの開発，生産・具現化，実装・適用の間という活動・行動ノードの間でのフィードバックが高速化されるような価値創成網を形成し，そのプロセスをマネジメントしていくことが，フィードバックの頻度を高め，ユーザーと協働者とのすりあわせにより豊益潤福を増進していくことになるのである．

参考文献

Baldwin, C. and E. von Hippel（2011）"Modeling a Paradigm Shift: From Producer Innovation to User and Open Collaborative Innovation," *Organization Science*, Vol. 22（6）: 1399-1417.

Faulkner, P. and J. Runde（2009）"On the Identity of Technological Objects and User Innovations in Function," *Academy of Management Review*, Vol. 34（3）: 442-462.

Franke, N. and E. von Hippel（2003）"Satisfying Heterogeneous User Needs Viainnovation Toolkits: The Case of Apache Security Software," *Research Policy*, Vol. 32（7）: 1199-1215.

Frühwirt, W. and P. Blažek（2006）"ConfiguRating-An Instrument for Evaluating Product Configuration Systems from the Customer's Perspective," *Customer Interaction and Customer Integration*, Vol. 2: 115.

Gann, D. M., A. J. Salter and J. K. Whyte（2003）"Design Quality Indicator as a Tool for Thinking," *Building Research & Information*, Vol. 31（5）: 318-333.

Innovate America（2005）*National Innovation Initiative Summit and Report*.

Jeppesen, L. B.（2005）"User Toolkits for Innovation: Consumers Support Each Other," *Journal of Product Innovation Management*, Vol. 22（4）: 347-362.

Jeppesen, L. B. and L. Frederiksen（2006）"Why Do Users Contribute to Firm-Hosted User Communities? The Case of Computer-Controlled Music Instruments," *Organization Science*, Vol. 17（1）: 45-63.

Lakhani, K. R. and E. von Hippel（2003）"How Open Source Software Works: 'Free' User-to-user Assistance," *Research Policy*, Vol. 32（6）: 923-943.

Mizuno, M.（2008）Expansion of Collective Innovation to Customer Support Services. In User-Open Innovation Workshop.

Piller, F. T. and D. Walcher（2006）"Toolkits for Idea Competitions: A Novel Method to Integrate Users in New Product Development," *R&D Management*, Vol. 36（3）: 307-318.

Prügl, R. and M. Schreier（2006）"Learning from Leading: Edge Customers at The Sims: Opening up the Innovation Process Using Toolkits," *R&D Management*, Vol. 36（3）: 237-250.

Schumpeter, J. A.（1912）*Theorie der wirtschaftlichen Entwicklung*, Leipzig: Duncker & Humblot. English translation published in 1934 as *The Theory of Economic Development*.

Schumpeter, J. A.（1934）*The Theory of Economic Development: An Inquiry into Profits, Capital, Credit, Interest, and the Business Cycle*, Harvard University Press, Cambridge, Massachusetts.

Ulwick, A. W.（2002）"Turn Customer Input into Innovation," *Harvard Business Review*, Vol. 80（1）: 91-97.

Von Hippel, E.（1976）"The Dominant Role of Users in the Scientific Instrument Innovation Process," *Research Policy*, Vol. 5（3）: 212-239.

Von Hippel, E.（1982）"Appropriability of Innovation Benefit as a Predictor of the Source of Innovation," *Research Policy*, Vol. 11（2）: 95-115.

Von Hippel, E.（1986）"Lead Users a Source of Novel Product Concepts," Moore, W. L. and M. L. Tushman（eds.）, *Readingsin the Management of Innovation*, Ballinger, pp. 352-366.

Von Hippel, E.（1988）*The Sources of Innovation*, Oxford University Press.

Von Hippel, E.（1994）"Sticky Information and the Locus of Problem Solving: Implication for Innovation," *Management Science*, Vol. 40（4）: 429-439.

Von Hippel, E.（2001）"User Toolkits for Innovation," *Journal of Product Innovation*

Management, Vol. 18 (4): 247-257.
Von Hippel, E. and R. Katz (2002) "Shifting Innovation to Users via Toolkits," *Management Science*, Vol. 48 (7): 821-833.
Von Hippel, E. (2004) "15.356 The Lead User Idea Generation Method". http://ocw.mit.edu/courses/sloan-school-of-management/15-356-how-to-develop-breakthrough-products-and-services-spring-2004/lecture-notes/lec2_idea_gen.pdf（retrieved dated on 21 April 2016）
Von Hippel, E. (2005) *Democratizing Innovation*, MIT Press.
Wise, E. and C. Høgenhaven (2008) *User-Driven Innovation: Context and Cases in the Nordic Region*, Nordic Innovation Centre, Oslo.
Wolfgang, F. and P. Blazek (2006) "ConfiguRating An Instrument for Evaluating Product Configuration Systems from the Customer's Perspective," Blecker, T. G., Friedrich, L. Hvam and K. Edwards (eds.), *Customer Interaction and Customer Integration. Series on Business Informatics and Application Systems*, Vol. 2, GITO, Blecker, Thorsten, pp.115-134.
小川進（2003）「情報の粘着性」神戸大学専門職大学院MBAプログラムＨＰ．http://mba.kobe-u.ac.jp/old_site/square/keyword/backnumber/33ogawa.htm（retrieved on 13 September 2015）
小川進（2013）『ユーザーイノベーション――消費者から始まるものづくりの未来』東洋経済新報社．
杉野幹人（2014）『使える経営学』東洋経済新報社．
迫博司・野城智也・馬郡文平（2013）「デマンドレスポンスに資するリアルタイムモニタリングを用いた建物群の電力デマンドマネージメントの有効性に関する考察」，『日本建築学会技術報告集』Vol. 9 (43): 1171-1174.
中野明彦（2010）「理学の匠　第3回：高速高分解能ライブ顕微鏡」，『東京大学理学系研究科・理学部ニュース』Vol. 42 (3): 10.
中村友哉（2014）「ユーザーイノベーションの分類に関する一考察」，『広島大学マネジメント研究』Vol. 15: 15-26.
松波晴人（2011）『ビジネスマンのための「行動観察」入門』講談社現代新書．
水野学（2005）「ビジネス・ケース　関西スーパーマーケット――競争優位を生み出すノウハウ公開の可能性」，『一橋ビジネスレビュー』Vol. 53 (1): 122-133.
水野学（2010）「ユーザーイノベーションの可能性」，『阪南論集．社会科学編』Vol. 45 (3): 205-215.
水野学（2011）「製品開発に果たすユーザーイノベーションの役割――顧客の声とリード・ユーザー」，『阪南論集．社会科学編』Vol. 47 (1): 95-106.
山内裕（2012）「参加型デザインとその新しい展開（〈特集〉参加型アプローチの展開）」，『システム／制御／情報：システム制御情報学会誌』Vol. 56 (2): 57-64.
鷲田祐一（2015）『イノベーションの誤解』日本経済新聞出版社．

第Ⅲ部
価値掘り起こしのためのアプローチ

　第Ⅱ部において，さまざまな切り口から見たイノベーションの類型概念を学んできた．第Ⅲ部では，イノベーション・プロセスを推進させていくための攻め口，すなわちイノベーション・アプローチ（innovation approach）について学んでいく．具体的には，
- 第7章では，デザインに励起されたイノベーション・アプローチ
- 第8章では，使用価値に視座をおいたイノベーション・アプローチ
- 第9章では，社会的価値に基軸をおいたイノベーション・アプローチ

について学ぶ．ここでは，それぞれのイノベーション・アプローチが持つ下記のような貢献可能性について関心をおいて知見を整理していく．
- 変革創始への貢献可能性：魅力的な人工物（製品・仕組・サービス）の基本概念を創造することで，変革を創始する強い動機付けを生むこと．
- 価値創成網の形成への貢献可能性：多様な主体の参画によって，人工物の基本概念の実現に適った価値創成源を形成していくこと．
- 変革駆動力[1]向上への貢献可能性：行きつ戻りつの繰り返しプロセスを促進して，人工物を具体化し磨き上げ，豊益潤福を実現し増進していくこと．

　第10章では，これらのイノベーション・アプローチの基盤となるイノベーション・コミュニティのあり方について考察する．

---

1) 変革駆動力（driving potential of innovative changes）とは，イノベーション・プロセスを推進させる諸要因の活性度を指す（第2章 2.6節参照）．

第7章

デザインに励起された
イノベーション・アプローチ

　デザインという行為・観念は，イノベーションの変革創始の契機にもなり，変革駆動力の増進にも寄与することから，デザインはイノベーションを可能ならしめる手段（enabler）であり，推進する手段（driver）であると広く認識されるようになっている[1]（たとえば EC 2009）.

　本章では，デザインとイノベーションに係わる諸概念を整理したうえで，「人間本位の考え方」を基軸とするデザイン思考（design thinking），デザインに駆動されたイノベーション（design driven innovation）という2種類のアプローチ（攻め口）について学び，変革創始や価値創成網形成の促進，変革駆動力の向上のための方策について考察していく．

7.1　イノベーションとデザイン

7.1.1　英単語 design の語義

　デザインという言葉にはさまざまな意味があり，ひとくちにデザインに励起されたイノベーションを考えるといっても，そのデザインが何を意味するのかを曖昧なまま考察を進めると，無用の混乱が生じるおそれがある．そこで，そもそも英単語 design が何を意味するのか，その語義を確認しておきたい．

　1886年に発行された Webster 辞書（*Webster's Complete Dictionary of the English*

---

[1]　「イノベーション活動としてのデザインは研究開発を補完するものであり，それは研究を商業的にも実現可能な製品やサービスに変換させていくのである」（EC 2009, p. 14）という見方がある．一方で，デザインという行為は，研究開発と同様にイノベーションを創始，駆動させている，という見方もある．

Language）は，他動詞 design の意味を次のように列挙している．
① とっかかりの概略または主たる特徴を描く，パターンまたはモデルのためにスケッチする，図を描く．
② 計画し示す，指し示す，見せる，選択する，指定する．
③ 計画（plan or scheme）をつくる，案をつくる，企画する，構想する．
④ 意図する．
また，自動詞 design には，次のような意味があるとしている．
① 定められた計画に沿うように進める．
② 目的を設定する，意図する．
さらに，名詞 design は次のような意味を含むとしている．
① 実行すべき何かに係わるとっかかりのスケッチ，実行されるべき何かに係わる概略または主たる特徴を図版，建物，紋様により表現したもの．
② なすべき何かについての計画構想，当初の概念，実現または表現しようとしているアイデア，スキーム，あらすじ．
③ 目論見，計画へのはたらきかけ，予め着想されていた目標にあわせた手段の適応．
④ 計画対象物，目的，意図．
⑤ 独創的または装飾的計画を実現すること，象徴的または装飾的形態．
⑥ 画題の創造・実践，要素配置および全体体系．

この Webster 辞書の刊行と同年である 1886 年に J. C. Hepburn により編纂された『和英語林集成』第 3 版によれば，動詞の design の語義として，Kufu suru（工夫する），tsumoru（積もる），takumu（巧む），mokuromu（目論む），hiku（引く），kaku（描く），kuwadateru（企てる）などの言葉が列挙されている．また名詞の design については，kufu（工夫），isho（意匠），kuwadate（企て），sandan（算段），hinagata（雛形）; ryoken（了見），tsumori（積もり）; ezu（絵図），tehon（手本），moyo（模様）などの訳語が並べられている[2]（なおローマ字のあとの日本語

---

2) 1867 年に発行された，『和英語林集成』（初版）では，design の語義は，v.（動詞）kaku; hiku; kufu suru; tszmori; atehameru, n.（名詞）kokorozashi; kokoro; wake; yuye; riyoken となっている．また 1872 年に発行された『和英語林集成』（再版）によれば，design の語義は，t.v. kufu suru, tsumoru, takumu, mokuromu, hiku, kaku, n.（名詞）kufu, kuwadate, hinagata; riyoken, tsumori; yedzu, tehon となっている．

の用字は筆者による).

　時代がやや下り，1902年6月に発刊された『新訳英和辞典』(神田乃武等編，三省堂，明治35年) によれば，他動詞 design の語義として，1. 計画す，工夫す，もくろむ，巧む，2. 外形を書く，下図を引く，図案を作る，予めあたがう，予定す，自動詞 design の意味として，1. 計画を為す，2. もくろみを立つ，志す，が挙げられている．名詞 design の意味として，1. 図形，図案，意匠，工夫，2. 計画，設計，3. 意志，目的，などが挙げられている．

　これらの日本語の語義は，Webster 辞書の内容を反映していると思われる．

7.1.2　デザインの語義の展開

　Webster 辞書，『和英語林集成』が発行された19世紀後半以降，デザインの語義や適用範囲が拡がりを見せ，表7.1のような語義を発生させている．

　以下，表7.1のような語義が発生した背景と経緯を概観する．

(1)　背景1：近代社会にデザイナーという職能が成立したこと

　産業革命以降の社会経済の変化を受けて，産業革命以前は不可分であったデザインと製造・生産が職業として分離した．たとえば，建築については，近世までは日本では棟梁，西欧社会では親方 (master builder) が，デザイン・生産の両方を請け負っており，デザインと生産は職業としては分離していなかった．産業革命以降，デザインと生産の分離が進み，19世紀後半には，デザインを専門とする建築家 (architect) という職能 (profession) が成立していく．さらに20世紀に入ると，他の分野でもデザイナー (designer) という職能が分離し，インダストリアル・デザイナー，ファッション・デザイナー，インテリア・デザイナーなどさまざまなデザイナー職能が成立していく．こうした職能にとっては，デザインとは，次のような意味を持っていた．

　　a　設計図を描いたり，模型などを用いつつ，ある事物がどのように見えるのか，どのように機能するかを決定すること[3]

---

[3]　たとえばICSID (インダストリアル・デザイン協会国際連合) は，デザインを「事物，プロセス，サービスおよびそれらのシステムの全ライフサイクルにわたる多側面の品質を構築することを目的とした創造活動」と定義しているという (EC 2009, p. 10).

表7.1 デザインの語義の拡がり

a	設計図を描いたり，模型などを用いつつ，ある事物がどのように見えるのか，どのように機能するかを決定すること
b	ある目的のためにつくられる，何らかのコト・モノの組み合わせ，配置，構成を決めること
c	多種多様かつ矛盾対立する要求条件や制約条件のおりあいをつけて，関係者にとって受け入れ可能なコト・モノを立案すること
d	システムや，何かを行う方法を構想し，立案し，設計すること
e	特定の目的や用途のために何かを立案する，設計する，または企図すること
f	組織能力の革新を生むような新たな概念を創造すること

　b　ある目的のためにつくられる，何らかのコト・モノの組み合わせ，配置，構成を決めること[4]

　専門職能として，デザイナーは，人間的な観点から見て何が望ましいのかということと，実務的制約の中で何が技術的に実行可能で，経済的に成立可能なのかということを忖度し統合し，私たちが今日享受している製品や仕組，サービスを創造し実現してきた．こうした創造行為の展開・深化に伴い，次のような営為もデザインの語義に含まれるようになったと考えられる．

　c　多種多様かつ矛盾対立する要求条件や制約条件のおりあいをつけて，関係者にとって受け入れ可能なコト・モノを立案すること[5]

(2)　背景2：デザインの対象の拡がり

　20世紀末からは，サービス・デザイン，経験デザイン（experience design）[6]，相互作用のデザイン（interaction design）[7]という見えざるコトを対象としたデザイン分野も発展してきている．こうした分野においてはデザインとは，

---

4)　Walshらは，デザインを「性能，外観，使い勝手，生産方法など製品の特定の特性を決定づける材料，要素，部材の組み合わせ，形態を決めること」と定義している（Walsh 1992）．
5)　たとえば，ニュージーランドの政府文書（Design Task Force "Success by Design"）は，デザインを「創造的，技術的，科学的，商業的能力を統合し，唯一無二の（または特別の）製品，サービス，コミュニケーションを生み出すためのプロセス」と定義しているという（EC 2009, p. 10）．
6)　ユーザーなどが製品やサービスを利用する過程や，そこで価値を感じる出来事をデザインする行為（Wikipedia retrieved on May 22 2015）．
7)　対話型操作など人間と相互作用のある機械やシステムを対象とするデザイン．

d　システムや，何かを行う方法を構想し，立案し，設計すること

を意味する．

　また，併行して，制度デザイン，組織デザインといった社会的事象を対象としたデザイン分野も発展した．こうした分野においてデザインとは，

　e　特定の目的や用途のために何かを立案する，設計する，または企図すること

を意味していると考えられる．

(3)　背景 3：デザインと企業の競争力との繋がり

　近年になり，デザインは企業の製品開発能力や業績向上に大いに関係しているという論考が数多く提出されている（たとえば，Gemser 2001; Hertenstein 2005; Platt 2001）．デザインによって駆動している企業は，そうではない企業に比べ，革新的でイノベーション指向が強いという指摘もなされており，たとえば，2009 年に作成された EU 委員会（CCE）の報告書は次のように記述している．

　　イノベーションや企業の競争力へのデザインの寄与について分析したところ，その結果は驚くべきものであった．デザインに積極的に投資をした企業は，デザインへの投資をしない企業と比較して，より革新的になり，より利益を上げるようになり，より早く成長するようになる．マクロ・レベルの経済でいえば，デザインの活用と，国の競争性には強い相関性が見られるのである．（EC 2009, p. 2）

　Apple 社や Samsung 社が，製品のデザインに注力して，独特のメッセージを持った形状やユーザーインタフェースを持ったパソコンや携帯端末を開発し，世界市場を席捲した事実を見れば，この報告書の記述には説得力がある．また，20 世紀末からの日本の電気機器産業の凋落は，デザインの可能性への軽視に一因があるとする指摘もある（鷲田 2014）．上記の EU 委員会の報告書は，デザインという行為・観念のイノベーション・プロセスへの導入・応用には，研究開発ほどの大きな資本力を必要としないのであるから，地道な研究開発の成果の価値を高めるためにも，企業の競争率を高めるためにも，デザインという

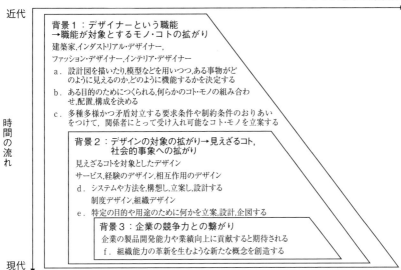

図 7.1 デザイン：その語義の展開経緯

行為・観念の導入・応用方策は真剣に検討されるべきであると主張している．こうした主張においては，デザインは，次のような語義を持っていると思われる．

　f　組織能力の革新を生むような新たな概念を創造すること

以上のように，デザインという語は，経済社会の変化とともに，多様な意味を包含させながら，今日に至っていると考えられる．その語義の展開の経緯は図 7.1 のように表すことができるように思われる．

7.1.3　デザインとイノベーションの関連側面

では，多義語としてデザインのいかなる意味が，イノベーションと関連するのであろうか？　イノベーションとは豊益潤福の増進による社会改革であり，デザインという行為によって，新たな人間と人工物との関係が生まれ[8]，豊益潤福が増進されていくのであれば，デザインという行為はイノベーションを励

起していくことになる．そうしたイノベーションを生むようなデザイン行為においては，次のような思考回路がはたらいていると考えられる．

(1) 思考回路1：モノ・コトを集めまとめていくという思考回路

　デザインにおけるまとまりの良さ，首尾一貫性を表す概念として設計の統合性（design integrity）という言葉がある．人工物を構成する部品・要素がバラバラにはたらくことになっては，使い心地が良いはずもなく，その人工物はやがて使われなくなっていってしまうおそれがある．デザイナーたちは，単なる見栄えだけでなく，機能，使い勝手，製品安全性，サステナビリティ，費用などさまざまなことがらを包括的に考慮して，モノ・コトをまとめていく（＝設計の統合性を実現していく）思考回路を培ってきた．現代の人工物は，さまざまなモノ・コトの集合体という性格を強めており，「船頭多くして船山に登る」という格言のように，各要素・事象がバラバラになってしまうと，設計の統合性を欠き，製品・サービス・仕組全体としては期待した豊益潤福を生めない（もしくは，そもそも期待する豊益潤福を定義できない）おそれを内包している．こうしたおそれが現実化してしまうことを回避するためには，モノ・コトを組み合わせ構成し統合させていくという思考回路は有益である[9]．モノ・コトを集めまとめるという思考回路を活性化することによって，技術の各分野のみならず，心理学，社会学，文化人類学，芸術といった専門分野や，産業・組織部門を超えた協働を実現し，コンテクストに適合した包括的な解決策を創造させていくことが期待される．

　図7.2はモノ・コトを集めまとめていく思考回路を概念的に表したものであ

---

[8] 山中は，デザインとは，「人工物あるいは人工環境と人との間で起こるほぼ全てのことを計画し，幸福な体験を実現すること」であると述べている（山中俊治2014年4月21日付ツイッター https://twitter.com/yam_eye/status/458164777852747776）．

[9] 明治期に来日し日本の工学教育の基礎をつくったHenry Dyerは，「情報とは以前形のなかったものに形を与えることであり，知識とはそれらを集結させた完備した情報である．教育とは，マインドの訓練である」（Dyer 1879；Hart 1997）と述べている．そしてとくに日本の学生には，単なる知識のつめこみになってしまう傾向があることを危惧し，理論だけでなく設計など知識の運用術，活用術としてのエンジニアリング能力を構築する教育体系をつくり上げた．その統合包括的指向が日本の近代化になした貢献は計りしれない．分析的研究の偏重によってこの良き伝統が失われないように，今日の工学関係者の努力が望まれる．

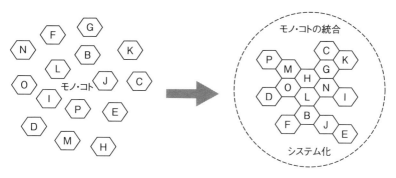

図 7.2 モノ・コトを集めまとめていく思考回路・概念図

る．

(2) 思考回路 2：解をあれこれ探索するという思考回路

　デザイン・プロセスにおいては，試作試行を繰り返しながら解を探索する思考回路をたどることが少なからずある．要求条件，制約条件に応えうるようなさまざまな案を作成し，これらを評価・比較考量しつつ，棄却，改訂・改善を繰り返し受け入れられる解を探索していく．その探索が何度も繰り返される複線循環プロセスを通じて，デザインに関与するメンバーは，アイデアを磨き新たな方向を見出していく．このような繰り返しプロセスは，その実践者が組織化されていないとか，未熟であるということを意味するのではない．そもそも，科学的解を導く場合と異なり，デザインには唯一の最良解があるわけではない．さまざまな手がかりを道標にしながら解を探索していくその思考回路はむしろ，デザインの本質である．

　図 7.3 は，解探索の思考回路を概念的に描いたものである．求められる性能は複数存在し，性能ごとに受け入れが可能な範囲が存在する．図 7.3 は，複数の性能を軸（X 軸，Y 軸，Z 軸，……）とする n 次元空間を表す．解探索のプロセスでは，解と思われる案を①，②，③，……と構想し，それが受け入れ可能な範囲に入っているのか，また範囲に入っていたとしても，さらに望ましい性能を発揮する解がないのかを探索していくことになる．その探索プロセスには，仮説形成（abduction）→演繹（deduction）→検証→帰納（induction）→仮説形成

7.1　イノベーションとデザイン　187

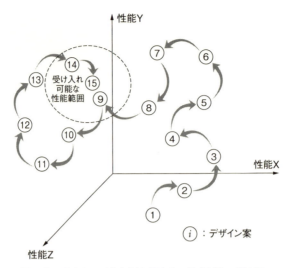

図 7.3 受け入れ可能な解を探索する思考回路の概念図

という循環型プロセスが含まれる（Dunne 2006）．

このような繰り返し検討を重ねる解探索の思考回路は，現代社会が抱える，教育，健康，サステナビリティ，福祉，社会的公正性に係わる「構造が不明瞭な問題（ill-structured problem）」や，「筋の悪い問題（wicked problem）」に対して受け入れ可能な解を見出す端緒を提供することが期待できる．ここで，「構造が不明瞭な問題」とは，現状および望ましい状態のいずれもが不明瞭でどのように望ましい状態にしていけばよいかその方法も見出し得ない問題をいう．日本語では，「よく構造化されていない問題」とも呼ばれている．また，「筋の悪い問題」とは，表7.2 に示すように，要求条件が不完全で，矛盾も内包し，しかも始終変動し，さらにしばしば認識困難であるがゆえに，また，さまざまなことがらが相互にからみ合っていて，異なる意見を持った関係者が介在しているがゆえに，解決が不能または困難な問題を指す[10]．日本語の定訳はないが，

---

10) Churchman は，1967年に同僚の Rittel が唱えている「筋の悪い問題」を「情報は混沌としていて，数多くの価値観の異なる利害関係者や意志決定者が数多くいて，全体システムから発する予期しないような結果が混乱を助長させているような，構造化の困難な社会システムの問題のクラス」と表現している（Churchman 1967）．

表 7.2 Rittel が指摘する「筋の悪い問題群（wicked problems）」の特徴（Rittel 1973）：原典が掲げる 10 の特徴のうち 7 個の特徴を抜き出した

---
(1)「筋の悪い問題」は完全には記述することができない．しかし，「筋の悪い問題」を記述しようとすることは，何らかの解決策を形成することには結びつく．
(2) もっと良い解決策が存在しうるという意味において，「筋の悪い問題」の最適解を定める術はない．
(3)「筋の悪い問題」の解決策の絶対的な真偽を問うことはできない．問えるのは相対的な良し悪しである．
(4)「筋の悪い問題」に対する解決策についての評価は長期間にわたって問われ続けるものであり，即時の検証，最終検証をなしえるものではない．
(5)「筋の悪い問題」に対するそれぞれの解決策は 1 回限りの再現性のないオペレーションである．
(6)「筋の悪い問題」の解決策は際限なく考えうるものであり，実施可能なすべての選択肢を列挙したリストは存在しえない．
(7) それぞれの「筋の悪い問題」は唯一無二である．

単に「厄介な問題」と表現される用例もあるという（たとえば，Camillus 2009；ソレンセン 2010）．

現代社会が抱える課題は「構造が不明瞭な問題」や，「筋の悪い問題」が数多く含まれていると考えられるが，解探索というデザインの思考回路は，「構造が不明瞭な問題」や，「筋の悪い問題」に対処する方法として有効であるという主張が多く出されている（たとえば，Rittel 1973; Simon 1973）．Rittel は，UCLA 建築・都市・地域計画学科教授であり，建築デザインやインダストリアル・デザイン分野で扱われる計画上の課題は，まさに「筋の悪い問題」であり，表 7.2 に示すような特徴があると指摘している．

(3) 思考回路 3：非連続に飛躍させるという思考回路

デザイン・プロセスは複線的な繰り返しプロセスであり，突然別方向からの発想が生まれ，多大な時間をかけてきた案が棄却され，新たな案に乗り換えることもしばしば起こりうる．旧案の棄却・新案の採用は，デザイン・チームや利害関係者の間の紛争を生むこともありうる．しかし，人間と人工物との新たな関係を創造し変革を生み出したようなデザインの実践例では，旧案の棄却・新案の採用はスムーズに行われている．むしろ，デザイン・チームのいい意味での節操のなさ，執着の低さ，非連続的着想に対する受容性は，解探索の範囲を拡げ，速度を上げ，望外の発見や，解の品質を高める飛躍を生むようなダイ

ナミズムをもたらしている．このような非連続性をいい加減であるとしてネガティブにとらえるべきではなく，むしろ科学の演繹的な思考と，デザインの思考回路との相違を端的に表していると理解すべきである．近年，ソフトウエアの分野では，アジャイル（agile＝機転がきき動作が敏捷）なソフトウエア開発という考え方が提唱されている（Manifesto for Agile Software Development）．これは，プロジェクト関係者間で必要な時に即座に直接顔を合わせて意思疎通を行いながらソフトウエアを開発していくという考え方である．課題把握・解決を繰り返すプロセスを経て進められるアジャイル・デザインという考え方はさまざまな分野でも適用されはじめている．このような複線的繰り返しプロセスは，非連続的で飛躍を生むような思考回路が支えている．

7.1.4　デザイン思考を支える3種の思考回路

　多くの既往文献は，デザイン思考とは，「（専門職能である）デザイナーのように思考すること」を指すとしている（たとえば，Martin 2009[11]）．しかし，「デザイナーのように思考する」といっても，用法は多様である（たとえば，Stewart 2011）．多様さがもたらす曖昧さを避けるため，本書では，前述の3種類の思考回路が，近年各所で言われているところのデザイン思考（design thinking）を表していると考える．言い換えれば，下記の思考回路1-3はデザイン思考が持つ3側面であると考える（図7.4）．

- 思考回路1：モノ・コトを集めまとめていくという思考回路
- 思考回路2：解をあれこれ探索するという思考回路
- 思考回路3：非連続に飛躍させるという思考回路

　これらの思考回路は，次のように，変革創始，価値創成網形成，および変革

11）　Martinは次のような趣旨の主張をしている．
　　デザイン思考（design thinking）とは，デザイナーがデザイン上の課題に取り組むのと同様に考え，マネジメント上の問題に取り組むことである．私たちはあまりにも多くを分析的な思考だけに頼ってきた．それが単に現在の知識を洗練させたもので現状（the status quo）に対して小さな改善をしているのにすぎないにもかかわらずである．イノベーションを起こして競争相手に勝つためには，企業にはデザイン思考が必要である．P&G（Procter & Gamble），Cirque du Soleil，RIMなど多くの企業は，ブレークスルーとなるイノベーションを生み競争力を生み出す知識を押し出すべく，デザイン思考を採用している．

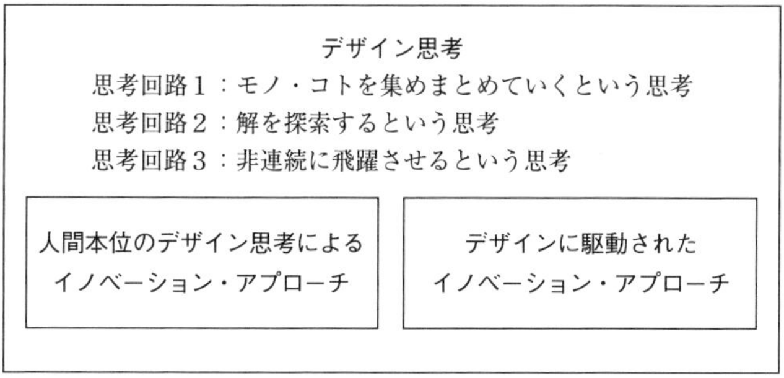

```
┌─────────────────────────────────────────────┐
│              デザイン思考                    │
│  思考回路1：モノ・コトを集めまとめていくという思考   │
│  思考回路2：解を探索するという思考              │
│  思考回路3：非連続に飛躍させるという思考         │
│  ┌──────────────┐  ┌──────────────┐        │
│  │人間本位のデザイン思考による│  │ デザインに駆動された │        │
│  │ イノベーション・アプローチ │  │イノベーション・アプローチ│        │
│  └──────────────┘  └──────────────┘        │
└─────────────────────────────────────────────┘
```

図 7.4 思考回路 1-3 から成るデザイン思考によって励起される 2 種類のイノベーション・アプローチ

駆動力向上に貢献する可能性を持っている.

- 思考回路 1：モノ・コトを集めまとめていくという思考回路は，人と人工物との間の新たな関係を創造することにより変革創始に貢献するとともに，モノ・コトを集めるプロセスで多様な主体の参画を促し価値創成網の形成に貢献する.
- 思考回路 2：解をあれこれ探索するという思考回路は，解探索を通じて魅力的な人工物の基本概念を創造することにより変革創始に貢献するとともに，価値創成網の形成，変革駆動力の向上に貢献する.
- 思考回路 3：非連続に飛躍させるという思考回路は，案の策定・棄却を繰り返して人工物を具体化し非連続的な飛躍的変更を伴いつつ磨き上げていくプロセスを促進させることにより，変革駆動力の向上に貢献する.

図 7.4 に示すように，これら思考回路 1-3 から成るデザイン思考[12]は，

- 人間本位のデザイン思考によるイノベーション・アプローチ
- デザインに駆動されたイノベーション・アプローチ

という 2 種類のイノベーション・アプローチを励起させている．これら 2 種類のアプローチにおいては，その変革創始のプロセスが対照的である．以下，7.2 節，7.3 節で，これらのアプローチの特徴・留意点について概説する．

---

12) デザイナーのみならず，誰もがデザイン思考の運用者になりうる．

---コラム　デザイン思考に係わる教育プログラムの展開---

　1991年に最初のDesign Thinking Research Symposiumが開かれた．そこに集まったデザインに関する研究者たちは専門職能であるデザイナーたちの認識プロセスに研究的関心の焦点をおいていた．この頃は，デザインといえば物理的実体のあるモノを対象とする考え方が強かったため，デザイン思考とは，建築デザイン，インダストリアル・デザインにおけるデザインのアナロジーという意味合いが強かったように思われる．

　21世紀になると，デザイン思考とは，デザイナー職能の実践を対象にしているのではなく，むしろ，いままでデザイナーとは無縁であったビジネス領域でデザイナーのような思考方法を適用する，という意味で使われるようになった．そして，デザイナー職能ではない人々を対象にした，デザイン思考に係わるさまざまな野心的な教育プログラムが大学などの高等教育機関で盛んに行われるようになった．たとえば，2005年に開始されたStanford大学の学部横断プログラム「d.school」がデザイン思考を実践的に学ぶ場として活況を呈している．さらには，生体医療（biomedical）工学分野でのイノベーションをおこす人材育成を目指した学部横断プログラム「バイオデザイン」も創始され，多様な人材とベンチャー企業が生み出されている．「バイオデザイン」の実績は世界中で評価され，Stanford大学との連携をもとに，シンガポールやインドにおいても「バイオデザイン」の教育プログラムが展開している．また，東京大学においても堀井秀之のイニシアチブで，教育プログラムi.schoolが実施されている．このプログラムは，現実社会において解決が困難な問題やそれをとりまく複雑な状況に直面した際に，創造的に課題を設定し，解決アイデアを創出するプロセスを主体的にデザインできる能力構築を目指している．

7.2　人間本位のデザイン思考によるイノベーション

7.2.1　人間本位のデザイン思考

　イノベーションは，人々に豊益潤福を提供するものであるだけに，人々が何を大切にして何を欲し，どのように考え感じるのかということを発想の原点において，人間と人工物との間の関係が構想されていかねばならない．しかしながら，イノベーションを企図する多くの人が，いかなる人工物をいかに実現するのか，という点だけに関心をおきがちで，人間に対する洞察が不十分なままにプロセスを進めようとして頓挫させてしまっているおそれがある．人間本位

のデザイン思考（human centered design thinking）という概念は，人間への関心の低さに対する警句であり，人間中心の豊益潤福増進という原点にかえって，デザイン思考を能動的にはたらかせていこうというイノベーション・アプローチである[13]．Brownは，人間本位という概念と，デザイン思考とは不可分一体であると考えており，「イノベーション活動の全範囲に，人間中心のデザインという精神（ethos）を染み込ませる方法（methodology）である」と述べている（Brown 2008, p. 1）[14]．

21世紀に至り，物理的実体のある人工物（モノ）にとどまらず，サービス，娯楽，ICT（例：ソーシャル・メディア，動画交流など）を媒介にした交流など，目に見えざる人工物を対象・媒介としたイノベーション事例が急増している．人工物と使い手である人間との間に生じるコトや経験は，創造される豊益潤福の内容を大きく左右する．素晴らしいコトや経験が生み出されていけば，その豊益潤福は増大し，イノベーションの可能性は大いに拡がるといってよい．

7.2.2　人間本位のデザイン思考：変革創始の様態

人間本位のデザイン思考によるイノベーションは，人々が何を大切にして何を欲し，どのように考え感じているかを洞察し理解することを変革創始点とする．

ここで人間本位のデザイン思考とは，いかなるプロセスを辿るのであろうか？　事例から考えていってみよう．インドの財閥系企業 Godrej & Boyce 社は，農村および3,000ドル以下の低所得者層（BOP：Base of the Economic Pyramid）を対象にチョットクール（Chotukool）という冷蔵器具を開発した．これは，同社の Sunderraman 副会長がインドの農村を訪れ，人々が日々どのように食材を買い，調理をし，収蔵するのかを観察したことに基づいている．その結果，明らかになったのは，人々がもっとも切実に必要としているのは，牛乳，野菜

---

[13] 東京大学i.schoolでは，人間の知覚や行動，習慣，価値観を揺さぶり，画期的かつ不可逆な変化を生み出すアプローチを「人間中心イノベーション」と呼んでいる．
[14] ユーザー本位のデザイン思考は，IDEO（Kelley 2001）やContinuum（Lojacono 2004）のような大手のデザイン会社の成功によってスポットライトがあたった観がある．また近年研究的関心も集中している（たとえば，Chayutsahakij 2002; Veryzer 2005; Vredenburg 2002など）．

および食べ残しを最大2日程度，家庭もしくは外出先で保存できればよい，ということであった．観察を経ずに机上で企画していたら，安い冷蔵庫を開発することになっていたかもしれない．本当に緊急を要した課題とは，冷蔵手段がないために国全体では実に3分の1の食材が傷んでしまっているということであり，低所得者層でも入手可能な冷蔵手段の提供であったのである．開発されたチョットクールは冷媒やコンプレッサーを必要としない冷蔵器具であった．小型化・低電力化によって，従来のもっとも安い冷蔵庫の半額程度の69ドルという低価格を実現したことでチョットクールはインド全土に急速に普及し，人々の生活を改善し，食糧ロスの問題を解決するという社会的変革を実現した．人々の行動や生活の観察に基づき，獲得すべき価値を明確にすることによって，チョットクールは新たな顧客層と製品カテゴリーを生み出しつつ，イノベーションを生み出したのである．この変革の成果に対し，米国エジソン賞 Social Impact 部門金賞が授与された．この事例は，人間本位のデザイン思考による人々の行動観察が変革創始においていかに重要であるかを示唆している．

　人々の人工物の使い方は状況によって変わる．個々別々の状況で人々が住まい方やはたらき方などによって人工物の使い方をいかに適応させているのかを観察し，そこでどのように人工物の機能を引き出しつつ経験知を積んでいるのかを洞察することによって，人々と人工物の間に生じているコトや経験を推察し，人々の抱える見えざる課題を把握していく．そして，その観察・洞察・推察・把握をもとにアイデアをひらめかせていく，というのが，人間本位のデザイン思考のプロセスとなる．こうした，使い手の見えざる本当のニーズに近接するためのプロセスは，文化人類学（ethnographic）の応用でもあるともいわれている（Brown 2011）．

　変革創始の機会を高め拡げていくという観点に立つならば，人間本位のデザイン思考によるイノベーション・アプローチの主体は，デザイナーという職能に限られるものではなく，すべての人々がその担い手となりうる．Brown は，次のような資質が，人間本位のデザイン思考を実践する design thinker に求められるとしている（Brown 2011）．

- 他人の気持ち・感情を理解できる
- まとめ志向でものごとが考えられる

- 苦しくとも楽観的でいられる
- 多分野の専門家との協働に積極的である

これらの能力は在来の課題解決プロセスでは見過ごされてきた感があるが，変革創始の機会を高めていくためにも，その重要性が認識されていかねばならない．

7.2.3 人間本位のデザイン思考によるイノベーション・プロセス

人間本位のデザイン思考によるイノベーション・アプローチは，人間と人工物との間に生じるコト・体験に焦点を当てて，人々の暮らし方・はたらき方の観察からの洞察・推察・把握をもとに，真のニーズ・課題や，それらの社会的・文化的背景を把握・理解し，新たなアイデアをひらめかせて新たなコトや経験を構想していくアプローチである．新たに構想されるコト・経験は，人工物の概念（機能，要素構成，かたち）として形づくられ，変革創始を促す．人間本位のデザイン思考を進めることで，人々の深く隠れたニーズを浮かび上がらせ，掘り起こすことによって，変革創始の機会が拡がっていくことに貢献することが期待できる[15]．

人間本位のデザイン思考によるイノベーション・プロセスを IPM モデル上で描くと，図 7.5 のように描くことができると考えられる．

図 7.5 中，①→②で示した効果評価から課題・ニーズの定義に至るプロセスにおいて，使い手へのインタビューがなされたり，使い手がどのように暮らしはたらいているかの観察がなされる．また，③→④→⑤→⑥→⑦→①→②は，試作した人工物の試用に使い手が参加する共創プロセスを経て，課題・ニーズの定義に至るプロセスを表している．

このように，人間本位のデザイン思考によるアプローチでは，課題・ニーズの定義を変革創始点とする傾向が強い．ただし人間本位のデザイン思考によるアプローチは，必ずしも第 3 章で学んだ課題引動（demand pull）型イノベーシ

---

[15] 適切な段階踏みと道具類による，ユーザー本位のデザイン・プロセスに関するモデルづくりが多くの研究者によって試みられている（たとえば，Kumar 2003; Patnaik 1999）．これらのモデルは，一方では顧客のニーズをよりよく理解すること（例：文化人類学やその派生学術，たとえば，Rosenthal 2006）を，一方では創造的スキルを改善すること（Sutton 2001）を統合したものである（Verganti 2008）．

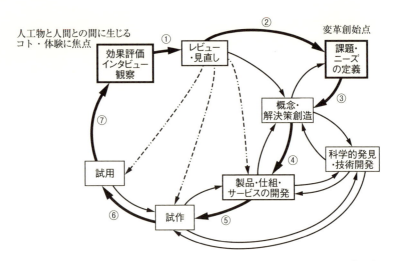

図 7.5 人間本位のデザイン思考アプローチにおける変革創始プロセス：①→②→③→④→⑤→⑥→⑦→①→②というプロセスを繰り返しつつ課題・ニーズを定義し変革を創始

ョンのように単線型のプロセスをとるわけではなく，むしろ行きつ戻りつの複線繰り返しのプロセスを経ていくことが一般的であると考えられる．

7.2.4 人間本位のデザイン思考：価値創成網形成の様態

　人間本位のデザイン思考によるイノベーション・アプローチでは，図 7.5 に示された行きつ戻りつの繰り返しプロセスを経て，図 7.6 に示すように実地調査者，アイデア発案者，デザイナー，試作者，ファシリテーター，ユーザーなどからなる価値創成網が，形成されていくと考えられる．
　では，概念・解決策が創造された以降のプロセスにどのような主体がさらに価値創成網に参加していけば，コト・体験がもたらす価値の向上をさせていくのであろうか？　図 7.5 の変革創始段階，および図 7.6 に示された概念・解決策創造の段階を含めた全体プロセスは，大局的に見れば，IPM モデル上では図 7.7 に示すような，スパイラル状の繰り返しプロセスを描くと考えられる．このスパイラル状のプロセスは，大略，次の 3 つのステージに分類できる．

1　早期段階：行きつ戻りつつ課題ニーズを同定して変革を創始

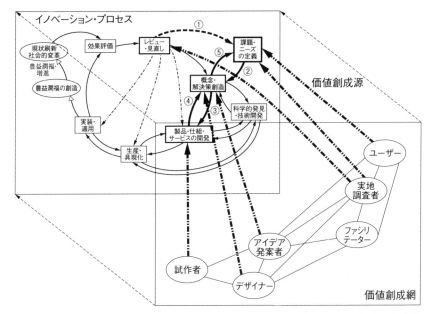

図7.6 人間本位のデザイン思考によるイノベーション・アプローチにおける概念・解決策創造で形成される価値創成網のイメージ：図中①-⑤のプロセスを繰り返し，課題・ニーズの定義を精緻化しつつ，概念・解決策を創造

 2 価値の向上：人間と人工物との間に生じるコト・体験がもたらす価値の継続的向上
 3 規模拡大：人工物の受容・普及の進展

図7.5はステージ1の様相を，図7.6はステージ2の一部の様相を表しているといってもよい．これら3つのステージのなかでもとりわけコト・体験がもたらす価値の継続的向上に貢献する主体が価値創成網に参画していくことが重要であると考えられる．その参画のあり方を考えるにあたっては，Brown(2011)が，以下の3要件が重要であると述べていることが手がかりになる．

- ユーザーの望みにかなっていること（desirability）
- 技術的に実現可能なこと（feasibility）
- 経済的に実行可能であること（viability）

これらの3要件はIPMモデル上では，図7.8，図7.9のように表現できると

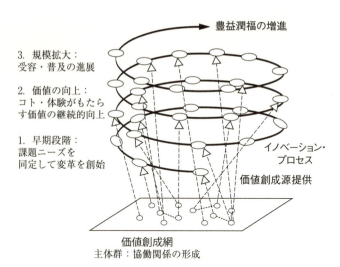

図 7.7 大局的に見た人間本位のデザイン思考によるアプローチのプロセス

考えられる[16]．

すなわち図7.7に描いたスパイラル・プロセスにおけるステージ2のコト・体験がもたらす価値の継続的向上段階では，図7.8，図7.9に示すような局面が現れると考えられる．こうした局面を前に進めていくためには，次のような主体が価値創成網に参加していく必要があると思われる．

1　望みにかなっていることを担保する価値創成源を提供する主体
　　例：文化人類学，心理学，社会学など，さまざまな側面から人間理解をする主体，およびユーザー
2　技術的実行可能性を担保する価値創成源を提供する主体
　　例：科学者，エンジニア，試作者，材料供給者など
3　ビジネス戦略上経済的に実行可能であることを担保する価値創成源を提供する主体

---

[16]　なお，Brown は，次のような3段階を設定している（Brown 2009）．
　・着想段階（inspiration）：解決策を探索する動機を与える段階．
　・構想立案段階（ideation）：アイデアを生み出し，発達させ，検証する段階．
　・試行実行段階（implementation）：プロジェクト部屋から市場へ導く段階．

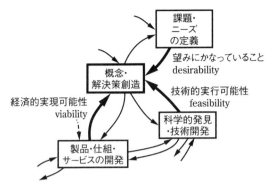

図 7.8 IPM モデルにおける概念・解決策創造に作用する3要件．(Brown 2009) を参考に作図

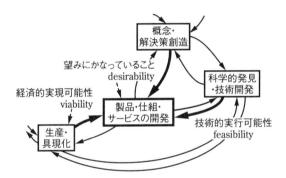

図 7.9 IPM モデルにおける製品・仕組・サービスの開発に作用する3要件．(Brown 2009) を参考に作図

例：製造者，企業家，投資家など

これらに加えて，価値創成源の提供ととりまとめを促進するファシリテーター役および設計の統合性（design integrity）を担保するデザイナー役が価値創成網に参加することは不可欠である．

7.2　人間本位のデザイン思考によるイノベーション　　199

7.3 デザインに駆動されたイノベーション

7.3.1 新たな「意味」の創造による抜本的イノベーション

　人間本位のデザイン思考によるイノベーション・アプローチは，人々の深いニーズを把握することを変革創始点にして，人工物と人間との間に生じるコト・経験を創造していこうとするアプローチで，IPM モデル上では課題・ニーズの定義を変革創始点にする傾向の強い課題引動 (demand pull) 的なプロセス構造を持つ（図 7.5）．

　これに対して，人工物が人間にとって持っている「意味」の創造・提案（概念創造）を変革創始点にして，新たなコト・経験を創造していくという供給推動 (supply push) 的なイノベーション・アプローチがある．これは，Verganti によって提唱されたアプローチで，デザインに駆動されたイノベーション (design driven innovation) と呼ばれている（Verganti 2003, 2008, 2009）．

　物理的実体を持った人工物は，単に何らかの機能を果たしているわけではなく，その形や肌触りなど五感を通じたメッセージを提供している．そのメッセージは，使い手が持っている価値観や，担っている社会的・文化的コンテクストと絡みあいながら，使い手の内面に何らかの「意味（感情的内容および表象的内容）」を発生させ，コト・経験へと発展させていく．デザインに駆動されたイノベーションにおいて，新たな意味を創造し提案するということは，価値観や，社会的・文化的コンテクストの変化を先読みして，新たなコト・経験を生み出すことを指している．

　Verganti は，イタリアのキッチン用品メーカー，照明器具メーカーにおける事例を挙げている（Verganti 2006, 2008, 2009）．

- 1991 年に Alessi 社は，遊び心に満ちた，隠喩的なキッチン用品を出した．それは，踊る女性のような形をしたワイン抜きなどである．単なる台所用品という意味から子供に直接何かを話しかけ安心感を与えるような移行対象物 (transitional objects) に意味を変換させている．
- Artemide 社の照明は，特徴的な形態をしていて，インテリアとしても独特の存在感を持っている．また，その照明が発する人工光の色彩も，カッ

表7.3 新たな意味を創造することで励起されたイノベーションの事例．（Verganti 2008）を参考に作成

- 1970年代に米国カリフォルニア州で生まれた20インチ径ホイールを持つ自転車BMXは，単なる移動手段としての自転車ではなく，モトクロスのようなレースを行う手段という新たな意味を自転車に与えた．
- 1970年代に生まれたソニーのウォークマンは，単なる再生機ではなく，音楽を持ち歩くという意味を創造した．
- 任天堂のWiiは，積極的に自らも身体を動かしていくゲームという新たな意味を与えた．
- Swatchは時計に対してファッションアクセサリーとしての意味を与えた．
- Bang & Olufsenは，オーディオ機器に家具としての意味を与えた．
- 家庭用掃除ロボットという新しいジャンルを拓いたルンバは，自動的にかつ人間が操作するよりも入念に，掃除をしてくれるという利便性をもたらしただけでなく，入りづらい場所に何度か角度を変えて入り込もうとする動きなどの可愛らしさもあり，掃除という行為に楽しさやその器具の動作への愛着という新たな意味を与えた．

プルや家族が団らんで打ち解けた会話をする際に独特の雰囲気を醸し出している．単なる明かりをとる手段ではなく，人々に心理的な安らぎと，円満さをもたらしてくれる手段という新たな意味を与えたといわれている．

- Alessi社のBird Kettleは，その簡素にしてシャープな幾何学的形態と，鏡面的な表面仕上げで存在感を持っているだけでなく，お湯が沸騰すると独特の高音を発するような注ぎ口の断面を持っている．毎朝，朝食時にお湯を沸かす人々にとって，その独特の形態から発せられる高音は朝食体験と一体化し，単なる湯沸かしの道具としてのヤカンではなく，毎朝お湯を沸かしてお茶を飲む行為に潤いと楽しさをもたらすという意味を与えたといわれている．

さらに表7.3のような事例も，新たな意味の創造によるイノベーションである．

デザインに駆動されたイノベーションは使い手の観察から創始されるものではない．たとえば，任天堂が，Wiiの前世代のゲーム機のコンソールを用いているティーンエージャー達をいくら詳細に観察したとしても，Wiiを着想することはなかったと想像される．供給者である企業による新たな意味の創造や再定義は，未来に出現する製品に込めるメッセージに関する企業のビジョンによって推動（push）されているのである．人間本位のデザイン思考によるアプローチは，課題引動的なプロセスと重なり合うところはほとんどない．表7.3に挙げたイノベーションは，IPMモデル上では，供給者が主導して意味を提案し

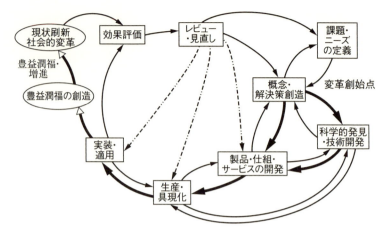

図7.10 デザインに駆動されたイノベーション・アプローチのプロセス

ていることから，供給推動的なプロセスをとるといわれている[17)]（Verganti 2008, 2009）．デザインに駆動されたイノベーションは，概念・解決策創造，もしくは製品・仕組・サービスの開発を変革創始点にして，図7.10に示すように，比較的単線構造的なプロセスを描くと考えられる．

デザインに駆動されたイノベーションは，新たな「意味」の創造による抜本的変革であり，図7.11のように位置づけられる．この図で，人間本位のデザイン思考によるイノベーション・アプローチは，左下の市場引導型の一種と位置づけられていて，ユーザーの深いニーズの把握に継続的に傾注して社会文化モデルの進化に適応しつつ，技術・意味の抜本的変化は伴うことなく，漸進的に変革を展開していくとされている．一方，デザインに駆動されたイノベーション・アプローチは，新たな意味の生成により，抜本的変革に発展すると位置

---

17) 北嶋は，デザインに駆動されたイノベーション（DDI：Design Driven Innovation）とは，「人々に新しい製品の使い方（Meaning）を提案するという点で「プッシュ型」のイノベーションであり，この提案が受け入れられるとその製造業は長期的な競争優位を獲得できるといった考え方である（中略）．換言するとユーザー志向のMPI（Market Pull Innovation）に立脚しWhat（人々が今使いたいモノ）を提案するのではなく，TPI（Technology Push Innovation）を伴いながらWhy（なぜこれが生活の中に欲しいのか）を授けることで『意味』のイノベーションを達成すること，そうした意味を創出することが，まさにデザインの役割であり，このようなデザインに駆動されるイノベーションがDDIの概念」と表現している（北嶋 2013, p. 3）．

― コラム　ウォークマン ―

表7.3に示したように，ソニーのウォークマンは新しい意味を創造することで創始されたイノベーション事例であるとされる．単行本『ソニー自叙伝』は次のように描いている．

「盛田の第一声に皆驚いた．『この製品は，一日中音楽を楽しんでいたい若者の願いを満たすものだ．外へ音楽を持って出るんだよ．録音機能はいらない．ヘッドホンつき再生専用機として商品化すれば売れるはずだよ』」（中略）

「年齢にも過去の成功にも捉われることなく，絶えず好奇心に満ちあふれアンテナを張る二人（引用者注．井深大・盛田昭夫）は，新しい商品提案を支持する感性と，何よりも熱意を持ち続けていた．」（ソニー広報センター1999）

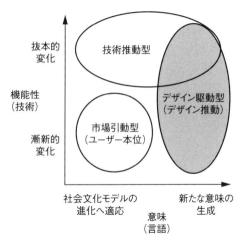

図7.11　デザインに駆動されたイノベーション・アプローチの位置づけ（Verganti 2008）

づけられている．図7.11には，抜本的変革を実現する2通りのアプローチが示されている．ひとつは，第4章で説明した，主として従来にないような機能を技術的に生み出して抜本的な変革をもたらす技術推動型であり，もうひとつが，新たな「意味」の生成によって抜本的変革をもたらすデザインに駆動されたイノベーションである．デザインに駆動されたイノベーション・アプローチは，社会文化の進化に追従するというよりも，社会文化の抜本的変化を能動的に仕掛けるアプローチといってよい．

7.3.2 デザインに駆動されたアプローチ：変革創始の様態

　図7.11は，技術革新などによる新機能の創造ではなく，意味の創造によっても抜本的変革を起こしうることを示しており，デザインに駆動されたイノベーション・アプローチが，イノベーションの変革創始機会を拡げることが期待される．

　そこで人工物における機能と意味の創造の関係について，考えてみよう．まず，新たな機能が加わることで，人工物としての意味が変容することもある．たとえば，携帯電話にさまざまな機能が加えられてスマートフォンに進化していくとともに，その人工物の意味合いは「持ち運びのできる電話機」から「各種サービスにアクセスするための情報端末」に変容した．この経緯は，

機能創造→意味変容

と表すことができる．また，人工物の意味を再定義することによって，新たな機能の付加を促すこともある．たとえば，オーダーメード医療という，社会を先取りした意味を創造することによって，ゲノム解析をはじめとした個人のメディカル・データを統合的に運用する技術的機能が開発され普及していくことになる．この経緯は

機能付加←意味創造

と表現できる．となれば，人工物に新たな機能を加えることによって，あるいは，新たな意味を加えることによって，イノベーションは創始される，と考えることができる．すなわち，イノベーションの過程では，図7.12のように機能創造と意味創造が相互補完的に現れるとみなすことができる．ここで，機能創造に係わる価値創成源を提供するのは，科学者・技術者が所属する組織など供給側に立つ主体である．

　一方，意味創造に係わる価値創成源を提供するのは，需要側に立つユーザーであるとともに，供給側に立つ価値観や社会的文化的コンテクストの動向に関する洞察を提供する，洞察的解釈者（interpreters）と呼ばれる主体群（次項で詳述）である．また，人工物のデザイナー役は意味創造，機能創造の両方を担

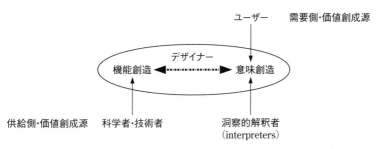

図 7.12 人工物の機能創造,意味創造における価値創成源の提供者

うとともに,機能創造と意味創造の両者をバランスよく調整する役割も担う.このデザイナー役は,必ずしもプロフェッショナルのデザイナーであるとは限らず,イノベーション・プロセスおよび価値創成網の状況に応じて,関与する主体のいずれかが,その役目を担う場合もある.

人工物の意味創造による変革創始については,以下のような点に留意する必要があると思われる.

(1) IT 系デバイスやソフトウエアなど意味変化が起こりやすい人工物がある.

IT 系デバイスやソフトウエアでは意味の変化が起こりやすく,意味創造・意味変換が豊益潤福の増進に寄与することが頻繁に起こりやすい.

(2) 新しい人工物では,機能と意味の創造が連関併行する

たとえば,ドローンなどの無人飛行機や,産業ロボット,生活支援ロボットなどいままで例がなかった新たな人工物では機能の創造と意味の創造が相互に関連しながら進んでいく.

(3) 汎用品化した人工物も変革創始を起こしうる

意味の変換・創造は,汎用品化した人工物を用いた変革創始も起こしうる.汎用品化とは,人工物の持つ機能と発生するコト・経験の関係が固定化することであるとも解釈できる.しかし人工物が持っている意味を変えることで,新たなコト・体験が創造されれば,イノベーションに発展していく.たとえばお湯を沸かす道具としてのヤカンは汎用品として世界中に普及しているが,前述

したように，Alessi 社の Bird Kettle は，お湯が沸騰すると高音を発生させて，朝食や午後のお茶の時間における潤福を増進するような新たな種類の体験を創造している．

意味の新たな創造が変革創始のきっかけとなりうる可能性を拓くことは日本の伝統的製造業が国際競争において，汎用品化に苦しんでいることを勘案すれば意義深い．ただし，垂直統合された組織（例：大手企業の家電製造部門）によって開発製造されている人工物については，開発製造の当事者から意味変換がひきおこされる可能性は低いと推察せざるを得ない．

こうした留意点をふまえると，意味創造・意味変換により変革創始を拡げていくためには，人工物を意図的に多義化する戦略が有効であるように思われる．具体的には以下のような可能性が探究されてしかるべきである．

(1) 機能高度化ではなく多義性付与による変革創始

技術としては優れていても，単一の用途・意味だけであるとコスト対効果のバランスが悪く（割高感が強く），実装において苦戦しているものの，さらに意味を加えることによって，豊益潤福が増進されイノベーションに至る場合がある．たとえば，もともとは，住宅におけるエネルギー・マネジメントを行うために設置された HEMS（Home Energy Management System）を単に省エネルギーの手段としてだけでなく，住宅内の IoT（Internet of Things）のインフラとして，その意味を再定義することによって，インターフェース機能，データの総合解析機能などが加えられ，多種多様なアプリケーション・サービスを生み，豊益潤福を増進していくことが期待される[18]．

(2) 機能を付帯することによる，意味の付加・変化

多機能化，高機能化を起こすことにより意味が新たに生成され利益享受の内容が変化する場合がある．たとえば，大画面のテレビは，近年登場してきたマウス型 PC を接続することによって，PC 機能も兼ね備えたスマートテレビとし

---

18) 技術システム同士が統合すればするほど，その技術システムがもたらすサービスの意味の再定義は起こりやすくなるのではあるまいか．

て活用することができるようになり，新たな意味を持つようになる．また，デジタル・コンパクト・カメラの動画撮影機能が高度化したことによって，デジタル・コンパクト・カメラは実質的にビデオ・カメラを兼ねるようになり，ビデオ・カメラという製品カテゴリーがなくなり，「高品質画像データ入力端末」という新たな意味が生まれていく可能性もある．

なお，場合によっては，第6章表6.1に例示したユーザーによる想定外の用途開発例のように，供給者の意図とは関係なく，供給側から見れば予測せざる意味変換が人工物の実装プロセスで起きることも想定できる．

7.3.3 デザインに駆動されたアプローチ：価値創成網形成の様態

(1) 「デザイン講話体」：変革創始段階における価値創成網

意味創造による変革創始が，豊益潤福の実現に向けた動きに発展していくためには，必要な価値創成源が提供されていかねばならない．とくに，
- ユーザーのニーズに関する知識
- 技術的可能性に関する知識

そして
- 人工物が使い手に届けうるメッセージに関する知識

という3種類の知識が価値創成源として重要であるとされる（Verganti 2003）．

デザインに駆動されたイノベーション・アプローチにとっては，とくにこの3番目の，人工物が使い手に届けうるメッセージに関する知識が肝要である．その知識には，人工物の表象性に関する知識や，使い手側が表象を意味に変換する文化社会的コンテクストに関する知識を含む．これらの知識を提供する主体群をVergantiは洞察的解釈者（interpreters）と呼んでいる．洞察的解釈者には，次のような主体が含まれる
- 他産業の企業
- デザイナー
- 材料供給者
- 教育機関
- アーティスト

たとえば，他産業の企業は，人々がどのような経験を日常生活で望んでいるのかについて共通の関心を持っている．デザイナーは，日常生活に関するビジョン，およびデザイン言語（人工物へのメッセージの仕込み方）に関する知識を持っている．また，材料供給者は，材料が将来どのように日常生活で使われうるかに関心がある．共通するのは，これらの主体が，人々の将来の生活動向に関心を持っていて，それぞれの仕事のなかで，独自の方法を用いてその動向を探り，将来の文化社会のあり方に関して何らかの知識とビジョンを持っていることである．それぞれの主体は，傍観者ではなく，その仕事を通じて，人々が日常生活でいだく考えや感覚に影響も与えている．こうした洞察的解釈者と交流し，それらの主体の持っている洞察を価値創成源として得ることによって，Vergantiが紹介しているイタリアの家庭用品メーカーは，抜本的なイノベーションに至るような革新的な意味の創造または転換をもたらしている（Verganti 2003）．

　デザインに駆動されたイノベーション・アプローチの価値創成網の形成においては，こうした多様な洞察的解釈者を価値創成網にまきこみ，意味創造への貢献を得ることが肝要である．新しい意味を創造する能力は，価値創成網のあり方に依存しているといってもよい．

　デザインに駆動されたイノベーション・アプローチの変革創始段階において洞察的解釈者とともに形成される価値創成網は，デザイン講話体（design discourse）とも呼ぶべき存在であるとVergantiはいう（Verganti 2008）．デザイン講話体における主体間の結びつきはゆるやかであるが，人々が日常生活のなかで何を欲しているかという知識・情報が得られ，かつ，社会文化がどのように変化していくのかその動向について意見交換したり，ビジョンを共有していく．デザイン講話体は双方向の知識・情報交換をする企業同士の垣根を越えた繋がりであり，社会文化のモデル，意味そして製品が届けるメッセージに関する知識を分かつ間柄である．デザイン講話体は，既存の社会文化を変化させたり洗練させたりするような影響を与える行動体でもある．

(2)　規模拡大段階における価値創成網

　デザインに駆動されたイノベーション・アプローチにおいても，大局的には，

図7.7と同様にスパイラル状の繰り返しプロセスを経ながら豊益潤福の増進に向かっていくと考えられる．変革創始以降，新たな意味を持った人工物の受容・普及の進展による規模拡大，およびコト・体験がもたらす価値の継続的向上に向かっていくが，そこでは，どのような主体が価値創成網に加わっていく可能性があるのであろうか？

　まず，「新たな意味」をさまざまなメディアを通じて周知し，共感を拡散させていくような役割を担う主体が価値創成網に加わっていくことになる．加えて，デザインに駆動されたイノベーション・アプローチの事例の多くでは，既存の人工物を対象に意味の創造・変換を図っており，その新たに創造された意味が，新たな技術の取り込みを誘発する場合は新たな主体の価値創成網への参画が見込まれる．たとえば，ゲームの新たな意味を創造した任天堂のWiiの場合は，新しい意味を現実化するために，加速度センサー，CMOSセンサー，ジャイロセンサーなどの新たな技術が用いられており，それらの技術に係わる主体が価値創成網に参画したと考えられる．このように新たな意味の創造が，新たな機能の創造を引動した場合は，それを担う新たな参画者が価値創成網に加わることが想定される．

7.3.4　デザインに駆動されたアプローチによる多重展開

　デザインに駆動されたイノベーション・アプローチにおいては，人工物の意味の創造という弾込めの段階の成果がその成否に大きく関与することが多い．それだけに，変革創始段階で形成された価値創成網の中核メンバーは良い「意味の創造」ができたならば，一気通貫なプロセスの進行を指向すると想像される．

　ただし，さらに大局的に考えるならば，デザインに駆動されたイノベーション・アプローチは，第2章で紹介したイノベーションの多重展開の可能性を拓くと考えられる．過去に何度も科学的発見・技術開発を変革創始点にしてイノベーションを多重展開させてきた成熟した人工物については，さらなる展開を試みる際には，図7.13に示すように，機能創造・付加だけでなく，新たな意味の創造を図ることによってもさらなる多重展開の可能性が拓かれる変革と思われる（図2.10と比較のこと）．なお，意味の創造による多重展開は個々のコン

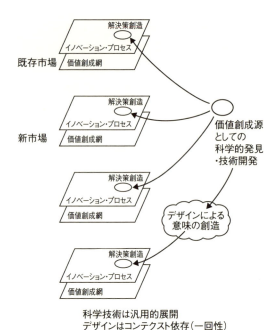

図 7.13 成熟した人工物における意味の創造によるイノベーションの多重展開

テクストに依存することに留意する必要がある[19]．

参考文献

Brown, T. (2008) "Design Thinking," *Harvard Business Review*, Vol. 86(6): 84.
Brown, T. (2009) *Change by Design*, Harper Business.
Brown, T. and J. Wyatt (2010) "Design Thinking for Social Innovation," *Development Outreach*, Vol. 12(1): 29-43.
Brown, T. and B. Katz (2011) "Change by Design," *Journal of Product Innovation Management*, Vol. 28(3): 381-383.

---

19) たとえば Apple 社の iPod や iPhone はさまざまな機能を付加していくことで意味を変容させ，イノベーションを多重展開させている，とみなすことができるように思われる．ただし，iPod, iPhone における意味の創造による多重展開はあくまで iPod, iPhone をとりまくコンテクストにおいて有効なのであって，そのまま他種人工物に汎用できるものではない．

Buchanan, R. (1992) "Wicked Problems in Design Thinking," *Design Issues*, Vol. 8(2): 5-21.

Chayutsahakij, P. and S. Poggenpohl (2002) "User-Centered Innovation: The Interplay between User-research and Design Innovation," *Proceedings of The European Academy of Management 2nd Annual Conference on Innovative Research in Management EURAM*, Stockholm, Sweden.

Churchman, C. W. (1967) "Wicked Problems," *Management Science*, Vol. 14(4), Application Series: B141-B142.

Dunne, D. and R. Martin (2006) "Design Thinking and How It will Change Management Education: An Interview and Discussion," *Academy of Management Learning & Education*, Vol. 5(4): 512-523.

Dyer, H. (1879) The Education of Engineers, Imperial College of Engineering, Tokyo

EC (Commission of the European Communities) (2009) Design as a driver of user-centred innovation, Commission Staff working document, Brussels, Ref. Ares. http://ec.europa.eu/DocsRoom/documents/2583 (retrieved dated on 11 February, 2016)

Gemser, G. and M. A. A. M. Leenders (2001) "How Integrating Industrial Design in the Product Development Process Impacts on Company Performance," *Journal of Product Innovation Management*, Vol. 18: 28-38.

Hart, L. and R. Hunter (1997) "Henry Dyer: A Man with a Mission," *Proc. of Henry Dyer Symposium*, University of Tokyo, pp.42-49.

Hertenstein, J. H., M. B. Platt and R. W. Veryzer (2005) "The Impact of Industrial Design Effectiveness on Corporate Financial Performance," *Journal of Product Innovation Management*, Vol. 22: 3-21.

Kelley, T. and J. Littman (2001) *The Art of Innovation: Lessons in Creativity from IDEO*, America's Leading Design Firm, Currency/Doubleday, New York.

Kumar, V. and P. Whitney (2003) "Faster, Cheaper, Deeper User Research," *Design Management Journal* (Former Series), Vol. 14(2): 50-57.

Lojacono, G. and G. Zaccai (2004) "The Evolution of the Design-inspired Enterprise," *MIT Sloan Management Review*, Vol. 45(3): 75.

Margolin, V. and R. Buchanan (eds.) (1995) *The Idea of Design*, MIT Press.

Martin, R. L. (2009) *The Design of Business: Why Design Thinking is the Next Competitive Advantage*, Harvard Business Press.

Mutlu, B. and A. Er (2003) "Design Innovation: Historical and Theoretical Perspectives on Product Innovation by Design," A Paper Presented at the 5th European Academy of Design Conference Held in Barcelona.

Patnaik, D. and R. Becker (1999) "Needfinding: The Why and How of Uncovering People's Needs," *Design Management Journal* (Former Series), Vol. 10(2): 37-43.

Platt, M. B., J. N. Hertenstein and D. R. Brown (2001) "Valuing Design: Enhancing Corporate Performance through Design Effectiveness," *Design Management Journal*, Vol. 12(3):10-19.

Rittel, H. W. and M. M. Webber (1973) "2.3 Planning Problems are Wicked," *Polity*, Vol. 4: 155-169.

Rosenthal, S. R. and M. Capper (2006) "Ethnographies in the Front End: Designing for Enhanced Customer Experiences," *Journal of Product Innovation Management*, Vol. 23(3): 215-237.

Simon, H. A. (1973) "The Structure of Ill-structured Problems," *Artificial Intelligence*, Vol. 4 (3-4): 181-201 (republished: Simon, H. (1984) "The Structure of Ill-structured Problems,"

Cross, N. (ed.), *Developments in Design Methodology*, John Wiley & Sons, Chichester & New York, pp. 145-166.
Stewart, S. C. (2011) "Interpreting Design Thinking," *Design Studies*, Vol. 32(6): 515-520.
Sutton, R. I. (2001) "The Weird Rules of Creativity," *Harvard Business Review*, Vol. 79(8): 94-103.
Toffel, M. W. (2008) "Contracting for Servicizing," *Harvard Business School Technology & Operations Mgt. Unit Research Paper*, No. 08-063.
Verganti, R. (2003) "Design as Brokering of Languages: Innovation Strategies in Italian Firms," *Design Management Journal*, Vol. 14(3): 34-42.
Verganti, R. (2006) "Innovating through Design," *Harvard Business Review*, Vol. 84(12): 114.
Verganti, R. (2008) "Design, Meanings, and Radical Innovation: A Metamodel and a Research Agenda," *Journal of Product Innovation Management*, Vol. 25(5): 436-456.
Verganti, R. (2009) *Design-Driven Innovation: Changing the Rules of Competition by Radically Innovating what Things Mean*, Harvard Business Press, Boston, MA.
Veryzer, R. W. and B. de Mozota (2005) "The Impact of User: Oriented Design on New Product Development: An Examination of Fundamental Relationships," *Journal of Product Innovation Management*, Vol. 22(2): 128-143.
Vredenburg, K., S. Isensee, C. Righi and U. C. Design (2002) *An Integrated Approach Prentice Hall PTR*, Upper Saddle River NJ.
Walsh, V., R. Roy, S. Potter and M. Bruce (1992) *Winning by Design: Technology, Product Design and International Competitiveness*, Basil Blackwell, Oxford.
柏野尊徳・著沼井柚貴乃編『Pocket Guide of Design Thinking　デザイン思考のポケット・ガイド』http://designthinking.or.jp/index.php?pocke
Camillus, John C.・鈴木泰雄（2009）「正解のない「やっかいな問題」をいかに解決すべきか　戦略の無力（Feature Articles 大企業の戦略コンセプト）」,『Diamond ハーバード・ビジネス・レビュー』Vol. 34(1): 84-97.
北嶋守（2013）「日本製造業におけるデザイン・ドリブン・イノベーションの可能性──日本から世界に発信するモノづくりの方法」『機械経済研究』Vol. 44: 1-19.
ソニー広報センター（1999）『ソニー自叙伝』ワック.
ソレンセン，エバ・トルフィング，ヤコブ・堀雅晴（2010）「公共セクターにおけるコラボレーティブ・イノベーション──分析枠組みについて」『立命館法學』Vol. 2: 615-642.
鷲田祐一（2014）『デザインがイノベーションを伝える──デザインの力を活かす新しい経営戦略の模索』有斐閣.

第8章
使用価値に視座をおいた イノベーション・アプローチ

　良いモノを生み出すことがそのまま豊益潤福に結びつくのではなく，ユーザーが期待する機能（サービス）を得ることによって豊益潤福が生み出されていく——こうした認識や考えは，20世紀後半に生まれ今世紀に至り急速に広まっている．先進工業国で人工物が溢れかえっている現状が文明の持続可能性も脅かしているという認識ともあいまって，生活の質（quality of life）重視のもと，人工物の所有よりも使用価値（value in use）に重要性を見出すパラダイム転換が着実に進行している．一方では，つくり手（供給者）と使い手（ユーザー）の境目は曖昧化している．人工物の使用価値は，使い手側だけの裁量・努力で創造・獲得されるのではなく，つくり手とユーザーの係わりのなかで共創されていくと認識されつつある．やりながら，使いながら，あるいは交わりながら考え学んでいく（learning by doing/using/interaction）ことがどれだけ有効にはたらくかで，人工物の使用価値は高まりもすれば収縮もする．

　こうした新たなパラダイムのもと，人工物の使用価値に視座をおいたイノベーションがさまざまな形で勃興し，展開している．

　本章では，いま進行しつつあるパラダイム転換を概観したうえで，イノベーション・プロセスの構成や価値創成網の構築という観点から，使用価値に視座をおいたイノベーション・アプローチについて学んでいく．

8.1 サービスに関する諸学理

8.1.1 使用価値とサービス

　図8.1に示すように，私たちは，電化機器，情報機器，自動車など人工物に

設けられたユーザー・インターフェース（スイッチ，コントローラ，キーボード，ハンドルなど）に何らかの操作をすることによって，自らに必要な機能を引き出している．また，調理，入浴や，照明の点灯消灯，窓の開け閉めなどの日常生活動作もそれぞれのユーザー・インタフェースを介して，人工物から何らかの機能を引き出している行為であるとみなすことができる．

　近代経済学を拓いた Adam Smith は『国富論』で，価値という言葉に2つの意味があると述べている．その1つは，モノの有用性や効用を表す「使用価値」であり，もう1つは，あるモノを持っていることで他のモノをどれだけ買えるかを意味する「交換価値」である．この定義に従うならば，引き出される機能はまさにモノの有用性・効用であり，人工物の使用価値（value in use）である．

　人工物から引き出される機能は，人工物の設計者・供給者が意図した機能と同水準，同内容であるとは限らない．たとえば，デジタルカメラ，ビデオ・レコーダー，携帯端末が高機能を搭載しているにもかかわらず，ユーザーがそのごく一部の機能しか使っていないことは珍しいことではない．メーカーは，分厚いマニュアルを用意しているが，それを読みこなし使いこなしているのは，ごく一部のユーザーで，大半のユーザーは同梱されている「はじめに」という1枚紙の案内を頼りに使い始め，あとは使いこなすための試行錯誤を繰り返しているとしても驚くにあたらない．使用価値は，設計者・供給者が人工物に込めた意図だけでなく，ユーザーの使用方法や主観的基準によって決定づけられる．言い換えれば使用価値は，設計者・供給者の意図と，ユーザーが絡み合いながら創造される．

　その絡み合いの結果は，必ずしも，設計者・供給者の意図通りとはならない．たとえば，建築の使い心地，住まい心地について，施設利用者満足度調査（POE: Post Occupancy Evaluation）という調査が行われているのは，それだけ設計者・供給者が意図した使い心地や住まい心地と，ユーザーが得ているそれらとの間に乖離があることを反映している．その乖離は，設計で仮定された環境条件，使用条件と実際の条件が異なることにも起因する．

　設計者・供給者が意図した使用価値と，実際にユーザーがその主観を経て得る使用価値との乖離を埋めていくことは，何らかの豊益潤福の増進を生む変革

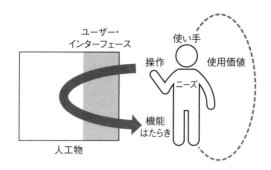

図 8.1 操作をして人工物から機能を引き出す

となりうる．本章でいう使用価値に視座をおいたイノベーションとは，設計者・供給者とユーザーとの新たな関係を創造しつつ，設計者・供給者が意図した使用価値を基盤に，ユーザーが自らにとって好ましい使用価値を実現させていくことを手助けするようなイノベーションである．

英語の service には，役に立つこと，有用，助けという語義がある．また，service は，機械が使用状態にあって何らかの有用性を発揮していることも表している．図 8.1 のような認識図式においては，使用価値とサービスとは密接に関連した概念であるということになる．実際，野村は，サービスを「ものが有用な機能を果たすその働き」，「ものが使用価値を実現する過程」と定義している（野村 1983）．そこで，使用価値に視座をおいたイノベーション・アプローチの考察にあたっては，近年のサービスに関する学理も手がかりにしていくことにする．

使用価値・サービスに関連して過去 20 年の間にさまざまなモデルが示されてきた．以下，それぞれのモデルを概観しておこう．

8.1.2 野城によるサービス・プロバイダー論

2003 年，野城は『サービス・プロバイダー――都市再生の新産業論』という著書を上梓した（野城 2003）．同書では，従来の産業が，モノ・製品を提供し対価を得る「プロダクト・プロバイダー」であったのに対して，来たるべき時代の産業は，機能・サービスを提供し対価を得る「サービス・プロバイダ

ー」に移行していくべきであるという主張がなされるとともに，建築産業における「サービス・プロバイダー」の具体像が示されている．ここでいう機能・サービスには，人工物が持つ利便性・快適性・安全性などの種々の使用価値が含まれる．野城がこのような論を提示したのは，建築を所有することに価値があるという従来の考え方が，建築という箱はあれども，使い心地・住み心地の悪い建築が大量に存在し，専門家の支援を受けられることもなく，人々は忍耐と機会損失を強いられているという問題意識を持っていたからである．

　こういった，機会損失と忍耐を解決するには，ユーザーにとっての建築の価値は，住み心地・使い心地を含め，いかなる機能・サービスをその建築から引き出すことができているかということを基点に評価するという発想の転換が不可欠である．「サービス・プロバイダー」は，住まい手・ユーザーが自分にとって必要な機能・サービスを引き出すための支援をする役割を担っている．

　「プロダクト・プロバイダー」から「サービス・プロバイダー」へのパラダイムシフトには多様な側面があり，それらは，次のようなキーワード群で表現されると野城は述べている（野城 2003）．

　A　仕組みの転換に関するキーワード群
- プロダクト（モノ）からサービスへ，所有から利用へ，脱物質化

　B　サービスの質・内容に関するキーワード群
- ソリューション，納得
- オール・イン・ワン（all in one），ワン・ストップ（one stop），統合
- 個，適応，カスタマイゼーション（customization）
- ライフサイクル価値

「サービス・プロバイダー」にとって人工物はサービスを提供するための装置であり，いわば料理における素材にあたる．機能・サービスの質・規模を高めていくためには，料理と同様に，それを生かす技がなければならない．ここでいう技とは，知識・ノウハウである．サービス・プロバイダーにとって，知識・ノウハウは重要な経営資源である．図8.2はプロダクト・プロバイダーとサービス・プロバイダーの相違を概念的に表したものである（Yashiro 2000）．

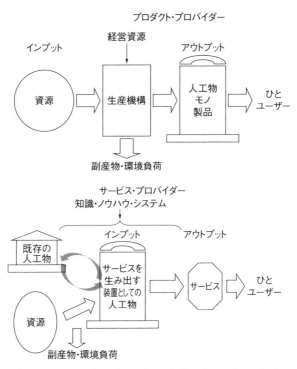

図 8.2 プロダクト・プロバイダーとサービス・プロバイダー

8.1.3 Vargo によるサービス中心のロジック

マーケティング研究分野で,Vargo らが主張したサービス中心のロジック (SDL: Service Dominant Logic)(Vargo 2004; Lusch 2006a, 2006b など)は,プロバイダーの提供したモノ自体が価値を持っているわけではなく,モノは使用価値の分配機構にすぎないという考え方を示しており,野城が2000年に提示したサービス・プロバイダー(Yashiro 2000)と同様の主張をしている.

Vargo は,サービスとは,他者または自分自身の便益のために,行為,プロセス,実行を通じて,知識・技能など特化した能力を適用することであると定義した.

サービス中心のロジック(SDL)における使用価値,サービスの定義は,図

コラム　サービサイジング（servicising）とは？

サービサイジングとは，プロダクト・プロバイダー（モノを売る業態）からサービス・プロバイダー（製品の機能または製品がもたらすサービスを売る業態）への転換であり，「製品の物理的実体を売るのではなく，製品の機能または製品がもたらすサービスを売ること」（Fishbein 2000）を指す．Toffel によれば，サービサイジングには以下のような4つの特徴がある（Toffel 2008）．

1　製造者は製品そのものを売るのではなく，製品の機能を顧客に対して売る
2　製造者は自分自身のつくった製品の所有権を持ち続ける
3　顧客は，製造者に対して使用への報酬（使用料）のみを払う
4　製造者は，顧客に追加支払いを要求することなく，製品を維持修理する

こうした，サービサイジング事例としては，次のような事例が挙げられている．

- 空気売りビジネス

建築に設置する空調機を売るのではなく，契約書に定められた温湿度・空気質の空気，もしくは契約書に定められた室内環境を提供するサービス．

- カーシェアリング

会員カード1つで，居住都市内であれば，たとえば，つねに徒歩10分以内の駐車場にとめてある自動車を運転し，いずれかの指定駐車場内で乗り捨てればよいサービス．

サービサイジングが行き渡った経済を，Stahel らは functional economy（機能提供を基軸とする経済）と呼んでいる（Stahel 1997）．これは，経済交換の単位はモノそのものにあるのではなく，モノがもたらす機能にあるという経済である．Functional economy は，環境効率（eco-efficiency）の考えと密接に関連している（White 1999）．

8.3のように描くことができるように思われる．サービス中心のロジック（SDL）は，図中の(a)のようにサービス提供者による他者の便益のための行為を主として想定していると思われる．一方，図8.1，図8.2のように人工物の機能・はたらきを得る行為は，図8.3では(b)のように，ユーザーが自分自身の便益のために自らの能力を使う行為にあたると解釈できる．サービス中心のロジック（SDL）の内容は，表8.1のように要約できる．

　表8.1に挙げられた10の基本的前提のうち，本章の主題，使用価値に関する原則を整理する．まず，原則6「顧客はつねに価値の共創者となる」が意味するところは，

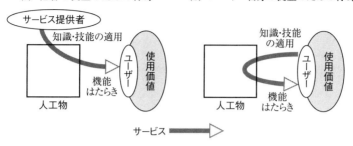

図 8.3 サービス中心のロジックにおける使用価値，サービスの定義

表 8.1 サービス中心のロジック（SDL）の 10 の基本的前提（Vargo 2008）

1　サービス（知識・技能など能動的経営資源(operant)の適用）は，交換の根本的基盤である．
2　間接的な交換は交換の根本的基盤を見えづらくしている（サービスはモノ，資金，組織の複雑な組み合わせを通じて供給されるがゆえに，交換の基本単位を見えづらくしている）．
3　モノはサービス供給の手段である．
4　知識・技能など能動的経営資源（operant）は，競争力の根源である．
5　すべての経済機構はサービス（他者の便益のために何かをすること）からなる経済である．
6　顧客はつねに価値の共創者となる．
7　企業は価値を供給することはできない．企業は価値の提案者にすぎない．
8　サービスを中心に据えた考え方は本質的に顧客指向で関係的である．
9　すべての社会・経済主体は経営資源の統合者である（価値創造の内容は networks of networks である）．
10　価値はつねに受益者によって唯一無二に現象的に決定される（価値は個人に特有で，経験的で，状況依存的で，多義的である）．

- 供給したモノは顧客に使われるまでは価値を持たない
- 顧客によって使われることで使用価値は決定される．その場合，経験と受け取り方こそが価値を決定づける

ということである．こうした考え方に立てば，原則 3「モノはサービス供給の手段である」は，野城のサービス・プロバイダー論と同様に，モノはサービスの装置であるとみなしていることになる．また，使用価値はつねに顧客によって決められるのであって，モノづくりによって使用価値を埋めこむことはできないのであるとすれば，原則 7「企業は価値を供給することはできない．企業

8.1　サービスに関する諸学理　219

表8.2 モノ中心のロジックとサービス中心のロジックの比較．(Vargo 2004) をもとに作成

	モノ中心のロジック	サービス中心のロジック
交換の基本単位	モノ	サービス (知識・技能の適用による便益)
モノの役割	利用される受動的資源（operand）	知識・技能などの能動的経営資源（operant）の媒体 (モノに知識が埋め込まれている)
サービスの概念	無形のモノ (英語では可算名詞扱い)	他者の便益のために何かをするプロセス（知識・技能など能力を他者に適用する意図的行為） (英語では不可算名詞扱い)
顧客	モノの受け手 マーケティング対象	サービスの共創者 成果を生み出す能動的主体 (operant)
価値	生産者によって決められる モノに埋め込まれている 交換価値で定まる	顧客によって決められる 使用価値に基づく能動的経営資源の適用結果で定まる
富の根源	受動的経営資源（operand resources）の所有，制御，生産によって得られる 受動的経営資源は，通常有形不変（例：物的資源，製品など）で，価値の生み出しには何らかのアクションが必要	能動的経営資源（operant resources）である専門知識や技能の活用や交換を通じて得られる

は価値の提案者にすぎない」ということになる．それゆえに，マーケティングの立場からいえば，原則8「サービスを中心に据えた考え方は本質的に顧客指向で関係的である」ということになり，顧客の便益のために用いられる知識や技能などの資源によって，顧客は価値創成の真ん中に位置づけ関係づけられていくことになる．

Vargoによれば，サービス中心のロジック（SDL）に対峙するのは，モノ中心のロジック（good dominant logic）であり，いままで経済社会を支配していた．そのロジックでは，経済取引の基本はモノの交換であり，サービスは無形のモノとして扱われていた．また，価値はモノの製造・栽培・採取プロセスを通じて形成されモノに埋め込まれていると考えられ，そうしたモノの生産プロセスに顧客が関与しないことが効率的であると考えられてきた．これは，野城のい

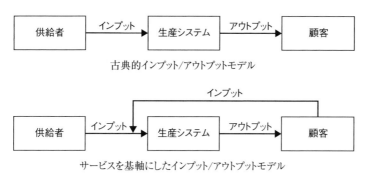

図 8.4 統合サービス理論（概念図）（Sampson 2010）

うプロダクト・プロバイダーにあたるとみなすことができる．表8.2 は，モノ中心のロジックと，サービス中心のロジックを比較したものである．

モノ中心からサービス中心への移行とは，価値創造の焦点を生産者から，生産者とユーザーとの共創にプロセスを移行させることを意味している．価値を創造し持続するためには，20世紀中葉から今世紀初頭までは，顧客や市場をマネジメントすることに重きがおかれていたが，近年では，顧客やパートナーと協働することが大事になっている．このことは，使用価値に視座をおいたイノベーション・アプローチに対して重要な示唆を与えている．

なお，サービス中心のロジック（SDL）は，割り切りすぎであるとして，Sampson は，統合サービス理論（unified service theory）を唱えた（Sampson 2006, 2010）．統合サービス理論は，産業ごとに多様なサービス・ビジネスが生まれていく状況において，サービスをより普遍的なモデルで説明しようとする試みであり，Sampson 自身は「消費者と生産者のインタラクションに関する科学」であると述べている．統合サービス理論では，サービス中心のロジックのように，すべてのプロセスはサービスである，という立場はとらない．プロセスには，サービス・プロセスと非サービス・プロセスとがあり，両者を分かつのは，図 8.4 に示すように，顧客からのインプットがあるかないかであるとする．

すなわち，統合サービス理論は，サービスを，顧客から不可欠の重要なインプットが提供される生産プロセスであると定義する一方で，非サービス・プロ

8.1 サービスに関する諸学理　221

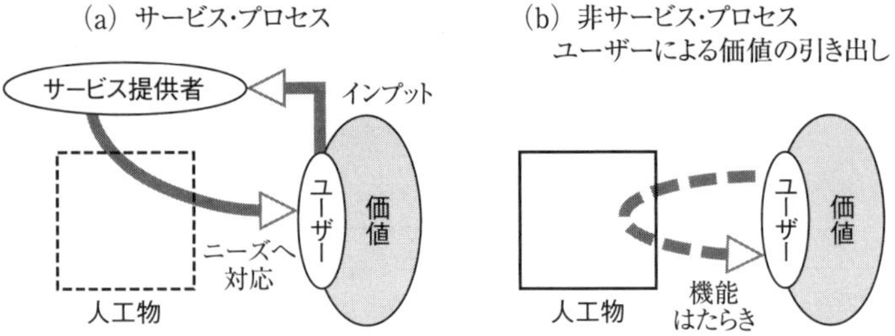

(a) サービス・プロセス　　　(b) 非サービス・プロセス
　　　　　　　　　　　　　　　ユーザーによる価値の引き出し

図 8.5　統合サービス理論におけるサービス，価値の定義

セスを，顧客とは無関係に生産されるプロセスであると定義する．統合サービス理論は，サービスの生産においてもっとも重要な要素は，顧客と生産者の間での双方向のやりとりである，という考えを基礎におく理論であるといえる．図 8.3 と同様の図式で統合サービス・理論を描くとすれば，統合サービス理論におけるサービス，価値は図 8.5 のように描くことができるように思われる．受益者である消費者・ユーザーが価値を決定づけるという考えは，統合サービス理論とサービス中心のロジック（SDL）で共通する．

　しかし，重要な相違もある．図 8.5(a)のようにサービス提供者が存在する場合はユーザーから何らかのインプットがサービス提供者にあるためサービス・プロセスとして扱われる．一方，サービス提供者がいない図 8.5(b)のような場合は供給者へのインプットがないことからユーザーが機能・はたらきを引き出す行為は非サービス・プロセス（non service process）として扱われる．

　本書は，人工物の使用価値は，ユーザーが得る「機能・はたらき」がユーザーにもたらす意味（コト・体験）から発生すると考え，知見を整理していく．

　なお，本書が用いている IPM モデルにおいて，製品・仕組・サービスの開発という活動・行動ノードがある．ここでいうサービスは，無形のモノとしてみなしても，他者の便益のために何かをするプロセス（知識・技能など能力を他者適用する意図的行為）とみなしても，また，顧客から不可欠の重要なインプットが提供される生産プロセスとみなしても差し支えないと考えられる．すなわち，IPM モデルは，モノ中心のロジック，サービス中心のロジック，統合サービス理論に対してとくに矛盾するものではないと考えられる．

8.2 使用価値アプローチにおける変革創始の様態

図8.1-図8.3に示したような，モノではなく，使用価値を提供することを取引の基本単位とする経済（functional economy）が，ものづくり分野に浸透していくと，それはどのようなイノベーションを起こしていくことになるのか，以下，考察してみよう．

人工物の使用価値に視座をおくことで，いままでは発想されなかったような変革創始の発想が生まれてくることが期待される．実際，前世紀以来，メーカー（manufacturing companies）のなかで自らを製品・モノの供給者から解決策の供給者へと再定義する企業は増えている．たとえば，無線通信産業は，データ・サービス産業へと，また，巨大企業IBMはコンピューター供給者から，サービス供給者へと業態を大きく変身させている[1]．

表8.3に挙げた伝統的な製造業による「機能」売りの事例を題材に，使用価値に視座をおいたイノベーション・アプローチにはどのような変革創始の可能性があるのかを考えてみよう．

これらの事例は，照明，洗濯機という家電や，自動車，電車車両，航空機という主要な重工業製品が「機能」売りの対象となる[2]ことを表しており，「機能」売りで蓄積された供給者の経験知や，受益者である使い手が得た経験（心地よさ，煩わしさのなさ，便利さなど）は，市場での競争基準を変えてしまう可能性がある．

使用価値に視座をおいたイノベーション・アプローチは，次のような3つの要件を満足することによって，モノ売りから「機能」売りへの転換という「概

---

[1] 競争力強化指向の強い企業は生産とサービスの統合を図っている．というのは，技術の急速な普及によって，先端的な製品ですらあっという間に汎用品化してしまっている．汎用品化は低賃金による大量生産を背景とした価格競争を招きやすい．このような消耗的な構造にはまることなく競争力を維持するには，柔軟なカスタマイゼーションを実現するためのサービス提供が肝要であると考えられている．
[2] なお，モノ売りから「機能」売りへの転換モデルは，上田が提唱する価値創成モデルのうち，クラスⅡ価値創成モデル（適応型価値）にあたると思われる．これは，製品やサービスの主体と対象の価値は明示化できるが，使用環境は変動し，その影響は予測困難であり，使用環境に適応する戦略が課題となる（たとえば，上田2008）．

表 8.3 伝統的な製造業による「機能」売りの事例

1. 照明器具ではなく「あかり」という機能を売る
   パナソニック・グループによる「あかり安心サービス」では，顧客に照明器具（蛍光灯など）を販売するのではなく貸与し，あかりという「機能」を提供している．使用済みランプは，パナソニック・グループ社が回収し，素材別にリサイクルしている．
2. 洗濯機ではなく「洗濯する」という機能を売る
   Electrolux 社は Gotland 島の 7,000 世帯に洗濯機を無料で配布し，洗濯機の機能を売るというビジネスのパイロット事業を展開した．使い手は洗濯機を買うのではなく，洗濯という機能を買い，使用量に応じて料金を支払う（a "pay per wash" scheme）．
3. 自動車ではなく「自動車で移動する」という機能を売る
   たとえば Daimler 社の Car2Go Service というサービスでは，
   ・メンバーカードさえ持っていれば，運転したい時には自分の地域でいつでも運転でき，指定場所に乗り捨てもできること
   ・お金の節約にも環境保護にも貢献できること
   をうたい文句にサービスを拡げている
4. 電車車両ではなく，「電車が運用できる（train availability）」という機能を売る
   英国 Alstom 社は 20 年間にわたる運行可能列車数（train availability）提供サービスを結んだ．これはロンドン地下鉄 Northern Line について契約されたもので，20 年間にわたり毎日 96 列車が運用可能であることが定められていた．この運行可能列車数を達成するため Alstom 社は 106 列車を製造し，列車車両の保全・点検も担当していくことになった．
5. ジェット・エンジンではなく「航空機の推進力」という機能を売る
   GE Aircraft, Pratt & Whitne 社など航空機エンジンメーカーはエンジンや交換部品を売るのではなく，「飛行機の推進力」という機能を売るビジネスを展開している．すなわち，メインテナンスを含んだ業務を請け負い，エンジン機能を契約期間中，顧客に保証するというサービスを提供としている．こうしたサービス化によって，エンジンの初期費用の数倍の収入が，航空機エンジン・メーカーにはもたらされるといわれている．

念・解決策創造」を推し進め，変革を創始させていくことができると思われる．

(1) 要件 1 ：ひとまとまりの解決策の創造

　表 8.3 の事例が示すように，物理的実体のある製品の生産と，サービスの提供との境界が曖昧化している．これは，ソフトウエア，ハードウエア，サービスの新たな組み合わせの可能性を生んでいると解釈できる．この新たな組み合わせが高い価値を生成するためには，野城が 2003 年に指摘したように（野城 2003），機能として意味のあるまとまりをつくること[3]，すなわち，ワンストッ

---

[3] このことは，前章で述べた，意味の創造とも密接に関連する．

プ・サービスの提供という発想が重要である．言い換えれば，顧客が何を求めているかを起点に思考し，顧客のニーズにあった統合的な解決策（integrated solution）をデザインし提供するということが肝要になってくる[4]．

(2) 要件2：使用価値の「見える化」

人工物の機能・はたらきによって，受益者である使い手が得る使用価値は，内面的なコト・体験であり，外形的には把握が難しく，計量も難しい．使用価値が認知されなければ，新たな試みの使用者を増やし普及させていくことにも支障がある．また，使用価値の質・量をふまえた経済取引を定義していくことも難しい．それゆえ，試用価値の物差し（指標）を開発し，「見える化」を進めていく必要がある．

(3) 要件3：運用の最適化

表8.3における事例3，事例4では，何台の自動車，何両の電車車両を用意すればよいのか予測することが，事例1，事例5では交換対象となる照明器具や交換部品をいくつ用意しておくのかが重要になる．これらを，運用データに基づき予測し最適化していくことが，顧客の信頼感を高めるとともに，供給者側の経済効率を高める．こうした理由により，長期間にわたる機能・はたらき提供の基盤となる，運用最適化のノウハウを蓄積し適用していくことは重要である．

図4.12の枠組で整理するならば，これら3つの要件のうち，ひとまとまりの解決策の創造（要件1），使用価値の「見える化」（要件2）は，「概念・解決策創造」のうち，人工物の基本概念の設定にあたる．また，運用の最適化（要

---

[4] PSS（Product Service System）という考え方がある．PSSとは，ユーザーのニーズを満たすための製品とサービスの市場化が可能なセットである（Goedkoop 1999）．PSSは，ビジネスの焦点を，物理的な製品を設計し販売することのみに絞ることから，個々の顧客の要求を満たすために製品システムやサービスをあわせて提供するように移行させていくようなイノベーション戦略の結果である．Von WeisäckerによるFACTOR4や（von Weizsäcker 1998），Hawkenによる自然資本主義（Hawken 1999）の流れを受けて，「モノを売るのではなくサービスを売る」というビジネスモデルが提唱された．この流れを受けて，PSSという概念が生まれたと考えられる．

件3) は，人工物のつくり手と，使い手との共創を含め「概念・解決策創造」のうち人工物の構成則の設計に密接に関連する．

これらの3つの要件を手がかりにすることによって，いままでなかったような範囲や組み合わせが生まれ，使用価値に視座をおいた新たな変革の創始が促進されていくことになる．

8.3 使用価値アプローチにおける変革駆動

8.3.1 使用価値賦活のための学びと共創

8.1節で述べたように使用価値は，設計者・供給者が人工物に埋め込んだ機能と，ユーザーとの相互作用（interaction）によって生じる．使用価値に視座をおいたイノベーション・アプローチにおいては，ユーザーからの何らかのインプットをふまえた設計者・供給者とユーザーとのある種の共創は必須である．とすれば，その価値創成網にユーザーがいかに関与するかがアプローチの成否にとって重要となる．

表8.4は，ユーザーの係わり方の度合いやニーズの明瞭さによって，使用価値に視座をおいたイノベーション・アプローチを分類したものである．第6章で扱ったユーザー関与レベルでいえば，表中，「A ユーザー・イノベーション」がレベル3および4，「D ユーザー観察・使用データ解析」がレベル1および2にあたる．

以下，本章では表8.4の「C ユーザーによる試用・試験」，「D ユーザー観察・使用データ解析」，すなわち，一般ユーザーが受動的に関与する場合を対象に，使用価値の「共創」のあり方について考えていきたい．

後述するように，昨今の技術システムの革新は，ユーザーと供給者の間のコミュニケーション回路を多様に開拓していこうとしている．そもそも，使いながらの学び（learning by using），交わりながらの学び（learning by interacting）は，イノベーションの基盤であり（Lundvall 2010），使用価値を向上させていくための共創を設計者・供給者とユーザーが進めていくためには，こうした学びのための「良い流れ　良い繋がり」をつくり出すことが肝要である．それだけに，ユーザーが暗黙知として蓄積させている経験知と，供給者による継続的改

表 8.4 使用価値に視座をおいたイノベーション・アプローチにおけるユーザーの位置づけ．(Wise 2008) をもとに作成

	ユーザーニーズ 明確	ユーザーニーズ 不明確または個別的
ユーザーは能動的に関与	A ユーザー・イノベーション	B ユーザーとともにニーズを特定 （実験など）
ユーザーは受動的に関与	C ユーザーによる 試用・試験	D ユーザー観察・ 使用データ解析

善を結びつけることができるようなユーザーと供給者の相互連携の回路の構築は極めて重要（Lundvall 1985）である．こうした使用価値の共創は，学びによる経験知の生成とその交換によってなされるといってもよい．供給者がユーザーの経験知に触れる機会をつくり出していくことが重要である（Toffel 2008）．

8.3.2 IPM モデルから見た経験知のフィードバック経路

表 8.4 の「C ユーザーによる試用・試験」，「D ユーザー観察・使用データ解析」のように，ユーザーが受動的に関与する場合は，共創は経験知を蓄積しつつフィードバックが繰り返されるプロセスになると思われる．では，そのフィードバックはどのような径路になるであろうか．

図 8.6 には，次のようなフィードバック径路の可能性が示されている．

径路①：概念・解決策創造に対するインプット
径路②：製品・仕組・サービスの開発に対するインプット
径路③：生産・具現化に対するインプット
径路④：実装・適用に対するインプット

これらのインプットには，たとえば下記のような例が含まれる．

(1) 径路①：概念・解決策創造に対するインプット例
- 人工物の設計者が期待した使用価値（期待使用価値）と，ユーザーが得ている使用価値（実使用価値）との間の乖離が，人工物の基本概念の設定に起因すると認識し，人工物の基本概念を見直し，修正する．

(2) 径路②：製品・仕組・サービスの開発に対するインプット例

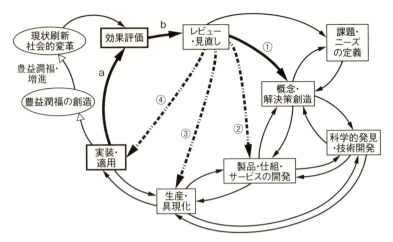

図 8.6 ユーザーからの使用価値に関するインプット径路

- 期待使用価値と，実使用価値との間に乖離がある原因が，製品・仕組・サービスの開発にあると認識し，その開発内容を見直し，修正する．
(3) 径路③：生産・具現化に対するインプット例
- 期待使用価値・実使用価値の乖離を埋めるため使用価値を実現するプロセスにおける，ユーザーの役割をさらに拡げることを模索する．
(4) 径路④：実装・適用に対するインプット例
- ユーザーが自らの期待にそうような使用価値を得ることが困難であるのは，使いながら学んでいく仕組が十分に機能していないためであると認識し，人工物の使い方を改善していく．

以上のようなフィードバックが継続的になされることによって，使用価値に視座をおいたイノベーションの変革駆動力を向上させていくことができると考えられる．

8.3.3 使用価値の乖離緩和のためのすりあわせ

前項で述べたフィードバック・プロセスを通じて供給者が期待した使用価値と，ユーザーが実際に得ている使用価値との間の乖離が埋められていくことになる．この乖離を埋めるすりあわせプロセスはどのようになるのか，整理して

おくことにしよう.

　設計者が期待して人工物に埋めこんだ機能・性能と,ユーザーが実際に享受している機能・性能の乖離を埋めていくためには,人工物の設計者・製造者とユーザーとの共創が不可欠である.その乖離緩和のためのすりあわせをどのように考え進めていけばよいのであろうか？　以下にその概略を述べる.

(1) 使用価値の乖離

　人工物の設計者・製造者が想定している使用価値と,ユーザーが実際に得ている使用価値との間の乖離は図 8.7 のように表現できる.使用価値に視座をおいたイノベーション・アプローチとは,この乖離を埋めて,個々のユーザーが望む使用価値を実現できるような何らかの率先的な取り組みの総称であるともいえる.

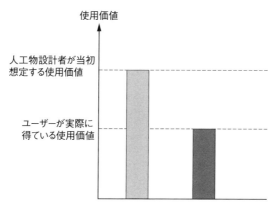

図 8.7　設計者・製造者が設定する使用価値と,ユーザーが実際に得る使用価値の相違

　たとえば,設計者・製造者が最新技術を駆使して多種多様な高機能を空調機に盛り込んだとしても,ユーザーが操作によって快適な空気環境を得られなければ,それらの高機能は宝の持ち腐れとなってしまう.近年の空調機は,センシング,データ解析,制御技術の革新によって,能う限り自動的に快適な空気環境を得られるような機能も組み込まれている.しかし,読者諸氏の多くは,自らにとって快適な空気環境を得るために,その操作に四苦八苦された経験を

お持ちにちがいない．私たちが空調機を用いるのは，暖冷房・換気・除湿によって，快適な室内の空気環境という機能を得るためであるが，高度な技術が駆使されているにもかかわらず，ユーザー側が快適な室内空気環境を得るために四苦八苦していることはけっして珍しいことではない．

では，図8.7に示されたような乖離を，どうすれば埋めていけるのであろうか？　以下の3つの方策が考えられる．

① 人工物の再設計
② ソフトウエア提供によるユーザーの実践学習（learning by doing）支援
③ センシング＋分析推論＋自動制御による調整

以下，これらの方策を概観する．

(2) 人工物の再設計

図8.8のように人工物設計を見直し，元の人工物Aとは使用価値の期待水準の異なる人工物Bを開発・設計する方策である．この方策をとった場合，個々のユーザーが期待する水準にあわせて人工物を個々別々に設計・生産（tailor made）することになる．前述のモノ中心のロジックの発想に基づく調整方法であり，汎用品の設計・生産に比べ割高になる可能性が高いにもかかわらず，実際に得られる使用価値が期待使用価値に見合うかについては，不確実性がある．

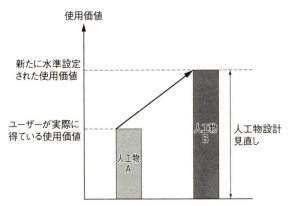

図8.8 使用価値のすりあわせ方式1：人工物の設計者・製造者による再設計

(3) ソフトウエア提供によるユーザーの実践学習（learning by doing）支援

図8.9のように，ソフトウエアなどを提供し，ユーザーが使いながら学習することで，目標とする使用価値を得ようとする方策である．人工物の設計者・製造者は，ユーザーが望ましい価値を引き出すための学習支援方法として，従前はマニュアルなどを提供するしかなかった．しかしながら，人工物への組み込みソフトウエアの発展は，より実効性のあるユーザーによる実践学習支援を可能にし，設計者・製造者と，ユーザーとの関係を変革しつつある．

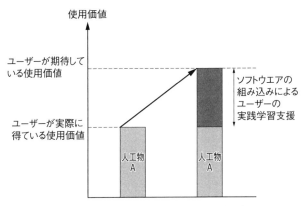

図8.9 使用価値のすりあわせ方式2：設計者・製造者からのソフトウエア提供によるユーザーの実践学習（learning by doing）支援

(4) センシング＋分析推論＋自動制御による調整

図8.10のように，人工物にセンサーを埋めこんで，使用状態や使用条件・環境条件に関するデータを収集し，そのデータを分析して推論し，人工物の運用状態を自動的に制御する．データ収集，分析解析の説明力および，自動制御に係わる技術が有効に機能することが前提になる．

8.3.4 使用価値共創のための枠組

図8.8-図8.10に示した，期待使用価値と実使用価値との乖離を埋めていくためのすりあわせは，広い意味での共創である．では，このようなすりあわせを可能にするためには人工物の供給者とユーザーとを，どのように関係づけていけばよいのであろうか？

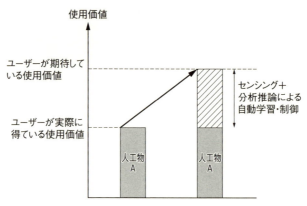

図 8.10 使用価値のすりあわせ方式 3：設計者・製造者からのセンシング＋分析推論＋自動制御による調整

　図 8.11 は使用価値共創の概念図である．ここでは，物理的実体のある人工物（製品など）の使用における，ユーザーと供給者（設計者・製造者）との関係について 4 種類のケースを用意している．

　ケース(a)は，人工物の供給者とユーザーとの共創である．ユーザーからのインプットは何らかの「回路」で人工物の供給者に送られ，人工物の設計における機能設定にフィードバックされる．人工物の使用によって得られる機能は，もっぱら使い手自身の操作に委ねられる．

　ケース(b)は，運用サービス提供者とユーザーとの共創である．サービスの提供者が，人工物を操作・運用して人工物の機能を提供したり，ユーザーによる操作・使用を支援する．ユーザーからのインプットは，運用サービス提供者に送られその操作・運用，およびユーザーに対する支援の改善に活用される．

　ケース(c)は，人工物の供給者および運用サービス提供者と，ユーザーとの共創である．ユーザーからのインプットは，供給者および運用サービス提供者それぞれに送られ，人工物の設計における機能設定，および操作・運用もしくはユーザーに対する支援の改善に活用される．

　ケース(d)は，人工物の供給者兼運用サービス提供者と，ユーザーとの共創である．ユーザーからのインプットは，人工物の供給者兼運用サービス提供者に送られ，人工物の設計における機能設定，および操作・運用もしくはユーザー

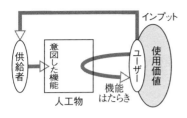
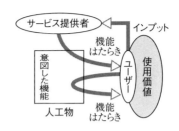

(a) 人工物の供給者とユーザーとの共創　　(b) 運用サービス提供者とユーザーとの共創

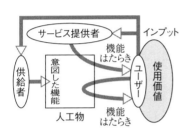
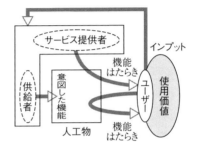

(c) 人工物の供給者，運用サービス提供者と　　(d) 人工物の供給者兼運用サービス提供者と
　　ユーザーとの共創　　　　　　　　　　　　　ユーザーとの共創

図 8.11 使用価値の共創のあり方．ユーザーと，人工物の供給者および運用サービス提供者との共創

に対する支援の改善に活用される．

図 8.11 に示した共創の前提は，ユーザーからのインプットが，人工物の供給者および人工物操作・運用のサービス提供者に届くような「回路」が設定できることである．具体的にはその「回路」とは，

- ユーザーと，供給者およびサービス提供者との意思疎通・交流手段（能動的回路）
- 人工物の操作・運用状況，およびその結果得られている状況に関するモニタリング（受動的回路）

などが考えられる．

ユーザーにとっての使用価値は，個々のユーザーの価値観，身体的特性，背景の文化・社会・経済的状況など諸々のコンテクストに依存し，個々に異なる．共創による使用価値向上を賦活し豊益潤福を増進するイノベーションを創始す

8.3　使用価値アプローチにおける変革駆動　　233

るには，ユーザーと供給者（設計者・製造者）の間のコミュニケーション回路を拓き運用することが肝要であると考えられる．

8.3.5 共創のためのコミュニケーション回路を拓く技術革新

　ユーザーと，設計者・製造者との共創を促すための「回路」を設定するにあたって，情報化革命によって過去四半世紀の間に起きた技術革新に留意しなければならない．とくに図 8.12 に示すように，従前はハードウエアだけが独立に存在していたが，現代は多くの人工物が組み込みソフトウエアで制御されていることは重要である．

　組み込みソフトウエアによって，ユーザーはハードウエアを操作して人工物の機能・はたらきを引き出すだけでなく，（自覚しているかは別にして）ソフトウエアを操作して機能・はたらきを引き出すようになっている（図 8.12）．

　図 8.13 は，組み込みソフトウエアによる人工物の制御の舞台裏を概念的に表現したものである．舞台裏の装置として，人工物には，組み込みソフトウエア，分析推論プログラム，センサー，自動制御機構が組み込まれている．図 8.13 において，操作→ユーザー・インターフェース→手動制御→ハードウエア→機能・はたらきのループが従来の手動作による学習プロセスを表す．操作→ユーザーインターフェース→組み込みソフトウエア→自動制御→ハードウエア→機能・はたらき測定→センサー→組み込みソフトウエアのループが，センシング＋分析推論＋自動制御のプロセスを表す．後者のプロセスでユーザーは，インターフェースを通じてソフトウエアを操作し，その操作内容に基づいて分析推論プログラムが作動し人工物が制御され，何らかの機能・はたらきがユーザーに提供される．ユーザーは，ユーザー・インターフェースに表示される内容と自らの操作内容と，得られる機能・はたらきを比較考量して，学習をしつつ操作を調整し，自らにとって好ましい機能・はたらきを得ていく（人による学習）．このプロセスと並行して，組み込みソフトウエア側にも人工物の機能・はたらきに関する情報がフィードバックされ，予め埋め込まれたアルゴリズムに従って制御が調整される（機械学習）．このように，ユーザーと，組み込みソフトウエアとの間での「共創」によって，機能・はたらきが探索的に調整され，自らに好ましい使用価値が獲得されていくことが一般的になりつつある．

図8.12 組み込みソフトウエアによる人工物の制御

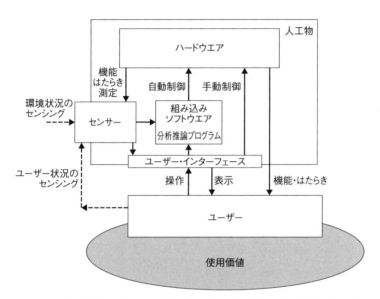

図8.13 組み込みソフトウエアおよびセンシング＋分析推論＋自動制御による使用価値調整

　図8.14は，組み込みソフトウエアによる人工物の機能調整と，供給者，運用サービス提供者との共創による機能調整との重なり合いを概念的に表したものである．人工物の組み込みソフトウエアは，アップグレードや入れ替えも可能ではあるが，こうした対象からはずれて旧態のまま放置されているモノも少なからずある．仮に図8.14のようにサービス提供者が関与する場合は，ソフトウエア自体をユーザーに応じて調整していくことも可能となる．また，サービス提供者は，こうしたソフトウエアの調整を通じて，調整のアルゴリズムに関する経験知を蓄積させていく．組み込みソフトウエアを介して，人工物の運

8.3　使用価値アプローチにおける変革駆動　　235

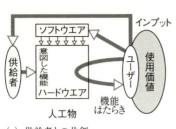
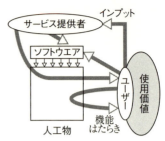

(a) 供給者との共創　　　　　　　　(b) 運用サービス提供者との共創

図 8.14 ソフトウエアが組み込まれている人工物における，ユーザーと人工物の供給者との共創（左），およびユーザーと運用サービス提供者との共創（右）

用サービス提供者が経験知を蓄積させていくことによって変革駆動の機会が高まっていくことが期待される．

　さらに現在進行している技術変化で重要なことは，ソフトウエアが組み込まれた複数の人工物がネットワークで繋がり，複数の人工物の連携体として，ユーザーに機能・はたらきを提供するようになっていることである．その状況は図 8.15 のように描くことができる．

　図 8.15 のように，複数の人工物が連携体を構成し，人工物同士がネットを介して通信しあい（おしゃべりをして）機能調整していくシステムは，Cyber-Physical Systems[5]，あるいは，IoT（Internet of Things）とも呼ばれている．

　図 8.15 に至るまでの技術変化は，ユーザーと供給者の間に新たな「回路」を拓き，拡充させていく可能性を秘めている．換言するならば，いま進行しつつある技術変化は，ユーザーと供給者，あるいは供給者間の共創のためのより

---

5)　図 8.15 に示す，センシング＋分析推論＋自動制御システムは，コンピューターの計算能力と，物理的システムの能力が連携されたシステムであり，Cyber-Physical Systems（CPS）とも呼ばれている．センシングは，物理的システムから ICT が構成する Cyber 世界への情報の転写であり，自動制御は Cyber 世界による物理的システムの制御ということになる．従前は，機械，建築など多くの人工物は物理的システムとして，物理法則を利用することにより制御されてきたが，人工物へのセンサーの埋め込み，組み込みソフトの設置により，数学的論理によって人為的に，かつリアルタイムに人工物を制御できるようになってきた．
　CPS を使用価値調整手段として活用しようとするイノベーション・プロセスでは，物理的システムの設計者・供給者，ソフトウエアの設計者・供給者，ユーザーによるイノベーション・プロセスが並行して進められることになる．

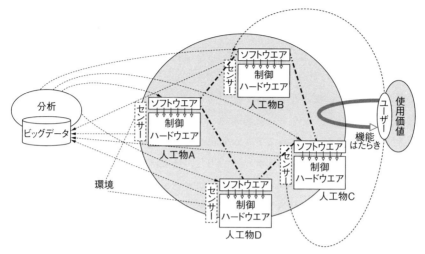

図 8.15 複数の人工物の連携体における使用価値の獲得

多くの機会を生み出し，変革創始の機会を高めているといえる．GE 社が展開しようとしている，Industrial Internet は[6]，使用価値に視座をおいた変革を創始させようとしている事例と見受けられる．

なお，共創のために，ユーザーと供給者の間のコミュニケーション回路をいかなる技術によって設定するかで，価値創成網の様態は異なってくると考えられる．人工物の操作・運用を支援または実行するサービス提供者が関与する場合は，価値創成網のうえで重要な役割を果たすことになる．

8.3.6 ビッグデータ解析による学びと共創に関する註釈

図 8.15 に例示したような仕組を運用していくことは，必然的にいわゆるビッグデータを分析していくことになる．現時点では，外形的にとらえられやすく，最適化のためのクライテリアが少数で明確かつ限定されていて，データの継続的・系統的な収集が行いやすい事象においてビッグデータの解析が大きな価値を生みつつある．換言するならば，ユーザーの内面に及ぶ事象，クライテ

---

[6] Industrial Internet は，Industrial Internet of Things であるともいえる．

リアが多数または多様である事象，得られるデータが制約されている事象では，ビッグデータの解析やその利活用は発展途上にある．

　現代社会においては，第7章で扱った，構造が不明瞭な問題（ill-structured problem）や，筋の悪い問題（wicked problem）が数多く存在しているが，とくにその問題構造の複雑性，不確実性が高くなればなるほどこれらの問題の解決には，ヒューリスティクスな推論論理の導入が不可欠であるように思われる．対象とする事象を説明するモデルが非線形モデルであることも少なからずあり，初期値依存であるために，モデルを活用した推論が発散することなく設計解を得ていくためには，良い仮説，良い初期値を仮定できる工学的直観力も肝要である．こうしたヒューリスティクスな推論プロセスが実行できる柔軟性・適応性と，推論のためのアルゴリズムを持った組織が今後のビッグデータを用いたイノベーション競争で優位に立つと考えられる．

　人間の心理，行動は複雑で個別で，使用価値にそれらが大いに関係する．それだけに，使用価値を向上・賦活させる変革のためには，人間の心理，行動についてセンシング・データをもとに推し量り活用することも重要である．

　ビッグデータを使いこなして，人工物のオペレーション状態の把握および人間理解にまさる者が，使用価値に視座をおいたイノベーション・アプローチの成功者となると考えられる．

―― コラム　森下の9グリッド・マトリックスを用いた共創構造分析 ――

　森下有は，人工物の設計，生産，使用プロセスにおいて，設計者・製造者とユーザーがどのような情報を生成・交換・編集しているのかを9マスのマトリックス上で俯瞰的に表現する手法を考案した（森下 2013）．この9グリッド・マトリックスの3つの列は，設計，生産，使用・運用という3段階を表している．一方，3つの行は，供給側，交換領域，使用側を表している．

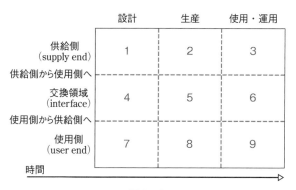

図8.16

　森下は，9グリッドを用いてどこの領域でどのような情報が生成され，それがどのように加工・編集されて，どのように利活用されているのかを表現することを提案している．

　仮に，供給者とユーザーとの共創を機能させ使用価値を賦活させようとするのであれば，供給者側の設計領域（領域1），生産領域（領域2）で生成・加工・編集された情報は，ユーザーによる使用領域（領域9）まで流れてきて利活用されていなければならない．言い換えれば，情報の生成・加工・編集が，図8.17のように供給者側の設計領域（領域1），生産領域（領域2）に限定されてしまっている場合は，共創が機能していないとみなさざるを得ない．

　森下の分析によれば，共創の前提となる，領域1,2と領域9との間の情報の双方向の流れを阻害しているのは，次のような事由によるという．

① 供給者が業務範囲を設計，生産に限定して，使用段階への参画が薄弱である．
② それぞれ，供給側，使用側で取り扱われている情報が他者には理解・利用困難な様態で滞留してしまっており，交換領域（interface）を乗り越えられない．

　これらの阻害事由の克服は，使用価値賦活のための共創促進にとって重要な課題

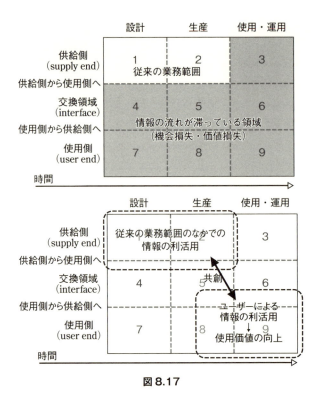

図 8.17

である.

　このように，森下の9グリッド・マトリックスは，供給側，使用側の活動範囲と相互の情報のやりとりの構造を概括的にとらえるツールとして有効である.

参考文献

Baheti, R. and H. Gill (2011) "Cyber-Physical Systems," *The Impact of Control Technology*, Vol. 12: 161-166.

Campbell, J., S. Goldstein and T. Mowry (2006) "Cyber-Physical Systems," *Proceedings of the 2006 National Science Foundation Workshop On Cyber-Physical Systems*.

Chesbrough, H. (2011) Open Services Innovation: Rethinking Your Business to Compete and Grow in a New Era : Presentation to CIMIT October 23, 2011, Haas School of Business.

Fishbein, B. K., L. S. McGarry and P. S. Dillon (2000) *Leasing: A Step toward Producer Responsibility*, INFORM.

Goedkoop, M. J., C. J. G. van Halen, H. R. M. te Riele and P. J. M. Rommens (1999) *Product

Service Systems, Ecological and Economic Basics: Ministry of Housing, Spatial Planning and the Environment Communications Directorate, The Hague, The Netherlands.

Grönroos, C. (1990) *Service Management and Marketing: Managing the Moments of Truth in Service Competition*, Jossey-Bass.

Hawken, P., A. B. Lovins and L. H. Lovins (1999) *Natural Capitalism: Creating the Next Industrial Revolution*, Little, Brown and Co, Boston.

Innovate America (2005) *National Innovation Initiative Summit and Report*, Council on Competitiveness, Washington, DC.

Lamberti, L. and A. Paladino (2013) "Moving forward with Service Dominant Logic: Exploring the Strategic Orientations of a Service-centred View of the Firm," *International Journal of Business Science and Applied Management*, Vol. 8(1): 1-15.

Lundvall, B. Å. (1985) *Product Innovation and User-producer Interaction*, Aalborg Universitetsforlag.

Lundvall, B. Å. and B. Johnson (1994) "The Learning Economy," *Journal of Industry Studies*, Vol. 1(2): 23-42.

Lundvall, B. Å. (ed.) (2010) *National Systems of Innovation: Toward a Theory of Innovation and Interactive Learning* (Vol. 2), Anthem Press.

Lusch, R. F. and S. L. Vargo (2006a) "Service-dominant Logic: Reactions, Reflections and Refinements," *Marketing Theory*, Vol. 6(3): 281-288.

Lusch, R. F. and S. L. Vargo (2006b) "Evolving to a New Dominant Logic for Marketing," Lusch, R. F. and S. L. Vargo (eds.), *Logic of Marketing: Dialog, Debate, and Directions*, Armonk, NY, M.E. Sharpe.

Peppard, J. and A. Rylander (2006) "From Value Chain to Value Network: Insights for Mobile Operators," *European Management Journal*, Vol. 24(2): 128-141.

Rajkumar, R. R. *et al.* (2010) "Cyber-physical Systems: The Next Computing Revolution," *Proceedings of the 47th Design Automation Conference*, ACM.

Sampson, S. E. (2001) "The Unified Services Theory Approach to Service Operations Management," *Proceedings of the Twelfth Annual Conference of the Production and Operations Management Society*, Orlando Fl.

Sampson, S. E. and C. M. Froehle (2006) "Foundations and Implications of a Proposed Unified Services Theory," *Production and Operations Management*, Vol. 15(2): 329-343.

Sampson, S. E. (2010) "The Unified Service Theory," *Handbook of Service Science*, Springer, US, pp. 107-131.

Sandström, S., B. Edvardsson, P. Kristensson and P. Magnusson (2008) "Value in Use through Service Experience," *Managing Service Quality*, Vol. 18(2): 112-126.

Stahel, W. R. (1994) "The Utilization-focused Service Economy: Resource Efficiency and Product-life Extension," Allenby, B. R. and D. J. Richards (eds.), *The Greening of Industrial Ecosystems*, National Academy Press, Washington, DC, pp.178-190.

Stahel, W. (1997) "The Functional Economy: Cultural and Organizational Change," *The Industrial Green Game: Implications for Environmental Design and Management*, pp. 91-100.

Toffel, M. W. (2008) "Contracting for Servicizing", *Harvard Business School Technology and Operations Mgt. Unit Research Paper*, No.08-063.

UNEP (2002) Product-Service Systems and Sustainability Opportunities for Sustainable Solutions.

Vargo, S. L. and R. F. Lusch (2004) "Evolving to a New Dominant Logic for Marketing," *Journal of Marketing,* Vol. 68(1): 1-17.
Vargo, S. L. and R. F. Lusch (2008) "Service-dominant Logic: Continuing the Evolution," *Journal of the Academy of Marketing Science,* Vol. 36(1): 1-10.
Von Weizsäcker, E. U., A. B. Lovins and L. H. Lovins (1998) *Factor Four: Doubling Wealth-halving Resource Use: The New Report to the Club of Rome,* Earthscan.
White, A. L., M. Stoughton and L. Feng (1999) Servicizing: The Quiet Transition to Extended Product Responsibility, Tellus Institute, Boston, pp. 97.
Wise, E. and C. Haven (2008) "User-Driven Innovation: Context and Cases in the Nordic Region," *Innovation Policy,* Nordic Innovation Centre.
Yashiro, T. (2000) "From Product Provider to Service Provider-Relevant Industrial Change for Sustainable Building Implementation," *Proceedings of International Conference Sustainable Building 2000,* pp. 22-25, Maastricht, Aeneas Technical Publishers, 79-81.
上田完次・浅間一・竹中毅 (2008)「人工物の価値とサービス研究」,『人工知能学会誌』Vol. 23(6): 728-735.
野村清 (1983)『サービス産業の発想と戦略』電通.
槇村久子（監修）, 地球環境関西フォーラム循環社会技術部会（編集）(2006)『サービサイジング——エコビジネスが売るものとは？』省エネルギーセンター.
森下有 (2013) Discipline-to-description : The 9-grid as Operative Framework（邦題：「人工物の分析における情報インターフェイスに関する研究——9グリッドによる情報記述の枠組み」）,〔東京大学学位論文, 全197頁, 2013年1月〕.
野城智也 (2003)『サービス・プロバイダー——都市再生の新産業論』彰国社.

第9章

社会的価値に基軸をおいた
イノベーション・アプローチ

　2006年のノーベル平和賞は，マイクロファイナンス（microfinance）という仕組を立ち上げ普及させた功績により，バングラディシュのGrameen銀行とその創設者Muhammad Yunusに贈られた．マイクロファイナンスは，従来の金融機関のサービスの対象外で，資本金を得ることが困難であった低所得者を対象に，小口の融資，小口の保険などの金融サービスを提供し，貧困からの脱出の契機を与えることを目指した仕組である．従来の金融機関が事業収益を最大化することを目的とするのに対して，マイクロファイナンスは事業収益だけではなく貧困がもたらす深刻な問題の緩和・解決という社会的価値を高めていくことを目的としている．2005年末の時点で融資者は460万人に及ぶ．1976年の創設以来，52億米ドルを越える資金が提供されその99%は焦げ付かず回収されており，銀行にも安定的に利益をもたらしている．

　第1章において，イノベーションとは「何らかの新たな取り組み・率先（initiative）により，何らかの豊益潤福を創造・増進し，現状を刷新するような社会的変革を生み出すこと」であると定義した．マイクロファイナンスの創出・普及は，貧困からの脱却という豊益潤福を当事者にもたらす社会的変革を実現させたという意味で，この定義にあてはまるイノベーションである．

　本章では，社会的イノベーション（social innovation）といわれているイノベーション事例を概観したうえで，社会的価値を向上させることに基軸をおいたイノベーション・アプローチが，どのような可能性を持っているのか，知見を整理していく．

9.1 社会的イノベーションとは何か

OECD が主導して 2000 年 4 月に社会的イノベーション（social innovation）に係わる最良の政策や実践を推進するため社会的イノベーション・フォーラム（Forum on Social Innovations）が設立された．このフォーラムでは，次のような社会的イノベーションの定義を採用している（Pol 2009 p. 880; OECO 2011 p. 20）．

定義例 1：社会的イノベーションは，
- 個人やコミュニティの生活の質を向上させるような新たなサービスを明確化し提供することによって，
- 新たな労働市場の統合プロセス，新たな能力の構築，新たな雇用の創出，新たな参画の方式など，労働市場での個人の処遇を向上させることに資するさまざまな方策を定め実行することによって，

社会的課題に対する新たな解決策を探索することである．社会的イノベーションは，概念・プロセスまたは製品に係わる変化，組織の変化，資金調達に係わる変化に関連し，利害関係者（stakeholders）や専門領域同士の新たな関係性をもたらしうる．

Stanford 大学大学院ビジネス・スクールの社会的イノベーション研究所（Center for Social Innovation at the Stanford Graduate School of Business）は，社会的価値に基軸をおいたイノベーション・アプローチに関する議論をリードしてきた組織の 1 つである．同研究所は 2003 年春に社会的イノベーションに関する学術誌 *Stanford Social Innovation Review* を創刊する．その Editors' Note 欄で，次のような社会的イノベーションの定義が示されている．

定義例 2：社会的なニーズや問題に対して，新しい種類の解決策を生み出し，しっかり支え，実行していくプロセス

同 Editor's Note 欄は，社会的イノベーションは「さまざまな境界を取り払っ

て，公的セクター，私的セクターおよび非営利のセクターの間の対話をうながす」とも表現している．

加えて，Stanford 大学大学院社会的イノベーション研究所所長 Phills らの下記の定義は多くの文献に採用されている（Phills 2008）．

> 定義例 3：既往の方法と比べて，より効果的・効率的で，より持続可能性の高い，個人に対してというよりも一義的には社会全体に対する価値を生み出す，新しい種類の解決策

また，英国ヤング財団の Mulgan は次のような定義を提示している（Mulgan 2007）．

> 定義例 4：社会のニーズを満たすことを最終目標にして，主に社会的目的を持って設立された組織を通じて推進され普及される，現状を変革する活動およびサービス

さらに，Heiscala は次のような定義を示している．

> 定義例 5：社会的イノベーションとは，文化，規範，もしくは法令に係わる社会的構造（またはクラス）における変革であり，その資源力の結集を促し，経済的・社会的パフォーマンスを向上させるものである．（Heiscala 2007, p. 59）

第 1 章に示すように，本書でいうイノベーションとは，何らかの新たな取り組み・率先により新規性（novelty）を発揮し，何らかの豊益潤福を創造・増進し，現状を刷新するような社会的変革である．以上述べてきた定義をこの枠組で整理すると，表 9.1 のようになる．

表 9.1 の整理をふまえて，本書では，社会的イノベーションを次のように定義する．

表 9.1 本書におけるイノベーションの定義（第1章）の枠組みから見た既往の社会的イノベーションに関する定義

定義例	1 新たな取り組み・率先	2 豊益潤福を創造・増進	3 現状を刷新する社会的変革
定義例1：社会的イノベーション・フォーラム　2000	社会的課題に対する新たな解決策を探索すること	個人やコミュニティの生活の質の向上 労働市場のなかでの個人の処遇の向上	概念・プロセスまたは製品に係わる変化，組織の変化，資金調達の変化に関連し，利害関係者や専門領域同士の新たな関係性をもたらす
定義例2：Stanford 大学大学院社会的イノベーション研究所　2003	新しい種類の解決策を生み出すプロセス	新しい種類の解決策をしっかり支え，実行していくプロセス	—
定義例3：Phills　2008	新しい種類の解決策	—	—
定義例4：Mulgan　2007	現状を変革する活動およびサービス	社会のニーズを満たすことを最終目標にする	—
定義例5：Heiscala　2007	—	資源力の結集を促し，経済的・社会的パフォーマンスを向上させる	文化，規範，もしくは法令に係わる社会的構造（またはクラス）における変革

　社会的なニーズや問題への対応を主眼に，新しい種類の解決策を創造・適用することによって，社会的価値を増進し，社会の現状を刷新するような変革を生み出すこと[1]．

ここでいう，社会的価値とは，

---

[1] Pol らによれば，望ましい社会的イノベーション（a desirable social innovation）とは，マクロな意味で生活の質を向上させること，もしくは寿命を延伸させていることが，確証できる事象である．望ましい社会的イノベーションは次の2つの意味で規範中立（ethically neutral）ではない．第1に，マクロな意味での生活の質という概念について誰もが受け入れられるように定義することは困難でおそらく不可能であるからである．第2に，ある状況において多くの人は徒に永らえることは望まないからである．望ましい社会的イノベーションという観念には価値判断が含まれているのである（Pol 2009）．

個人の利得を越えた，社会全体にとっての便益の創造もしくは社会的コストの削減など，社会全体の豊益潤福

を指す．具体的には，社会的価値とは，
- 公正・公平性の実現
- 環境負荷の低減（気候変動の軽減・適応）
- 生物多様性尊重
- 健康増進
- 教育水準向上
- 文化芸術の深化・発展
- 豊穣な長寿社会の実現

などを指し，経済的価値とは一線を画する．

　では，社会的価値を創造・増進するイノベーションすべてを社会的イノベーションと呼ぶべきであろうか？　ここで，本章で示した社会的イノベーションの定義のなかの「社会的なニーズや問題への対応を主眼に」という限定句が意味を持ってくる．

　たとえば，日本で 2005 年に始まったクールビズは，地球規模での気候変動への対応を主眼に，ノータイ・ノージャケットの軽装の服装を着用するという社会運動である．摂氏 28 度以上の室温を維持しつつ省エネルギーによる環境負荷を低減するという社会的価値を増進しつつ，夏季のビジネスにおけるドレス・コード（服装規定・服装規範）を変更させ，環境負荷低減型の生活スタイルを定着させるという変革を生み出した．「社会的なニーズや問題への対応を主眼に」生活スタイルを変革させた社会的イノベーションの好例と言える．

　一方，コンピューターは個人の生産性・学習能力・創造性を高めるという社会価値を，また，自動車は従前であればお互い会うことが難しい人々の会合を可能ならしめるという社会的価値を生み出している．だが，コンピューターや自動車は，まず，何らかの経済的価値を生み出そうとする企業家の意図がまずあり，その帰結として社会的価値が生まれたのであって，社会的なニーズや問題への対応を主眼にしているとは言い難い．したがって本書の定義にいう，社会的イノベーションにはあたらない．同様に，新薬の開発普及は人命を救うと

いう極めて重要な社会的価値を生むが,製薬企業の大きな経済価値を生み出そうという意志が,変革創始の動機となっているのが通例で,社会的なニーズや問題への対応を主眼にして変革創始しているとは言い難く[2],本書の定義にいう,社会的イノベーションにはあたらないと考える.

表9.2 社会的イノベーションの近年の事例.(Phills 2008)などを参考に作成

社会的イノベーション	社会的価値	変革創始点
排出権取引 (emissions trading)	地球温暖化ガスの排出削減	仕組の開発:地球温暖化ガス排出抑制の成果を市場取引の対象とするカーボン・ファイナンスの仕組の創設
フェアトレード (fair trade)	公正さの実現 経済的自立	概念・解決策創造:発展途上国の農産物・雑貨を適正な価格で継続的に輸入・消費するという概念の創造
マイクロファイナンス (microfinance)	貧困層・低所得者の経済的自立	サービス・仕組の開発:貧困層・低所得者層を対象に小口の融資や貯蓄などの金融サービスを適切な費用で提供する仕組の開発
クラウド・ファンディング (crowd funding)	起業・新事業機会の向上	サービス・仕組の開発:インターネットを介して資金の必要な人と不特定多数の資金提供者とを結びつける仕組の開発
社会的責任投資 (socially responsible investing)	持続可能性向上	概念・解決策創造:持続可能性向上へ貢献しようとしている企業・事業を選別して投資するという概念を創造
遠隔教育 (distance learning)	能力構築機会の向上 教育水準の向上	サービス・仕組の開発:インターネットや衛星回線などを通じた教育を提供するサービス開発
BID (business improvement district)	地域の活性化	仕組の開発:地区内組織から強制的に負担金を徴収し,地域の活性化・ブランド化を促す事業を展開する仕組の開発
持続可能なパーム油のための円卓会議 (roundtable on sustainable palm oil)	森林の保全	仕組の開発:持続可能なパーム油生産農園やサプライチェーンを認証する仕組の開発

---

2) ただし,低所得者の人々でも救命効果のある薬を利用できるような社会システムの構築・運用(例:大村智とCambellが開発したイベルメクチンをMSD社が無償で開発途上国の人々に配布)は,その社会システムなかりせば,薬を低所得者には届けられないという意味で,社会的なニーズや問題への対応を主眼においており,社会的イノベーションという範疇に入ると考えられる.

9.2 社会的イノベーションにおける変革創始

表9.2は,「社会的なニーズや問題への対応を主眼に」したイノベーションの近年の事例である．技術が変革駆動力となるイノベーションにおいては，新たな製品・サービスやその実現方法の創造が変革創始点となる．一方，表9.2の事例に示すように，社会的価値に基軸をおいたイノベーション・アプローチにおいては，下記のようなことがらも変革創始点になりうることを示している．

- 概念・解決策創造
  - 新たな規範，新たな行動原則（principle）や理念（idea）の創成
  - 認識の枠組・慣習的理解・精神的パラダイムに係わる転換
- 製品・サービス・仕組の開発
  - 新たな取引の仕組の開発
  - 新たなガバナンスの仕組の開発
  - 自主的行動促進を含む社会運動（social movement）の創始

図9.1は，これらの変革創始点をIPMモデルにあてはめて，社会的イノベー

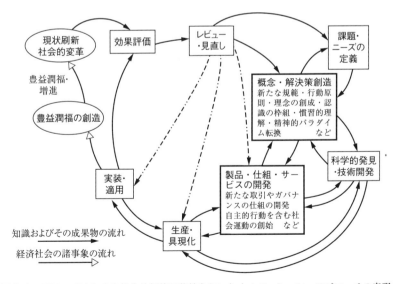

図9.1 IPMモデルによる社会的価値に基軸をおいたイノベーション・アプローチの表現

―― **コラム　ほどほどのイノベーション（frugal innovation）** ――――

　ほどほどのイノベーション（frugal innovation）とは，既存組織が軽視もしくは看過してきたような人々を対象に，低費用で簡明であるが，かゆいところに手が届くような有用なサービスを生むようなイノベーションを指し，catalytic innovations とも呼ばれている（Christensen 2006）．社会的イノベーションでは，ほどほどのイノベーションの成果をその実施手段として活用したり，新たな率先・取り組みを構想するにあたってその発想を参考にすることができる．

　たとえば，1枚の紙から折り紙のようにして組み立てる簡易顕微鏡（foldscope）は，価格1ドルでありながら，マラリア，アフリカ睡眠病，住血吸虫症およびシャーガス病のような血液によって感染する病気が蔓延する地域で，誰でも簡単に検出できる「超低コストの顕微鏡」として活用できる．貧困地域における健康状態を改善する社会的イノベーションの手段として活用される可能性を秘めている．

　また，M-Pesa（M は mobile を，pesa はスワヒリ語でお金を意味する）は，携帯電話による預金，現金引き出し，振り込み，売買決済システムであり，マイクロファイナンスの実行にとっては欠かせない手段となっている．ほどほどのイノベーションの好例であるとともに社会的イノベーションとして成果をあげている．ケニア，タンザニアで普及し，近年では南アフリカ，アフガニスタン，インドで展開し，東ヨーロッパでも普及しようとしている．

ションのプロセスを描いたものである．

9.3　社会的イノベーションにおける価値創成網形成

　社会的イノベーションにおける価値創成網の形成は，社会的価値を実現するという共感の拡がり，理念の共有が核になる．しかしながら，社会的イノベーション創始の試みが一過的現象ではなく，持続的に展開し社会的変革に結実していくためには，社会的イノベーションの基盤となる仕組，サービスが運用・運営可能でなければならない．共感の拡がりによる理念の共有と，機動性のある繋ぎ役による境界を越えた連携のはたらきかけは，社会的イノベーションを支える価値創成網を形成させる「両輪」であると考えられる．では，その両輪がどのような役割を果たすのであろうか？　以下にその概要を述べる．

表 9.3 社会的価値創造の対象となりうる現代社会の諸課題

1	地球規模での環境変化がひきおこす諸課題
2	相互依存性の高まりによる現代金融システムの非制御性に関する諸課題
3	人口高齢化に伴う諸課題：たとえば，年金の仕組，介護，相互扶助，孤独緩和，住宅，都市デザイン，交通・移動に関する課題群
4	文明・文化の衝突が招く諸課題：たとえば，共生のための仕組の構築に関する諸課題
5	医療と介護の連携に関する諸課題：たとえば，慢性疾患の管理に係わる課題群
6	青少年の不満・不安の高まり，心理の不安定性に関する諸課題
7	社会の分断，コミュニティの弱体化がひきおこす諸課題：たとえば，犯罪，治安に関する諸課題
8	経済的較差がひきおこす諸課題：たとえば，教育・医療機会の制約に関する課題群

9.3.1 共感の拡がりによる価値創成網の形成

社会的価値に基軸をおいたイノベーション・アプローチは，未来に向けての社会的価値への共感が変革創始の動機になると思われる．たとえば，現代社会がかかえる，表9.3のような課題を何とか解決したい，緩和したい，あるいは解決や緩和に貢献したいと切実に考える主体が増えていき，連携していくことが，価値創成網形成の第一歩となると考えられる[3]．

ただし，問題を解決・緩和したいという思いだけでは，イノベーションは創始しない．これらの課題を解決・緩和する新たな取り組み・率先の内容が具体的に示されることが，触媒のようなはたらきをして，仕組を設計・構築・運営しようとする主体，サービスを供給・運営しようとする主体が現れ，それらの主体が連携することによって価値創成網の核が形成されていくと考えられる．こうしていったん仕組・サービスが始まれば，共感の拡がりと主体同士の連携は相乗的に進み，やりながら課題の定義を洗練させていく (definition by doing) プロセスや，さらに仕組やサービスを磨いていく (lerning by doing) プロセスは活性化され，ますます価値創成網は拡充されていく．そのプロセスを通じて，価値創成網に参画する主体の間で，共有の理念が形成され深化していくことが期待される．

共感の拡がりにマスメディアが大きな影響力や役割を果たすことは明らかで

---

[3] 表9.3に示した課題を解決していくことは，本書がいうところの豊益潤福の実現にあたる．

ある．たとえば，後述するケーススタディで取り上げている建設技能技術者の就労履歴管理システムの実装では，共感の拡がりが緩慢であるために数年間にわたって停滞を余儀なくされた．しかし，その取り組みがマスメディアにより取り上げられることによって共感の拡がりが加速し，主体間の連携が促進されて価値創成網を拡充させ，イノベーション・プロセスを駆動させはじめている．

また，インターネットは共感の拡がりに重要な役割を果たしている．マスメディアと異なり，誰もが発信できるという特性が活用されて，HP や SNS などさまざまな媒体を介して，社会的課題解決への共感が拡がっている．インターネットは，社会的イノベーションのための価値創成網形成の前提となる，共感の連携を形成する有力な手段となっている．加えて，クラウド・ファンディング，遠隔教育などの例のように，インターネットはイノベーションを創始・駆動させる仕組やサービスの運用・運営手段としても重要な役割を果たしている．

共感の拡がりのためには，その社会的イノベーションが奉ずる共有理念をよく表現した命名（例：フェアトレード）や物語性が重要である．よい命名や，分かりやすい物語性は，マスメディアやインターネットメディアにも載りやすく，人々の想像力をかきたてて，その理念を人から人に伝播させ，価値創成網の有機的成長を促すことが期待される．

9.3.2　繋ぎ役としての社会的起業家による価値創成網の形成

社会的イノベーションが実現するためには，共感の拡がりによる理念の共有に加えて，仕組，サービスが現実の経済社会において事業として成立し継続していく事業性が不可欠である．ここで，求められている事業性とは，営利を最大化させるということよりも，むしろ仕組，サービスのユーザー，供給者それぞれが持続的発展的に便益を得ていけることを指し，よきオーガナイザー，プランナーが必要となる．こうした役割は社会的起業家（social entrepreneurs）が担うといわれている．

社会的起業家とは，恩恵から縁遠い人々に社会的価値の恩恵をもたらすという使命感に基づいて行動する人であり，財務的自立性・自己充足性・持続可能性のある変革志向の高い組織・主体を介して，ものごとを創始するためのさまざまな手段を尽くす人々である（Abu-Saifan 2012）．換言するならば，起業家一

般はお金で動機付けられるが，社会的起業家は利他的精神で動機付けられるといってもよい（Martin 2007）．社会的起業家精神（social entrepreneurship）とは，社会的価値を生み持続させるという能動的な意志を表す．

社会的起業家の役割の本質は，機動性のある触媒性，もしくは強力なイニシアティブにあると思われる．Mulgan によれば，過去の社会的イノベーションの事例は，さまざまな既存のセクターの境界を超えた主体同士の連携体（alliance）によって引き起こされるという（Mulgan 2006, 2007 など）．そのような連携体では次のような 2 種類の主体が効果的に組み合わさっているという．

その 1 つは，bees（ミツバチ）と呼ばれる小規模組織で，機動的で，速く，かつミツバチが受粉のなかだちをするように離れた組織・主体を結びつけていく性向が強い．社会的起業家は bees の代表例である．

もう 1 つは，trees（樹木）と呼ばれる大規模組織で，木のようにどっしりした経営体力もあり，アイデアを具現化していく能力を持っている．

Mulgan のいう連携体は，本書でいうところの価値創成網にあたると考えられる．社会的イノベーションの試みが持続的発展性を得ていくためには，bees が既存の境界を越えて繋ぐ役割（connectors）を持続的に果たしていくことが重要である．

始終変化する環境のなかで，社会的起業家は，繋ぎ役として，各主体を機動的にまわり，組織，セクター，専門分野の境界を越えてアイデア，資金，能力を紡ぎ，価値創成網を拡大させていく．たとえば，社会的責任投資という概念を創造し変革創始した事例（表 9.2）では，社会的起業家は，企業，公的セクター，非営利法人をまわって，アイデアや価値観を交わらせる，思想的リーダー（thought leader）役を果たしている．また，排出権取引という仕組をつくり変革創始した事例（表 9.2）では，社会的起業家は，企業，政府，非営利法人などそれぞれの役割と関係を再定義する，枠組の構想者（context shaper）役を果たしている．社会的起業家は，既存の諸境界を超え，連携の意義を定義し，包括し，以前は無縁であった個人，グループの間に新たな関係を構築し，社会的イノベーションを進展させていくのである．

> **コラム　社会的企業（social enterprise）**
>
> 　社会的企業とは，社会的価値を増進することを主目的に持続的に遂行される事業の実行組織を指す．一般の企業は営利を最大化することを目的とするが，社会的企業は，社会的，環境的，人間的公正性に基づき，社会的価値を増進させることを最大化させる．
>
> 　たとえば，スペインのバスク自治州に基盤をおく Mondragon は，労働者が所有し，オープンに運営されている 103 の労働者協同組合の集合体である．バスクの谷のなかでの濃密なコミュニティのなかから生まれたさまざまなユニークな小規模事業は世界市場で地歩を確保しており，74,000 人を雇用し，海外にも 50 の生産拠点を持つ．おそらく世界でも最大規模の社会的企業であるといわれている．しかしながら，Mondragon はその組織の経済的発展よりもコミュニティの発展を最優先とした組織であり，はたらく人々や地域の豊益潤福を実現させてきた．
>
> 　社会的企業については，1993 年に Harvard 大学ビジネス・スクールに，Social Enterprise Initiative が設置され教育研究が展開されるなど，高等教育機関における関心も高い．

9.4　社会的イノベーションに関するケーススタディ

　では，共感の拡がりによる理念の共有と，機動性のある繋ぎ役（社会的起業家）による境界を越えた連携のはたらきかけという両輪が，どのように社会的イノベーションのプロセスに係わっているのであろうか？　筆者が企図した社会的イノベーション事例をもとに考えてみよう．

9.4.1　事例 1：トレーサビリティ・システム導入による国内人工林の持続可能性向上

(1)　実現しようとしている社会的価値

　少なからぬ国内森林において，持続的な森林経営が困難になっていることをふまえ，その持続的経営の隘路を緩和することにより人工成長林がもたらす環境価値，中山間地域コミュニティの振興という社会的価値を実現する．

(2) 変革創始点となる「新たな取り組み・率先 (initiative)」

　森林材が切断加工され最終需要場所に供給されるまでの所在をリアルタイムに把握するトレーサビリティ・システムという新たな仕組を導入することを変革創始点とする．その導入により，①消費者への産地・品質の表示，②流通在庫の圧縮，③サプライ・チェーン上の各主体の資金繰りの改善など経営上の隘路を緩和し，大口需要家からの木材の大量受注を可能にする．これにより，林産物関連事業者が利用できうる経営資源を拡大して経営の自立性を確保し，国内人工林の持続的経営を促し，人工成長林が持つ環境価値の保持・向上を図る．

(3) 導入する仕組の概要

　電子タグ，2次元バーコードを活用し，立木，製材，加工，住宅建築現場に至るまでのサプライ・チェーンのどこに，どのような様態で木材が存在しているかを個材別にリアルタイムに把握するためのトレーサビリティ・システム（図9.2）を導入する．加えて，動産である木材を担保に，製材費用，運送費，加工費などの資金を早期に支払うことができるようにするための木材動産担保金融システム（図9.3）を導入する．

(4) 経緯

　公的資金を受けたパイロット事業を除いて，現時点ではまだ実施事例はごくわずかである．

(5) 共感の拡がり状況

　共感の拡がりは限定的である．というのは，具体的な成功例が見えないので，この仕組を導入することがサプライ・チェーンに関与する主体としての自らにとってどういう意味や便益があるのか確信を持てないことによると想像される．結果として，共感の拡がりが，エンドユーザーにまで拡がっていない．

(6) 社会的起業家による境界を超えた連携のはたらきかけ

　林産物関連業界の各主体の関係は長年にわたって形成されてきたため，また金融機関も現状をふまえた漸進的志向が強いため，この仕組を導入し国内人工

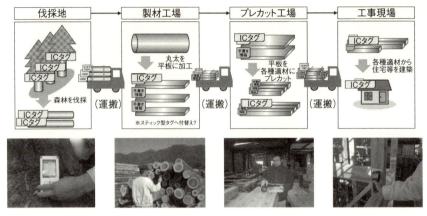

図 9.2 木材流通トレーサビリティ・システム．出典：動産 ABL（動産担保融資）の活用概念図．https://www.youtube.com/watch?v=dVe-MKDj-NU (retrieved dated on 30 April 2016)

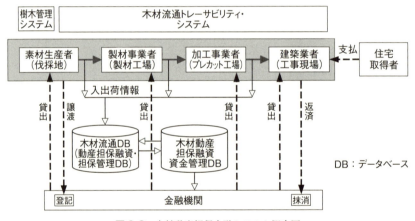

図 9.3 木材動産担保金融システム概念図

林の持続可能性を向上させようとする社会的起業家の活動効果は限定的で，いままで交流のなかった異業種の各主体の境界を取り払い，対話を促す役割が十分には機能していない．

(7) 価値創成網形成状況

価値創成網への参画が期待されるのは，林業者（森林所有者，森林組合など），

素材（原木）生産者，製材事業者，木材流通事業者，住宅構造材プレカット事業者などの林産物関連事業者および，住宅建設者（工務店など），住宅取得者，トレーサビリティ・システム運営者，エンドユーザーなどの主体である．共感の拡がりや，境界を超えた連携の未成熟さから現段階では，イノベーションを駆動させる価値創成網が形成されているとは言い難い．

9.4.2　事例２：住宅履歴書（いえかるて）による住生活価値の向上

(1)　実現しようとしている社会的価値

　日本の住宅が短寿命である一因は，既存住宅の性能や品質を確認するための情報が不十分であるために，消費者から見て「得体のわかる」既存住宅が少なく，中古市場を通じて住宅が売買され住み継いでいくことが一般的なライフスタイルになっていないことにある．そこで，住宅の設計図書や維持保全記録をパッケージ化した住宅履歴書（いえかるて）（図9.4）を普及していくことにより，既存住宅の品質・性能が客観的に評価できるようにして，多世代にわたって住み継いでいけるようにすること，および多くの人が住生活の豊かさを大きな経済負担なく享受できることを目指す．

(2)　変革創始点となる「新たな取り組み・率先（initiative）」

　さまざまな主体に散在し散逸するおそれのある，既存住宅の品質・性能に係わる情報群を収集集約し，住宅の生まれた状態（住宅の設計・竣工図），その後の育ち（維持管理の記録）の状況，および現在の状態を示す情報を，住宅履歴情報として利活用していく仕組を構築する．

(3)　導入する仕組の概要

　住宅の所有者から委託を受けたサービサー（住宅履歴情報サービス事業者）が，各主体に散在している情報を，IT技術を活用して収集，整理するとともにデータベース化し，住まい手が利活用できるようにする．また，リフォーム事業者，不動産事業者を含むさまざまな関係者が必要に応じて，住まい手の承諾のもとに住宅履歴情報を閲覧できるようにする（野城2009）．

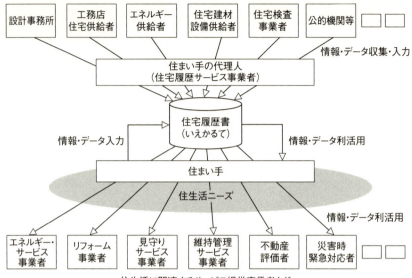

図9.4 住宅履歴書（いえかるて）の仕組

(4) 経緯

住宅履歴情報サービス事業に多数の企業・団体が新規参入し，事業者58機関を正会員とする一般社団法人住宅履歴情報蓄積・活用推進協議会が2010年に設立され，共通のルールづくりや普及活動に努めている．何らかの住宅履歴情報が整理されている住宅は200万戸程度に達しているともいわれるが，同協議会のルールに基づいた住宅履歴情報を持った住宅は2015年時点での普及は4万戸程度にとどまる

(5) 共感の拡がり状況

マスメディアにもしばしば取り上げられているものの，一般市民の間で住宅履歴書（いえかるて）の認知度が高まっているとは言い難い．住宅履歴書が自らにとってどのような意義があるのかについて住宅の所有者の間で共感は拡がっていない．また住宅関連事業者の間でも，住宅履歴書情報を介して連携することが，自らにどのような便益をもたらすのか，業種の枠を越えた共通認識を

醸成することが十分にはできていない．結果として共感の連鎖が関係者や社会に拡がっているとは言い難い状況にある．

(6) 社会的起業家による境界を超えた連携のはたらきかけ

住宅履歴書を普及させていこうという社会的起業家は少なからずおり，その運動体も組織されている（一般社団法人住宅履歴情報蓄積・活用推進協議会）．しかし一方で，住宅履歴書の普及が，自らの既得権益とは整合していないと考える企業など（trees）も存在しており，社会的起業家（bees）が，いままで交流のなかった異業種を連携させ，持続的に事業を展開していくことができる経営資源を十分に持った組織（trees）との連携を構築するに至っていない．

(7) 価値創成網形成状況

住宅取得者・居住者，住宅建設者（工務店など），住宅履歴サービス事業者，不動産仲介者，住宅管理者などによる価値創成網が形成されることが期待されている．しかし，共感の拡がり，境界を超えた連携は不十分で，イノベーションを駆動させるに足るだけの価値創成網が十分に形成されているとは言い難い．

9.4.3 事例3：建設技能技術者向け就労履歴システムの構築

(1) 実現しようとしている社会的価値

建設技能技術者はその雇用・就業形態から，どの建設現場でいつ，どれだけ就労したのかという記録が統合的に管理保存されていないために，キャリアパスが描けない職場環境となっている．そのため新規の就業者が激減し，工事費の高騰，工期の遅延，品質の低下，地域の災害復興能力の脆弱化などの懸念が生じている．そこで，建設技能技術者の就労履歴が確実に記録保管され，福利厚生やキャリアパスに活用されるようにすることによって，建設技能技術者を未来が描ける職業にするという社会的価値の実現を目指す．

(2) 変革創始点となる「新たな取り組み・率先（initiative）」

どこの建設現場ではたらいたとしても記録が集積していく建設就労履歴管理システム（図9.5）を企業・業種の枠を越えて整備導入する．

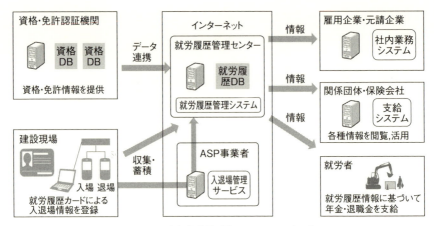

図 9.5 建設就労履歴管理システムの概要

(3) 導入する仕組の概要

個々の建設現場における就労記録をアプリケーション・サービス・プロバイダー（ASP）が提供するソフトウエアを用いて電子的に管理する企業は増加を辿っている．そこで，図9.5に示すように，各現場で蓄積されている就労管理記録が異なるASPの枠を越えて横繋ぎできるような基盤システムを構築・普及する．

(4) 経緯

2008年に本構想が提案され，2011年には一般社団法人就労履歴登録機構が設立され，システム設計を進めるとともに，パイロット事業を展開してきた．しかし，日本国全体で基盤システムを運用するという構想は実現できてこなかった．しかしながら2015年になり，関係者の気運が急速に高まり，国土交通省の積極的な関与のもと，「建設キャリアアップシステムの構築に向けた官民コンソーシアム」が設立され，約340万人の技能者全員を対象とした技能と現場経験の「見える化」を図る就労履歴システムの実現に向けて動き出した．

(5) 共感の拡がり状況

マスメディアに散発的に取り上げられてきたが，2008-2014年までは，建設

産業関係者，政策担当者の間で，共感の拡がりは見られなかった．入職者の激減・高齢化による離職者の増加に伴う技能技術者の減少というニーズ・課題は確実に存在するが，長期的に徐々に発現していく事象であるために切迫感に乏しく，価値創成網を組織化しようとするインセンティブが強くはたらいてこなかったためと想像される．しかしながら，建設技能技術者の数の激減が危機的な水準に達するに及んで，政策担当者が高い関心を抱くようになり，さまざまな政策を展開しはじめた．結果として，マスメディアに取り上げられる頻度が高まり，共感の拡がりが進展しつつある．

(6) 社会的起業家による境界を越えた連携のはたらきかけ

2015年初頭まで社会的起業家の活動が不活発であった．もっとも主要な受益者は技能技術者であるが，受益者が価値創成網を組織化する中心プレーヤーになるのには困難がある．また，建設技能技術者の就労履歴管理システムの普及が，自らの既得権益とは整合していない，または自らの利害には直接関係ないと誤解してしまう主体も少なからず存在した．さらには，仕組利用のための費用負担が自らには便益をさほど生まないばかりか，他者を利するのではないかと疑う主体すらいた．これらの誤解や懸念を解いて主体間の境界を取り払い，共通の神輿を担ぐことに共通の利益があるという切実な認識を形成するまでに，対話のための多くの時間を要した．

(7) 価値創成網形成状況

建設技能技術者，技能技術者を雇用する専門工事業，元請工事業者，技能技術者団体，福利厚生関係機関，社会保険関係機関，技能技術者資格付与組織などによる価値創成網が形成されることが期待されている．2015年になり，前記のように，これらの主体が参加する官民コンソーシアムが設立され，2016年4月には基本計画書が策定され，これに基づきシステムの開発準備室が一般社団法人建設業振興基金に設置され，共通の神輿をかつぐ体制ができあがった．まだ不確定要素も多いが，イノベーションを駆動させる価値創成網が形成され稼働しようとしているといってよい．

9.5 社会的イノベーション推進に関する留意点

　社会的イノベーションは，共感の拡がりによる理念の共有と，社会的起業家（機動性のある繋ぎ役）による境界を越えた連携のはたらきかけを両輪として推進されていく．

　筆者が係わった社会的イノベーションを企図した3つのケースが速やかには進展してこなかった一因は，これらの両輪が十分に機能してこなかったことにあると考えられる．

　社会的イノベーションが単線プロセスで成就することは考えづらく，行きつ戻りつを含む複線循環プロセスによりその変革は進むと考えられる．その変革プロセスが行きつ戻りつしながらも大局的に漸進していくのは，価値創成網の拡大拡充によると考えられる．こうした観点から，社会的イノベーション推進に関する留意点を以下にまとめておこう．

1　共感の連鎖を促進し価値創成網を拡大拡充していくには，プレゼンテーションや，対話が重要である．
　　(ア)　共感の拡がりを形成するためには，情報媒体は極めて重要である．クールビズのようにマスメディアを通じて共感が拡がったケースもある．また，フェアトレードのようにインターネットを介して草の根的に共感が拡がった例もある．
　　(イ)　筆者が企図した3つの事例が苦戦してきた一因は，HPを除き能動的なメディア戦略がとられてこなかったことにあると考えられる．
　　(ウ)　実現しようとしている社会的価値をわかりやすく説明できるほど訴求力は高まり共感の連鎖を進めていきやすい．換言するなら，理念を表したわかりやすい名称は重要である．成功例では，クールビズ，フェアトレードなどが挙げられる．
　　(エ)　このわかりやすいアクション名，ニックネームは既存の境界を超えた共通理念を醸成するうえで重要である．
2　価値創成網の拡大拡充の両輪のもう1つ，社会的起業家（bees）による境

界を超えた連携のはたらきかけの効果は，実現しようとしている社会的価値に対する各主体の立場・利害によって影響を受ける．

(ア) 自らの当面の利害と，広めようとしている社会的価値とが対立している主体は，共感の拡がりに対して消極的か，無視するか，あるいは場合によっては連携を阻害する影響を与えようとする．

(イ) 社会的価値の実現と，自らの将来利益の方向が客観的には一致している場合でも，その将来利益の可能性が実感できない限り，連携が進まないことも起こりうる．

(ウ) 社会的起業家が，連携することによって各主体が得るレント（連携することにより上乗せされる期待便益）を設計したうえで，説得力のある具体的な説明をしていくことが，将来利益に係わる隘路を克服するための突破口になりうる．

(エ) 社会的起業家が実行可能性のある事業計画を策定し，地歩の確かな組織群（trees）に説明し，参画を引き出していくことが，持続的発展性を高め，多様な主体の価値創成網への参画を促し，その拡大拡充を推進することになる．

3 共感の拡がりと，境界を超えた連携のはたらきかけという両輪を動かしていくためには，社会的起業家は重要な役割を果たすことが期待される．言い換えれば，社会的起業家は，機動性のある繋ぎ役（bees）として，枠を越えた連携を促進するだけでなく，共感の連鎖による理念の形成についても能動的な役割を果たすことが期待される．

4 従来の業種や専門の枠（ドメイン）を越えた連携は，社会的イノベーションの必然であるが，当初からあまりに多くの異業種，異分野の主体が参画する価値創成網の形成を前提条件にしてしまうと，共通の理念，共通の利益が存在していることを認識しづらくなり，変革創始できず，身動きできなくなるおそれがある．

　それだけに，社会的イノベーションは，小規模で単純な価値創成網からであってもすみやかにスタートできる方が，変革駆動させやすい．小さく始めて実績や経験知を積み，徐々に価値創成網が拡大していくようなプロセスを踏むことの方が実行可能性が高いこともありうることを留意すべき

ように思われる．

参考文献

Abu-Saifan, S. (2012) "Social Entrepreneurship: Definition and Boundaries," *Technology Innovation Management Review*, Vol. 2 (2): 22-27.
Bornstein, D. (2004) *How to Change the World: Social Entrepreneurs and the Power of New Ideas*, Oxford University Press, Oxford, U. K.
Cajaiba-Santana, G. (2014) "Social Innovation: Moving the Field forward. A Conceptual Framework," *Technological Forecasting and Social Change*, Vol. 82: 42-51.
Christensen, C. M. et al. (2006) "Disruptive Innovation for Social Change," *Harvard Business Review*, Vol. 94 (12): 96.
Goldsmith, S. (2010) *The Power of Social Innovation: How Civic Entrepreneurs Ignite Community Networks for Good*, John Wiley & Sons.
Heiscala, R. (2007) "Social Innovations: Structural and Power Perspectives," Hamalainen, T. J. and R. Heiskala (eds.), *Social Innovations, Institutional Change and Economic Performance*, Edward Elgar, Cheltenham, pp. 52-79.
Marcy, R. T. and M. D. Mumford (2007) "Social Innovation: Enhancing Creative Performance through Causal Analysis," *Creativity Research Journal*, Vol. 19 (2-3): 123-140.
Martin, R. and S. Osberg (2007) "Social Entrepreneurship: The Case for Definition," *Stanford Social Innovation Review*, Vol. 5 (2): 28-39.
Martin, R. and S. Osberg (2015) *Getting Beyond Better: How Social Entrepreneurship Works*, Harvard Business Review Press, Boston.
Mosher-Williams, R. (ed.) (2006) *Research on Social Entrepreneurship: Understanding and Contributing to an Emerging Field*, Vol. 1 (3), Arnova's Occasional Paper Series, Association for Research on Nonprofit and Voluntary Organizations, Washington, DC.
Mulgan, G. (2006) "The Process of Social Innovation," *Innovations*, Vol. 1 (2): 145-162.
Mulgan, G. et al. (2007) "Social Innovation: What it is, Why it Matters and How it can be Accelerated," Skoll Centre for Social Entrepreneurship. http://eureka.sbs.ox.ac.uk/761/1/Social_Innovation.pdf. (retrieved on February 21 2016)
OECD (2011) Fostering Innovation to Address Social Challenges, Workshop Proceedings. http://www.oecd.org/sti/inno/47861327.pdf (retrieved dated on April 9 2016)
Phills, J. A., K. Deiglmeier and D. T. Miller (2008) "Rediscovering Social Innovation," *Stanford Social Innovation Review*, Vol. 6 (4): 34-43.
Pol, E. and S. Ville (2009) "Social Innovation: Buzz Word or Enduring Term?," *The Journal of Socio-Economics*, Vol. 38 (6): 878-885.
Short, J. C., T. W. Moss and G. T. Lumpkin (2009) "Research in Social Entrepreneurship: Past Contributions and Future Opportunities," *Strategic Entrepreneurship Journal*, Vol. 3: 161-194.
柏野尊徳著・沼井柚貴乃編『デザイン思考で人間主体のイノベーションを起こす Pocket Guide of Design Thinking デザイン思考のポケット・ガイド』http://designthinking.or.jp/index.php?pocket

厚生労働省大臣官房国際課「2009〜2010年　海外情勢報告」欧米における失業時の生活保障制度及び就労促進に関わる助成制度等，第一章アメリカ．http://www.mhlw.go.jp/wp/hakusyo/kaigai/11/pdf/tokusyu/to011~030.pdf (retrieved dated on 30 April 2016)

野城智也・腰原幹雄・齊藤広子・中城康彦・西本賢二（2009）『住宅にも履歴書の時代――住宅履歴情報のある家が当たり前になる』大成出版社．

第10章

イノベーション・コミュニティ

　第7章から第9章において取り上げたイノベーション・アプローチは，既成の領域・分野（domain; 知識や活動の領域・分野）の境界や枠を超えた何らかの新たな組み合わせを生み出しつつイノベーションを駆動させるアプローチである．

　デザインに励起されたイノベーション・アプローチ（第7章）は，デザインという循環的・集積的にして飛躍的・構成的な思考法を導入することによって，既成の領域・分野の境界や枠に拘束されることなく価値創成源を収集・融合し，新たな概念や，人工物を創造していくアプローチである．

　使用価値に視座をおいたイノベーション・アプローチ（第8章）は，製品，サービス，ソフトウエアの境界に拘束されることなく価値創成源を収集・融合し，つくり手と使い手の間の新たな関係を生み出しつつ，使用価値を賦活していくアプローチである．

　社会的価値に基軸をおいたイノベーション・アプローチ（第9章）は，既成の領域・分野に染みついた観念・規範に拘束されることなく，現代社会・未来社会に重要な価値を同定し，その実現に必要な価値創成源を収集・融合し，新たな仕組やサービスを創造していくアプローチである．

　領域・分野の境界や枠を超えた何らかの新しい組み合わせを生み出すためには，それらの境界・枠を超えた価値創成網が形成されることが前提になる．しかし，既成の領域・分野が，既成組織や産業部門によって強固に分割されていて，それぞれの領域・分野に属する主体同士が隔絶しているような社会環境にある場合，その境界・枠を超えて融通無碍かつ迅速に価値創成網を編成し，発展させていくことは容易ではないと想像される．一方，領域・分野の境界や枠にかかわらず，さまざまな主体間に何らかのコミュニケーション回路や，何ら

かの人間関係・信頼関係が張り巡らされているような社会的環境においては，領域・分野の境界や枠を超えて価値創成網を融通無碍かつ迅速に形成していきやすいと想像される．

　本章では，領域・分野の境界や枠を超えた価値創成網の形成・発展に資するような主体間の何らかのコミュニケーション回路や，何らかの人間関係・信頼関係などの社会的環境を，イノベーション・コミュニティと名付け，そのあり方について考察していく．

10.1　イノベーション・コミュニティとは

10.1.1　価値創成網の母体としてのイノベーション・コミュニティ

　イノベーションは，異なる種類の価値創成源（情報・知識・能力）を吸い込み，それらを紡ぎ合わせながら，前例のない新しいモノ・コトを創造して，豊益潤福を生み出していくプロセスである．その吸い込み，紡ぎ合わせを事前に計画はできるが，実際にはその通りに動いていくとは限らない．本書が用いてきたIPM モデルが示すように，現代のイノベーションのプロセスは，行きつ戻りつ循環を繰り返す．その繰り返しプロセスは，進行する間に，偶然も含む内発的要因や，技術的変化や市場進化という外的要因により大きく影響を受ける．結果として，その繰り返しプロセスには，どのような価値創成源が必要になるのか事前に予測することは困難であるといわねばならない．

　不確実要因をはらんだなかで進行する現代のイノベーションを成功裡に導いていくためには，その進行中に生じる状況に応じて，必要となってくる価値創成源を広い範囲から臨機応変に収集し，紡いでいくことが重要となる．図10.1は，繰り返しプロセスの各段階で価値創成網から価値創成源が適宜収集されているさまを概念的に表している．ここで，価値創成網を構成する主体が固定的であったり，その範囲が限られている場合は，調達できる価値創成源の範囲が制約され，イノベーションの発展が妨げられてしまうおそれがある．これに対して，個々のイノベーション・プロセスで形成される価値創成網の基盤としてコミュニティが存在し，そのコミュニティには広範で多様な主体（個人・組織）が含まれ，当意即妙に価値創成網に参加できるようになっていれば，価値

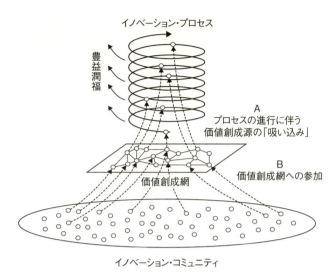

図 10.1 臨機応変な価値創成網形成の基盤としてのイノベーション・コミュニティ

創成源が弾切れになることはなく，イノベーションの進展を支えていけると考えられる．

本書では，図 10.1 に示すように，イノベーションの進展に伴って臨機応変に価値創成網の構成主体を送り出すことができる母体となるコミュニティをイノベーション・コミュニティと呼ぶことにする．すなわち，イノベーション・コミュニティを次のように定義する．

> イノベーション・プロセスの進行とともに，価値創成源の提供を通じて形成されていく価値創成網の構成主体同士の繋がりの母体となるコミュニティ．

10.1.2 既往研究におけるイノベーション・コミュニティの概念

イノベーション・コミュニティ（innovation community）の概念は，欧米のイノベーション研究においても関心が払われさまざまな概念が提示されている．

そのいくつかは，本書でいうところの価値創成網をイノベーション・コミュニティと呼称している．たとえば，Lynn は「新たな技術，仕組，方法が社会実装されていくまでに直接または間接に関与していく組織の集合体」がイノベーション・コミュニティであると定義している (Lynn 1996) が，Lynn のいうイノベーション・コミュニティは，本書でいうところの価値創成網にあたる．また，Coakes らは，communities of innovation (CoI) という概念を提示し，「イノベーションの支援に貢献する技術や職能を共有する人々による実践共同体 (communities of practice) の一様態」と定義している (Coakes 2007)．Coakes らのいう実践共同体も，本書でいうところの価値創成網にあたると考えられる．

一方，本書と同様に，イノベーション・コミュニティを価値創成網の形成・発展の基盤となる社会的関係ととらえる論考もある．たとえば，Fichter は，イノベーション・コミュニティは，さまざまな障害を乗り越えてイノベーションを促進していく役割を果たす人々 (Promotor) のネットワークであるとして，次のように特徴づけている．

> イノベーション・コミュニティは，うまの合う (likeminded) 個人同士のインフォーマルなネットワークであり，イノベーション・プロセスに存在する特定の障害または障害全般を乗り越えていく変革促進役を果たす．多くの場合，各個人は異なる企業や異種組織に属していてプロジェクトに即してチームを形成して特定のイノベーションを推進する．その活動範囲は，イノベーションの各レベル（引用者注．企業内・組織内レベル，価値連鎖レベル，国または地域における連携・枠組みレベルなど）に拡がる．(Fichter 2009, p. 360, 2012a, p. 11)

図 10.2 は Fichter らが描く，変革促進役 (Promotor)[1] のインフォーマル・ネットワークとしての innovation community の概念を表している．それぞれ企業内・組織内レベル，価値連鎖レベル，国または地域を活動域とするさまざま

---

[1] Fichter は，英語における promoter の一般語義とは区別して用いており，ラテン語の動詞 promovere（前にすすめる）から派生したドイツ語の特殊な用語 Promotor（活性剤）の意味で用いていると註釈している（Fichter 2012a, p. 10）．

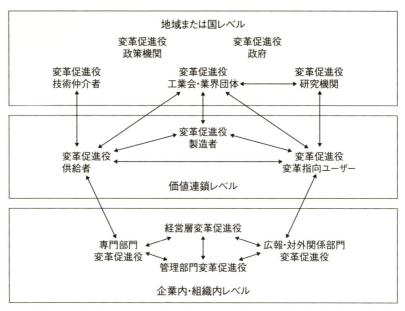

図 10.2 Fichter らが描く変革促進役 (Promotor) のネットワーク. (Fichter 2012a, 2012b) をもとに作成

な変革促進役が，イノベーション・プロジェクトに応じてネットワーク (価値創成網) を仕立て上げていく様態を示している．

図 10.2 のようなインフォーマルなネットワークは，特定のイノベーション・プロジェクトが生起・進展する際に変革促進役として機能するという意味において，科学者による科学者コミュニティ (science community) や，職能者による専門家コミュニティ (professional community) と異なる．換言するならば，イノベーション・コミュニティは，継続的性格の強い科学者コミュニティや，専門家コミュニティのように実践共同体 (communities of practice)[2] とはなりえず (Fichter 2012a)，図 10.1 の概念図に示すように，イノベーションに向けた価値創成網形成のニーズが生起したことを契機に，そのコミュニティが励起するという臨機的性格を持っている．

---

2) 参加することで知識と技巧の修得が可能になる場または場を提供する集団.

本書におけるイノベーション・コミュニティの定義は，Fichterらと同様に，個々のイノベーション・プロセスで形成される価値創成網と，その基盤となるイノベーション・コミュニティは図10.1のように峻別して階層的にとらえる立場によっている．

10.1.3　イノベーション・コミュニティのパフォーマンス

「イノベーション・プロセスの進行とともに，価値創成源の提供を通じて形成されていく価値創成網の構成主体同士の繋がりの母体となるコミュニティ」という定義に立つならば，イノベーション・コミュニティのはたらき具合（パフォーマンス）は，価値創成網形成の母体としてどれだけ機能しているかによって評価されることになる．イノベーション・コミュニティのはたらき具合は，

- 行きつ戻りつの共創プロセス
- やりながら学んでいく（learning by doing）プロセス
- 創造された人工物（製品，仕組，サービス）が受容され普及していくプロセス

を推進するような価値創成網が，いかに当意即妙に創成・維持できるかによって評価される，といってもよい．具体的には，変革創始されたそれぞれ個々のイノベーション・プロセスにおいてコミュニティのなかから表10.1のような役割を果たす主体を輩出する（はたらき具合1）とともに，すでに価値創成網に参画している主体と新たな主体とを結びつける（はたらき具合2）ことが，コミュニティのはたらき具合（パフォーマンス）になると考えられる．

(1)　はたらき具合1：多様な役割を果たす主体を輩出する．

　イノベーション・コミュニティのはたらき具合1は，多様で広範な主体を包含しているほど高まると考えられる．イノベーション・コミュニティを構成する主体（役者）の多様性・異質性が高まれば，イマジネーションへの刺激は高まり，可能性の探索も活性化することになる．多様性・異質性を高めていくためには，多くの既往研究は，コミュニティの

- 参加することによる魅力（さまざまな斬新な知識や見方に触れる可能性の高さ）
- 敷居の低さ（既存の境界・仕切りに拘泥されない加入容易性）

表 10.1 イノベーション・プロセスを駆動させる観点から見た価値創成網に参画する主体の役割

・発明者（inventor/creator）：新たな機能創造や，概念・解決策創造に貢献する
・洞察的解釈者（interpreter）：新たな意味創造に貢献する
・ユーザー（user）：新たな意味創造に貢献する
・デザイナー（designer）：価値創成源を紡いで人工物（製品・仕組・サービス）を構成する
・構成則戦略者（architect）：戦略的見地から人工物の構成則を設計する
・変革促進者（Promotor）：価値創成網を紡ぐ

・組織の新陳代謝度

が肝要であると指摘している（Lynn 1996 など）．

(2) はたらき具合2：新たに主体同士を結びつけていく．

イノベーション・コミュニティのはたらき具合2は，主体同士の何らかの関係による結びつきが強く，その結びつきが網状に拡がっているほど高まると考えられる．言い換えれば，コミュニティの結合性が高まれば，価値創成網の形成力は高まり，主体間のさまざまな補完的な関係を紡ぎながら，新たな結びつきを実現していくことは容易になっていく．

以下の節では，図10.1を基本認識モデルとして下敷きにすえて，これらのイノベーション・コミュニティのはたらき具合1, 2に対応して，以下の論点を立てて知見を整理していく．

第1は，はたらき具合1に関連し，いかにすれば多様性・異質性の高いイノベーション・コミュニティを実現していけるのか，その地理的集積に焦点を当てて知見を整理していく．

第2は，はたらき具合2に関連し，いかにしてコミュニティに属する主体間の結合性を強めていけば，当意即妙な価値創成網の形成に寄与できるのか，その仕組に関する知見を整理していく．

第1の論点に関するキーワードは，イノベーションの地理学，イノベーション・ディストリクトであり，第2の論点に関するキーワードは中間組織である．

10.2 イノベーション・コミュニティの地理的集積

　イノベーション・コミュニティはさまざまな人間関係，信頼関係を基盤にしている．現代社会にあって，人や組織は相互に多様な関係を築いている．仮にライバル企業の所属者同士でも，学協会，個人の趣味，同窓会，地域社会の活動を通じて，知り合いになり，信頼関係を築きあげていることは珍しくない．
　イノベーション・コミュニティは，就業組織内外との社会経済的関係，学協会・同好会・同窓会など何らかの共通の興味・属性を接点とした所属組織関係，地理的空間における種々の社会的関係，サイバー空間における種々の社会的関係のいずれか，もしくはその重なりのなかで成立すると考えられる．
　企業などの組織の慣行・文化もイノベーション・コミュニティのあり方に大きな影響を与えている．また，現代社会においてはサイバー空間における社会的関係は，拡大の一途を辿っている．しかしながら第4章，第6章で学んだように人や組織に貼り付いている固着情報（sticky information），言い換えればサイバー空間の外側に所在する情報・知識は厳然と存在し，イノベーション・プロセスの重要な価値創成源として不可欠の役割を果たしている．実際のところ，インターネットの普及や経済のグローバル化が進展している一方で，シリコンバレーのように特定の産業や，特定の課題に係わるイノベーションが，特定の地域に集中して起きていることも事実である．こうしたイノベーションの地理的集中の様態と理由を認識することは，現代イノベーションを理解するには不可欠であると考えられる．
　そこで，本節では，特定の地理的空間のなかに発達するイノベーション・コミュニティに焦点を当て，どのようにすれば，特定の地理的空間のなかに異質性・多様性の高い価値創成源を集中させ，イノベーション・コミュニティのはたらき具合（パフォーマンス）を高めていくことができるのか知見を整理していく．

10.2.1 イノベーションの地理学

　イノベーション活動が特定の地理的空間に集中することは，1990年代の半ば

以降，多くの研究者によって指摘され，論じられてきた（たとえば，Krugman 1991; Feldman 1994; Porter 1998; Asheim 2005）．こうした研究は，イノベーション活動の空間配置について考察し理論化する，イノベーション地理学（geography of innovation）という新しい学問領域を生んでいる（たとえば，Tinguely 2013）．Feldmanによれば，イノベーション地理学の研究者の間には次のようなコンセンサスがあるという（Feldman 2010）．

a　イノベーションは空間的に集中する．
b　地理学は経済活動を活性化させるための知的基盤を提供する．
c　1つとして同一の場はなく，すべての場は特異である．独特の都市化，地域化，多様化の様相を呈する．
d　知の溢れ出し方は地域ごとに特色を持つ．
e　知の溢れ出し方は，繊細で，微妙で，浸透的で，それらの測定は容易ではない．
f　地域の大学はイノベーションの必要条件ではあるが十分条件ではない．
g　イノベーションは，地域のざわつき・ガヤガヤ（buzz）から，および，地球規模での情報回路（pipeline）双方から価値創成源を得て促進される．
h　革新的プロセスが積み重なっていくことで場所は時間をかけて性格付けられていく．

(1)　学びのプロセスの即地性

イノベーション活動が地理的に集中する理由を，既往研究は暗黙知を含む知の交換のしやすさであるとして，以下のように説明している．

現代のイノベーションは，IPMモデルが指し示すように，行きつ戻りつの複線循環プロセスを経る．実装・適用，効果評価，レビュー・見直し，課題・ニーズの定義を繰り返しつつ，現代イノベーションの変革駆動力を，そのプロセスを実践しながらの学び（learning by doing/using/interacting[3]）から得ているといってもよい．

多くの研究者は，そのイノベーションにおける学びのプロセスが，地理的空

3）　複数の人・組織の間の交流や，意思疎通を介した学びを指す．

間に根ざす性格を持っているとしている．研究者の見解を整理するならば，それは，次のような特異性に由来するとしている．

(a) 地域内の人に固着している情報・知識の特異性

特定の個人に集約していて貼り付いているように見える情報・知識は，第4章，第6章に述べたように固着情報，固着知識と呼ばれている．こうした情報・知識はその個人の活動場所に貼り付いていて場所移転困難（immobile）である．どういう人が地域に所在するかによって，地域内に固着する価値創成源は特異性を示し，学びのプロセスに独自性を付与する．

(b) 地域内の組織に固着している情報・知識の特異性

地域内の組織は地域の文化を反映した業務慣行を発達させていて，その業務慣行に即して独自の経験知を蓄積している．たとえば，工場など生産現場には，長年の間に練り上げられてきた多様なノウハウが蓄積されているが，そのノウハウの多くは業務慣行として定着しているだけに場所移転困難である．どのような生産現場が地域に存在するかによって，地域内に固着する価値創成源は特異性を示し，学びのプロセスに独自性を付与する．

(c) 地域内の産業クラスター[4]の様態の特異性

交わりながら学ぶ（learning by interacting）という語にも現れているように，イノベーション・プロセスにおける学びは，プロセスに関与する他者の情報・知識を補完的に組み合わせていく過程で生まれてくる．言い換えれば，他者との関係に依存するという性質を持っている．それだけに，関係の相手先となる各主体で構成される地域の産業クラスターの様態の特異性は，地域内の学びのプロセスに独自性を付与する．言い換えれば，学びのプロセスを経た知識の創造・適用のプロセスは地域の産業クラスターの様態によって地域色を強める[5]．

---

[4] Porterは，クラスターを「共有性や外部性により連携された，特定分野において相互に連関した企業と連携組織からなるグループの地理的集中」と定義している（Porter 1998, pp. 197-198）．馬場は，産業クラスターを「産業クラスターとは特定の分野においてみられる空間的組織連携」と表現している（馬場 2000, p. 34）．

上記の(a)-(c)の特異性によって，それぞれの地域には独特の学びのプロセスが生まれ，実践しながらの学び（learning by doing/using/interacting）が地域の特色ある製品や技術を生み，さらに創発的な学びと複線的プロセスを稼働させ，地域の特有の知識創造と技術開発を促す．地域の技術開発軌道は，経験によって牽引され，状況によって特異化され，集積的である．空間的な近接性は，定期的な，もしくは断続的な，顔と顔を向き合わせた会合を可能ならしめ，その地域特有のやり方の慣行を発達させる．その慣行は，さらなる学びを促進し，知識創造を刺激する．たとえば，Feldman らは，地域の学びプロセスによる持続的なイノベーションの創始，創発を次のように形容している．

> （地域独自に発展してきた）空間集約的な学びのプロセスは，打てば響くようにビジネスが進んでいくように，そのやり方を変革し，究極的には，通常であればリスクの高い投資として忌避されるような仕事を，力強い経済成長に帰結するような地域の重要な形質へと転換する機会を創造していく．
> （Feldman 2010, p. 402）

　地域独特の専門化と集積は，イノベーションにおける独特な学びのプロセスを生み，地域の特異なダイナミズムを生んでいるといってよい．

(2) 異質多様な人材・組織の惹きつけ

　地域社会における創造性のある革新的な主体同士の強い絆は，新たな知識と発想に接する機会を提供し，創造性を刺激し，変革駆動力を高めていく（Cowan 2004）．それゆえ，地域独自の学びのプロセスが形成されイノベーションを生み始めると，その地域は，さまざまな斬新な知識や見方に触れる可能性

---

5) 坂田は，地域の産業クラスターが内包するイノベーション創発基盤としてのネットワークの価値（本書におけるイノベーション・コミュニティの価値）を以下のように整理している（坂田 2009）．
   a 情報や知識の流通コストを下げる．
   b 異なる資源の統合コストを下げる．
   c 組織を超えた協働を容易にする．
   d 結果として，経営の柔軟性が獲得され，リスクが低減する．
   e 活躍しやすい環境を作ることにより，優秀な人材を地域に惹きつける．

── コラム　地理的集積体としての東京大学生産技術研究所 ──

　筆者が勤務する東京大学生産技術研究所は，講師以上の教員が約100人在籍し，それと同数の研究室がほぼ工学の全分野にわたる研究活動を展開している．その特徴の1つは，異分野同士の連携のやりやすさである．たとえば，ITS（Intelligent Transportation System）の研究開発は，機械工学，情報学，交通工学の3分野の教授が核となった混成チームを構成し成果を挙げている．また，マイクロ・ナノ・マシンに係わる研究分野では，電気工学，機械工学，化学工学あるいは医学・生物科学のバックグラウンドを持つ教員が連携チームをつくりさまざまなデバイスやシステムを開発してきた．このように，横割りの連携が容易なのは，組織構造がフラットであることに加えて，100の研究室が空間的に集積して存在し，しかも100というスケールによってお互いに面識があり人柄や研究テーマをある程度知り合うことができるという条件に依拠している．産業界や社会から課題が持ち込まれたおりに，仮にそれが自分の守備範囲からはずれていることが認識できた場合でも，空間的集約によってお互いが顔見知りという条件によって所内の誰にきけば，その課題解決にヒントなり助力をくれるかが，あたりをつけられるのである．しかも，過去にそうしたやり方で種々の成功を生んできた成功体験があるので，こうした異分野への助太刀や参入は日常茶飯事に行われている組織文化がある．こうした東京大学生産技術研究所の事例は，幅広い異種人材が地理的空間的に集積した際に起こりうる可能性を示唆しているように思われる．

の高い地域と推認されるようになり，多様な人材を惹きつけることになる．

　ある地域に惹きつけられた人にとって，その地域の敷居の低さ（既存の境界・仕切りに拘泥されない加入容易性）や，組織の新陳代謝度は重要である．敷居が高く，既存組織の既得権益の壁が高い地域であるようにみられる場合は，せっかく，表10.1に示すような役割を果たす能力を持った人材であっても，その地域を選ばず，より条件の整った他の地域を選んでしまうことになる．

　また，企業などの組織からみれば，どの地域に研究開発やイノベーション拠点をおくかは重要な課題である．消費地や生産現場への近接性も含め，どれだけ多様で斬新な知識や見方に触れる可能性があるのか，また単発の豊益潤福の増進にとどまらず，どれだけ次々とさまざまなイノベーションを多重展開していくことが容易であるかも，立地設定における重要な選択要因になると想像される．研究開発やイノベーション拠点としての地域の魅力は極めて重要であり，

競争力戦略だけではなく，労働市場やインフラを含む包括的な政策が肝要である．

10.2.2　グローバリズムとイノベーションの地理学

前項までに述べたように，地域独自の知の集積が，独特のイノベーションを生むことによって，さらなるイノベーションを生み出し，ますます，特定地域への特定種のイノベーション活動を集中させていく．製品の構成則（アーキテクチャ）がさらに複雑になればなるほど，また企業がその活動の外部調達を進めれば進めるほど，イノベーションは，さまざまな主体同士のさまざまな連携を含む社会的プロセスとしての側面を強めていく．それが，企業のなかであれ，企業の間であれ，また，近場であれ，遠く離れているのであれ，その連携の成果は，一般には表10.2のような連携による競争力の向上という形でも現れるとされている．

企業間競争は個別企業間の競争から，特定プラットフォームを中心にして形成された相互依存性の強い企業グループ間の競争という戦略的レベルでの競争に変化しており，国境を越えた国際的分業が進展している．多国籍企業における世界規模での事業展開や，国際分業の深化により，イノベーション活動のグローバル化が進んでいるともいってよい．成長目覚ましい企業（Apple, Microsoftなど）が生起させているイノベーションは，その企業単独ではなく，国境を越えて多種多様な企業が参画し，協調と競争を織りなすシステムから生じていると考えられる．ビジネス・エコシステムの概念のもと，イノベーション・プロセスは，地理的には広範囲に及んでいる．

このグローバル化の動きと，特定の地理的空間への価値創成源の集積集約とは，一見矛盾するように思われるが，以下のように理解すべきであると思われる．

- 多国籍企業のイノベーション・ネットワーク，もしくはエコシステムはそれぞれの国，地域におけるイノベーション・コミュニティの地理的集積点をノードとするような国境を越えたネットワークを形成している．
- 多国籍企業は，異なる国の科学・技術を担う主体同士の連携を生み出し，その持続的なイノベーションの多重展開は特定の国の産業クラスターや工

表 10.2 イノベーション・プロセスにおける内的および外的な連携によって得ることが期待される企業競争力（Soete 1993）

1　イノベーションを実現するまでのスピードの向上
2　生み出されるイノベーションの数の増加，質の向上
3　他の企業との連携を通じた技術開発の高度化による費用の低減，財務リスクの低下
4　技術融合を基盤にしたイノベーションを進展させていける機会の増加
5　暗黙知の移転のしやすさ，ネットワーキングによるつくり手・使い手の良好な関係の構築・強化

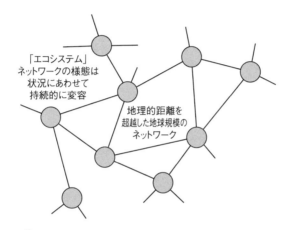

○：特異な知識・能力が地理的・空間的に集積しているノード

図 10.3 唯一無二のイノベーション・コミュニティの集積拠点をノードとする網状組織としてのグローバル・ネットワーク概念

業地域を超越する連携すらも生み出している．

- こうした状況が逆に，地球規模でみても唯一無二ともいうべき特異性のある地理的に集積したイノベーション・コミュニティ（ノード）の存在意義を高めている．

すなわち，グローバル化と特定の地理空間に集約されたイノベーション・コミュニティとの関係は，図 10.3 のように概念的に表すことができる．ここでグローバル・ネットワークの様態は状況にあわせてあらたなノードを組み入れていく変容性・発展性を持っており，ある種のエコシステムを形成していると

みることができる.

　坂田は，各地域の産業クラスターに所属する主体の，クラスター内外の主体との関係を以下のように，近距離交流と遠距離交流に分類している.

- 近距離交流：友達の友達がまた友達である確率
- 遠距離交流：つながりを辿って他の企業への到達しやすさ

　そのうえで，近距離と遠距離の交流をバランスよく両立できる地域が存在していることを指摘している（坂田 2009）．近距離交流は地域独自の学びのプロセスの基盤であり，遠距離交流は国際的分業のネットワークに参画する可能性を拡げる．近距離と遠距離の交流をバランスよく両立できる地域は，図10.3のグローバル・ネットワークのノードになりうる可能性を持っていると解釈できるように思われる．

　地球規模でのイノベーション活動のネットワークにとって，地理的近接性が生み出す特異性は重要である．一般に企業は，近距離交流のなかから連携の相手先を選びやすいと思われるが，何らかの強い特徴や不可欠の価値創成源を持っている相手先，あるいは市場における需要と強く関連している相手先であると認知できる場合は，その相手先がどこにあろうと，千里の道を遠しとせずに連携を求めることになり，結果として価値創成網は地球規模に拡がると考えられる．地球規模での価値創成網は，地域のイノベーション・コミュニティのあり方に大きな影響を与えるとともに，地域のイノベーション・コミュニティのあり方は，地球規模での価値創成網の様態も決めるという，相互関係があると理解できる．

10.3　中間組織の役割と可能性

　価値創成源の特異な地理的集積をさせることは価値創成網の母体としてのイノベーション・コミュニティを充実させることになる．しかし，単に価値創成源を集積させるだけでは，新たな組み合わせが生まれる可能性が飛躍的に高まるわけではない．コミュニティに属する主体がバラバラでは，当意即妙な価値創成網を形成すること（図10.1）も，世界規模での価値創成網のなかでの特異的集積性を持ったノードとなりえること（図10.3）も，また当該地域でイノベ

ーションを多重展開していくことも難しい.集積効果を生むためには,コミュニティに属する主体間の連携性を強めていく必要がある.

　触媒が化学反応を促進する役割を果たすように,新たな価値創成源の組み合わせを促進するような役割を果たすプレーヤーがいれば,変革創始機会はより高まり,変革駆動力も向上していくと考えられる.英語圏では,こうした触媒的役割を果たす組織を中間組織（innovation intermediary）と呼んでいる[6].以下,中間組織の役割や可能性について概括的に学んでいく.

10.3.1　中間組織とは何か

　英語 intermediation は間に入ることを意味し,intermediary は 合意をもたらすべく人々の間の繋ぎ役としてはたらく人を指す.こうした語義をふまえて,表 10.3 に示すように,さまざまな研究者が中間組織の定義を提案している.

　本書では,これらの定義をふまえ,中間組織とは,

> イノベーション・コミュニティ内の諸主体の間に立って,イノベーション・プロセスにおける媒介役・はずみ車役としての役割を果たすことによって,変革創始や変革駆動力の向上に寄与する組織

であると定義する.なお,中間組織（innovation intermediary）は英語圏においても定まった用語ではない.たとえば,次のようにも呼ばれている.

- third parties（Mantel 1987）
- intermediary firms（Stankiewicz 1995）
- bridgers（Bessant 1995; McEvily 1999）
- brokers（Hargadon 1997; Provan 1999）
- information intermediaries（Popp 2000）
- superstructure organizations（Lynn 1996）

---

[6]　イノベーションや技術開発における中間組織の役割の起源は,英国の 16 世紀から 18 世紀にかけて仲買人（middlemen）が農業,羊毛,繊維工業に対して果たした役割に求めることができる（Hill 1967；Farnie 1979；Smith 2002）.こうした仲買人は自らの取引を進めるだけでなく,農業,繊維製作,羊毛紡績における技術改良に係わる知識の伝達者・普及者として重要な役割を果たした（Howells 2006）.

表 10.3 中間組織に関する定義例

- 複数の主体のかかわるイノベーション・プロセスの何らかの側面について，仲介者または合意形成者として働く組織または団体（Howells 2006）
- 企業の変革創始・変革駆動能力を高めることによって直接的に，あるいは地域，国，セクターのイノベーション能力を向上させることによって間接的に，イノベーションを可能ならしめる仕事をする組織，または組織中のグループ（Dalziel 2010）
- 生まれつつある技術的または文化的製品の，開発誘発および利益割当の場（空間）と機会を，ユーザーや開発者と呼ばれる他者に対して提供するアクター（Stewart 2008）

このような呼称の多様性は，ひとくちに，「媒介役・はずみ車役として変革創始や変革駆動力の向上に寄与」するといっても，その具体的な役割は，その中間組織がおかれている技術的・社会経済的環境によって異なることを反映している，と考えられる．

たとえば，協働の可能性のある主体に関する情報を提供すること，複数の主体間の情報交換も含め何らかの「取引」を仲介すること，すでに連携している組織同士の調整をすること，協働の成果を活かすような助言，資金，支援を探し出すことを手伝うことも，中間組織の役割に含まれる．また，価値創成源である知識を集め創成し普及すること，価値創成網の形成を促すことも役割になりうる．Bessant らは，こうした多様な中間組織の役割を表 10.4 のように，Howells は表 10.5 のように整理している[7]．

価値創成網を紡いでいくにあたっては，協働しようとしている価値創成網の構成者がいままで縁がなかった主体同士であり，生み出そうとしている市場における他の主体の立場に対する理解が乏しいことが大きな問題となることがある．とくに技術開発者とその技術のユーザーとの間には先鋭的に問題が起こりうる．このような不確実性含みの市場において，中間組織は仲裁・調整・連携構築という重要な役割を果たす．ただし，こうした仲介には脆弱で予測し難い側面もある（Russell 2002; Hyysalo 2004; Williams 2005）．

では具体的には，どのような中間組織がありうるのであろうか？ 表 10.5 に整理した中間組織の役割を下敷きに，いくつかの中間組織の事例を見ていくことにしよう．

---

7) 他の文献では，中間組織の役割として，技術の普及・移転，技術のマネジメント，システムとネットワーク，サービス提供，統合・総合などの役割を挙げている．

表10.4 中間組織の役割(1)：連携構築活動(bridging activities). (Bessant 1995)をもとに作成

1　技術に係わる特定のニーズの明確化，適切な技術の選択
2　人材に係わるニーズの特定，教育訓練
3　投資評価，ビジネス事例の生成
4　ビジネスおよびイノベーション戦略の特定・策定，意思疎通
5　新技術に関する知識に係わる教育・情報・意思疎通，新知識源の構築，外部の知識システムとの連携構築
6　プロジェクトのマネジメント，外部資源のマネジメント，訓練と能力構築，組織開発

表10.5 中間組織の役割(2)：媒介機能(intermediary functions). (Howells 2006)をもとに作成

	1　将来洞察および問題同定	
1.1	技術動向洞察，技術予測	将来洞察，予測，技術ロードマッピング
1.2	ニーズ，要求条件の明確化	
	2　探索的調査および情報分析	
2.1	探索的調査および技術に関する分析考察	情報収集および協働するパートナー候補の特定など
2.2	範囲設定および絞り込み	機能選択および明確化（協働するパートナーの選択）
	3　知識処理，知識生成および知識結合	
3.1	組み合わせ（combinatorial）	複数のパートナーが持つ知識の結合支援
3.2	生成および再結合	3.1に加えて，自らも技術知識を生成しパートナーの持つ知識と組み合わせる
	4　技術交流の仕切り（gatekeeping），周施（brokering）	
4.1	マッチングおよび周施	交渉および取引の生成（選定されたパートナーとの契約交渉の促進）
4.2	契約に関する助言	契約のまとめあげ（知的財産に関する専門家が関与することもあり）
	5　試験，検証および教育訓練	
5.1	試験，診断，分析および検査	試験風洞や研究室による試験・診断，分析・検査
5.2	試作（prototyping）および試行用設備・パイロットプラント（pilot facilities）	
5.3	スケールアップ	隘路・懸案を克服するための製造モデル構築も含む
5.4	検証	分析方法の検証
5.5	教育・訓練	新しい技術を使いこなすための統合教育訓練
	6　認証および標準化	
6.1	仕様書の設定もしくは規格に関する助言	参照設計（reference design）も含む
6.2	公式な規格（format standards）の準備および確認	

6.3 自主的規格およびデファクト・スタンダードの設定	
7 法制化および仲裁	
7.1 法制化 (regulation)	公式の法律の起草
7.2 自主規制	自主規制に関与する機関としての準公的な性格を持つ基準
7.3 非公式規則および仲裁	異なるグループ間の非公式仲裁，たとえば製造者と消費者との仲裁
8 知的成果の保護	
8.1 知的財産権に関する助言	協働の成果の保護（アイデアが知的財産保護に価するのか評価することを支援）
8.2 依頼主のための知的財産マネジメント	知的財産権の確保およびそのマネジメント
9 商業化探索	
9.1 マーケティング，支援，計画	市場調査および事業計画（市場における機会の特定および事業計画の策定）
9.2 販売網構築および販売	販売，商業化プロセスの支援（販路の構築・運用の支援）
9.3 初期投資候補者の探索および資金調達組織化	初期段階の資本形成（資金調達可能性の評価および絞り込み，'原理証明（proof of principle）'のための資金調達）
9.4 ベンチャー・キャピタル	'二の矢（follow on）'のための資金援助
9.5 新規株式公開，新規公募	
10 評価	
10.1 技術評価 (technology assessment)	性能および技術に関する一般的評価 (general assessment)
10.2 技術査定 (technology evaluation)	いったん市場に出されている製品・技術の特定観点からの評価

10.3.2 将来洞察または問題同定を担う中間組織事例

(1) 技術ロードマッピング

　表10.5における「1　将来洞察および問題同定」のうち，技術動向洞察（technology foresight），技術予測，技術ロードマッピングは，日本においては，官庁系の公的団体がその役割を担ってきた．たとえば，経済産業省は2005年から，新エネルギー・産業技術総合開発機構（NEDO）や，産業技術総合研究所などの協力を得て，国家的に重要な産業技術のロードマップを俯瞰する「技

術戦略マップ」を策定・公表してきた．また，NEDO は，ナノテクノロジー・材料技術分野の技術ロードマップを策定している．日本学術会議は，理学・工学分野における科学・夢ロードマップを，各関連学会と協力して策定している．一方，近年では，日経 BP 未来研究所が「テクノロジー・ロードマップ 2015-2024」を策定するなど，民間のシンクタンクも技術ロードマップの策定に取り組んでいる．これらの策定機関は本書でいうところの中間組織としての役割を果していることになる．

　では，技術ロードマッピングの策定主体は，いかなる主体の間の媒介役・はずみ車役となるのであろうか？　技術のロードマッピングは企業など各組織の今後の技術開発の戦略を決める参照資料になるものであり，かつ，今日の多くの技術開発は複数の組織が連携した同盟体（alliance）によってなされるものである．このことを考慮するならば，技術のロードマップを作成することは，技術開発によるイノベーションをおこすためにパートナーを探索している諸主体にその手がかりとなる情報を提供する媒介役となっていると理解できる．技術のロードマッピングは，パートナー探索の参照情報として活用されることによって技術開発による変革創始に寄与することが期待される．

(2)　生産技術研究奨励会特別研究委員会

　イノベーションを構想するにあたっては，どのような課題と，どのような技術的シーズが存在するのかを探索していくことが肝要である．かつては，大企業は社内で課題とシーズの探索作業をしてきたと想像される．しかしながら技術が複雑で大規模化し，課題ニーズも個別化多様化してくると，探索作業を単独組織だけで行うよりも，中間組織を介して多様な専門分野・業種が協働で探索する方が有効であると認識しはじめている．そこで，ニーズ，要求条件の明確化，技術の可能性探索，範囲設定，協働するパートナー候補の特定などを担当するような組織が活発化してきている．一般社団法人生産技術研究奨励会が開催する特別研究委員会は，大学教員（または教員グループ）が主宰し，特定のテーマについて産業界との共同研究の企画や調査を通じて，大学と産業界とのより深化した研究連携を行うことを目的に活動してきた．具体的には，下記のような活動が行われている．

表 10.6 生産技術研究奨励会特別研究委員会（2015年度）（将来洞察・問題同定, 探索的調査および情報分析を目的とした組織的活動例）

1	マイクロマシン技術の応用を探る研究会
2	低消費電力・高速LSI技術懇談会
3	「射出成形現象の可視化」特別研究会
4	光応用工学特別研究会
5	ITS（Intelligent Transport Systems）に関する研究懇談会
6	「"超"を極める射出成形」特別研究会
7	レアメタル研究会
8	バイオ・マイクロ・ナノテク研究会
9	極小レオロジー研究会
10	オーガニック・ビークルダイナミクス研究会
11	エクセルギー再生とコプロダクション特別研究会
12	スマートエネルギーネットワーク研究会
13	駐車場ITSに関する特別研究会
14	次世代モビリティ研究会
15	水・地球環境問題特別研究会
16	コンクリートのバリア性能研究会
17	準静電界研究会
18	防災ビジネス市場の体系化に関する研究会
19	ハードとソフトから交通信号制御を見直す研究懇談会
20	建設分野におけるユーザーレビューシステム研究懇談会
21	エネルギーシステムインテグレーション研究会
22	次世代育成のための教育・アウトリーチ活動特別研究会
23	都市環境災害に関する風洞活用研究会
24	次世代バイオ・医療技術探索研究会
25	IoT特別研究会
26	ナノ粒子の光応用特別研究会

- 技術・市場動向調査
- 最新の研究成果・技術に関する産学相互の情報交換
- 研究開発課題の探査および設定
- 共同調査を通じた共同研究の企画

　表10.6は，2015年度に開催されている特別研究委員会のテーマのリストである．生産技術研究奨励会特別研究委員会は，大学教員と産業界との間の媒介役・はずみ車役として表10.5における「1　将来洞察・問題同定」および「2　探索的調査および情報分析」に係わる活動をしているといってよい．

(3) ネットワーク上の情報提供組織

　近年は，インターネットの普及により組織外の不特定多数の人たちから，情

報・知識を調達するクラウド・ソーシング（crowd sourcing）が活用されようとしている．

この流れのなかで，ある特定領域に係わる科学技術の情報や，ユーザーからのフィードバック・効果評価に係わる情報を系統的に収集して，幅広い利用に供することを目的にしたプラットフォームを構築し運営する組織が英語圏では盛んに活動している．

たとえば，InnoCentive は，Eli Lilly 社が出資して 2001 年に設立された組織で，登録メンバーの顧客企業などから提示される課題に対して，解決策を提案し，もっとも良い提案をした者に報酬が支払われる．そのメンバー数は，2013 年 8 月には 30 万人に到達したという．的外れな技術開発・技術探索に時間やコストを費やしてしまうリスクを負わず，幅広い範囲から，迅速に知識を収集する方法として，Eli Lilly 社，P&G 社といった名だたる大企業や，NASA などの公的機関が InnoCentive を利用している．InnoCentive は，表 10.5 に示した役割のうち，「2 探索的調査および情報分析」を担っている．

10.3.3　知識の処理・知識生成・知識結合を担う中間組織事例

COMMA ハウス（コマハウス：COMfort MAnagement ハウス）は，2020 年までに広く普及するスマートハウスの具体像を示すことをめざし，東京大学駒場Ⅱキャンパス内に設置された東京大学生産技術研究所と LIXIL による実験住宅で，各種エネルギーマネジメントに係わる実証実験を 2011 年以来展開してきた．国内の HEMS (Home Energy Management System) や，スマートハウスの多くは独自の通信プロトコルを用いるなどクローズドシステムを採用していた．そのため異種企業から供給された製品を相互に接続して運用すること (interoperability) ができず，複数の人工物を連携させて，ひとまとまりのシステムとしての使用価値を獲得することによる（図 8.15）イノベーションの機会が損なわれてきた[8]．優れた技術を各社が持ちながら過去 10 年以上にわたって HEMS が普及しなかった理由の 1 つがこの点にあり，かつ，スマートハウスも同様な末路を辿るおそれがあった．

---

[8] 米国はライバル社同士が呉越同舟でプロトコルの標準化を行っている．

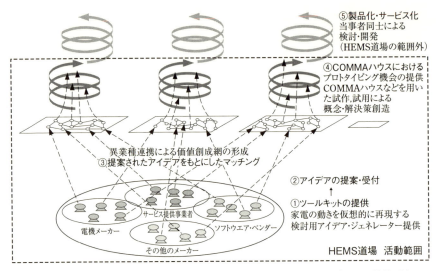

図 10.4 「HEMS 道場」による COMMA ハウスにおけるプロトタイピングの位置づけ

　COMMA ハウスの当初の目的は，共通のプロトコルでさまざまなメーカーの異業種の機器の協調運用を行うオープンなシステムを試作し，実験することであった．すなわち表 10.5 に示した中間組織の役割のうち，複数のパートナーが持つ知識の結合支援 (3.1)，を果たすことが企図された．幸いにして当初の目的は達成され，スマートハウス向け通信プロトコルである ECHONET Lite の普及にも一役買うことになった．

　続けて，COMMA ハウスは，「HEMS 道場」によるアプリケーションの実証の場としても活用されている．「HEMS 道場」は，魅力的な HEMS アプリケーションの創出を目指す場を提供することを目的に設定された団体である．「HEMS 道場」が WEB-API を公開し，さまざまなベンダーに参加を呼びかけることで，COMMA ハウスはオープンな知識結合支援の場としての役割を果たしつつある．新しいコンセプトをもとに試作されたアプリケーションを用いて実際に住宅内機器を動かしてみる実験・試験が行われ，IoT の応用範囲を拡げるようなアプリケーションを開発しつつある（図 10.4）．かくして，「HEMS 道場」は，建築技術者，設備技術者，情報ネットワーク事業者，家電機器メーカー，ソフトウエア開発者の間に立って，表 10.5 における「3　知識処理，知識

生成および知識結合」の媒介役・はずみ車役としての役割を果たしていることになる．

10.3.4　技術交流の仕切りを担う中間組織事例

　地域における大学，大中小企業の間の交流を活性化させるため，地方自治体が表 10.5 における「4　技術流通の仕切り（gatekeeping），周旋（brokering）」を担う産学連携機関を設立し活動させている．

　たとえば川崎市産業振興財団は，地域の中堅・中小企業と大学・機関との間の「顔の見える関係づくり」を目指して，相互の人的ネットワークの拡大を図る交流活動を展開している．試作開発マッチング，企業見学ツアー，大学研究室ツアー，試作開発ガイドブックの発行，シーズ提供のための交流会の開催，かわさき医工連携研究会，などの事業を展開している．技術の創造者（大学）と，技術の利用者・応用者（企業）との間で，表 10.5 における「4.1　マッチングおよび周旋」，「4.2　契約に関する助言」の役割を担う中間組織として活動している．

10.3.5　試験，検証および教育訓練を担う中間組織事例

(1) 公設試験研究機関

　たとえば公設試験研究機関である東京都立産業技術研究センターは，業務の一環として，食料品，住居品，被服品，車両・乗り物などの材料や商品について，試験，分析を行い，成績証明書を発行したり，試験結果に基づいて，技術的なアドバイスも行っている．また，行政機関や企業・団体から，規格・基準への適合性試験，性能・成分などの計測・分析試験，苦情・事故などの原因究明のための試験を受託している．これらの活動により，表 10.5 における「5.1　試験，診断，分析および検査」という役割を担っている．

(2) 東京大学生産技術研究所における中間工場（1940 年代から 1970 年代）

　東京大学生産技術研究所は，その草創期である 1940 年代に産業界で活躍するエンジニアを教員として登用した淵源があることから，理論だけでなく，具体的な解決策を生み出していこうという志向が歴史的に強い．たとえば，1950

図 10.5 東京大学生産技術研究所における中間工場

年代に記された次のようなステートメントが残っている.

> 生研（引用者注：生産技術研究所）においては，実際問題の解決によって各専門知識を総合して広い視野に立って行うことができること，大学院制度や研究生制度を実施し優秀な人材を世の中に送り出すこと，などを特色としている．（福田 1959）

　福田は生産技術研究所が実際問題を解決するためには，試作部門を強化する必要があるとし（福田 1959），そのような機能を「中間工場」と呼んだ．これは図 10.5 に示すように大学と企業の中間に位置して，試作を通じて課題解決のための知の体系を形成していこうとする役割を担っている場であり組織である．中間工場は，表 10.5 の役割のうち，「5.2　試作（prototyping）」を主としつつ「5.3　スケールアップ」や，「5　試験, 検証および教育訓練」全般の役割も担うものであった．中間工場の雛形としてのもっとも典型的な例が，東京大学生産技術研究所試験溶鉱炉である（図 10.6）．これについて前田は次のように説明している．

> 当試験高炉は昭和 29 年（1954 年）に文部省より機関研究費の交付を受け建設を開始し，翌 30 年（1955 年）に鉄鋼製錬研究の画期的新設備として完成された．以来 28 年の長期にわたり高炉プロセスの解明と製銑技術の前進のための研究手段として活用し，日本鉄鋼業の発展期にはその中心的課題の解決に積極的に取組み，それについて有形無形の成果を納め今日に

図 10.6 中間工場の雛形としての東京大学生産技術研究所試験溶鉱炉（前田正史教授提供）

いたっている．（前田正史 http://maedam.iis.u-tokyo.ac.jp/html/chiba2.html
(retrieved dated on 30 April 2016)）

東京大学生産技術研究所の試験溶鉱炉は，大学および高炉メーカー各社の間で，表 10.5 の「3　知識処理，知識生成および知識結合」に加えて「5　試験，検証および教育訓練」を担う中間組織として活動していたと解釈できる．

(3) 東京大学生産技術研究所における中間工場（現代）

今日においても，東京大学生産技術研究所では複数の企業が参加するコンソーシアム型のプロトタイプ活動が行われている[9]．ただし，現代の「中間工場」は，かつての試験溶鉱炉とは，おかれている状況は異なってきている．それは，日本の製造業などの構造が変化し，縮退・萎縮していることを背景に，以下に挙げるようなことが求められているためと思われる．

---

9) たとえば，「先進ものづくりシステム連携研究センター」は，The Boeing Company，三菱重工，川崎重工業，富士重工，DMG 森精機，オーエスジー，住友電工ハードメタル，三菱マテリアル，東レ，神戸製鋼所，出光興産，不二越，AB Sandvik Coromant が参加し（2015年 8 月時点），航空機製造に関する共通の痛み（common pain）を解消するため，試作を含めものづくりに関する先進的・革新的研究開発に取り組んでいる．

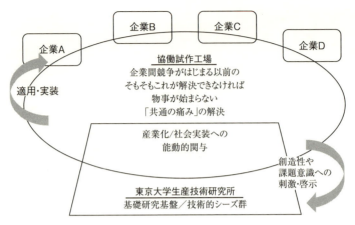

図 10.7 「共通の痛み」領域解決型の現代型中間工場

a 技術の複雑化とともに共通の痛み領域 (common pains) が拡大していること

特定の企業にとっては重要だが投資のわりにはリターンの小さな課題が数多く発生している．これらは，大学から見れば応用研究的であり，単独では解決できないが，工学的意義の深い課題でもある．こういった大学および複数の企業にとってそれぞれ意義深い課題は，共通の痛み (common pains)（図 10.7）であるといえる．この共通の痛みの解決のためのプラットフォームを大学が提供するニーズが高まっている．

b 複雑な大規模技術における統合が求められていること

相互運用可能性 (interoperability) を保証する統合的システム (integrated system) の実験検証の場として「中間工場」を活用しようという動きもある（前述の COMMA ハウスなど）．

c ユーザー・ファクトリーが求められていること

3次元プリンターなどの普及により，ユーザーと供給者の境目が曖昧になり，ユーザー自らが試作を積極的に行う場が，世界各地に設けられはじめている．これは，ユーザー本位で技術者と共創する innofusion (Fleck 1988; Stewart 2008) の場であるともいえる．ユーザーと供給者を媒介し，試作を通じて知識

の創成および結合をしようという中間組織の役割を果たしているとみなすことができる.

10.3.6　認証および標準化を担う中間組織事例

(1)　ISO（International Standard Organization）

いわゆる，デジュール・スタンダードを作成する代表的な国際機関である．各国の標準化機関（例：ANSI, BIS, DIN, AFNOR, JISC）と密接な連携をとり国際規格の策定，改訂などの活動を行っている．ISO から新規格の提案が送られてくると各国の標準化機関は，国内の関係団体に照会し，その提案に対する対応を決める．ISO 自体は非政府組織であるが，各国の政府や，非政府組織，業界団体など諸組織とネットワーク関係を構築しながら，国際的なコンセンサスを構築している．ISO は，表 10.5 の「6.2　公式な規格の準備および確認」を行う中間組織であり，利害関係者の間のコンセンサスを形成する媒介役を担っている．

(2)　東京大学 IoT 特別研究委員会

ICT の分野では，デファクト・スタンダードが増えている．IoT についても，影響力の大きな国際的な合意は，デファクト的に形成される可能性が高い．そこで，参照基準となる試設計（use case）の設定も含め，有志からなる東京大学 IoT 特別研究委員会（表 10.6 生産技術研究奨励会特別研究委員会の 1 つ）を組織し，国際的に影響のある団体・グループに対して情報発信をして，自主的なデファクト・スタンダードの設定のプロセスに関与しようとしている．この組織は，表 10.5 の「6.3　自主的規格およびデファクト・スタンダードの設定」に関連して，案をとりまとめ提案をする媒介役を担っている．

10.3.7　知的成果の保護・商業化探索を担う中間組織事例

(1)　TLO（技術移転機関）

TLO は，Technology Licensing Organization（技術移転機関）の略称であり，大学教員の研究成果を知的財産として登録するとともに，大学教員のノウハウや知的財産を企業などに技術移転することを目的とした組織である．大学と企

業との仲介役・橋渡し役として，表10.5にいう「8　知的成果の保護」，「9　商業化探索」を担い，大学の知的資産が社会実装され豊益潤福の増進に寄与する．産学連携の媒介役・はずみ車役といってよい．

(2) ベンチャー・キャピタリスト

　ベンチャー・キャピタリストは，イノベーションの担い手となるベンチャー企業（start-ups）に資金を提供するとともに，投資先企業の経営を支援することによって，企業価値を高め，上場や買収によるキャピタルゲインを得ることを目的とした職業である．こうした資金供給・経営支援に加えて，ベンチャー・キャピタリストは，人々やアイデアを既存の企業からベンチャー企業に流動させるような役割（Brown 2000）や，第9章で述べたbeesのように，機動的に異種組織との連携を進めていく役割を担っている．ベンチャー・キャピタリストの仕事とは，「新しいテクノロジーやサービスなど，新鮮な刺激や出会いを求めて世界中を動き回り，多くの起業家たちと夢を語り，投資を通じて彼ら彼女らのアイデアをビジネスに変え，株式上場させ大企業に成長させることで，社会にインパクトを与えること」（伊佐山 2013, p. 7）であるともいわれている．

　ベンチャー・キャピタリストは，表10.5の「9.3　初期投資候補者の探索および資金調達組織化」をはじめとする，「9　商業化探索」の役割を担うとともに，「3　知識処理，知識生成および知識結合」，「4　技術交流の仕切り，周旋」にも関与しているといってよい．

10.4　イノベーション・ディストリクト

10.4.1　イノベーション・ディストリクトとは何か

　本章では以下の2つの論点を挙げて，イノベーション・コミュニティに関する知見をまとめてきた．
- 論点1：いかにすれば多様性・異質性の高いイノベーション・コミュニティの地理的集積を実現できるのか．
- 論点2：いかにして当意即妙な価値創成の形成に寄与できる，主体間の連

携を促していけるのか．

　これら，2つの論点をあわせて，持続的にイノベーションを生み出し続けるイノベーション・コミュニティのあり方を構想することが肝要である．

　近年，こうした観点に立って，知的集積拠点を戦略的に構築していこうという動きが世界規模で盛んになってきており，イノベーション・ディストリクト（innovation district）という用語が用いられはじめている．Katzらによれば，イノベーション・ディストリクトとは，次のように定義されている．

> 先端的研究大学，研究型病院などの中核機関（anchor institutions），企業のクラスターが所在し，ベンチャー企業（start-ups），事業創出家（business incubators）や，事業拡大支援家（business accelerators）と深く繋がっている地理的領域のことを指す．その領域は物理的にはコンパクトであり，交通至便で，技術的な連携網が形成されており，住宅，事務所，小売りなど混合用途を提供している．（Kats 2014）

　上記のKatsの定義に従うならば，必然的にイノベーション・ディストリクトは都市に所在する．科学推動型の単線型イノベーションがイノベーションの主役であると考えられていた時代は，イノベーションは研究室から生まれると考えられてきた．都市の喧噪や空間制約によって，活動が制約されることがないように，研究室が大きな空間資源の得られる郊外部や，林間・山岳・田園地帯に設置されることは珍しいことではなかった．しかしながら，現代のイノベーションは本書で繰り返し述べてきたように，行きつ戻りつの複線循環プロセスをとる．ユーザーを含め多様な主体が価値創成網に参画することから，都市は，イノベーション・プロセスの進行場として，また，価値創成網を形成しつつ幅広い価値創成源を調達する場として，さらには，やりながらの学び（learning by doing/using/interacting）の場として重要となっている．

　今日のように，知識経済が進展するまでは，モノを生産する産業が経済を支えてきた．都市はこれらのモノを生産する企業の本社・支社や，それらの企業と取引をする金融産業，サービス産業の集積場であり，また，企業ではたらく人々の居住場所であり，モノの消費地でもあった．だが，知識経済の進行とと

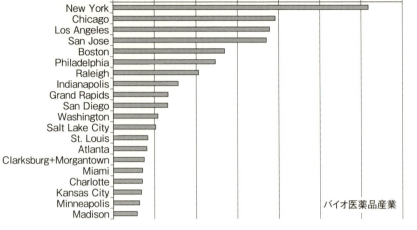
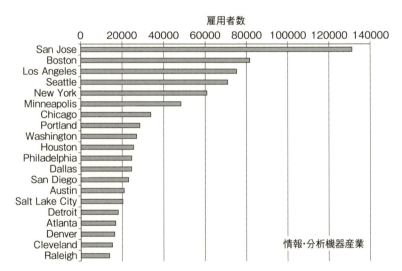

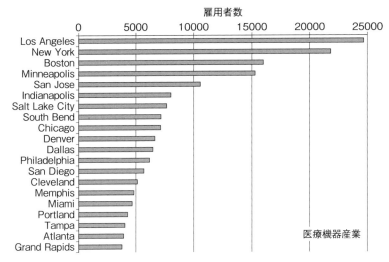

図 10.8 米国におけるバイオ医薬品産業,情報・分析機器産業および医療機器産業の地理的集積:2013年における経済地域別雇用数.出典:U.S. Cluster Mapping Project (http://clustermapping.us/), Institute for Strategy and Competitiveness, Harvard Business School. Data Sources (http://clustermapping.us/content/data-sources-and-limitations) (retrieved dated on 30 April 2016)

もに,都市はそれ自身が知識や情報の生産地・発信地となり,イノベーションにとって持つ意味を変えたのである.

図 10.8 は,米国におけるバイオ医薬品 (biopharmaceuticals) 産業,情報・分析機器産業,医療機器産業の雇用者数が多い上位 20 位の経済地域(集計対象総数は全米で 179 地域)を集計したものである.これらの図からは,知識集約産業が特定の地域への集積度を高めていることが推測される.

世界から多様な知識・能力を持った人材が,自らを発展させる機会が得られる場に集積し,そこに集まる人材同士の新たな連携が生まれ,さらなる機会を生んでいくことによってさらに人を惹きつけ,イノベーション・ディストリクトの形成が促進されていくと考えられる.イノベーション・ディストリクトという概念が,地方自治体の指導層に浸透するに従って,図 10.8 の例のような集積性はますます高まっていくと想像される.

なお,前述のように,地理的集積例の概念としては,産業クラスターがある.イノベーション・ディストリクトと産業クラスターは密接に関連するが,一説

には次のような差異があるとも考えられている．産業クラスターは，長年かけて熟成されたネットワークではあるが，能動的な刺激がないと，坂田（2009）がいうところの近距離交流ばかりに固定化し，新陳代謝が鈍くなっていく可能性がある．これに対して，イノベーション・ディストリクトは，その内部にあっては柔軟・多様，外部にあっては特異であるという基本的性格を持っている．イノベーション・ディストリクトは，多様な組織で構成されており，産業クラスターと異なってその中心機関は若く，柔軟性があり，改廃も速い．こうした柔軟性・迅速性は，イノベーションのためのグローバル・ネットワークにおいて，特異な唯一無二のノードを確保している（図10.3）がために生じている．イノベーション・ディストリクトが産業クラスターと異なる点は，柔軟・迅速にグローバル・ネットワークに対応できる性格を持っていることによる．

10.4.2 イノベーション・ディストリクトの事例

著名なシリコンバレー（コラム欄参照）だけでなく，以下のような都市・地区は，本書でいうところのイノベーション・ディストリクトに相当すると考えられる．

(1) ケンブリッジ

ケンブリッジ市は大学を核としたイノベーション活動が盛んで2008年のリーマンショック後も人口が増加している．西ケンブリッジ地区に次々と研究開発拠点が建設され，多数の企業が起業している．また，ケンブリッジ南郊に位置するSanger研究所（Wellcome Trust Sanger Institute）は，ヒトゲノム解析において世界のトップレベルの研究機関である．

(2) インペリアル・ウェスト

Imperial College Londonは，ロンドン西郊のBBC跡地にインペリアル・ウェストと呼ばれる新キャンパスを建設している．インペリアル・ウェストは，既存企業，起業家，学者・研究者の間に新たな連携体が生まれることによって，ビジネス・事業，科学研究およびイノベーションが相乗的・有機的・持続的に生起発展していくことを意図し計画されている．大学という中立的知的拠点を

コラム　シリコンバレーにおける知の有効活用（(Brown 2000) をもとに要約）

　クラスターのなかの密度と差異化が進行することによって，イノベーションの地域集約は，人材やアイデアの効率的活用をもたらすことができる．シリコンバレーの人材流動を Angel (2000) は次のように説明している．「いまの雇用者の下にとどまるのか，あるいは転職するのかという個々の労働者の決定は，結果として，労働者の技能や経験を労働市場においてもっとも効率良く配置させる手段となっている」．Angel が示唆するところでは，その転職のコストが安く（家を売買したり子供が転校しなくてすむなど），しかも持っている技能に対してつねに市場の需要がある限りにおいて，この人材流動性は，この地域で人材のクラスターをなしていて，誰が何をできるのかという重要な情報・知識を，あたかも空気中にただよっているように広く流布させている．

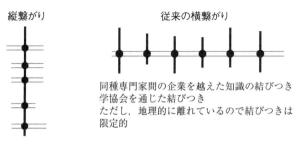

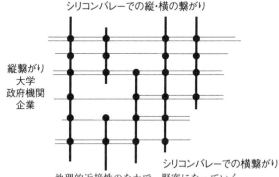

図 10.9　シリコンバレーに見られる縦繋がり，横繋がりの統融合．(Brown 2000) をもとに作成

> 同様に，イノベーションの地域集約化は，知識普及に関する費用を低減し，アイデアの波及を推進する．仮に企業がアイデアを活用しきれなかった場合でも，こうした地域環境のもとでは，それらが使われないままにその場所に長期にわたって固着してしまうことは起こりづらい．もし，インフォーマルな繋がりが密で，実務における絶対秘密ということがなきに等しいような風通しのよい状況なのであれば，知財ポリシーで守られていようが，無視されていようが，あるアイデアが単独の企業に利用されないままにとどまり続けることはおよそありえない．近隣に所在し近しき関係にある組織は，そのアイデアにはどのような意義があり，いかなる有用性があるのかについて互いに無知であるはずがない．その結果，利用せざるアイデアは誰かに使われるに至るまで，図10.9に示すような縦・横の繋がりを持った実務のネットワークのなかを巡り回ることになる．

もとに，オープン・イノベーションや，双方向のイノベーションを促進して唯一無二の知的集約の特異点をつくろうとしている．

(3) ニューヨーク・イースト川ルーズベルト島

Cornell 大学が Technion（イスラエル工大）とともに本キャンパスから370km離れたニューヨーク市イースト川中洲ルーズベルト島の病院跡地に新キャンパス（Cornell NYC Tech）を建設している．これは，ニューヨーク市の応用科学の拠点をつくるという戦略（Applie Sciences NYC）に基づくもので，学生，教員，企業が同じ建物で共存協働しながら，境界を越えられる人材の養成とイノベーションをともに達成しようとしている．

(4) ニューシャテル

ニューシャテルは，スイス時計産業の中心地であったが，1970年代のクォークの到来により時計産業が衰退した．そこで時計産業の基盤強化を目的としてNeuchâtel 大学マイクロ技術研究所（IMT）が設立され，マイクロ・ナノテクノロジーの分野での研究・開発が進められた．その結果，MEMS（Micro Electromechanical Systems）を基盤に，時計産業やバイオ・宇宙に関連した産業とイノベーションの集積点が形成されている．かつての時計産業の伝統を基盤に，CSEM（連邦政府資金）の戦略的投資を受け，大学が中心になり，競争力の

ある集積が形成されている．

(5) ウプサラ

　Uppsala大学を中心としたネットワーク組織が形成されており，とくにバイオテクノロジー分野での成果が顕著である．政府もイノベーションの拠点（バイオ・クラスター）をつくるという重点的戦略的な投資を行っており，大学病院を核に，とくに臨床的実験市場として，国際的にも重要なノード（地理的集中）を形成している．製薬販売，医工学設備に関連する中核企業だけでなく，多数のスピンオフ＆ベンチャー企業（start-ups）も所在する．

10.4.3　イノベーション・ディストリクト形成戦略

　では，どのようにしたら，イノベーション・ディストリクトを形成していけるのであろうか？　表10.7は，イノベーション・ディストリクトにおける変革創始や変革駆動力に影響すると思われることがらを列挙したものである．

　イノベーション・ディストリクトを形成する戦略をたてるにあたっては以下の点に留意しなければならない．

1　イノベーション・ディストリクトの核（コア・コンテンツ）になりうる地域内の価値創成源を同定する：地球規模での共創のなかで，特異性を発揮するための核になりうる価値創成源，言い換えれば，地域のなかに眠っている宝物ともいえる情報，知識，能力などを探し出す．

2　中間組織を設定または設立する：価値創成網を構築しつつ，核となる価値創成源を紡ぎあわせ，イノベーション・プロセスを駆動させる中間組織の役割を表10.4，表10.5を下敷きに地域の事情を勘案して定義し，地域内の既存組織に担わせる．もしくは，新規に組織を設立し，その役割を担わせる．

3　イノベーション・コミュニティを拡充する：イノベーションを好む雰囲気・気性に満ちた環境（pro-innovation environment）を地域内に醸成するとともに，特色のある価値創成網を構築拡大していく．

4　危険負担資本（risk capitalまたはventure capital）および債券金融を集める：ベンチャーキャピタルなどイノベーションへの金融支援をするプレー

表 10.7 イノベーション・ディストリクトにおける変革駆動力を向上させる諸要因

・変革創始に寄与する多様な人材の存在
・高度な技術技能を持った人材の分厚さ，および人材を継続的に育成する環境
・知識を創造する組織の存在（大学・研究機関など）
・中間組織の存在
・資本の調達しやすさ
・社会的ネットワークの稠密さ：横繋がりの密度，速さ
・価値創成網の柔軟性，適応性
・情報・知識の吸引力，訴求力，発信力
・やりながら学ぶプロセスへの適応性を持った人材・組織が数多く存在
・変化に対する受容性のある人材・組織が数多く存在
・リーダーシップの存在：忍耐強くクラスターを形成していく意志と仕組があり，実効的に運営されていること
・構成者の新陳代謝：つねに進化という志向が地域・地区内に顕在化していて，迅速・柔軟に構成者が入れ替わられること

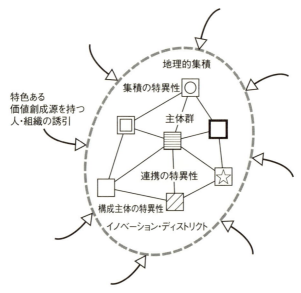

図 10.10 連携・集積の特異性による価値創成源の誘引

ヤーを誘致し，イノベーション活動への資金供給を拡充する．

5　地域内の企業同士の協働（とくに競争がはじまる前段階の基礎的研究（pre-competitive research）の協働）を促進する．

6　特色ある価値創成源を持った人・組織の誘引：特異性のある主体が特異

に連携し集積していることを積極的に提示することにより，特色ある価値創成源を持った人・組織を誘引し，さらに集積の特異性を高めていく（図10.10）．

もしこれらの点すべてを満たしたとしても，過去の経験によれば（Sallet 2009），忍耐なくしてイノベーション・ディストリクトは成功しない．イノベーション・ディストリクトが成果を出すには時間がかかる．イノベーション・ディストリクトの指導者は，そのことをよく理解し，その構築と運営に忍耐づよく取り組まなければならない．

参考文献

Angel, D. (2000) "High-Technology Agglomeration and the Labor Market: The Case of Silicon Valley," Kenney, M. (ed.), *Anatomy of an Innovative Region: Understanding Silicon Valley*, Stanford University Press, Palo Alto, CA.
Arocena, R. and S. Sutz (2000) "Looking at National Systems of Innovation from the South," *Industry and Innovation*, Vol. 7(1): 55-75.
Asheim, B. T. and L. Coenen (2005) "Knowledge Bases and Regional Innovation Systems: Comparing Nordic Clusters," *Research Policy*, Vol. 34(8): 1173-1190.
Bessant, J. and H. Rush (1995) "Building Bridges for Innovation: The Role of Consultants in Technology Transfer," *Research Policy*, Vol. 24: 97-114.
Brown, J. S. and P. Duguid (2000) "Mysteries of the Region: Knowledge Dynamics in Silicon Valley," Lee, C.-M., W. F. Miller and M. G. Hancock (eds.), *The Silicon Valley Edge: A Habitat for Innovation and Entrepreneurship* (Stanford Business Books), pp. 16-45.
Coakes, E. and P. A. Smith (2007) "Supporting Innovation: Communities of Practice and Change," *Journal of Knowledge Management Practice*, Vol. 8 (S1).
Cowan, R. and N. Jonard (2004) "Network Structure and the Diffusion of Knowledge," *Journal of Economic Dynamics and Control*, Vol. 28: 1557-1575.
Dalziel, M. (2010) "Why do Innovation Intermediaries Exist," *Proceedings of DRUID Summer Conference*, London, pp. 16-18.
De Backer, K. (2008) *Open Innovation in Global Networks*, Organization for Economic.
Farnie, D. A. (1979) *The English Cotton Industry and the World Market, 1815-1896*, Oxford University Press, Oxford.
Feldman, M. P. (1994), *The Geography of Innovation*, Kluwer Academic Publishers, Boston.
Feldman, M. P. and D. F. Kogler (2010) "Stylized Facts in the Geography of Innovation," Hall, B. H. and N. Rosenberg (eds.), *Handbook of the Economics of Innovation*, North-Holland, Vol. 1, Chapter 8, pp. 381-410.
Fichter, K. (2009) "Innovation Communities: The Role of Networks of Promotors in Open Innovation," *R&D Management*, Vol. 39(4): 357-371.
Fichter, K. (2012a) "Innovation Communities: A New Concept for New Challenges,"

Innovation Communities, Springer Berlin Heidelberg, pp. 1-15.
Fichter, K. and S. Beucker (2012b) "Innovation Communities: Kooperation zahlt sich aus," *Ein Leitfaden für die Praxis*, Berlin.
Fleck, J. (1988) "Innofusion or Diffusation? The Nature of Technological Development in Robotics," *Edinburgh PICT Working Paper*, No. 7, Edinburgh University.
Freeman, C. (1987) *Technology Policy and Economic Performance: Lessons from Japan*, Pinter, London.
Freeman, C. (1995) "Technology Policy and Economic Performance: Lessons from Japan, haus." *Ein Leitfaden für die Praxis*, Berlin, pp. 2-24.
Hargadon, A. and R. I. Sutton (1997) "Technology Brokering and Innovation in a Product Development Firm," *Administrative Science Quarterly*, Vol. 42: 718-749.
Hauschildt, J. and G. Schewe (2000) "Gatekeepers and Process Promotors: Key Persons in Agile and Innovative Organizations," *International Journal of Agile Management Systems*, Vol. 2(2): 96-103.
Hill, C. (1967) *Reformation to Industrial Revolution*, Weidenfeld & Nicholson, London.
Howe, J. (2006) "The Rise of Crowdsourcing," *Wired Magazine*, Vol. 14(6): 1-4.
Howells, J. (1999) "Regional Systems of Innovation?" Archibugi, D., J. Howells and J. Michie (eds.), *Innovation Policy in a Global Economy*, Cambridge, Cambridge University Press, Chapter 5, pp. 67-93.
Howells, J. (2006) "Intermediation and the Role of Intermediaries in Innovation," *Research Policy*, Vol. 35(5): 715-728.
Hyysalo, S. (2004) *Uses of Innovation: Wristcare in the Practices of Engineers and Elderly*, Helsinki University Press, Helsinki.
Jonathan, P. (ed.) (2008) *Local Economic and Employment Development (LEED) Entrepreneurship and Higher Education* (No. 18), OECD Publishing.
Kats, B. (2014) The Rise of Innovation Districts: A New Geography of Innovation in America. http://www.brookings.edu/about/programs/metro/innovation-districts (retrieved dated on 18 August 2015)
Krugman, P. (1991) *Geography and Trade*, MIT Press, Cambridge.
Lee, C. M. (2000) *The Silicon Valley Edge: A Habitat for Innovation and Entrepreneurship*, Stanford University Press.
Lundvall, B. A. (1988) "Innovation as an Interactive Process: From User-producer Interaction to the National System of Innovation," Dosi, G., C. Freeman, R. Nelson, G. Silverberg and L. Soete (eds.), *Technical Change and Economic Theory*, Columbia University Press and Pinter, London and New York, Chapter 17, pp. 349-369.
Lynn, L. H., N. M. Reddy and J. D. Aram (1996) "Linking Technology and Institutions: The Innovation Community Framework," *Research Policy*, Vol. 25(1): 91-106.
Lynn, L. H., J. D. Aram and N. M. Reddy (1997) "Technology Communities and Innovation Communities," *Journal of Engineering and Technology Management*, Vol. 14(2): 129-145.
Malerba, F. (2002) "Sectoral Systems of Innovation and Production," *Research Policy*, Vol. 31 (2): 247-264.
Mantel, S. J. and G. Rosegger (1987) "The Role of Third-parties in the Diffusion of Innovations: A Survey," Rothwell, R. and J. Bessant (eds.), *Innovation: Adaptation and Growth*, Elsevier, Amsterdam, pp. 123-134.
McEvily, B. and A. Zaheer (1999) "Bridging Ties: A Source of Firm Heterogeneity in

Competitive Capabilities," *Strategic Management Journal*, Vol. 20: 1133-1156.
OECD Publishing (2008) *Open Innovation in Global Networks*.
Perez, C. (2009) "Technological Revolutions and Techno-economic Paradigms," *Cambridge Journal of Economics*: bep051.
Popp, A. (2000) "'Swamped in Information but Starved of Data': Information and Intermediaries in Clothing Supply Chains," *Supply Chain Management*, Vol. 5: 151-161.
Porter, M. E. (1998) *Cluster and the New Economics of Competition*, Harvard Business Press.
Proto, A., S. Tani, J. Bühnemann, O. Gaus and M. Raith (2012) *Knowledge Networks and Their Impact on New and Small Firms in Local Economies: The Case Studies of The Autonomous Province of Trento and Magdeburg*, OECD Publishing.
Provan, K. G. and S. E. Human (1999) "Organizational Learning and the Role of the Network Broker in Small-firm Manufacturing Networks," Grandori, A. (ed.), *Interfirm Networks: Organization and Industrial Competitiveness*, Routledge, London, pp. 185-207.
Russell, S and R. Williams (2002) "Concepts, Spaces and Tools for Action? Exploring the Policy Potential of the Social Shaping Perspective," Sørensen, K. and R. Williams (eds.), *Shaping Technology, Guiding Policy: Concepts, Spaces and Tools*, Cheltenham, UK, Edward Elgar, pp. 133-154.
Sallet, J., E. Paisley and J. Masterman (2009) "The Geography of Innovation: The Federal Government and the Growth of Regional Innovation Clusters," *Science Progress*, Vol. 6.
Saxenian, A. (1991) "The Origins and Dynamics of Production Networks in Silicon Valley," *Research Policy*, Vol. 20(5): 423-437.
Smith, C. (2002) "The Wholesale and Retail Markets of London, 1660-1840," *Economic History Review*, LV: 31-50.
Soete, L. and A. Arundel (1993) "An Integrated Approach to European Innovation and Technology Diffusion Policy (a Maastricht memorandum)," EUR (Luxembourg).
Stankiewicz, R. (1995) "The Role of the Science and Technology Infrastructure in the Development and Diffusion of Industrial Automation in Sweden," Carlsson, B. (ed.), *Technological Systems and Economic Performance: The Case of Factory Automation*. Dordrecht, Kluwer, pp. 165-210.
Stewart, J. and S. Hyysalo (2008) "Intermediaries, Users and Social Learning in Technological Innovation," *International Journal of Innovation Management*, Vol. 12(3): 295-325.
Tinguely, X. (2013) *The New Geography of Innovation: Clusters, Competitiveness and Theory*, Palgrave Macmillan.
Von Hippel, E. (1994) "New Geography of Innovation: Clusters, Cblem Solving: Implication for Innovation," *Management Science*, Vol. 40(4): 429-439.
Williams, R., R. Slack and J. Stewart (2005) *Social Learning in Technological Innovation: Experimenting with Information and Communication Technologies*, Cheltenham, Edgar Elgar Publishing.
伊佐山元（2013）『シリコンバレー流　世界最先端の働き方』（中経出版）．
坂田一郎（2009）「産業クラスターの自律的発展に向けて」（平成21年3月16日地域活性化のための技術力向上WG発表スライド）．http://bit.ly/1fzaNNe (retrieved on 23 August 2015)
灘山直人（2010）「国家イノベーションシステムにおける構成要素の統制について――フィンランドの事例分析より」『イノベーション・マネジメント』Vol. 7: 73-89.
日本政策投資銀行（2013）「競争力強化に関する研究会報告書」．http://www.dbj.jp/ja/topics/

dbj_news/2013/files/0000013244_file1.pdf（retrieved on 26 February 2016）

馬場靖憲・渋谷真人（2000）「東京ゲームソフトクラスター——形成要因の総合的考察」『研究技術計画』Vol. 15(1): 33-47.

福田武雄（1959）「生産技術研究所10年の歩み　付第二工学部時代」『生産研究』Vol. 11(6): 12-19.

前田正史「千葉実験所について　試験溶鉱炉」．http://maedam.iis.u-tokyo.ac.jp/html/chiba2.html　（retrieved on 31 August 2015）

第IV部
イノベーション・マネジメント：
日本の未来のために

　本書では，イノベーション・マネジメントに参照できる知を抽出整理することに関心をおいて，IPMモデルというプロセス・モデルと，価値創成網という組織モデルを下敷きにして，現代社会におけるイノベーションのありよう・やりようについて，さまざまな角度から学んできた．

　第IV部では，前章までに得られた知見に照らしあわせてみて，日本のイノベーションの現状にはどのような問題点があるのか，そして，問題点を克服するにはどのような戦略をとるべきか考えてみたい．

　日本でイノベーションを創始し，そのプロセスを駆動させていくための方策については，すでに多数の識者やグループが提言しており，筆者としても賛同したい内容が数多く盛り込まれている．それだけに，これらを本書で繰り返すことは最小限にとどめることにしたい．

　ここでは，分担協調型イノベーションの複線的で循環的なプロセスを価値創成網を形成して駆動させていくという観点から見て，我が国が抱える課題を俯瞰的・構造的にとらえることを試みた（第11章）うえで，それらの課題の解決のためにとるべき戦略を構想（第12章）していきたい．

第11章

イノベーション：
日本が抱える課題に関する試論

　筆者は大学に籍をおく工学者であり，過去10年以上にわたって，この国が科学・技術に対していかに膨大な投資を行ってきたのかを肌身をもって感じている．しかしながら，この国が研究開発投資に見合うだけの規模内容のイノベーションという果実を生んでいるかといえば甚だ心許ないといわざるをえない．
　努力を払っているにもかかわらず，イノベーションがもたらす豊益潤福を十分に享受できず社会変革が進んでいないのはなぜなのか？
　本章では，IPMモデル−価値創成網の枠組から，日本の技術・経済・社会システムに潜むイノベーションに係わる構造的問題を整理していきたい．

11.1　現状概観

11.1.1　外形状況から推察されるイノベーション・パフォーマンス

(1)　日本だけが停滞している

　図11.1は，日本，中国，米国，英国，ドイツにおける過去約30年間のGDPの推移を比較したものである．日本のGDPはドル建てで見れば1995年までは増加の一途を辿っていた．しかし，同年をピークに減少に転じその後漸増して2010年にようやく1995年の水準に復する．だがその後円安となりドル建てでは減少に転じている．一方米国は，右肩上がりで上昇している．日本のGDPがピークであった1995年には日米のGDP比は70:100まで近接していたが2014年時点では26:100にまで低減している．日本とは対照的に急成長を見せてきたのは中国である．とくに2005年以降には成長の比率を上昇させ，2009年に日本と同規模になって抜き去り，2014年時点では日中のGDPは44:100で

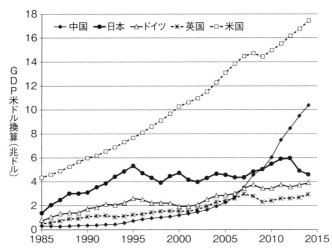

図 11.1 日本・中国・米国・英国・ドイツの GDP 推移比較（単位：米兆ドル）．
データの直接の出典：世界銀行 World Development Indicators.
データ原典：World Bank National Accounts Data および OECD National Accounts Data Files.
註：ここに示す購入者の価格基準での GDP とは，｜その国・地域に所在する生産者の付加価値生産額＋物品税－補助金｜の総額である．

あり日本の2倍以上の規模となっている．日米で世界経済に大きな比率を占めていた1995年といまとでは，米国の政治経済のパートナーとしての日本への関心の持ち方が異なり，中国を重要な相手先とみなしていくのは当然である．

では，ドイツや，英国がどうであったかと目を転じると，ドイツは1990年代後半にGDPが若干下降したもののマクロに見ればGDPは漸増し1995年以降の20年間でGDPを1.5倍増させている．英国もリーマンショック期を除くと上昇基調で1995年以降の20年間でGDPを2.4倍増させている．他の国・地域に関する統計を見ても，政治的社会的に深刻な問題を抱えている国を除けば，日本以外に過去20年の間でGDPがほとんど成長しない国を見出すのは難しいといわねばならない．

1人あたりのGDPで見ると日本の凋落・停滞の傾向はより顕著である．図11.2に示すように，1995年時点で1人あたりのGDPは，米国は日本の2/3，ドイツは3/4，英国は1/2であった．しかし2014年時点では，米国は日本の1.5倍，ドイツは1.31倍，英国は1.26倍となっている．米国およびドイツと日

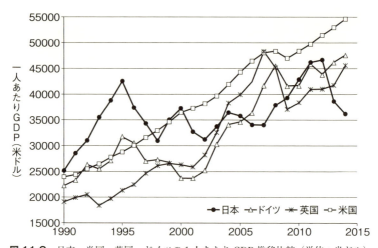

図 11.2 日本・米国・英国・ドイツの1人あたり GDP 推移比較（単位：米ドル）.
データの直接の出典：世界銀行 World Development Indicators.
データ原典：World Bank National Accounts Data および OECD National Accounts Data Files.

本との比率はこの 20 年間でほぼ逆になっており，また 2.5 倍増に成功した英国と比較すると立場が大きく入れ替わっていることがわかる．また1人あたりの GDP の国際ランキングは 1995 年時点では日本は世界1位であったと想像されるが，表 11.1 に示すように 2015 年時点では購買力平価換算では世界で 29 位，名目額でも 25 位となっている．

アジア諸国にしぼって見てみても表 11.1 が示すように購買力平価換算では，日本の上位にカタール，シンガポール，ブルネイ，クエート，アラブ首長国連邦，香港，サウジアラビア，バーレーン，台湾，オマーンなどアジア諸国・地域が並び，直下に韓国がいる．産油国を除いてもかつて新興工業経済地域（NIES）と呼ばれていた，シンガポール，台湾，香港が，1人あたり GDP では日本を凌駕している，というのが現況なのである．

GDP や，1人あたりの GDP は，文字通り国民総生産であり，たとえば産油国のように国内に天然資源がある国はその恩恵に浴する．一方，日本のように天然資源を持たざる国にとってみれば，GDP はイノベーションによる豊益潤福の増進額がそのまま反映するとみてもよい．高度成長期にあったかつての日本

表 11.1 1人あたり GDP 国際ランキング (2015年). 出典：International Monetary Fund World Economic Outlook (April-2015)

購買力平価換算(PPP)順位	国・地域名	1人あたり GDP 購買力平価換算 (PPP) 米ドル	名目額順位	1人あたり GDP 名目 (nominal) 米ドル
1	カタール	143,532	3	81,603
2	ルクセンブルク	93,174	1	96,269
3	シンガポール	85,198	7	53,604
4	ブルネイ	72,370	29	26,804
5	クエート	70,914	26	32,720
6	ノルウェー	67,445	4	80,749
7	アラブ首長国連邦	65,149	23	37,962
8	サンマリノ	61,836	11	49,139
9	スイス	58,731	2	84,070
10	香港	56,428	18	42,437
11	米国	56,421	5	56,421
12	サウジアラビア	53,149	38	20,677
13	バーレーン	52,515	31	25,633
14	アイルランド	51,119	12	47,329
15	オランダ	48,317	15	44,249
16	台湾	47,899	33	22,464
17	オーストラリア	47,608	9	52,454
18	スウェーデン	47,229	10	49,582
19	オーストリア	47,031	14	44,476
20	ドイツ	46,896	20	41,955
21	カナダ	45,723	13	45,029
22	デンマーク	45,451	8	52,822
23	アイスランド	45,269	6	54,331
24	ベルギー	43,800	21	41,267
25	フランス	41,018	22	38,459
26	フィンランド	40,838	17	42,733
27	英国	40,676	16	43,940
28	オマーン	40,539	47	14,887
29	日本	38,216	25	33,223
30	韓国	36,601	28	28,338
31	ニュージーランド	36,152	19	42,017
32	イタリア	35,811	27	30,594
33	スペイン	34,899	30	26,517
34	マルタ	34,544	34	22,319
35	イスラエル	33,495	24	36,659

は次々と「製品・仕組・サービスの開発」,「生産・具現化」を変革創始点として豊益潤福を増進させGDPを増大させてきたとみることができる.

実際,資源大国ではないドイツ,英国をはじめとする欧州諸国や,かつての新興工業経済地域（NIES）が堅実にGDPを成長させているのも,それぞれの国・地域の事情にあわせイノベーションを展開してきた結果であると想像される.これに対して,1995年以降の日本は,宅配便,コンビニエンスストア,ハイブリッド車などによりさまざまな独自のイノベーションをおこしてはきたが,総体的にみれば,経済発展に資するような規模の豊益潤福の増進を生み出しえてこなかったといわざるをえない.

1995年以来の日本の停滞の主因は,イノベーションの不振によるといっても過言ではないと思われる.「なぜゆえに世界から取り残されたのか？」を問い,考察することから,明日へのイノベーション戦略は拓けていくと思われる.

(2) しかし投資はしてきた

図11.1, 図11.2, 表11.1は, 過去20年余りにわたって我が国は他国と比して大きな豊益潤福の増進を生んでこなかったことを示唆している. しかし, イノベーションへの挑戦がなされてこなかったわけではない.

たとえば, イノベーションの企図と密接に関係のある研究開発費に着目すると, 内閣府総合科学技術会議[1]によれば, 国および地方自治体の「科学技術関係予算」は2001年度以降2013年に至るまで, もっとも少額の年度でも4兆447億円（2007年度）, もっとも多い年度では5兆2791億円（2012年度）であった. なお, ここで「科学技術関係予算」とは,「科学技術振興費」の他, 国立大学の運営費交付金・私学助成等のうち科学技術関係, 科学技術を用いた新たな事業化の取り組み, 新技術の実社会での実証試験, 既存技術の実社会での普及促進の取り組み等に必要な経費を指すという. また,「科学技術振興費」とは, 一般会計予算のうち, 主として歳出の目的が科学技術の振興にある経費としている（具体例：研究開発法人に必要な経費, 研究開発に必要な補助金・交付金・委託費など）. 2001年以降「科学技術振興費」はもっとも少ない年度で1兆1124

---

1) http://www8.cao.go.jp/cstp/budget/yosansuit.pdf (retrieved dated on 26 February 2016)

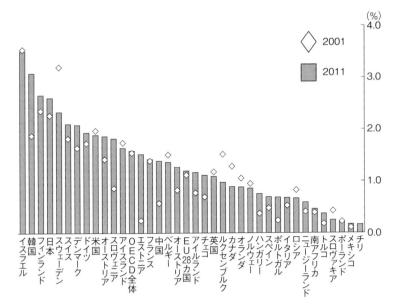

図 11.3 企業の研究開発費がGDPに占める割合　出典：OECD, Main Science and Technology Indicators Database. http://www.oecd.org/sti/msti.htm (retrieved dated on 30 April 2016).

億円（2001年度），もっとも多い年度で1兆3777億円（2012年度）支出されている．「科学技術振興費」だけに限定しても，全体ボリュームとしてはけっして少額とは言い難い科学技術への投資が近過去に行われてきたといってよい[2]．図11.3は，企業の研究開発費がGDPに占める割合を示したものである．この図を見る限り，日本の企業は世界でも高水準の研究開発投資をしている．科学的発見・技術開発を変革創始点にイノベーションを起こそうという企図は，北米・西欧諸国と比してけっして勝るとも劣るものではなかったと思われる．

11.1.2　国際比較から見た起業活動の低調さ

では，なぜ，官民によって研究開発投資が外形的には巨額になされながら，GDPに関する統計に見られるように，我が国の豊益潤福の増進が停滞しているのであろうか？

---

[2] ただし，公的研究開発資金のGDPに対する比率は，OECD諸国のなかで日本は低位にあるといわれている．

その直接原因の1つは，日本における起業活動の低調さであると思われる．国際復興開発銀行（世界銀行）が発行する "Doing Business 2014" によれば，起業のしやすさにおける日本のランキングは120位であり，シンガポール3位，香港5位，米国の20位，英国の28位，韓国の36位，フランスの41位に比して著しい低位である（International Bank for Reconstruction and Development 2015）.

総合起業活動指数（TEA：Total early-stage Entrepreneurial Activity）は就業年齢（18-64歳）のうち起業しようとしている者および起業から3.5年未満の企業に就業する者の割合を表している．Global Entrepreneurship Monitor（GEM）Report 2014年版によれば，日本の総合起業活動指数（TEA）は3.8%となっており，調査対象国70カ国のうち69位である（最下位はスリナム）．開発途上国ではTEAの割合は高くなる傾向があることを勘案して，1人あたりのGDPの高い29カ国に着目してみてもカタール（16.4% TEA），トリニダードトバコ

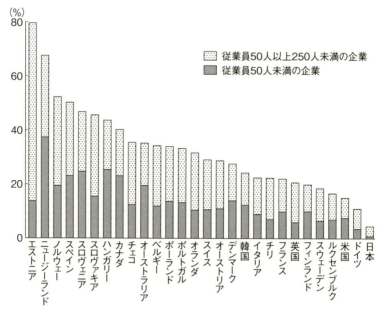

図11.4 企業規模別研究開発投資比率の国別比較（2011年）：従業員250人未満の企業による研究開発投資総額が1国内の企業（business sector）における研究開発投資総額に占める比率（OECD 2013）

(14.6%),米国(13.8%),オーストラリア(13.1%),カナダ(13.0%)は,それなりの高率を示している.シンガポール(11.0%),オランダ(10.3%),英国(10.7%)と比べてみても,日本の3.8%やイタリアの4.4%がいかに低率であるかが分かる.

図11.4は,従業員250人未満の企業による研究開発投資総額が1国内の企業における研究開発投資総額に占める比率が,日本はOECD加盟諸国などに比べて極めて低いことを示している.図11.5は,従業員規模を500人未満まで拡げて,その比率を日英米3カ国間で比較したものであるが,やはり,日本における比率が圧倒的に低いことを示している.帝国データバンクの調査によれば,上場に成功したベンチャー企業(start-ups)ですら決算期5期目を迎える段階で平均従業員数が94.7人である[3](帝国データバンク2011)ことを勘案すると,ベンチャー企業の大半は,従業員規模が250人未満であると考えられる.それゆえ,図11.4,図11.5は,国全体の研究開発活動のなかでベンチャー企業が占める比重が,OECD加盟諸国などに比べて著しく低いことを示している

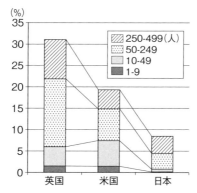

図11.5 2011年時点で日米英従業員規模500人未満の企業のR&D支出が全企業のR&D支出に占める割合.データ出典:OECD, Business Enterprise R-D Expenditure by Size Class and by Source of Funds, http://stats.oecd.org/Index.aspx?DataSetCode=BERD_SIZE (retrieved dated on 30 April 2016)

---

3) 非上場のベンチャー企業の平均従業員数は決算期5期目で25.6人で,従業員数20人以下の企業が61.1%を占める.なお,上場したベンチャー企業では,決算期5期目で従業員数20人以下の企業は13%である(帝国データバンク2011).

と解釈できるように思われる．

　日本の開業率，廃業率ともに今世紀に入ってからは4-5％を推移しており，10％前後で推移する北米・西欧諸国の半分未満もしくは半分程度にとどまっていて，「産業の新陳代謝が進んでいないことが推察される」(経済産業省 2014)．

　以上に列挙した事実からは，諸外国と比べて我が国における起業活動が著しく低調で，ベンチャー企業の研究開発投資が1国の研究開発活動において占める比重も低く，その結果，ベンチャー企業の成長も抑制され，産業の新陳代謝が進展していないという日本の状況が浮かび上がってくる．産業の新陳代謝による企業の設立と成長が，雇用の吸収源になることが期待されているにもかかわらず，その期待が実現していない現状は，非正規労働者を増加させて，人々の能力構築（とくに，創造力の涵養）の機会[4]を奪っているといわねばならない．

11.1.3　起業活動状況が意味すること

　ベンチャー企業は，豊益潤福増進の余地がありながら，既存の企業が手をつけていない空白域を埋めていく旗手であり，イノベーションを推進していくためには不可欠の存在であると思われる．ベンチャー企業は，「板子一枚の下は地獄」ともいえるほどに脆弱な存在であるだけに，特定の変革創始点（例：課題・ニーズの定義，概念・解決策創造）に経営資源を集中して特化せざるをえない．結果的に，ベンチャー企業は，設定した特定の目的に対して直線的に思考することとなり，その意思決定や行動は迅速になると考えられる．一方，日本の大企業は何度も稟議をまわすなど慎重に思考する傾向が強く，その意思決定や行動が必ずしも迅速であるとは言い難い．

　変革創始と，実業界に打って出る起業は必ずしも同一の行為ではないが，変革創始活動の活発さと，起業の活発さとの間には正の強い相関があるとみなしてさしつかえないかと思われる．言い換えれば，国際的に見ても際だって我が国の起業活動が低調であるという事実は，イノベーションの大元となる変革創始活動も極めて低調であることを示唆しているように思われる．起業機会とそ

---

4) かつては，日本の大企業は，従業員が中長期にわたって能力を構築していくための公式・非公式の仕組を持っていて，そのことが，日本のイノベーション能力を下支えしてきたと考えられる．

れに伴う能力構築の機会の低さが，変革創始活動を不活発にし，そのことがさらに起業機会・能力構築機会を奪うという「負のスパイラル」をもたらし，日本の「緩やかで静かな衰退」を招いていると考えざるをえない．

　大企業の経営者で，ベンチャー企業が必要であるという見識を示している例も少なくない．ただし，「自組織からスピンアウトして起業する者がいない，なぜだろう」という類いの発言をきくと，大船の甲板から，波間にゆれるベンチャー企業の小舟をながめている感があり，いささかブラックユーモア的に響いていることも否めない．大学卒業後の就職機会が実質的に一斉で，キャリアの連続性が尊重され，福利厚生や住宅ローンなどにおいて転職者が不利になる傾向があるなど，ベンチャー企業が立ち上っていく前提となる人材の流動性を支える制度設計やその運用は未成熟であるといわざるをえない．

　日本は，米国のようにイノベーションのスピードを加速させる資金調達のダイナミズムを享受できる国でもなく，現在のアジアの新興国のように既得権益とはまだ無縁の「事始め」の未開拓分野があまた存在する国でもない．自らがリスクを背負って新たな取り組みを創始していくことよりも，既存の慣習，仕組に安住し何もしない方が有利であると多くの人が思ってしまっている社会，あるいは創造力や異端や多様性に対する敬意が失われている社会となっているおそれがある．

　変革創始活動が我が国で低調である理由として下記のような精神面が挙げられることもある．

- 起業を担うことが期待される若手世代のなかで「進取の気性」が尊ばれていないこと
- 日本国内の幼少期からの教育が同質性志向を植え付け，人と違うことをやる異質性を探求するような人材が薄いこと

しかしながら，筆者は，このような精神面に原因を帰すことには逡巡せざるをえない．精神は状況の反映であって，状況をもたらす「構造」に，変革創始や起業が低調の本質を求めたい．というのは，日頃若者に接する機会の多い大学教師の1人として，機会さえあれば，進取の気性を発揮する若者，異質性を尊ぶ若者は少なからずいて，その数はゆっくりではあるが確実に増加している，と筆者は日頃感じているからである．むしろ，変革創始活動や起業機会の低調

さを招いている．この国が抱える構造的な問題点を直視しなければならないと考える．以下，こうした構造的な問題の整理を試みる．

11.2 問題把握の枠組

11.2.1 国全体のイノベーション・システムとは何か

日本で，イノベーションを創始・推進するうえで直面する構造的な問題点を整理していくため，図11.6に示すような国全体のイノベーション・システム (national innovation system)[5]という枠組を設定する．

ここで，国全体のイノベーション・システムとは，図11.6にその概念を示すように，以下の事象を促進する機能を担っている．

① さまざまな新たな取り組み・率先（initiative）の創始．
② 価値創成網の形成，およびイノベーション・プロセスの駆動．
③ 複数のイノベーションが集積・融合することによる新技術システム（複数のイノベーションが折り重なったクラスター）の形成[6]．
④ 新技術システムが集積・融合することによる技術－経済上のパラダイム転換（changes of techno-economic paradigm）[7]．
⑤ 技術－経済上のパラダイム転換の構想に基づいた，新技術システムの誘

---

[5] 文献によっては「国のイノベーション・エコシステム」と呼ぶ文献もある（たとえば，OECD 2008）．さまざまな条件の変動に適応しながら持続的にイノベーションを進めていくという意味合いも含まれているように思われる．また，FreemanらはListによる国家政治経済システム（national system of political economy (List 1841)）という概念を取り入れて国家イノベーション・システム（national system of innovation）という概念を提唱した（Freeman 1987, 1995; Lundvall 1988）．この概念は，特定のセクターや地域におけるイノベーション・システムに関する研究を促すことになった（たとえば，Howells 1999; Arocena 2000; Malerba 2002）．

[6] 第2章参照のこと．たとえば，1940年代，50年代に起きた，複合材料に関するイノベーション群，石油化学に関するイノベーション群，射出成形・押出機械に関するイノベーション群は，その典型である．

[7] 新技術システムが集積・融合することによって，技術，経済双方に連成的変化を誘発・推進し，経済社会における技術の取り扱われ方（technological regime）に何十年にもわたって影響するような変化がひきおこされることを指す．第2章参照のこと．歴史上生起した，産業革命や，大量生産時代の到来，情報化社会の到来は，技術－経済におけるパラダイムの転換の典型例である．

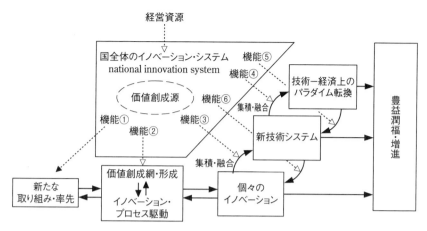

図 11.6 国全体のイノベーション・システムの機能（①-⑥）

発.

⑥ 新技術システムの構想に基づいた，イノベーション（群）の誘発.

それゆえ，図 11.6 に示す国全体のイノベーション・システムのパフォーマンスは，次のような観点・クライテリアから評価できると考えられる[8]．

a どれだけの量・質のイノベーション・プロセスが創始されているのか（機能①に関連）．

b イノベーション・プロセスをどのくらいの速さで駆働させているのか（機能②に関連）．

c イノベーション・プロセスの進展とともに，どれだけ広範で多様な価値創成網を形成させているのか（機能②に関連）．

d イノベーションを連鎖して，どのくらいの新技術システムとして発展させているのか（機能③に関連）．

e 新技術システムが連成して，どのくらいの技術－経済上のパラダイム転換を起こしているのか（機能④に関連）．

---

[8] Lynn らは，イノベーション・コミュニティのスーパー・ストラクチャー，すなわち，本書でいう国全体のイノベーション・システムの性質は，その規模（size），内包する多様性・異質性（heterogeneity），制度基盤（法制度，経済秩序，基底文化・規範），集約度，範囲によって性格づけられるとしている（Lynn 1996）．

f 技術−経済上のパラダイム転換が，どのくらい新技術システムを誘発しているか（機能⑤に関連）．
　g 新技術システムが，どのくらいイノベーション（群）を誘発しているか（機能⑥に関連）．

　これらのパフォーマンスのうちa–e（機能①–④）は，個々のイノベーションを創始し集積させていこうという意味でボトムアップ・アプローチに係わるパフォーマンスである．一方，f, g（機能⑤，⑥）に関するパフォーマンスは，パラダイムや大規模な技術システムをまず構想したうえで個々のイノベーション・プロジェクトを励起させていくトップダウン・アプローチに係わるパフォーマンスである．

11.2.2　構造的問題を整理するための論点

　イノベーションが低調であるということは，国全体のイノベーション・システムが期待したようには機能しておらず，そのパフォーマンスが低調であるということと同義である．

　図11.6に示すように，新技術システム，技術−経済上のパラダイム転換は，個々の技術の集合体，あるいは技術の集合体の集積結果である．本書では，これらをシステムを集合させたシステムとみなし，System of systemsと呼ぶことにする．トップダウン・アプローチである⑤，⑥の機能不全は，「システムのシステム（System of Systems，以下SoS）」戦略が脆弱であるためにイノベーションがトップダウン・アプローチで拡がらない，と表現することもできる．

　ボトムアップ・アプローチについていえば，①，②，③，④の機能不全は，平たくいえば次のように表現できる．

　1　始まらない：変革創始不全（機能①の不全）
　2　繋がらない：価値創成網形成不全（機能②の不全）
　3　動かない：変革駆動不全（機能②の不全）
　4　拡がらない：イノベーション展開不全（機能③，④の不全）

　本章では，これらの①–⑥の機能不全をひきおこす隘路が存在して，どのように良い流れ（プロセス），良い繋がり（価値創成網）ができることを阻んでいるのか，次のような論点（ボトムアップ・アプローチについては，1　始まらない，2

繋がらない，3 動かないに焦点を当てた論点）を立てて，構造的問題を整理していきたい．

トップダウン・アプローチに関する論点
- 論点1：システムのシステム（SoS）戦略の脆弱さ

ボトムアップ・アプローチに関する論点
1. 始まらない：イノベーション・プロセス創始不全
   - 論点2：垂直統合による可能性狭窄
   - 論点3：潤福増進指向の薄弱さ
   - 論点4：人工物概念の創造活動の低調さ
2. 繋がらない：価値創成網形成不全
   - 論点5：複合障害要因による「不動如山」状況
   - 論点6：繋がり形成のための変革促進役不足
   - 論点7：イノベーション・コミュニティ基盤の脆弱さ
3. 動かない：イノベーション・プロセス駆動不全
   - 論点8：イノベーション・プロセス駆動促進に関する経験知の未成熟

以下，これらの論点の内容とその論点に係わる問題を個々に説明していく．

11.3 論点1：システムのシステム（SoS）戦略の脆弱さ

11.3.1 世界規模でのトップダウン・アプローチの顕在化

今日我々が身をおいている情報化社会は，技術‒経済におけるパラダイム転換の所産であり，インターネットという新技術システムなしでは実現しなかったと考えられる．周知のようにインターネットは，まず，コンピュータ・ネットワーク間の相互接続手段として構想され実用化された．その後，電子メール，World Wide Web，検索エンジンなどさまざまなインターネット技術の用途が生み出され——言い換えれば新たな技術の意味（implication of technology）が付加されていって——，それらが集積して，技術社会の枠組の変革を生み出していった．これらの経緯を図11.6にあてはめると，インターネットが発展する初期には新技術システム→技術‒経済上のパラダイム転換という経緯（図11.6 ④）を辿っているとみなせることから，発展の当初はボトムアップ・アプロー

チがはたらいていたと理解できる．

　一方，技術社会の枠組の変革構想を示した上で，さまざまなイノベーションを生み出そうというトップダウン・アプローチ（図11.6⑥：新技術システム→個々のイノベーション，または，⑤+⑥：技術−経済上のパラダイム転換→新技術システム→個々のイノベーション）の動きが21世紀になり顕著となってきている．

　たとえば，近年のインターネットに係わるイノベーションは，インターネットを介して個人・組織が繋がっているというパラダイムのもとで電子商取引による商流・物流の大変革（図11.6⑤+⑥）が起こされている．

　また，通称パルミサーノ・レポート（Innovate America 2005）は，サービスとものづくりの融合，ユーザーとつくり手の境目の曖昧化など，技術社会変革の枠組を示した．これはまさにシステムのシステム（SoS）構想の提示であり，SoSがその後に実際に起きたさまざまなイノベーションの着想・発想に影響を与えたトップダウン・アプローチ（図11.6⑥）の事例である．

　現在話題になっている，industry 4.0，Cyber-physical systemや再脚光を浴びているIoTも，まず技術社会の枠組を示した上で，包括的なイノベーション群を招来させようとしているという意味でトップダウン・アプローチ（図11.6⑤，または⑤+⑥）であると考えられる．

　今世紀に入り，こうした例のようにトップダウン・アプローチの動きが顕著になってきたひとつの背景には，私たちをとりまく技術システムが複雑で大規模化し，いかなる大企業であっても，ユーザーから見てひとまとまりの使用価値を単独1社で自己完結的に提供することは困難になってきていることがある．たとえば，自動車メーカーは自己完結的な加工組立体制を基盤に自動車を供給することはできる．しかしながら，ITS（Intelligent Transportation System）という構想を掲げ，情報産業や，道路などの交通インフラの運営者と協業連携しない限りモビリティ・サービスは実現できない．ITSについて進行しつつある諸々の変革は，SoSとしてのITSに基づいたトップダウン・アプローチ（図11.6⑥）によるイノベーション群の事例であるとみることができる．

11.3.2　システムのシステム（SoS）の一事例としてのIoT

　では，システムのシステム（SoS）は，イノベーション・マネジメントにと

って，どのような意味を持ってくるのであろうか？

　その具体的なイメージを持つために，IoT について考えてみよう．概括するならば，IoT はモノのインターネットとも呼ばれており，図 11.7 の(5)のように複数の人工物同士が人の操作を経ずにネットワークを介して相互に連携してデータ交換し相互制御・相互調整することによりひとまとまりの使用価値を提供するシステムのシステム（SoS）である．IoT は，図 11.7 (2)，(3)，(4)に示すように以下のようなシステムを包含していると理解できる．

　　a　人工物へのソフトウエアの組み込み：図 11.7 (1)では，各人工物はユーザーの個々の操作により自然科学の法則に従って作動し，ユーザーは個々別々に人工物の使用価値を引き出している．同図(2)のようにソフトウエアが組み込まれると，各人工物は，自然科学の原理だけでなく，ソフトウエアのアルゴリズムによって制御され作動するようになる．

　　b　センシング・データをもとにしたハードウエア機能の調整・制御：図 11.7 (3)のように人工物にセンサーが搭載されると，各人工物は，センサーから得られたデータの解析をもとにしたソフトウエアのアルゴリズムにより制御され作動するようになる．

　　c　ネットワークによるソフトウエア同士の連携：組み込みソフトウエアがネットワークで繋がると（図 11.7 (4)），ユーザーの操作だけでなく，センサーからのデータ解析，および人工物相互に交換される情報・データも組み込んだ解析に基づいたアルゴリズムにより人工物が制御されるようになる．

以上のようなシステムを重畳させると，図 11.7 (5)に示すように，ユーザーの操作とは独立して，人工物同士がネットワークで繋がり，そのセンサーから取得されるデータおよび人工物相互に交換される情報・データに基づく解析に基づいたアルゴリズムにより人工物の機能が相互制御・相互調整される．図 11.7 (5)のような状況においては，個々のユーザーは相互に機能調整しあっている人工物群全体から一体的に使用価値を引き出すことになる．

　かくして，IoT は，「複数の人工物が連携してひとまとまりの使用価値を創造し提供する」という技術 - 経済上のパラダイム転換を担うことになる．今後，IoT という SoS 概念が，新技術システムを生み出し，続々とさまざまな変革

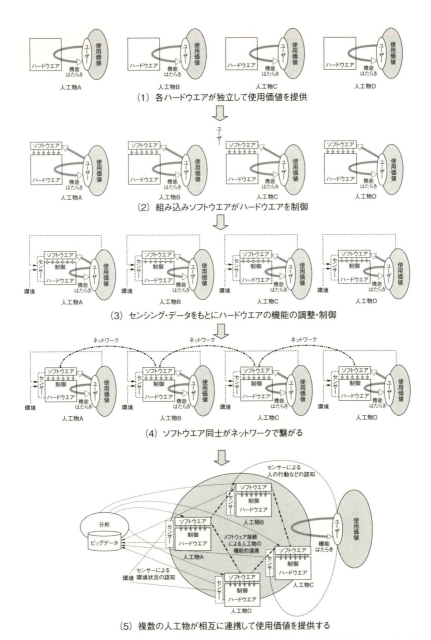

図 11.7 IoT が包含するシステム要素と使用価値：(1)から(5)に人工物が繋がっていくに従い使用価値はひとまとまりになっていく

を創始させていくという，トップダウン・アプローチ（図 11.6 ⑤＋⑥）によるイノベーションを誘発していくことが期待されている．

そこで，IoT という SoS 概念を，具体的な新技術システムに展開していくために不可欠な，さまざまな技術上・運用上の協約・基準・申し合わせを形成していこうとする動きが風雲急を告げるがごとく急速に勃興している．たとえば，人工物（things）同士の相互接続可能性を保証するためのデファクト標準を作成することなどを目的に，AllSeen Alliance や Open Interconnect Consortium などのコンソーシアムが世界的企業などによって組織されている[9]．また GE 社は，Industrial Internet Consortium の構想をもとに，ひとまとまりの使用価値を提供しようとしている．

人工物生産のグローバル分業が進行すると，イノベーションに係わる価値創成網に参画する主体は多国籍になりうる．それでも，従前は，製品として仕上げて，顧客に製品を引き渡す主体がイノベーション・プロセスの主導権を握ると考えられてきた．

しかし，その考えは，「複数の人工物が連携してひとまとまりの使用価値を創造し提供する」というパラダイムの進展で，変更を余儀なくされる可能性がある．ある人工物がネットワークに接続され，IoT の一部となった場合，その主導権は曖昧になる．「ひとまとまりの使用価値」を構成する部品の１つになると，その主導権は上位のシステムのインテグレーターに移り，強力な競争者が現れた場合，上位のシステムの価値創成網から脱落する可能性すらある．仮に競争者の提供する「部品」の性能が，従前の「部品」よりも低かったとしても，上位システムである IoT への親和性が高い「部品」が選択される可能性は高い．人工物がネットワークで制御される IoT の時代に入ると，当事者の意図にかかわらず，IoT に組み込まれることで人工物の意味の転換・変換が頻

---

[9] 日本国内では，2015 年 10 月 23 日，経済産業省，総務省の音頭取りで，産官学連携で IoT に関する技術開発や新規ビジネス創出を推進するための組織「IoT 推進コンソーシアム」が設立され 750 社が参加する盛況をみせている．しかし，AllSeen Alliance には 4 社（premier members），Open Interconnect Consortium には 1 社（gold member）しか日本企業が参加していないことは気がかりである．なお，AllSeen は Qualcomm の技術に拘束されているという意見もあり，後発で組織された Open Interconnect Consortium は特定技術に縛られない，セキュリティと認証に，より重きをおいたルールづくりをめざしているという．

繁に起こる可能性がある．言い換えれば，SoS に組み込まれることによって第 4 章で扱った，意味の転換による地歩崩壊が起こりえるのである[10]．

たとえばネットワークに接続して画像を入出力する装置，いまの製品名称でいえば，デジタルカメラ，ビデオカメラ，スマートフォンなどの境界は曖昧になり，IoT に組み込まれることで 5 年後，10 年後にはいかなる製品カテゴリーに収束しているのか（あるいは発散しているのか）予想がつかない．将来，死語となっている製品カテゴリー名があったとしても驚くにはあたらない．

11.3.3 システムのシステム (SoS) という発想の脆弱さ

(1) 地歩の根拠たる価値物差しが変化する可能性

　IoT の事例が示唆することは，今後，既存の産業や技術の枠組を超えた SoS の構想が世界のさまざまな組織やグループから発信され，人々や組織の発想・行動に大きな影響を与えていくであろうということである．仮に，提案された SoS の構想全体が実現しなくとも，既存のドメインを超越した新たな連携・組み合わせを生むという触媒的効果を生むと思われる．技術的枠組について，次々と新構想が各国各界で提案されていることは，現代社会において豊益潤福を増進するために，異業種の企業が連携するためのよりどころが求められ，あれこれと模索がなされていることを反映しているともいえよう．

　こうした新たな枠組を変更させようとする動きへの能動的関与を怠ると，優れた革新的製品を次々と出している企業ですら，地歩崩壊型イノベーションの対象となりうる．たとえば，IoT の枠組に，自動車という製品が組み込まれた場合，価値をはかる物差しが一気に変わる可能性がある．現時点では自動車の価値は，走行性能，燃費，居住性といった自動車単体の性能機能で評価され，幸いにして日本の自動車産業は世界市場でも競争優位性を維持している．しか

[10) 情報ネットワーク下にある人工物では過去あまたこうした現象が起きている．たとえば，ネットワークが未成熟だった 1990 年代中葉以前，日本の PC は当時としてはスタンドアローンでの高機能を搭載することにしのぎを削っていた．同時期，筆者が滞在していた英国の大学や金融機関では，はるかに低機能水準の PC でありながら，そのすべてが組織内のネットワークで接続されていた．その結果，情報共有・業務分担の変革が進み，事務系業務の生産性を向上させていた．どちらのイノベーション・アプローチが大きな変革を起こしたのかは歴史が示している．

し，IoT の構想のもとに，モビリティ・サービスの「1 部品」として自動車が位置づけられた場合，モビリティ・サービスの定時性や，移動にあたっての心身のストレスの少なさといったサービス品質の方に価値の重心が移る可能性もある．そうすると，優れた走行性能を実現した者ではなく，運用データを収集解析し，より優れた移動オペレーションを提供した者，あるいは，サービスの品質を表現する物差しを提供した者が，主導権を握る可能性があると考えられる．

　日本企業が，技術社会の枠組づくりや，その枠組がもたらす使用価値を計測・評価する物差しづくり[11]に能動的でなければならないゆえんは，単に新たな機会拡大だけでなく，自らが地歩崩壊型イノベーションの対象となりうるリスクを回避するための攻勢防御にあると考えられる．新たな SoS の創造とその実現に向けての能動的取り組みを欠き，単に追従すればよいと考える者は，変革創始の主導権を制約され世界のイノベーション・コミュニティの最前線からははずされていくおそれが高いと認識すべきであると思われる．

(2) 既存の産業区分が SoS 構想づくりの阻害となる

　しかるに，日本では，世界に向けて，SoS 構想を発信するという動きは極めて薄弱であるといわねばならない．日本は産業区分の壁が高く，既存のドメインを超えた新たなカテゴリーを生み出していこうという発想は生まれづらい．たとえば，現時点では，日本国内では「インフラ輸出」，「都市輸出」のかけ声は高いが，交通，エネルギー，社会基盤施設，建築・住宅，ICT などの技術を，それぞれの都市のニーズに応じて組み合わせて提供する必要があり，そのための下敷きになる SoS を構想することが必須である．だが，筆者の知る限り，こうした新たな SoS の構想をつくろうとする動きは鈍い．

　そもそも，日本が総体としては産業競争力を持っていた 20 世紀後半においてすら，複雑大規模なエンジニアリング分野で圧倒的な競争力があったわけではない．既存の産業ドメインの枠組のなかで，日用品分野などを中心に，日本

---

11) こうした物差しづくりは，国際規格によるデジュール（de jure）標準にもよる可能性もあるが，多くの場合は，デファクト（de facto）的に決まっていくと想像される．時機を失わない遅滞なき能動的行動が求められていると考えられる．

は産業を進化させてきたとみることができる.

(3) 日本の技術動向洞察の特殊性

日本でも諸外国と同様に,将来の技術のあり方を探る技術動向洞察 (technology foresight) の活動は,各省庁が主導する形で種々行われている.本来の技術動向洞察は実現すべき社会経済のあり方を構想し,その実現のために,どんな技術が必要となるのか,また必要とする時期に技術が存在するためには,いつまでに何をしなければならないかを構想したものである.その限りにおいては,技術動向洞察からSoS構想が提案されても不思議はない.しかし,日本の技術動向洞察は,官庁がイニシアティブをとって,その部局構成を反映しているため,産業の枠組が変わらないという暗黙の前提に立ってしまっている.このような体制では,既存のドメインを超越するようなSoS構想が,日本の技術動向洞察から出てくる可能性は極めて低いといわねばならない.結果として,日本の技術動向洞察は,技術シーズがいつ頃までに出現するのかを予測する文書,あるいは科学振興・技術開発への政府支援の根拠文書として位置づけられてしまっているおそれがある.

(4) SoS戦略への消極性が招くこと

では,日本がSoS戦略に消極的である場合,何が起こりうるのであろうか.

第1に,SoS構想によるトップダウン・アプローチがもたらすイノベーションの主導権をとることはできなくなるであろう.産業の枠組を超えたダイナミズムが新たな連携・組み合わせを生み,新たな価値創成をしていくなかで,日本の企業や諸組織はその価値創成のプロセスに深く関与できず単なる追随者に甘んじることになり,トップダウン・アプローチがもたらすイノベーションの果実の受益者とはなりえなくなっていく可能性がある.日本国内には,ドメインを超えて連携できさえすれば,新たな価値創成ができる可能性のある技術的シーズが膨大に日々創造され蓄積していると思われるだけに口惜しいことである.

第2に,SoS戦略による枠組の変更は,IoTの事例で考察したように,豊益潤福の提供者の地位を変更させ,いま日本がかろうじて国際競争力を保持して

いる分野ですら，地歩崩壊型イノベーションの対象としてしまうおそれがある．

第3に，SoS 戦略への消極姿勢は，自らに有利な国際分業の体制を築くことを困難にしてしまうおそれがある．というのは，SoS 構想づくりは，人工物の構成則（アーキテクチャ）設計にも影響を与え，国境を越えた分業のあり方を決めることになるからである．

システムのシステム（SoS）を新たに構想していくことへの消極的姿勢をあらため，攻勢防御に転じていく戦略が求められている状況に我が国はおかれていると考えられる．

11.4 イノベーション・プロセス創始不全

11.4.1 変革創始点の偏在

11.1 節に述べた事実から推察されることは，比較対象とした諸外国に比べ，我が国ではイノベーション・プロセスの創始が全般としては低調で，「イノベーションが始まらない」ということである．

現在でもなお，「規制緩和をしてイノベーションを推進」という表現が各所で繰り返し用いられていることが象徴するように，イノベーション・プロセスの創始が不活発な理由が種々の規制にもっぱらあるとするような論調を散見する．確かに，既得権益により，新たな価値創成網の創成を阻害するのはよろしくない．しかし，たとえば 1970 年代の自動車の排ガス規制や，近年の地球温暖化ガス排出抑制による再生可能エネルギーの開発普及のように，思慮深くデザインされた規制がイノベーションを引き起こすこともある．それゆえ，本書は変革創始の不活発な理由を種々の規制にもっぱら求めるという立場はとらない．むしろ，以下に述べていくように変革創始点が偏在しているために，変革創始の可能性が狭まっていることに焦点を当てる．

本書では，科学的発見・技術開発だけでなく，図 2.3 に示した活動・行動ノード，すなわち，課題・ニーズの定義，概念・解決策創造，製品・仕組・サービスの開発，生産・具現化，実装・適用，効果評価，レビュー・見直し，それぞれが，新たな取り組み・率先（initiative）として変革創始点になりうることを示してきた．表 11.2 に挙げたように，本書で学んできたイノベーション類

表11.2 本書で扱ったイノベーション類型・イノベーション・アプローチと変革創始点の関係

変革創始点	イノベーション類型・イノベーション・アプローチ事例
課題・ニーズの定義	課題引動型イノベーション（第3章），レベル2のユーザー・イノベーション（第6章）
概念・解決策創造	押し引き互動型イノベーション（第3章），抜本的イノベーション（第4章），地歩崩壊型イノベーション（第4章），構成則イノベーション（第4章），レベル3のユーザー・イノベーション（第6章），デザインに励起されたイノベーション・アプローチ（第7章），使用価値に視座をおいたイノベーション・アプローチ（第8章），社会的価値に基軸をおいたイノベーション・アプローチ（第9章）
科学的発見・技術開発	科学推動型イノベーション（第3章）
製品・仕組・サービスの開発	科学推動型イノベーション（第3章），レベル4のユーザー・イノベーション（第6章）
生産・具現化	科学推動型イノベーション（第3章），レベル4のユーザー・イノベーション（第6章）
実装・適用	レベル1のユーザー関与によるイノベーション（第6章）
効果評価	レベル2のユーザー関与によるイノベーション（第6章）
レビュー・見直し	レベル2のユーザー関与によるイノベーション（第6章）

型，イノベーション・アプローチは，製品・仕組・サービスの開発，生産・具現化を変革創始点とするイノベーションだけでなく，課題・ニーズの定義，概念・解決策創造など，多様な活動・行動ノードを変革創始点とするものである．

国全体のイノベーション・システムのパフォーマンスは，いかに多様な変革創始点から，いかに数多くイノベーションを起動できるかに大きく影響を受けると考えられる．課題・ニーズの定義，概念・解決策創造，実装・適用，効果評価，レビュー・見直しが変革創始点とならないと，表11.2の右列に挙げたようなイノベーション類型やイノベーション・アプローチが進んでいく可能性が失われることになる．我が国のイノベーション沈滞の一因は，イノベーションが進展している国々に比べ，変革創始点が科学的発見・技術開発，製品・仕組・サービスの開発などに偏在・限定していて，「イノベーションを始める」という可能性が失われていることにあると思われる．

では，なぜ変革創始点が限定されていて，イノベーション・プロセス創始不全という状況に我が国が陥ってしまっているのか．11.2.2項に挙げた論点のう

ち，次のような論点[12]について，以下考察していきたい．
　論点2：垂直統合による可能性狭窄
　論点3：潤福増進指向の薄弱さ
　論点4：人工物概念の創造活動の低調さ

11.4.2　論点2：垂直統合による可能性狭窄

　前世紀，日本は，さまざまな製造業分野において，漸進的イノベーションを成功させてきた．そのプロセスの多くは，課題・ニーズの定義や，概念・解決策創造までさかのぼることなく，効果評価，レビュー・見直しから，製品・仕組・サービスの開発にフィードバックされる，繰り返し循環プロセスであったと思われる．こうした繰り返しプロセスのなかで価値創成網が組成され，その構成メンバーはやがて固定化されていき，図11.8に示すような製品やサービスの範疇別に垂直統合された組織を形成していったと考えられる．図11.8でa，b，c，dは，特定の製品・サービスをつくっていく段階を表す．これらの各段階に価値創成源を提供する主体は，長期的取引関係にある供給者など，同一系列内のメンバーで固定されている．高度の専門性や統合性・まとまりの良さ（integrality）が求められる分野において，技術力を蓄積して産業競争力を維持向上していくためには垂直統合組織は，適切な組織様態であった．こういった固定的な価値創成網の内部では，以心伝心のコミュニケーションを実現して価値創成源を効率的に活用している．それだけに，組織外部の着想，知識，技術などの価値創成源を活用できる可能性については懐疑的で，いわゆる自前主義（NIH症候群）を助長してきたと想像される．

　図11.9に表すように市場における課題・ニーズの大半が，垂直統合組織によってカバーされていた状況では，技術開発，製品開発，生産・実装・適用を牽引する，クローズドな垂直統合組織による漸進的イノベーション・プロセスは有効に機能してきたと考えられる．技術者・技能者の転職が少なく長期雇用されていることもこうした垂直統合組織の強みを発揮させてきた要因のひとつであると思われる．

---

[12]　なお，これらの論点は完全に独立したものではない．とくに論点3，論点4は密接に関連している．

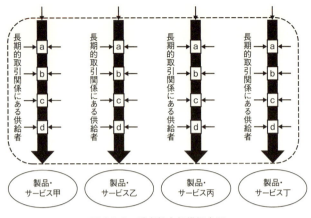

図 11.8 垂直統合組織概念図

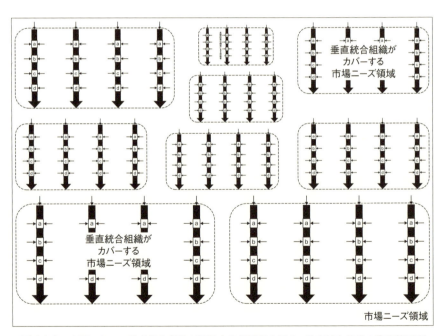

図 11.9 市場において垂直統合組織が関与する領域概念図1：垂直統合組織の業務範囲が市場ニーズの大半をカバー

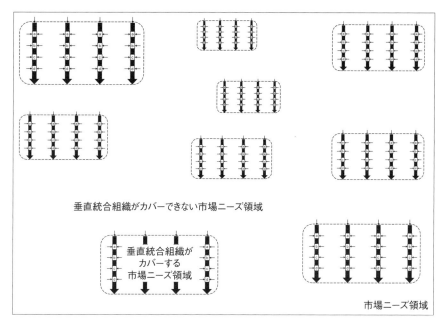

図 11.10 市場において垂直統合組織が関与する領域概念図2：垂直統合組織の業務範囲では対応できないニーズが市場に広範囲に存在

　しかし一方では，図11.9は，垂直統合組織が既存の市場ごとに最適化されているために新たな意味の創造や新たな市場を構想する動機づけに乏しい状況を表しているとみることもできる．

　前章までに述べてきたように，前世紀末から今世紀にかけて，価値観の転換や，価値観の多様化が進んでおり，その結果，製品・仕組・サービスがもたらす豊益潤福は大きく変化しつつある．その結果，市場に存在するニーズのうち，垂直統合組織が担える範囲は縮退している．換言するならば，垂直統合組織では担えないような領域が拡大し，図11.10の概念図に表すように，垂直統合組織の業務範囲では対応できないニーズが市場に広範囲に存在する状況を生んでいると考えられる．

　図11.10は，垂直統合組織が担うニーズ範囲の縮退と未対応の空白域の拡大という日本の現況を表していると思われる．そのことは，見方を変えれば，日本において手つかずの技術的課題が増えているということを意味する．11.1.2

項で述べたように日本においては，大規模組織に研究開発投資が集中している．大規模組織の大半が垂直統合された内部構造を持っていることから，課題未対応の空白域が投資の対象とならずそのまま放置されているおそれが高い[13]．

　日本の産業が垂直統合組織の枠に閉じこもるということは，企業内の研究者をその枠に活動を拘束されてしまう可能性を高めてしまうことになる．既存のドメイン（範疇・部門）の枠に閉じこもり，価値創成源の調達を自ら制約し，未解決の課題の解決に対して等閑視していることによって，イノベーションの機会が大きく失われているといわざるをえない．

　このことは学術発展の機会も阻害し，国全体のイノベーション・システムを支える工学力を毀損させているおそれもある[14]．

11.4.3　論点3：潤福増進指向の薄弱さ

　本書で繰り返し述べてきたように，現代社会においては，豊（richness and fullness）や，益（benefit）だけでなく，潤（amenity），福（welfare）の増進もイノベーションとなりうることは重要である．確かに新たな機能や高い機能を盛り込んだ新商品の開発は，豊益の増進によるイノベーションになりうるが，たとえば，テレビ，ビデオ，冷蔵庫の高機能化の歴史を振り返ればわかるように，既存の製品の高機能化がイノベーションに結びついていない例も多々存在する．消費者の視線からすれば新たに加えられた機能や高度化にはもはや感動を覚えないどころか，いささか食傷気味で「もう結構です」といいたくなるような事例も珍しくない．豊益を増進する発想だけで供給者が思考しても，閉塞状況に陥ってしまう製品・サービス分野は数多く存在すると考えられる．

　むしろ，人が生きていくための基本的な条件が満たされた経済社会においては，潤福を増進するという発想に立ったイノベーションの可能性が高まってい

---

13) 変革創始にあたっての技術の原理確認の投資ですら，公的資金頼みになっている傾向がある．しかも公的機関による競争的資金を垂直統合した内部構造を持った大手企業が数多く獲得し，結果として草莽の士による空白域での変革創始が拡がる可能性を狭めてしまっているおそれもある．

14) 現在社会が抱える深刻な問題に対して，技術はさらに開拓的でなければならない．地球の気候変動問題に象徴されるように，それほどまでに未開拓の領域が大きいのである．そういう意味では，垂直統合の枠の呪縛とは無縁の立場にいる大学などの研究者の責務は重いといわねばならない．

ると思われる．たとえば，外国メーカーが日本市場向けに開発したといわれる家庭用自動製麵機が静かなブームを生んでいることは，こうした可能性の高まりを象徴しているように思われる．家庭用自動製麵機は，どこでも買えるパスタや，うどんや，そばを，家庭でわざわざ手間をかけてつくる人たちの道具である．そこに見られるのは，早く，楽にという益の増進という発想ではなく，自分好みにアレンジしたパスタ，うどん，そば，をつくることによって，食スタイルに彩りを添えたいという志向であり，まさに生活における潤福を増進させていこうという発想である．

　こうした兆候が見られているにもかかわらず，日本企業は，「普通の人」の豊益を増進するという発想にいまだに拘泥している感があり，人々が個々別々に潤福を探求することを手助けする，という発想にはなかなか立てないように見える．人気を博している自動掃除用ロボットも外資系のメーカーによる企画販売が緒をつけたことも勘案すると，日本メーカー，外国メーカーの発想の違いは各所に見られるといってよい．

　潤福を増進するという発想に立てば，さまざまな可能性が拓かれるにもかかわらず，そうした発想が日本国内で微弱であるのは，まだ，「普通の人」の存在を前提としたパラダイムに拘束されているためであるとも思われる．「普通の人」は存在せず，各人各様に潤福の内容が違うことを認識するならば，およそイノベーションをおこさんとする者は，「個々の人間を理解すること」に努力を傾注するようになるであろう．人間や社会を理解し洞察する能力は，学問分野でいえば，心理学，社会学，文化人類学，倫理学，宗教学などの人文・社会系の範疇に属する．

　しかしながら，現代のイノベーションにおいては，人間理解の専門家の関与が不可欠であるという認識は我が国では乏しく，多くの変革の可能性や機会を失わせてしまっているおそれがある．言い換えれば，イノベーションはもっぱら，「理科系」の範疇に属する営為であるという「国民的誤解」が，潤福の増進という発想を鈍らせ，ユーザー自身や，ユーザーのニーズに近い立場にある主体のイノベーション・プロセスへの関与を鈍らせてしまっている．その結果，潤福増進を発想の手がかりとして課題・ニーズの定義，概念・解決策創造，実装・適用，効果評価，レビュー・見直しから変革を創始していこうとする指

---コラム　文理分離の弊害---

　そもそも，文科系，理科系という分類自身は日本独特のものである．本書で繰り返し述べているように，現代社会においては多様な主体が価値創成網に参加する分担協調型イノベーションが一般的である．価値創成網には，ユーザーをはじめとする需要側に位置する主体も参画し，人工物の設計者，生産者，供給者は価値創成網の一部を構成するにすぎない．

　現代イノベーションにおいて，潤福を増進させるという発想はますます重要になってきており，そのためには「個々の人間を理解すること」は極めて重要な能力となっている．本書でも述べてきたように，心理学や，文化人類学に係わる学理や素養は，現代のイノベーションにとって不可欠なのである．もし文科系，理科系という分類が，こうした能力や学理をイノベーション・プロセスに反映することを阻んでいるのであるとすれば，変革創始の振興や変革駆動力の増進という観点から見て弊害をもたらしてしまっているといわねばならない．

向・活動を停滞させてしまっていると思われる．

11.4.4　論点4：人工物概念の創造活動の低調さ

　変革創始点の偏在・限定によって概念・解決策創造を変革創始点とするイノベーションの企図が制約されていることは極めて深刻である．というのは，そのことは，表11.2に示したような本書で学んできた多種多様なイノベーション類型，イノベーション・アプローチの多くが我が国では不活発であることを意味するからである．我が国が現代のイノベーションの潮流からはずれ，そのダイナミズムに身をおくことによって得られる状況認識も含めた経験知も蓄積されず，我が国がますます埒外に身をおくことを固定化させてしまっているおそれは高い．また，概念・解決策創造活動の低調さは，技術開発が刺激される機会を減らし，技術開発力の長期的低落を招くおそれもある．イノベーションの多くが，漸進的イノベーションと地歩持続型イノベーションを指向するようになる．結果として，価値創成網はほぼ固定化し，人工物の構成則（アーキテクチャ）も革新されることなく踏襲され陳腐化のリスクを高めていく．既存の価値創成網の変更をもたらすような，抜本的イノベーションや構成則イノベーション，地歩を揺るがすような地歩崩壊型イノベーションに挑戦していくこと

に動機付けがはたらかなくなる．結局，1国のイノベーション活動が，漸進的イノベーション，地歩持続型イノベーションで埋め尽くされ，本書で解説してきた現代社会のイノベーション類型やアプローチが持つさまざまな変革創始の可能性が失われていくことになる[15]．

　概念・解決策創造のなかでも，とくに，人工物の基本概念の創造活動を活発化させることは，表11.2に示したイノベーション類型，イノベーション・アプローチにとって重要である．第4章の4.2.4項で述べたように，人工物の基本概念（core concept）には，
- 人工物が使い手にとって持つ意味
- 人工物の設計にあたって基底におく規範（norm）・指針（principle）
- 課題の解決策・ニーズに対応するための方針・戦略

が含まれる．

　これらの3つのことがらのうち，人工物が使い手にとって持つ意味を定義する行為はとりわけ重要である．前章までの内容，とくに第7章に紹介したデザインに励起されたイノベーション・アプローチの内容をふまえるならば，現代のイノベーションにおいては，図11.11に示すように，機能創造と意味創造が併行してなされ，その両者のバランスがとられながら，人工物（製品・仕組・サービス）の基本概念が構想されていくことが肝要である．そのバランスが欠けると，たとえば，いくら技術者が懸命の努力を払って高機能を盛り込んでも（またさらに，その機能の提供を驚くほどの低価格で提供することを実現したとしても），意味の創造を欠いているために市場では売れないような事態が生じてしまう．

　図11.11において，機能の創造者（科学者・技術者）に比べて，意味の創造者の関与が弱いと，機能創造と意味創造のバランスがとりづらい．では，日本においては，そのバランスがとれるだけの関与がなされているのであろうか，また関与を支えるような人材層はいるのであろうか？　ユーザーや，ユーザーの潜在的なニーズを顕在化させる役割を担う「ユーザーの代理人」，何らかの洞察から求められる意味を示唆する役割を担う洞察的解釈者（interpreter），デザイナーなどが意味創造を担う．しかし，我が国の現状をみると，「ユーザーの

---

[15] 持続的イノベーションが競争優位に結びつく可能性は低くなっているという見解は，多くの研究者が表明している．たとえば，（遠藤2006）など．

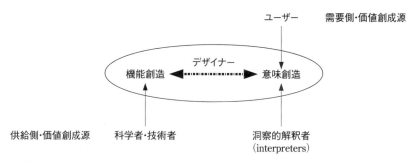

図 11.11 イノベーションにおける機能創造，意味創造のバランス（図7.12を再掲）

代理人」や洞察的解釈者の役割を担える人材層は薄く，「ユーザー代理人」や洞察的解釈者の関与が弱い事例が夥しく存在すると想像される．これは，デザインに励起されたイノベーション・アプローチが普及途上であることを含め，これらの主体がプロセスに関与する仕組が未成熟でその実績に乏しいことによると思われる．仕組が未成熟で，その実績が乏しいと，経験知も蓄積せず人材も育たない．結果として，人工物概念創造の不活発さが固定化し，人工物（製品・仕組・サービス）開発の可能性も狭めてしまっているおそれがある．

11.5 価値創成網の形成不全

　現代のイノベーションには個人または少数の人によって創始され推進されている例も少なからずあるが，その多くは，多様な人・組織が関与して，ともに学びながら成果を上げていくプロセスを辿っている．その価値創成網に，いかに異種広汎な能力を持った多種多様な主体が関与するのか，言い換えれば，いろいろな役者が揃っているのかが，イノベーションが創始された後の変革駆動力を決するといっても過言ではない．

　価値創成網が形成不全（missing link）であるとイノベーション・プロセスを停滞させてしまうおそれがある．ここで，価値創成網の形成不全とは，目的達成にむけて人・組織が自らの領域を越えて自在に適応連携し，包括的な取り組み（holistic/systemic approach）を展開することが困難であることを指す．

　いくら優れた価値創成源があっても，それらがイノベーション・プロセスに

誘引されることなく，他の価値創成源と繋げられていかなければ宝の持ち腐れとなるおそれがある．

　価値創成網が拡充し，価値創成源が次々と誘引され，活用され，繋がりが繋がりを生んでいくことが，変革創始されたイノベーション・プロセスを駆動させていくには肝要である．しかし，我が国における価値創成網の形成状況は，こうした観点から見て満足のいく状況とは言い難いように思われる．

　では，なぜ価値創成網形成不全という「繋がらない状況」に陥ってしまっているのであろうか．本書では，次のような論点を立て，問題を整理してみたい．

　論点5：複合障害要因による「不動如山」状況
　論点6：繋がり形成のための変革促進役不足
　論点7：イノベーション・コミュニティ基盤の脆弱さ

11.5.1　論点5：複合障害要因による「不動如山」状況

　英語圏諸国では，Riesが提唱したlean startupという概念（Ries 2011, 2012）[16]が多くの人に支持されていることに象徴されるように，まずはイノベーション・プロセスを始めて，本書で述べてきたような行きつ戻りつの複線型の繰り返しプロセスを通じてやりながら学びつつ変革を駆動させていく志向が強いと思われる．これに対して，日本はイノベーション・プロセスが始まるまでにさまざまな障害があり，その最初の歯車が回る前に，さまざまな変革企図が死屍累々としていることを筆者は日常的に実感する．たとえば，「先日のお話，面白い話ですが，役員会にかけたところ，投資対効果がどれだけあるのか，どれだけ確実性があるのかを問われた結果，先日のお話を一緒にやることはできなくなりました」などといった言説を，産学連携の成果を半世紀以上にわたってあげてきた大学附置研究所の長として何度となく筆者は聞いてきた．我が国の現状は，変革創始および変革駆動に関しては，まさに動かざること山のごとし（不動如山）ともいえる状況にあるように思われる．

---

16) Lean startupとは起業における無理・無駄をなくすことを意味する．起業者が自らの思いだけで，誰も望んでいないモノやサービスを時間や費用をかけて開発していくことには無理・無駄もあり大きなリスクを背負うことになる．こうした不確実性を避けるためには，まずはともかくも事業を始めて，進めながら，仮説，試作，検証，フィードバックを繰り返し，学んでいくことが起業における無理・無駄を最小化するとしている（Ries 2011, 2012）．

我が国の組織，とくに大組織は，膨大に列挙された課題を解決するか，何らかの見通しが成り立たない限り，実行段階には進まない，という行動方針をとりやすい．結果として，その動きは遅く，課題をつぶし終えた頃には，他者によるイノベーションは次のステージに進んでいて，時機を逸してしまうこともしばしばである．

　このような山が動かざる要因（「不動如山」状況の要因）を，進取の気性不足とか，リスクをとらないとか，いうような精神論にもっぱら帰すかのような論調もあるが，前述のように本書はこうした立場をとらない．むしろ図11.12に示すような複合的な障害が積み重なっているために，最初の歯車の駆動を妨げていると考える．図11.12は，「不動如山」状況を生む4つの直接要因を挙げている．

① 企業官僚主義[17]の蔓延（過度の垂直統合，評価主義など）．
② 過度の自前主義，知的財産保護主義による戦略的提携活動の不活発．
③ 「始めてみなければ不確実性は克服できない」という認識の低さ．
④ プロトタイピング機会の乏しさ．

　これらの要因が複合し「不動如山」状況を生み出していると考えられる．①，②についてはすでに本書でも若干触れ他書でも繰り返し述べられてきたところであるので，以下，「③　始めてみなければ不確実性は克服できない」「④　プロトタイピング機会の乏しさ」について考えてみたい．

(1)「始めてみなければ不確実性は克服できない」という認識の低さ

　変革の歯車が動かない不動如山は，イノベーションの企図が抱える不確実性を忌避することによっているが，しかしながら lean startup の概念が示唆するように，プロセスを動かしてみて，やりながら学んでいかねば，その不確実性を克服できていかないことを多くのイノベーションの成功事例が示している．こうした成功体験が乏しいために，やりながら学びつつリスクを同定したうえで予想されるリスクの大きさ（calculated risk）に比して期待利益が大きければ，さらにイノベーション・プロセスを前に進めるという決断ができなくなってし

---

[17] 組織構成員が，現実の個別事象を直視洞察して自らの見識・裁量・責任において対応せず，形式的規則・前例・形式的論理を重視して画一的な対応をする行動原理を指す．

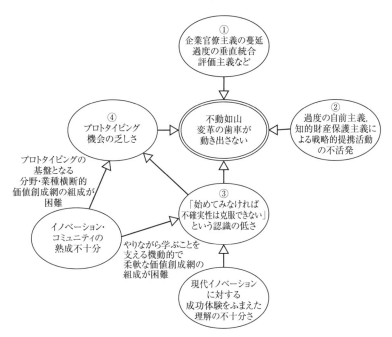

図 11.12 複合障害要因による「不動如山」状況図

まっている．

(2) プロトタイピング機会の乏しさ

重たい歯車は，企画書だけでは動いていかない．

実際に製品などの人工物のプロトタイプが製作され，具体的に目に見える形で示されることによってユーザーや顧客の反応を検証し，そのニーズをより確実に把握できるようになる．また，開発チームにとってみれば，製品・サービス開発や実装に関していかなる課題があるのかをより具体的に把握できる．それゆえに，俎上に載っているイノベーション・プロジェクトの不確実性がどこにあるかを評価しやすい．結果として経営層や出資者など，変革の歯車を回していくことを意志決定する人々は，より自信を持って，その変革の可能性について評価・洞察できるようになる．

プロトタイピングはすでに一定ボリュームの研究開発をしている企業であれ

ば，研究開発予算の配分を工夫すれば捻出できると想像される．にもかかわらず，日本ではプロトタイピングの活動が盛んであるとは言い難い．

　プロトタイピング活動の低調さは，後述するコミュニティ基盤の脆弱さ（論点7）とも関連する．というのは，プロトタイピングには，直線的な思考・行動のできる主体，世界で起きていることをふまえたベンチマークができている主体，異分野の技術との融合・組み合わせを推進できる主体，洞察的解釈者などが提供する価値創成源（情報，知識，能力）が必要とされるからである．

　加えて，プロトタイピング活動の促進には既存の組織，分野，部門の枠を超えた連携を生み出して価値創成網を組成していく中間組織が不可欠であるが，まだその数が少ない．結果としてプロトタイピングをやりながら学んで，変革企図にかかわる不確実性を減じていくとともに，それでも残っている不確実性がもたらすリスクをより精確に同定・評価し，リスクの大きさ（calculated risk）と，期待される豊益潤福の大きさを比較考量して，種々の意志決定をしていくという機会が奪われてしまっているといわねばならない．

11.5.2　論点6：繋がり形成のための変革促進役不足

　変革駆動力を向上させるような価値創成網を形成していくには，必ずしもすでに確立した価値創成網を単に延伸すればよいわけではない．いままで，縁がなかった異なる専門分野，職域，部門同士を超えた価値創成網を形成する必要があることがしばしばで，そうした場合，新たな繋がりを形成することに貢献する変革促進役が重要になる．図10.2に示したように変革促進役は，さまざまなレベル，職域，部門に存在しうる．

　ここで「存在しうる」というのは，いる場合もあればいない場合もあるという意味であり，いない場合は価値創成網の繋がり形成に支障を生じさせるおそれが生じる．

(1)　インフォーマルな変革促進役の活動域の縮退

　20世紀後半の日本企業には，社内外のさまざまなネットワークづくりに長けた，その業界では名の知れた人材が数多くみられた．そうした人々は，今日的な意味での変革促進者（Promotor）であったと思われる．日本企業の成長期

であったので，無駄と思われるネットワークづくりが，実は中長期的に見れば，新たな連携を生み企業の利益に寄与しているという経験知が経営層にあり，一見無駄と思われることを許容するゆとりのある差配が可能であったと想像される．しかしながら，成長期が終わり，企業活動の緊縮期に入ると，こうしたインフォーマルな変革促進役の人々の活動は無駄とされるようになり，さらに，各企業の知財管理が厳格化したことから，同業他社との個人的な交友はもちろんのこと，学協会における活動まで制限を加えるという極端な制約事例すら見られるようになった．かくして，インフォーマルな変革促進役の活動域は縮退したと想像される．

(2) 「橋渡し機能」の不活発さ

近年我が国のイノベーション不振の原因として「目利き不足」，「橋渡し機能不足」がさかんにいわれている．ここでいう，「橋渡し機能」とは，つくろうとしている人工物の機能，意味が持つ潜在効用（implication）を洞察し，価値創成網に参画の望まれる主体群にその潜在効用を説明していく役割を指し，本書でいうところの変革促進役の範疇に入ると考えられる．第10章で紹介したように，変革促進役には本務があり，その本務の部門や専門的組織を掌握しているからこそ，変革促進役同士のインフォーマル・ネットワークは，価値創成網形成に有効に機能し「橋渡し機能」を果たすことになる．しかしながら，論点2でも指摘したように垂直統合された組織同士の壁が厚く，変革促進役同士の連携を阻んでいる側面があることは否めない．

(3) 知の流通性の低さによる新たな変革促進役の出現の阻害

前章までに述べてきたように，従来の技術開発部門だけでなく，営業部門や管理部門も現代の分担協調型のイノベーション・プロセスへの関与が問われ始めている．しかしながら，我が国の多くの大組織においては知の流通性が低いために，組織のなかに素晴らしい着想や価値創成源が存在するにもかかわらず，従来の思考法，慣行，規則に縛られて，動きが抑制，阻害され，意欲をそがれ，立ち腐れしてしまっている例は枚挙にいとまがないおそれがある．組織内で知の流通性が悪いために，現代社会における分担協調型のイノベーションを担う

ような変革促進役が営業部門・管理部門を含むさまざまな部門に新たに出現することを妨げていると想像せざるをえない．

(4) 変革促進役となりうる人材層の限界

着想や技術が持つ社会的意義やその可能性を理解し，価値創成網の構築を直接，間接に支援する能力を持った人材[18]は変革促進役になりうるが，こうした人材は我が国で不足しているといわざるを得ない．ベンチャー・キャピタリストが，こうした役割を果たしうるという意見もあるが，現実には変革促進役を果たしているベンチャー・キャピタリストの人材層が厚いとは言い難い．

いずれにせよ，変革駆動力を増強させる価値創成網の形成促進のためには，我が国において変革促進役の密実なネットワークが存在し，機能していることが肝要であるが，日本では未成熟であるといわざるをえない．

11.5.3 論点7：イノベーション・コミュニティ基盤の脆弱さ

(1) 「国民皆革」とはほど遠い現実

仮に，良き変革促進役がいたとしても，価値創成網の基盤となるイノベーション・コミュニティの基盤が脆弱では（言い換えれば役者・選手が揃っていなければ），有効な価値創成網を編成することは難しい．表10.1で示したようにイノベーション・コミュニティは下記のような主体群から構成される．

- 発明者（inventor/creator）
- 洞察的解釈者（interpreter）
- ユーザー（user）
- デザイナー（designer）
- 構成則戦略者（architect）
- 変革促進役（Promotor）

これらの主体のイノベーション・プロセスにおける役割は図11.14，表11.3の

---

[18] このような人材は，理学，工学，農学，薬学，医学系卒業生から出現してもよいし，経済，法律，人文系卒業生から出現してもおかしくない．重要なことはリベラル・アーツ（教養教育）の厚みがその資質を形成するということである．

─ コラム　日本における海外資金比率の低さ ─

　ベンチャー・キャピタリストは一般的にはその原資を国内外を問わず調達する．我が国でベンチャー・キャピタリストの活動が諸外国に比べて不活発であることは，研究開発費に占める海外資金の低さからも推察できる．図に示すように，研究開発費に海外資金が占める割合が日本は0.52％であり，諸外国に比べて極めて低い割合を示している．

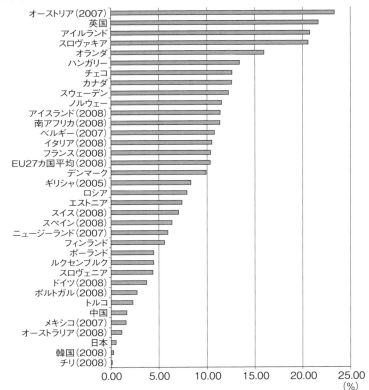

図11.13　研究開発費に海外資金が占める割合（2009）．出典：OECD, Main Science and Technology Indicators Database, June 2011.

ように表すことができる．

　分担協調型イノベーションの進展とともに，現代社会では，国民市民の誰もがイノベーション・プロセスに関与する可能性を持っているといっても過言ではない．いわば「国民皆革」が求められている状況である．実際，中国では「万衆創新」が政策標語になっている．しかしながら，「国民皆革」の必要性は我が国では共通認識とはなっておらず，変革創始を促進し変革駆動力を高めるには，必要に応じてユーザーを含め，誰もが参画できる価値創成網を能動的に構築しなければならないという意識は乏しいといわざるを得ない．言い換えれば，現代のイノベーションは行きつ戻りつを繰り返しながら誰もが参画する可能性を持った分担協調型のプロセスであることが国民の共通認識とはなっておらず，科学者・技術者のコミュニティのなかだけで完結する単線型プロセスのみをイノベーションと考える意識の呪縛が強い．世界が「国民皆革」でイノベーションに取り組んでいるなか，我が国だけが限られたプレーヤーだけでイノベーションをおこそうとしていてイノベーション・コミュニティの基盤の脆弱さが温存され「国民皆革」とはほど遠い現実が放置されているおそれがある．

(2)　国内の技術開発能力の低下

　グローバル化の進展とともに，国内の状況だけを考えれば，国全体のイノベーション・システムのあり方が構想できる状況ではなくなっている．前章までに述べてきたように，情報ネットワークの普及進展により瞬時に情報・知識が移転できるようになっただけでなく，組み込みソフトウエアが人工物を制御することが当たり前になったことにより，ソフトウエアを組み込まれた部品や製造装置などを国際流通させることによって情報・知識を移転することが日常茶飯事になり，人工物の生産活動の国際分業はますます進んでいる．

　多国籍に活躍する企業にとって，刻々と変貌する社会経済状況のなかで，研究開発や，人工物の生産場所をどこにおくのかということは焦眉の課題となっている．仮に技術，社会，経済環境が好ましくなければ，よその国にものづくり拠点は移転してしまうこともありうる状況である．グローバルな国際分業で生産活動を展開している企業から見れば，日本の生産拠点の条件が要求条件を満たさなくなれば，他国の生産拠点から情報・知識の調達をすれば良いという

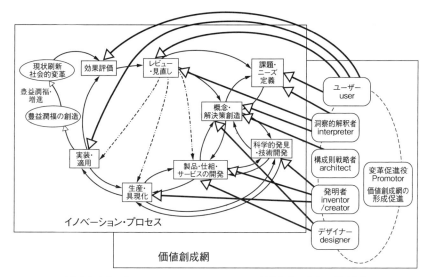

図 11.14 イノベーション・コミュニティを構成する主体の役割例

表 11.3 P-A マトリックスによるイノベーション・コミュニティ構成主体の役割の表現

活動・行動	発明者 inventor creator	洞察的解釈者 interpreter	構成則戦略者 architect	デザイナー designer	変革促進役 Promotor	ユーザー user
課題・ニーズ定義		1			1	1
概念・解決策の創造		1	1	1	1	
科学的発見・技術開発	1				1	
製品・仕組・サービスの開発	1			1		
生産・具現化	1				1	
実装・適用					1	1
効果評価					1	1
レビュー・見直し		1			1	1

11.5 価値創成網の形成不全

ことになる．日本では，円高で国内企業が海外に移転した，という見方をしている．ただ，国際分業の一翼を担える条件を満たした生産拠点を国内には設置できなくなっているという側面も看過してはならないと思われる．そこには以下のように直視すべき2つの問題が所在していると思われる．

　a.　生産拠点の移転に伴う国内のイノベーション能力の低下
　　イノベーションを一方向の単線型プロセスとしてとらえるならば，研究開発拠点を国内におき，生産拠点を海外におくという考え方は有効性を持ちうる．しかし，本書で繰り返し述べてきたように，今日のイノベーションは，行きつ戻りつの複線循環プロセスを経るのが一般的なのであって，そのプロセスを支えるいかに優れた価値創成網を編成できるかが，成否を左右するといっても過言ではない．情報ネットワークや組み込みソフトウエアを通じて，いとも簡単に移転・流通してしまう情報・知識がある一方で，第10章などで整理したように場所への固着性の高い知識・情報もある．行きつ戻りつの複線循環イノベーション・プロセスを推進するには――たとえば，プロトタイピングとそのフィードバックを人工物の開発に活かすといったような複線循環プロセスを動かしていくには――場所への固着性の高い価値創成源（知識・情報や課題解決能力）の迅速柔軟な適用が不可欠である．生産拠点の海外移動は，こうした複線循環のイノベーション・プロセスそのものを国内で稼働させることを困難にさせてしまっているおそれがある．では，そうならば国境を越えて，地球規模で価値創成源を調達し，状況に適応しつつ持続的にイノベーションを展開していく仕組が構築できているかというとそうでもないと思わざるをえない．

　b.　抜本的・構成則イノベーション推進のための能力構築の不十分さ
　　前記の生産拠点の国外移転に係わる問題は，日本の企業が，漸進的イノベーションに身をおいている場合にとくに顕著に現れると考えられる．というのは漸進的イノベーションは他者も容易に追従できる可能性があり，その優位性を長期間にわたって維持することは難しいからである．仮に，抜本的イノベーションや，構成則イノベーションを断続的におこしているのであれば，

技術開発，概念・解決策創造，製品・仕組・サービスの開発から得られる高い付加価値によってイノベーションの主導権をとり続ける戦略をとりうる．その場合，仮に，海外に生産拠点をおいたとしても持続的な価値分配を期待できるような（換言するなら，コモディティ化によって技術移転先に地歩を奪われることのないような）分担方式をとりうるであろう．そのためには，単に技術開発能力だけでなく，人工物概念の創造能力，言い換えれば人工物の新たな意味を創造する力，規範・方針に関する表現力・提案力，人工物構成則に関する戦略力が不可欠である．しかし，こうした能力が必要であるという認識が乏しい．また，第7-9章で取り上げたイノベーション・アプローチ，社会的価値に基軸をおいたイノベーション・アプローチが総じて見れば低調で，これらの能力を磨く機会にも乏しいのが我が国の現状といわねばならない．

以上のように認識するならば，技術開発を支えるための国内のイノベーション・コミュニティ基盤が静かに，しかし確実に脆弱化していると考えざるをえず，そのあられなき現実が，近い将来に地歩崩壊型イノベーションとして現れ，私たちにヤイバを突きつけたとしても驚くにあたらない状況に立ち至りつつあると思われる．

どの国もイノベーションは最優先の課題であると認識し，主導権を確保しつつ，貪欲に，地球規模でのイノベーションを戦略的に展開しようとしている状況のなかで，イノベーションのコミュニティ基盤に係わる問題が解決されず，国全体のイノベーション・システムのパフォーマンスが停滞していることは，切歯扼腕すべき状況といわねばならない．

11.6 イノベーション・プロセス駆動不全

11.6.1 論点8：イノベーション・プロセス駆動促進に関する経験知の未成熟

変革が創始され，価値創成網が形成されていったとしても変革駆動力が十分に得られないと，イノベーションのプロセスの歩みは遅々としたものになってしまう．イノベーション・プロセスの駆動不全は，次のような変革促進上の不具合を生むおそれがある．

第1に，プロセスの進行速度が遅いと，さまざまな「雑音」が発生する可能性がある．たとえば，成果がなかなか出ないことを理由に投資家が資金を引きあげてしまうことなど，重要な価値創成源を提供している主体が離脱してしまう可能性が高まっていく．

　第2に，市場競争環境のなかで変革を企図する企業が不利な状況におちいる可能性がある．期待する社会的変革に至る道筋は，ひととおりではない．それだけに，もっとも早く変革に至った道筋が，その後の主流的方法として定着していく可能性は高い．他の道筋に先んじて，少しでも早く，製品・仕組・サービスを社会実装し，豊益潤福の増進に成功すれば，その製品・仕組・サービスがデファクト標準（de facto standard）の基盤となるだけでなく，人々の受容性，感受性や，関連制度の整備に大きな影響を与えていく．仮にその後，より優れた製品・仕組・サービスが提供されたとしても，確立したデファクト・スタンダードや人々の受容性，感受性や制度を塗り替えることは容易ではない．

　プロセスの遅滞は機会損失を招くおそれ[19]がある．それだけに，変革企図を成就させるためには，プロセスの駆動速度を増速することは肝要である．

　しかるに，我が国にイノベーション・プロセスの駆動促進に関する経験知が豊富に蓄積されているかといえば，いささか心許ない．経験知の厚みは，プロセスの駆動促進に係わる次のような局面でとくにきわだって現れると思われる．

- やりながらの学び（learning by doing/using/interacting）の局面
- プロセス駆動に資する価値創成源を誘引する局面
- 適時適宜に経営資源を集中的に投入する局面

　では，これらの局面において適切な意志決定と行動をする基盤となる経験知の蓄積が我が国にあるのか．以下に整理してみる．

(1) やりながらの学びを促進する局面における経験知の不足

　本書では何度も述べてきたように，現代のイノベーションにおいては，行きつ戻りつが繰り返される複線プロセスにおいて，やりながら学んでいくことによって豊益潤福を増進させ変革を成功に導いていくことができる．しかし，た

---

19) たとえば，創薬分野ではこうした傾向が顕著に見られるといわれている．

とえば，研究開発に関する公的助成や，民間資金による研究開発では，単線型のプロセスを暗黙の前提としているために当初の研究開発計画どおりに進捗しているかに管理上の関心がおかれ，やりながら学んでいくプロセスは無駄なプロセスとしてネガティブに管理上取り扱われたり，助成・支援の対象外におかれることが多い．このことに象徴されているように，やりながら学ぶことの重要性に関する認識を欠いているため，イノベーションに係わる諸制度とその運用やビジネスの諸慣習は，やりながら学ぶやり方をとることを萎縮させ，経験知を蓄積していく動機づけを損ない経験知不足をさらに固定化させてしまっているおそれがある．

(2) プロセス駆動に資する価値創成源を誘引するための経験知不足

図 2.7 に示したように，現代のイノベーションは価値創成源をそのプロセスに誘引して駆動していく．それゆえ，駆動を促進していくためには，目的・必要に適う価値創成源が，遅滞なく調達できることが肝要である．図 10.1 に示したように，広範で多様な価値創成源を持った主体が所属するイノベーション・コミュニティを涵養し基盤に持つことは，時機に適う価値創成源を見出し調達していくうえで有利である．ただし，こうしたイノベーション・コミュニティの模範例を数多く見出すことが難しいことを勘案すると，イノベーション・コミュニティを育成し活性化させていくための経験知が我が国に十分に蓄積されているとは言い難い．また，自前主義に拘泥している限り，仮に豊穣なイノベーション・コミュニティを基盤にしていても，価値創成源の誘引は制約されてしまう．加えて，時機を失わない価値創成源の誘引のためには，価値創成源を保有する主体同士が，臨機柔軟に提携・連携できる必要がある．ソフトウエア開発などで agile（すばやい）という言葉が多用されていることは，こうした状況を反映していると思われる．では，我が国には状況に応じて素早く提携・連携し価値創成源を調達していくための経験知が成功体験をふまえながら形成されているかといえば，懐疑的にならざるをえない．むしろ，提携・連携に多くの時間と費用は費消されて，イノベーション・プロセスの駆動促進が阻害されている事例を数多く見るにつけ，プロセス駆動に資する価値創成源を滑らか迅速に誘引していくための経験知が不足しているといわざるをえない．

(3) 経営資源の適時適宜の集中的投入に関する経験知不足

イノベーション・プロセスは非定型的であるだけに，個々別々の事情にあわせて，柔軟に考え，時機を失わず，経営資源を集中的に投入することが肝要である．そのためには，変革を駆動させようとしている当事者と，経営資源の差配をする人たち（経営層）との間で，時機に関して軌を一にした認識を構築していくための経験知が重要である．しかし，そういった経験知は，未成熟であるといわざるをえない．というのは，いまだに，イノベーションは実験室内での出来事という誤解が根強く，研究室の外に身をおく経営層，管理部門に身をおく人々のなかで自らもイノベーション・プロセスで役割や責任を担う当事者になりうるという認識を持っている人の割合は必ずしも高くないと思われる．結果として，官僚的非柔軟性，意志決定の遅延が蔓延し，まさに勝負どころである時機に，あれこれ議論して結局，集中的な経営資源の投入に踏み込めず，逐次投入の過誤をおかして，機会を失っているケースがおびただしく存在すると想像される．

参考文献

Amorós, J. E. and N. Bosma（2014）*Global Entrepreneurship Monitor: 2013 Global Report*, Global Entrepreneurship Research Association.
Arocena, R. and S. Sutz（2000）"Looking at National Systems of Innovation from the South," *Industry and Innovation*, Vol. 7(1): 55-75.
Freeman, C.（1987）*Technology Policy and Economic Performance: Lessons from Japan*, Pinter, London.
Freeman, C.（1995）"The 'National System of Innovation' in Historical Perspective, Cambridge," *Journal of Economics*, Vol. 19(1): 5-24.
Howells, J.（1999）"Regional Systems of Innovation?," Archibugi, D., J. Howells and J. Michie（eds.）, *Innovation Policy in a Global Economy*, Cambridge University Press, Cambridge, Chapter. 5, pp. 67-93.
Innovate America（2005）*National Innovation Initiative Summit and Report*, Council on Competitiveness, Washington, DC.
International Bank for Reconstruction and Development/The World Bank（2015）Doing Business 2014: Understanding Regulations for Small and Medium-size Enterprises.
List, F.（1841）[1904] *The National System of Political Economy*, English edition, Longman, London.
Lundvall, B. A.（1988）"Innovation as an Interactive Process: From User-producer

Interaction to the National System of Innovation," Dosi, G., C. Freeman, R. Nelson, G. Silverberg and L. Soete (eds.), *Technical Change and Economic Theory*, Columbia University Press and Pinter, London and New York, Chapter. 17.

Lynn, L. H., N. M. Reddy and J. D. Aram (1996) "Linking Technology and Institutions: The Innovation Community Framework," *Research Policy*, Vol. 25(1): 91-106.

Malerba, F. (2002) "Sectoral Systems of Innovation and Production," *Research Policy*, Vol. 31 (2): 247-264.

OECD (2008) *Open Innovation in Global Networks*, OECD Publishing.

OECD (2013) Research and Development Statistics Database. http://www.oecd.org/innovation/inno/researchanddevelopmentstatisticsrds.htm (retrieved dated on 30 April 2016)

Ries, E. (2011) *The Lean Startup: How Today's Entrepreneurs Use Continuous Innovation to Create Radically Successful Businesses*, Crown Books.

Ries, E. (2012) *The Lean Startup Methodology*. http://theleanstartup.com/principles (retrieved dated on 30 April 2016)

Singer, S., J. E. Amorós and D. M. Arreola (2015) *Global Entrepreneurship Monitor: 2014 Global Report*, Global Entrepreneurship Research Association.

一般財団法人ベンチャーエンタープライズセンター (2013)「経済産業省委託調査平成24年度創業・起業支援事業（起業家精神に関する調査）報告書」.

遠藤健哉 (2006)「持続的競争優位を獲得するためのイノベーションと日本企業の行動」,『成城大学社会イノベーション研究』Vol. 1(2): 157-178.

神谷秀樹 (2015)「円安で日本は世界27位に転落した」,『文藝春秋』2015年3月号.

経済産業省 (2014)『中小企業白書2014』.

帝国データバンク (2011)「経済産業省委託調査事業, 平成22年度ベンチャー企業による資金調達の実態に関する調査報告書」.

第12章
イノベーション・マネジメント：日本への提言

本章では前章までの概観・考察をもとに，国全体のイノベーション能力を高めるために，イノベーション・マネジメントに関して，今後日本がとるべき戦略について6つの提言を示す．これらの提言は，国全体のイノベーション・システム（National Innovation System）のパフォーマンスを向上させていくことを企図するものである．イノベーション・プロセスは社会的プロセスである．イノベーションをこの国で促進したいのであれば，社会全体を変革に満ちた社会（innovative society）へと変容させていかねばならない．提言1-6はその変革・変容に緒をつけることを意図したものである．

12.1 提言の構成

本章では前章で挙げた以下の8つの論点に対応して，何をしなければならないのかを述べる．

トップダウン・アプローチに関する論点
　論点1：システムのシステム（SoS）戦略の脆弱さ

ボトムアップ・アプローチに関する論点
　論点2：垂直統合による可能性狭窄
　論点3：潤福増進指向の薄弱さ
　論点4：人工物概念の創造活動の低調さ
　論点5：複合障害要因による「不動如山」状況

表 12.1 国全体のイノベーション・システムを強化するための提言の構成

A　枠組戦略としてのトップダウン・アプローチ
　提言1：システムのシステム（SoS）戦略の強化

B　「国民皆革」による変革創始推進
　提言2：日本型オープン・イノベーションによる構造改革の推進
　提言3：発想転換による新たな概念創造の推進
　　提言3.1：潤福増進から発想した変革構想の展開
　　提言3.2：人工物基本概念および構成則の練り込み推進

C　イノベーション駆動力の強化
　提言4：知の融合機会の組織的拡大
　　提言4.1：価値創成の「発進台」としてのプロトタイピング促進
　　提言4.2：中間組織による「場」と「繋がり」の育成
　　提言4.3：知の戦略的空間集積――日本型イノベーション・ディストリクトの形成推進
　提言5：「やりながらの学び」による持続的価値向上
　提言6：機会・リスク評価に基づいた経営資源投入のための包括策推進

　論点6：繋がり形成のための変革促進役不足
　論点7：イノベーション・コミュニティ基盤の脆弱さ
　論点8：イノベーション・プロセス駆動促進に関する経験知の未成熟

　これらの論点をふまえて本章では，表12.1のような構成で国全体のイノベーション・システムのパフォーマンスを向上させるための提言をする．表12.2は，本章の提言と，第11章に掲げた論点との関係を示したものである．表12.1，12.2に示すように，提言1はトップダウン・アプローチ，提言2-6はボトムアップ・アプローチに関する提言である．以下，各提言について詳説する．

12.2　提言1：システムのシステム（SoS）戦略の強化

　前章では，日本がシステムのシステム（SoS）構想づくりに消極的で，諸外国から発信されるSoS構想を等閑視し続けるならば，仮にその構想が実現しなかったとしても，
　・枠組を超えた新たな連携・価値創成の機会から遠ざかってしまうおそれがあること

表 12.2 第 11 章に掲げた論点と提言との関係

枠組戦略としてのトップダウン・アプローチ	
提言 1：システムのシステム（SoS）戦略の強化	論点 1：システムのシステム（SoS）戦略の脆弱さ
「国民皆革」による変革創始推進	
提言 2：日本型オープン・イノベーションによる構造改革の推進	論点 2：垂直統合による可能性狭窄
提言 3：発想転換による新たな概念創造の推進	
提言 3.1：潤福増進から発想した変革構想の展開	論点 3：潤福増進指向の薄弱さ
提言 3.2：人工物基本概念および構成則の練り込み推進	論点 4：人工物概念の創造活動の低調さ
イノベーション駆動力の強化	
提言 4：知の融合機会の組織的拡大	
提言 4.1：価値創成の「発進台」としてのプロトタイピング促進	論点 5：複合障害要因による「不動如山」状況
提言 4.2：中間組織による「場」と「繋がり」の育成	論点 6：繋がり形成のための変革促進役不足
提言 4.3：知の戦略的空間集積――日本型イノベーション・ディストリクトの形成推進	論点 7：イノベーション・コミュニティ基盤の脆弱さ
提言 5：「やりながらの学び」による持続的価値向上	論点 8：イノベーション・プロセス駆動促進に関する経験知の未成熟
提言 6：機会・リスク評価に基づいた経営資源投入のための包括策推進	

また
- いま国際的競争力を持った分野でもその地歩を失うようなおそれがあること

さらには
- 国際分業においても主導権とは無縁の追随者の地位に日本の企業を押し込めてしまうおそれもあること

を指摘した．このようなおそれが現実化しないためには，システムのシステム（SoS）戦略の脆弱さ（第 11 章論点 1）を超えて，SoS に対して戦略的・能動的に考え取り組んでいく体制を強化し実践展開していかなければならない．

12.2.1 SoS 戦略の歴史的レビューによる立ち位置同定

　目の前に進行している技術的変化，構想されている技術革新が，新技術システムの形成となりうるのか，また技術 – 経済上のパラダイム転換にまで至る可能性があるのかを洞察したうえで，それらの変化・革新に対して自らがどう処していくのかを考察することは重要である．こうした洞察力を養っていくには，過去，いかなる経緯でSoSが生まれ，どのように展開し，普及していったのかをレビューし，過去の事例を参照しつつ歴史的な流れのなかでの自らの立ち位置を同定することは重要である．たとえば「情報化社会」または「情報通信の時代」と呼ぶべき技術 – 経済上のパラダイム転換が起きたことによって，大量生産を前提とした大規模な市場から，おびただしい数のニッチな市場の出現という大変化が起きている．また，製品の標準化よりも他との差異性に価値がおかれ，エネルギー密度よりも情報密度が重視されている．こうしたパラダイム転換やそのきっかけを認識しないこと（できないこと）は大いなる機会損失を招くおそれがある．歴史的パースペクティブを持つことは，SoSの変化の予兆に対する感度を高めることにもなる．また，自らがSoSを構想し能動的にはたらきかけていくための手がかりにもなると思われる．

12.2.2 SoS 構想策定のための組織母体

　過去，日本においては，技術 – 経済上のパラダイム転換や，イノベーションの集積体としての新技術システムを構想した経験はほとんどないといってよい[1]．それゆえに，SoSを構想していく組織母体も未成熟であるといわざるを得ない．このような現状を脱するためには，SoSを構想していく母体となる組織が組成されていかなければならない．その組織だてとしては，以下のような様態が考えられる．

(1) 政策的に設立された組織

　たとえば，ドイツ政府が主導して産官学の組織を設立し，Industrie 4.0（第4

---

[1] 例外的に，村井純，坂村健らがインターネット草創期に唱えていた構想は，システムのシステム（SoS）にあたると考えられる．

の産業革命）と命名した SoS 構想を策定し，ドイツ流のものづくりを継承しつつも，インターネットを介してモノとサービスを連携することで豊益潤福を増進していこうとしている事例がこれにあたる．我が国でも，自動運転システム，IoT など，複雑で大規模なシステムについて政府などがイニシアティブをとって組織を設立し，これに係わる SoS 構想を策定していこうとしている．ここで重要なことは，第8章で述べた，ひとまとまりの使用価値を提供できるような首尾一貫性と有機的発展性を持った SoS が構想できることである．そのためには，既存の産業区分，既往の技術分野区分を超越した変革を展望・構想できる多分野・多産業部門の専門家からなるチームが編成され多角度から豊益潤福を構想できる体制が編成されなければならない．政府のイニシアティブで立ちあがる組織の多くは，どうしても既存の産業組織や技術分野，官庁組織の所掌分類の枠組に，ひっぱられる傾向がある[2]．政策的に設立された機関は，既往の技術区分を横断するような動きへの阻害要因となる可能性があることに留意すべきである．それだけに，いかにして首尾一貫性，有機的将来発展性のあるシステムを構想できる分野超越組織を編成するのか，ひと工夫を要する．

(2) 独立の中間組織

　大学，学協会，研究会などの独立の中間組織が，既存のドメインに拘束されない，超越的自由を持った位置づけにある組織・チームとして，自らの責任において，来たるべき時代の，技術システムのあり方，技術‐経済上のパラダイム転換について洞察し構想する．そのメンバーは，多分野多様であるだけでなく，自らの分野・部門については深い知識・経験を持ちつつも，他分野の専門家とコミュニケーションができ，洞察力，俯瞰力に富む者であることが望まれる．共通の痛みともいえる課題の意識や，将来への共通利害が組織だての動機となるが，参加者の自由意志に基づく参加によっているため，ささいな齟齬で動機付けを失う脆弱性もあると考えられる．しかし，国全体のイノベーショ

---

[2] 政策的リーダーシップは重要であるが，現今の政府の審議会などでは，何らかの利害対立に対して妥協的なとりまとめをせざるを得なくなることが散見されている．SoS は，その理念と内容に整合性，首尾一貫性があるがゆえに SoS なのであり，それゆえ，現実の利害からは隔離されていることが望ましい．

ン・システムの能力を向上させるという観点に立つならば，こうした独立の中間組織がこの国で数多く立ち上がり，議論を巻き起こすことによってはじめて，世界に向けて訴求力のある SoS を生み出すことができると考えられる．言い換えれば，世界を塗りかえる SoS 構想は次から次へと創り上げていくことができるものではなく，さまざまな方向からあれこれと考え，試行錯誤を繰り返すことで，ようやく成算のある SoS 構想が創り上げられていくと考えられる．こうした観点から見れば，独立の中間組織による SoS 構想策定活動は，大いに推奨されてしかるべきであり，独立の中間組織から発表される SoS 構想を「絵空事」として批判するよりも，議論を巻き起こし，国民のイノベーションに係わる洞察力と戦略眼がみがかれていく意義を社会全体が認識し，SoS 構想について多くの人が関心を持ち議論をするような雰囲気を各種メディアを介して醸成していかなければならない．中間組織群による百家争鳴が我が国に不足している SoS の構成力を高め，より多様で持続的な SoS 構想づくり活動を我が国が展開していくきっかけになると考えられる．

12.2.3　SoS 構想策定にあたっての留意事項

　図 12.1 に示すように，技術 - 経済上のパラダイム（techno-economic paradigm），および，新技術システムは，個々のイノベーションの主舞台となる製品・仕組・サービスの構成則（アーキテクチャ）と不即不離の関係にある．前章までに述べてきたように，20 世紀までは，図 12.1 において①の方向のようなボトムアップ・アプローチが主であったが，21 世紀においては，②の方向のトップダウン・アプローチが顕在化してきている．それは，新技術システム，技術 - 経済上のパラダイムが人工物の構成則を拘束することを意味する．

　図 12.1 の②の流れでトップダウンで設定される各人工物の構成則いかんによっては，日本の持っている顕在的・潜在的競争力が発揮できなくなり，国際分業のなかで地歩を失なってしまうおそれもある．たとえば，自動運転システムという，自動車単体のみならず，道路施設，情報システムを含む SoS が成立すると，自動車単体での競争優位性の意義は相対的に低下し，自動運転システム全体の性能が問われることになる[3]．図 12.1 の②の方向で SoS からのトップダウンで人工物の構成則が新たに設定されていくことを，既存の製品・仕

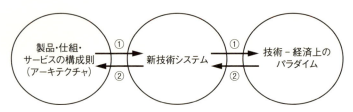

図 12.1 人工物（製品・仕組・サービス）の構成則と SoS（新技術システム，技術‐経済上のパラダイム）との関係

組・サービスを持続的に供給してきた企業の視線からたとえるならば，サッカーをしているつもりで経営資源を投入してきたのに，ふと気づくとゲーム（市場競争）が，ラグビーやアメリカンフットボールに突然変わってしまい，新たな能力・技術と思考力が求められるようになる状況と表現できるように思われる．不断の SoS 構想づくりは，既存の「何か」で地歩を確立した企業からみれば攻勢防御なのである．日本の顕在的・潜在的競争力がどの辺にあるかを認識しつつ，SoS が構想策定されなければならない．我が国に眠るいかなる知識・能力が繋がり融合すれば，世界の誰もが賛同し，一緒に発展させていけるような SoS 構想となりうるのかという発想が肝要である．第 7-9 章に述べたさまざまなイノベーション・アプローチの実践を促進していくことにより，概念・解決策の創造力，とりわけ人工物概念の創造力を涵養し，人材を育成していかなければならない．

あわせて，SoS の構想策定にあたっては，技術システムが社会に対して持っている意味，そしてその意味が社会で実体化したのちに技術システムにつきつけてくる新たな要求条件・ニーズを相互相関的にとらえていく発想も重要である．

加えて，SoS 構想が具体化し，普及していくことになれば，本書第 2 章で述べたような，イノベーションの多重展開が起きていくことになる．こうした多重展開が円滑に進んでいくためには，また，SoS の構想者も受益者になるようにことが進行していくようにするためには，いかなる規約・標準が必要になるのかも構想しなければならない．またこうした規約・標準は ISO などのデジ

---

3) 詳しくは第 4 章などを参照のこと．なお，さらに詳しくは，（小川 2014）などを参照されたい．

ュール（de jure）標準に馴染むのか，いわゆるデファクト（de facto）標準が馴染むのかについても戦略的に考えられなければならない．

　なお，世界規模でのリーダーシップを実現保持するために，我が国が提案する規格などを国際規格化しなければならないという発想が根強くある．しかし，デジュールであれデファクトであれ国際標準になるためには「世界の多くの人々が一緒に神輿をかついでくれるような共通の豊益潤福を増進する原則・主義・思想を提案する」という発想が重要である．たとえばIoTを普及するために「異なる通信規格で動く人工物が併存してもこれらを繋げることができる」という原則をSoSの骨子として提案する方が，特定の通信規格を国際規格化するという発想よりも，より多くの支持者を世界規模で得られる可能性は高い．排他的独占ではなく，多くの参画者や多様なユーザーからの支持が得られるような普遍性，受容性が向上するように腐心することが肝要である．

12.2.4　SoSの策定契機として当面関心を払うべき技術的変化

　現時点での技術動向をふまえるならば，新たなSoSを構想する契機になりうる事象として，次のような技術の意味の変化に関心を払う必要があると思われる．

⑴　モノ，ソフトウエア，サービスの境界の曖昧化，融合化

　このことがらに関しては，すでにIoT, Cyber-Physical System（CPS），Industry（industrie）4.0などSoS構想が表明されている．ただし，これらの構想においてサービスや使用価値に関する取り扱いはまだ曖昧であり，日本のグループがSoS構想を世界に向けて発信し訴求させていく余地はあると思われる．たとえば，ソフトウエアによる使用価値のカスタマイゼーションや，センサーの爆発的普及による人の行動に対する認識性・解析性の向上，音声認識技術の向上によるユーザーインターフェースの革新は，新技術システムに発展するSoSを生み出す契機となる可能性を秘めている．

⑵　ユーザーと製造者の境目の曖昧化

　本書で繰り返し述べてきたように，ユーザーとつくり手の関係は変わり，そ

の境目は変貌しつつある．3次元プリンターなど additive manufacturing（積層造形法）の普及によって，ユーザーは生産手段を持つことになり，ユーザー，供給者の境目はますます曖昧になり，そのプロセスは，非定型的にして，より柔軟かつ迅速であることが求められる度合いを増している．一方，ユーザーと製造者の境目の曖昧化は，生産現場の拡散化を生み，工場に設置する製造装置の作業スピードが生産性の決定的要因とはならなくなっている．ある工程に時間がかかるならばその工程のスピードを上げるのではなく，ロボットなどの製造装置，製造場所を増やすという並列処理的な発想に基づくものづくりが生まれつつあり，量産化の方法・概念を変えつつある．こうした境目の曖昧化をふまえた SoS を構想する余地は大いにあると考えられる．

(3) 生命現象に対する人為の適用範囲の拡大

　生命科学の発展により，人類は飛躍的な勢いで，生命現象に対して人為的操作の範囲を拡大させている．従来の医学，薬学，農学，水産学，林学などの範囲を超え，生命現象は工学や情報科学の重要な対象ともなりつつある．こうした技術の進歩のなかで，医療サービス，健康管理サービスの質をいかに向上させていくかが課題となっている．ゲノムの解析などの進展とともにオーダーメイド医療などが現実化してくる一方で，医療機器や薬剤の研究開発にはクリティカルマスが必要となってきている．こうした個とマスの関係を両立させうるような，医療・健康管理サービスに係わる SoS を策定するニーズは高まっていると思われる．このように生命現象に対する人為の適用範囲の拡大は新たな SoS を構想する契機となりうる．

12.2.5　提言1まとめ：枠組戦略としてのトップダウン・アプローチ

　提言1：システムのシステム（SoS）戦略の強化は，トップダウン・アプローチであり，我が国にはあまり経験のないアプローチである．今世紀に入り，さまざまな SoS 構想が打ち上げられ，人々の発想を変え，新たな連携・組み合わせの触媒として有効に機能しつつある現状を鑑みるならば，日本も，ユーザー，需要側の視点に立って SoS 構想策定に能動的に取り組み，我が国の競争優位性を発揮できる枠組を模索すべきである．こうした攻勢防御を通じてはじ

めて，従前の枠組を堅守することへのこだわりから脱却し，我が国のイノベーション・マネジメント能力を維持向上できると認識しなければならない．

12.3　提言 2, 3 序論：「何を？」からの変革創始推進

　提言 1 はトップダウン・アプローチによるものであるが，提言 2 以下はボトムアップ・アプローチに係わるものである．

　第 11 章で述べたように，日本はイノベーションがなかなか始まらない（イノベーション・プロセス創始不全）という問題を抱えている．その一因は，変革創始点が偏っていることにあり，科学的発見・技術開発，製品・仕組・サービスの開発，生産・具現化に係わる活動に比べ，課題・ニーズの定義や，概念・解決策創造に係わる活動が不活発なことにある．すなわち，どのように作るのか・実現するのか（how）を涵養する活動に比べて，何をつくるのか・実現するのか（what）を明確化したうえで変革を創始させていく活動が低調である．その結果，表 11.2 に整理したように，課題引動型イノベーション，押し引き互動型イノベーション（第 3 章），抜本的イノベーション，地歩崩壊型イノベーション，構成則イノベーション（第 4 章），ユーザー・イノベーション（第 6 章），デザインに励起されたイノベーション・アプローチ（第 7 章），使用価値に視座をおいたイノベーション・アプローチ（第 8 章），社会的価値に基軸をおいたイノベーション・アプローチ（第 9 章）を推進・展開していく機会を逸している．現代社会のイノベーションの重要な潮流に，日本がことごとく乗りきれていないといっても過言ではなく，重大な問題といわざるを得ない．

　課題・ニーズの定義や，概念・解決策創造を創始点とする変革が続々と立ち上がっていくためには，
- 組織の枠組を見直すこと
- マインドセットを見直すこと
- つくり出そうとしている人工物の概念を磨き上げていくこと

が重要である．これらの要件となるアクションそれぞれは，第 11 章で掲げた論点と下記のように対応する．
- 組織の枠組の見直し：垂直統合による可能性狭窄（論点 2）の見直し

- マインドセットを見直すこと:潤福増進指向の薄弱さ(論点3)の見直し
- 人工物概念の磨き上げ:人工物概念の創造活動の低調さ(論点4)の見直し

これらのアクションと論点との対応関係をふまえて,以下のような提言をする.

(1) 提言2:日本型オープン・イノベーションによる構造改革の推進(組織の枠組見直し——論点2に対応)

　前章で述べたように,垂直統合化された供給者組織は,新たな意味の創造や新市場を構想することに消極的である.このような垂直統合による可能性狭窄を放置していては,課題・ニーズの定義や,概念・解決策創造を活性化していく動機づけははたらきづらい.本書で何度も繰り返してきたように,現代社会におけるイノベーションは,分担協調型イノベーションが主流になってきている.垂直統合による可能性狭窄の桎梏を越えて,課題・ニーズの定義や概念・解決策創造の担い手を価値創成網にまきこんでいく組織枠組の改革が進められていかねばならない.第10章でも述べたように,個々の価値創成網は,イノベーション・コミュニティによって支えられている.もし,

- イノベーション・コミュニティに多様な主体が含まれ(条件1),

かつ,

- それらの主体が当意即妙に価値組成網に参加できるようになっている(条件2)

ならば,課題・ニーズの定義や,概念・解決策創造の担い手となる多様な主体を価値創成網にまきこみやすくなる.こうした観点に立ち,12.4節では「日本型オープン・イノベーションによる構造改革の推進」を提言する.

(2) 提言3:発想転換による新たな概念創造の推進

　何度も繰り返し述べてきたように,いかなる豊益潤福を創造するのか,言い換えれば「何を?」実現するのかは,変革創始の成否にとって重要である.「何を?」の内容いかんで,変革創始は促進もされるし阻害もされる.「何を?」の内容が,社会経済的背景や,関係者が抱える課題・ニーズと適合する

ことが，イノベーションの創始を左右するといっても過言ではない．そこで12.5 節では「発想転換による新たな概念創造の推進」を提言する．さらにここではこの提言の内容を以下のように2つにブレークダウンし提言する．

- 提言 3.1：潤福増進から発想した変革構想の展開（マインドセット見直し——論点 3 に対応）
- 提言 3.2：人工物基本概念および構成則の練り込み推進（人工物概念の磨き上げ——論点 4 に対応）

以下，提言 2，提言 3.1，提言 3.2 の内容を述べる．

12.4　提言 2：日本型オープン・イノベーションによる構造改革の推進

(1)　プロジェクトとしてのイノベーション・プロセス

本書において IPM モデルを用いて記述してきたさまざまなイノベーション類型，イノベーション・アプローチのプロセスの総体は，プロジェクトとしてみなすことができる．ここで，プロジェクトとは，「開始日及び終了日をもち，調整され，管理された一連の活動から成り，時間，コスト及び資源の制約を含む特定の要求事項に適合する目標を達成するために実施される独自のプロセス」[4]を指す．プロジェクト組織は継続的ではなく，ある目的を達成するための有期の組織として編成され，目的が達成されたら解散される．

図 12.2 は，継続的組織である企業と，プロジェクト組織との関係を示したものである．プロジェクトの全活動が一企業・組織内に留まる場合は，図 12.2（左）に示すような組織様態をとると考えられる．一方，複数の企業・組織の参画するプロジェクトでは，図 12.2（右）の様態をとるとみなすことができる．イノベーション・プロセスの総体をプロジェクトとみなした場合，本書で学んできたイノベーション類型のうち，複数の企業・組織が関与するオープン・イノベーションや，ユーザー・イノベーションは，図 12.2（右）の複数組織連携型プロジェクトの様態をとると考えられる．また，使用価値に視座をおいたイノベーション・アプローチをとる場合も，複数の企業・組織が関与する可能性

---

[4]　JIS Q10006：2004（ISO 10006：2003）「品質マネジメントシステム－プロジェクトにおける品質マネジメントの指針」による定義．

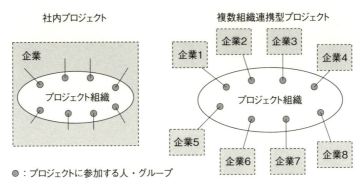

図 12.2 (左) 社内プロジェクトおよび (右) 複数組織連携型プロジェクト (概念図)

が高いことから,複数組織連携型プロジェクトとなると考えられる.

(2) 企業組織と複数組織連携型プロジェクトの併存

 一般に企業は,社内プロジェクトだけでなく,複数組織連携型プロジェクトによりイノベーションを並行的に進めようとしていると考えられる.企業が複数組織連携型プロジェクトによりイノベーションを複数並行して展開していく状況を社会全体で俯瞰するならば,図 12.3 のように継続的に活動する企業組織と,有期の組織であるイノベーションのためのプロジェクト組織が併存し,お互いに関連しあいながら活動しているとみなすことができる.

(3) イノベーション・プロジェクトにおける価値創成源の誘引

 一般に,イノベーション・プロセスがプロジェクトとして立ち上がると,図 12.4 に示すように,プロジェクトの目的を達成するために,さまざまな価値創成源 (知識,情報,能力および資金,モノ) が収集されていく[5].このように,イノベーション・プロジェクトが契機となってさまざまな価値創成源が集積していく状況は「イノベーション・プロジェクトが価値創成源を誘引する」と形容できる.

---

[5] 図 12.4 は図 2.7 に示す価値創成源の吸い込みをプロジェクトという単位で描きなおしたものと見ることもできる.

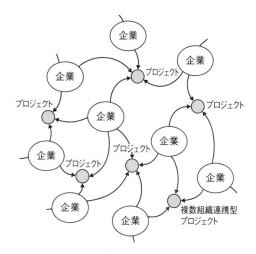

図 12.3 企業組織と複数組織連携型プロジェクトの併存（概念図）

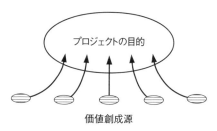

図 12.4 イノベーション・プロジェクトによる価値創成源の誘引

　イノベーション・プロジェクトによる価値創成源の誘引は，価値創成源の提供者である主体（組織・人）による価値創成網の形成を促す．適材適所の価値創成源を融通無碍に遅滞なく誘引できるダイナミズムを有することが，イノベーション・プロジェクトを成功裡に導いていくために重要な要件である．

　前章で述べた，垂直統合による可能性狭窄は，社内の垂直統合化された組織に依拠して，図 12.2（左）のような社内プロジェクトによってのみイノベーションを進めていくやり方には限界があることを指している．図 12.4 のような価値創成源を誘引する現代のイノベーションのダイナミズムを促進するために

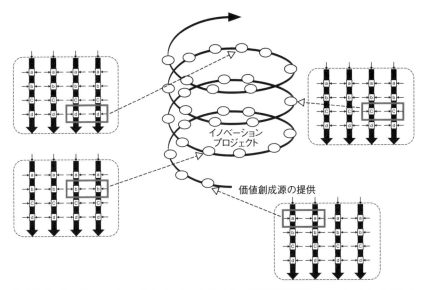

図12.5 日本型オープン・イノベーションの概念：複数組織連携型プロジェクトにおける垂直統合組織からの価値創成源の誘引

は，社会全体で俯瞰するならば，図12.3に示すような全体状況のもとに図12.2（右）のような複数組織連携型プロジェクトを進められていくべきであると理解すべきである．

(4) 複数組織連携型プロジェクト推進による組織枠組の変容促進

筆者は，図12.3に示すように位置づけられる複数組織連携型プロジェクトを並行して戦略的に推進していくことこそが，「日本型オープン・イノベーションによる構造改革の推進」であると考える．言い換えれば，図12.3における複数組織連携型プロジェクトの数を増やしていくことが，日本型オープン・イノベーションを推進し，組織枠組の変容を促進すると考える．複数組織連携型プロジェクト数が増え，イノベーションの進め方として一般的になっていくならば，図12.5に示すように，イノベーション・プロジェクトに垂直統合組織から価値創成源が誘引されていくようになり，結果的に垂直統合組織による過度の閉鎖性という構造が徐々に融解していくことになると考えられる．換言

するならば，続々立ち上がる各プロジェクトが図12.4のように価値創成源を誘引することは，図12.5に示すように垂直統合組織に眠っている価値創成源の誘引を促し，垂直統合組織の硬直性を緩和し，融解させていくことが期待される[6]．

　近年になり，日本の大企業の経営層からも，自社内だけで完結するクローズド・イノベーションでは顕在化しつつあるニーズには対応できない．それゆえにオープン・イノベーションが必要であるという主張が数多く見られるようになった．それらの主張にいうオープン・イノベーションの概念の視点は，第5章で紹介したChesbroughが描いたオープン・イノベーションの概念の視点（図5.6）とは，差異があるように思われる．Chesbroughは，ある特定組織における価値創成源の外部調達（"outside-in"）および提供（"inside-out"）に着目した視点に立っている．これに対して，日本で語られているオープン・イノベーションは，顕在化しつつあるニーズには自社内だけで対応できないのであるから，図12.3のように位置づけられる複数組織連携型のプロジェクト組織で進めていきましょう，という視点に立っているように思われる．

　垂直型組織を内部にかかえた大企業が現時点では日本の大半の研究開発投資を担っているという現実（図11.4，図11.5）をふまえるならば，垂直統合組織から価値創成源を誘引するという作用・効能を表した図12.5は，日本型オープン・イノベーションの意義を表していると考えられる．

(5) 成功体験がもたらす意識改革

　内部に垂直統合化された組織構造を持った大企業が参画する複数組織連携型プロジェクトが立ち上がっていくならば，大企業は図12.5のように垂直統合組織に眠った価値創成源を活用しつつ，さまざまなイノベーション・プロジェクトに関与していくことになる．結果として，垂直統合組織による拘束は緩んで，多種多様な潜在的・顕在的なニーズに対応するより多くの機会を得ることになる．こうした道筋によって，企業内・組織内の潜在能力が活用できる可能性が高まっていくと考えられる．垂直統合組織に眠っている価値創成源を図

---

[6]「イノベーションを生むための経営資源は，単独企業のなかの奥深くに閉じ込められていないのが通例」（Feldman 2010, p. 387）であるという主張もある．

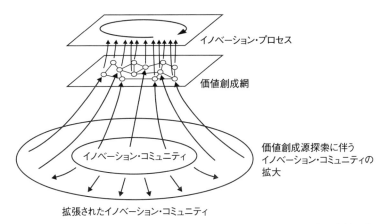

図 12.6 イノベーション・コミュニティの拡充によるユーザーを含む多様な主体のまきこみ

12.5のように利活用して日本型オープン・イノベーションが進み豊益潤福が増進される成功体験が積み重なっていけば，人々の意識も徐々に変わっていくであろう．自前主義に拘束された範囲の価値創成源や限定された視野からの着想ではなく，開放的で幅広い視野から価値創成源を探索し着想することが志向されるようになり，図12.3のように位置づけられる複数組織連携型プロジェクトが続々と立ち上がっていくことが期待される[7]．

提言2は，複数組織が連携する日本型オープン・イノベーションのプロジェクトを数多く立ち上げていくことにより意識改革を促進し，我が国の垂直統合組織に眠った価値創成源を利活用することにより変革創始能力を高めていくことをその趣旨とするものである．

---

[7] 前記の日本の経営者の発言にあるように，日本の多くの大企業においても垂直統合組織の弊に関しては広く認識されているところであり，たとえば，ある技術開発テーマに関して社内部門を水平的に横断したクロスファンクショナル・チームを編成し社内プロジェクトとして進めようという試みがなされ，一定の成果を挙げている．しかしながら，クロスファンクショナルな組織による内部連携だけでは，価値創成源の探索範囲狭窄による弊害・制約を根本から変えるのは困難で，ここでいうような成功体験に基づいた意識改革にまでは至りづらいように思われる．

⑹　イノベーション・コミュニティの拡大

　図 12.6 は，日本型オープン・イノベーションの進行によって，価値創成源が誘引されるに伴って価値創成網が拡充し，さらにその拡充が，イノベーション・コミュニティの裾野を拡げていく道筋を概念的に示したものである．価値創成網にさまざまな主体が融通無碍に参画できるような社会的環境を整えていくことが，日本型オープン・イノベーションの推進に寄与することになる．日本型オープン・イノベーションの展開とイノベーション・コミュニティの拡大は相乗的に進んでいく，といってよい．

⑺　提言 2 実施にあたっての留意点

　提言 2「日本型オープン・イノベーションによる構造改革の推進」の実行にあたっては以下の点に留意する必要がある．

①　パイロット・プロジェクト実施展開の必要性

　垂直統合の因習に拘束されている我が国において，放っておいても図 12.5 に示すような複数組織連携型のプロジェクトが次々と生まれてくるとは考えづらい．複数組織連携による日本型オープン・イノベーション・プロジェクトが実際に豊益潤福の果実を生むというショーケースを増やしていくことによって，言い換えれば，戦略的にパイロット・プロジェクトを実施展開して成功体験を積み重ねていくことにより，複数組織連携を誘発・促進させていく仕組を構築し成熟させていかねばならない．

②　母体企業とプロジェクト組織との利害対立への対処

　図 12.3 において，プロジェクトの母体となる企業と，複数組織連携型プロジェクトの，利害，スピード感は必ずしも一致するものではなく，対立する可能性がある．プロジェクトが臨機応変迅速に動こうとしている際に，母体企業・組織が「本社」の理屈や慎重さを持ち込んでプロセスの進行を妨げる事例は，過去に夥しいほどに見られてきた．図 12.3 のような複数組織連携型のイノベーション・プロジェクトにおいても，こうした構図の対立離齬が起きることは十分に予想できることである．「本社」の理屈や慎重さによる介入が過度

になれば，イノベーション・プロジェクトの停滞もしくは失敗を生むことになる．企業がイノベーションによる成長を望むのであれば，プロジェクトの現場で発生する変革創始，変革駆動のためのダイナミズムが生む論理を軽視・抑圧することは得策ではない．ベンチャー企業と同じように直線的・簡素簡明にして臨機応変な行動のできる[8]組織的手段として，プロジェクト組織が編成されているのであるという共通認識を関係者に拡げていくことによって，プロジェクトと「本社」との不毛な対立を抑制していかねばならない．

12.5　提言3：発想転換による新たな概念創造の推進

「何を？」からの変革創始を推進していくためには，提言2で示した日本型オープン・イノベーションによる構造改革の推進（図12.3，図12.5，図12.6）とともに，越えなければならない課題がある．それは，創始しようとしているイノベーション・プロジェクトの目的，すなわち変革目的が，イノベーション・プロセスを推進する求心力・牽引力のある内容であることである．「良い」変革目的が設定できないと，せっかく，日本型オープン・イノベーションの体制が構築されても，プロセスが駆動せず，「仏作って魂入れず」という状況になってしまうおそれがある．

本書が下敷きにしてきたIPMモデルにおいては，変革目的は，「概念・解決策創造」で設定される[9]．「良い」変革目的により「良い」イノベーション・プロセスを推進していくためには，「良い」概念・解決策が創造され，その骨格・内容が磨き上げられていかねばならない．そこで，本書では，

提言3：発想転換による新たな概念創造の推進

を提言する．この提言は，次の以下の2つの提言からなる．

---

[8] 直線的・簡素簡明にして臨機応変な行動のできることを確からしくするには，特定目的会社，LLP，組合などを組成することも考えられる．実際過去にさまざまな試みがなされてきた．

[9] 第4章に示したように，「概念・解決策創造」には，(1)基本概念の設定，(2)人工物構成則の設計，(3)機能設計，(4)技術的要求条件の整理設定，の4つの活動・行動が含まれている．これらのうち，(1)基本概念の設定，(2)人工物構成則の設計，は極めて重要である．

① 提言 3.1：潤福増進から発想した変革構想展開

　ひとつは，基本的な発想法（マインドセット）の見直しに関する提言である．我が国では，豊益潤福のうち，豊益の増進と比べて潤福を増進するという発想が希薄であったように思われる．それは，垂直統合組織の呪縛による変革目的の固定化の影響でもあり，また，供給者側の主体に比べ需要者側の主体の関与が薄弱であったことにもよると想像される．そこで発想固定化，狭隘化の桎梏から脱するため，「潤福増進から発想した変革構想展開」を提言する．

② 提言 3.2：人工物基本概念および構成則の練り込み推進

　もうひとつは，概念・解決策創造の骨格となる人工物概念の磨き上げに関する提言である．つくりだそうとしている人工物（製品，仕組，サービス）の内容が曖昧であると，増進しようとしている豊益潤福の内容も不明瞭となり，「良い」変革目的を設定することは難しくなる．「良い」価値創成網を形成して，「良い」価値創成源を誘引して，「良い」プロセスを駆動させていくような変革創始点を形成すべく，「人工物基本概念および構成則の練り込み推進」を提案する．

　以下，これら2つの提言について詳しく述べる．

12.5.1　提言 3.1：潤福増進から発想した変革構想展開

(1) 多様な文化の成熟が持つ潜在的可能性

　価値創成網が固定化しているために，豊（かさ）や，（便）益を増進するという発想に限定されがちな袋小路を抜け出して，眠っている変革の可能性を掘り起こしていくには，潤（い），（幸）福を増進するという発想に立った変革の可能性が探求される必要がある．

　豊益の増進をもっぱらの変革目的としていた時代は，「普通の人」にいかなる充足や便益を提供するかが探求されていた．しかし，価値観が多様化したいま，「普通の人」はいないと考えるパラダイムに移行しつつある．ある人にとって価値のあるモノ，コトが他の人にとってはさほど重要でないこともある．潤福を手がかりに変革を発想していくためには，「普通の人」は存在せず，同じ人工物の使い手の間でも，その選好，感覚，価値観，信条，規範によって潤

福の内容も度合いも異なることを認識し，前提とする必要がある．

　長年にわたる安寧と，ある種の閉鎖性は，この列島に技術のガラパゴス化だけでなく，独特の多様性あふれる文化を熟成させてきた．さまざまなサブカルチャーが世界的に評価されていることが象徴しているように，その多様な成熟は，潤福増進を手がかりにした変革を発想していく人材層が分厚くなっていることを示唆している．「普通の人」はいないというパラダイムのもと，潤福を増進させる発想から変革を構想できる潜在的能力をこの国は高めているともいえる．

(2)　潤福の構想者・誘発者としての「文科系」人材

　言い換えれば，文化的成熟を背景にして，潤福の増進を構想できるような人々を価値創成網にまきこんでいくことができれば，実際に潤福の増進による変革構想は続々と誕生していくことが期待できる．そのまきこみが実って潤福の増進による変革が実現していけばそれらがショーケースとなって，さらに潤福の増進から発想した変革が続々企図されるようになり，イノベーションの創始を誘発し，やがては，人々のマインドセットを変えていくことになる．では，どうすれば，潤福の増進をもとにした発想のできる人材を価値創成網やイノベーション・コミュニティに呼び込んでいけるのであろうか？

　第7章の7.3.3項で紹介した洞察的解釈者（interpreter）たちは，潤福増進から発想した変革の構想者，もしくはそうした発想を促す誘発者になりうると考えられる．潤福の内容は，人々の選好，感覚，価値観，信条，規範とは無縁ではなく，社会的・経済的・文化的コンテクストに影響を受ける．それだけに，潤福の増進した変革の構想者や誘発者にはコンテクストを読み解く能力，読み解いた内容を課題・ニーズの定義や，概念・解決策の創造に反映するように翻訳していく能力が求められる．

　第11章では文科系理科系という区分が，本来，価値創成網やイノベーション・コミュニティに参加すべき人々を排除してしまっていることを指摘した．社会的・経済的・文化的コンテクストを読み解き，翻訳する能力は，人間や社会を理解し洞察する能力を基盤にしており，理学，工学，農学，薬学分野の教育をうけた人々よりも，心理学，社会学，文化人類学，倫理学，宗教学などの

── コラム　食の潤福を増進するイノベーションの可能性 ──

　美味しさを探求することによって変革を構想し創始していくことは，潤福増進を発想の手がかりとするイノベーション事例となりうると思われる．日本における多様な文化的成熟によって，グルメという言葉が溢れていることが象徴しているように，人々は美味しさを追い求めている．その結果，続々と洗練されたレストランが登場し，美味しいという評判の店には行列ができている．お弁当の味を工夫したコンビニエンス・ストアは売り上げを伸ばし，レシピや美味しい食事店の情報を扱うWEBサイトは興隆している．美味しい食を求める需要側の欲求は，食材も洗練させてきていて，ICTを活用して，付加価値の高い美味しい食材を生産する動きも日本各地で展開しようとしている．こうした一連の動きは，美味しさという潤福の増進を発想の原点としたイノベーションに発展していく可能性がある．その成否を握るのは，美味しさに対する鋭敏な感覚などの文化的成熟性をいかに活かすことができるかであり，それに成功すれば，美味しさによる潤福の増進から発想・構想する分野で我が国は国際競争力を持ちうると考えられる．

　すなわち，食材の生産・流通に係わる地球規模での物流に関するイニシアチブを日本が持ちうる可能性は低いものの，質の高い，美味しい食材・食事を供給するという分野において，地歩を構築するようなイノベーションが日本発で生まれてくることが期待される．

　日本の多くの地方自治体，とくに，農林水産業が盛んな自治体では，イノベーションは自分たちとは無縁のものだと誤解しているおそれがある．しかし，文化的成熟を背景に，美味しい食の潤福増進を変革創始点とするイノベーションを起こしていく可能性を多くの地方自治体が持っているのであって，国土のどこにでも，それぞれの場所の資源を活用してイノベーションを起こしていく潜在力が秘められていると認識すべきである．

人文・社会系の学問，日本独特の分類では，「文科系」に属する分野を専攻した人材の方が稠密に涵養している能力である．

(3)　サブカルチャ・「文科系」人材のまきこみ

　サブカルチャの担い手や「文科系」の人々のなかから，とくに潤福に対して鋭敏な洞察力と提案力を持った人材を，下記のような役割を果たす主体として，価値創成網に惹きつけていかねばならない．

- それぞれのコンテクストに即し、潤福増進という観点から、課題・ニーズの定義や、概念・解決策創造に貢献できる洞察的解釈者（interpreter）[10]
- 潤福増進の意義を理解し、イノベーション・プロセスの創始を支援していく変革促進者（Promotor）
- 潤福を増進させる価値創成源（情報，知識，能力）の提供者

こうした役割を担うことによって、変革創始への参画機会が増えれば、サブカルチャの担い手や「文科系」人材がイノベーション・プロセスで活躍するようになり、潤福増進を探求する発想から変革を構想することがこの国で定着し、人々のマインドセットを刷新していくであろう。

12.5.2　提言3.2：人工物基本概念および構成則の練り込み推進

第4章で述べたように、「概念・解決策創造」には、①基本概念（core concept）の設定、②人工物構成則の設計、③機能設計、④技術的要求条件の整理設定の4つの活動・行動が含まれている。ここで③機能設計とは、つくり上げる人工物が果たすべき機能、性能、使い勝手を定義することである。また④技術的要求条件の整理設定とは、人工物構成則および機能・性能の設計内容を、製品・仕組・サービスの開発や、科学的発見・技術開発で参照できるように、技術的要求条件に優先度をつけつつ体系的に整理し設定することである。

技術が空洞化しつつある懸念はあるものの、日本にはまだ、③機能設計を展開していく力、④技術的要求条件を整理設定していく力、またそれらをもとに、科学的発見・技術開発、および製品・仕組・サービスを開発していく力、すなわち「いかにするか（how）」に係わる力は残されているように思われる。

しかし、前章の論点4が指摘するように「何を（what）」を定義する①基本概念の設定、②人工物構成則の設計の内容が疎かである限り、せっかくの「い

---

10) 第7章、第11章でも言及したように、洞察的解釈者は、特定の職業・職能・専門家を指し示しているわけではない。ユーザーおよび潜在的ユーザーの行動・心理の観察・分析、社会・経済・文化に関する洞察に基づいて、新たな人工物に何が求められているのかを、示唆・助言することができる者である。洞察的解釈者に求められる資質は、
　①人間・社会に対する洞察力、および
　②洞察内容を人工物の開発者に理解できる言葉に置き換える能力
である。これらの①、②双方を兼ね備えている人材がいれば理想的であるが、①、②のそれぞれの資質のある人・組織が連携し、その役割を果たすことも考えられる。

かにするか (how)」に係わる力も生きてこない．本書で学んできたイノベーション類型・アプローチのうち，たとえば，以下のような類型，アプローチにとって，正鵠を得た人工物の基本概念を創造できるかは極めて重要である．
- 価値転換，意味転換による地歩崩壊型イノベーション（第4章）
- ユーザー・イノベーション（第6章）
- デザインに励起されたイノベーション・アプローチ（第7章）
- 使用価値に視座をおいたイノベーション・アプローチ（第8章）
- 社会的価値に基軸をおいたイノベーション・アプローチ（第9章）

それゆえ，現代社会におけるイノベーションの主流となりつつある諸類型やアプローチを駆動させるためにも，人工物の基本概念を創造する活動・行動が強化されなければならない．それゆえ，人工物の基本概念設定および構成則設計の練り込みの推進が肝要である．

(1) 人工物基本概念の練り込み強化

人工物（製品・仕組・サービス）の基本概念には，
- 人工物が使い手にとって持つ意味
- 人工物の設計にあたって基底におく規範（norm）・指針（principle）
- 課題の解決策およびニーズへの対応策を得るための方針・戦略

が含まれる．

前章で指摘したように，人工物の基本概念創造のうち，とりわけ意味創造が重要である．正鵠を得るような意味を創造し，その内容を何らかの方法で，価値創成網の参画者に伝え共有していくことができれば，基底におく規範（norm）・指針（principle）も，課題の解決策やニーズへの対応策を得るための方針・戦略も自ずと定まってくると思われる．

イノベーション・プロセスを旧来のように供給者→需要者という単線構造で設定してしまうと，人工物の供給者が漠然と設定する意味と，使い手側が感じる意味との差異は永遠に埋まらないと考えられる．

図7.12，図11.11に示したように，機能創造と意味創造のバランスがとられつつ，新たな人工物の概念が創造され練り込まれるようになることが望ましい[11]．そのプロセスは，複線構造の繰り返しプロセスであり，科学者・技術者，

デザイナー，ユーザーや，洞察的解釈者の間で，行きつ戻りつのやりとりが繰り返される．

人工物の基本概念の創造活動を強化していくためにはたとえば図7.12，図11.11に示すように，ユーザーや，洞察的解釈者を変革創始活動に関与させること，および，創造しようとしている人工物の意味について何度も意見交換や議論が繰り返される練り上げのプロセスが用意されることが肝要である．

本書で述べてきたように，ユーザーのニーズは暗黙的で，言語などで表現されないことも多い．第5章で学んだように，ユーザーに直接質問しても，ユーザー自身が自らのニーズを自覚していないこともある．仮案として，実現しようとする人工物のイメージが具体的に示されてはじめて，それに対する賛同，疑問，懸念が具体的に表明されるようになる．

「人工物が使い手にとって持つ意味」を練り込んでいくには，誰かが，プロトタイプなど人工物の具体的な仮案をつくり，関係者に投げかけてみる必要がある．こうした投げかけができるのは，広い意味での技術者である．本書で繰り返し述べてきたように，日本では供給者側に技術者人材が偏在していて，課題・ニーズの定義，概念・解決策創造などユーザー側に近い活動・行動ノードまわりでの技術者人材の活動が手薄である．そのため，こうした投げかけをきっかけとした，ユーザーや洞察的解釈者との間での，行きつ戻りつのやりとりを活性化しようにも手薄なために阻害されるおそれがある．

図7.2, 図11.11に示す枠組を念頭に人工物の意味創造のプロセスに技術者も関与するように配置していくことが，人工物の基本概念の練り込み強化に結びついていくと考えられる．日本における技術者雇用の現状を考えると，技術者の配置を急に変えることは困難であると思われる．しかしながら，たとえば，企業を退職したシルバー技術者など人生の経験知も蓄積させたベテランの技術者が効果・評価，レビュー・見直し，ニーズの定義，概念・解決策創造に関与して，新たな意味創造によるイノベーションの成功例を積み重ねていけば，徐々に技術者の配置は是正され手薄さが解消されていくと考えられる．

---

11) 人工物の意味創造を，機能創造と同列に扱っているからといって，本書は，けっして技術を軽視しているのではない．むしろ，意味創造を積極化させることにより，未踏の課題が顕在化し，技術の挑戦機会が生成され，技術開発は促進されていくのである．

技術者からの投げかけと，ユーザーからのさまざまな反応，およびそれをふまえた洞察的解釈者からの意味に係わる洞察の提供が繰り返し混ざりあうことによって，豊益潤福増進の発想は，単なる構想だけにとどまらず，人工物の基本概念として具現化され練り込まれ，変革創始の足腰を固めていくことになる．

　こうした意味創造に係わる実践展開を積み重ねることによって，参画する技術者，ユーザー，洞察的解釈者のなかから，人工物基本概念練り込みの担い手となる経験知を積んだ人材が生まれ，その層が厚くなり，その練り込み活動を活性化させ，第11章で指摘した人工物概念の創造活動の低調さ（論点4）を克服していくことができると思われる．

(2)　戦略的な人工物構成則の設計の推進

　人工物基本概念の創造と練り込みを受けて，人工物の形，材料，機能が具体化されていく．その具体化のプロセスでは，人工物の構成要素の繋がり方（＝アーキテクチャ）の基本方針，すなわち構成則が構想され設計される．第4章で記したように，人工物構成則（製品アーキテクチャ）とは，人工物の機能と構造をどのように対応させ，部品間のインターフェースをどのようにデザインするかに係わる基本的な設計構想である（たとえば，藤本2001, 2007）．人工物の構成則の設計は，SoS（システムのシステム）に対する自らの位置づけを決定する．また，人工物の構成則が具体化されることにより，どのような主体が連携して価値創成網を形成し，どのような価値創成源を誘引しながら，変革を駆動していくのかが定められ，本書で学んできた分担協調型イノベーションのプロセスや組織のあり方も規定することになる．それだけに，人工物構成則の設計には戦略性が求められる．

　たとえば，人工物をモジュラー化した構成をとることによって，小川が指摘するように，ひとつの人工物に対して，クローズド，オープンの両方のイノベーション戦略を適用することができるようになる（小川2014）．スマートフォンは小川の主張を裏付ける事例で，スマートフォン本体の製造供給者が提供する機能に加えて，外部ベンダーが提供するアプリケーションやサービスが組み合わさることにより，各ユーザーにとってはかゆいところに手が届く，現代人には欠かせない生活道具となっている．スマートフォンは，新たな人工物の構

成則が，新たな分担協調のあり方を生み出すことによって構成則イノベーション（第4章）にとどまらず，構成部品（アプリケーションおよびサービス）の革新も促すことによって，抜本的なイノベーション（第4章）をも生み出している好事例である．

　人工物構成則（アーキテクチャ）の設計は，「何をつくるのか（what）」の定義と，「どのようにつくるのか（how）」の間を繋げる行為であるともいえる．また，「どのようにつくるのか」においても，単に「良いモノをつくる」ための技術的思考だけでなく，人工物の開発体制，設計体制，生産体制・運用に係わる戦略も含めて構想することが求められる．戦略的な人工物構成則の推進のためにはこうした複眼的思考が求められ，そうした思考能力は，一朝一夕に獲得できるものではなく，場数を踏むことによって，取得されていく活術（知の運用術）である．

　日本で，戦略的な思考のもとに，人工物構成則の設計を推進していくためには，その意義・重要性を社会全体で共通に認識するとともに，人工物構成則設計の経験を積みその活術に長けた人材層が厚くなっていくような施策が不可欠である．

　具体的には，人工物構成則設計という活術の資質向上のため，次のような包括的な能力構築策が実施されていかねばならない．

① 　人工物基本概念の練り込みを受けて創造されつつある人工物，および戦略的に見直しをすべき既存の人工物を対象に構成則イノベーション，抜本的イノベーションを企図して，人工物構成則を実地に設計していく機会を増やしていく．

② 　人工物構成則の設計の担い手候補を対象に，模擬演習を提供する教育プログラムを実施する．プログラム構築・実施のためには，過去の事例をもとにした事例教材が必要であることから，大学などの教育機関と企業との協働が望まれる．作成される事例教材は，戦略的な人工物構成則設計を支える活術の能力構築基盤として系統だてて継続的・組織的に改訂していく．

12.6　提言2，3まとめ：「国民皆革」による変革創始推進

　提言2，3は，第11章で指摘した閉塞を抜け出して，「何を？（what）」からの変革創始をこの国で推進していくことを企図したものである．現代社会のイノベーションの多くは，さまざまな主体が分担協調してこそ成し遂げられる．分担協調型イノベーションの本質は，誰もが価値創成網に関与する可能性があるということであり，それゆえに，誰もがイノベーション・コミュニティに参加していけるような社会環境は，イノベーションを創始しやすい．本書で何度も述べてきたように，イノベーションは，科学者・技術者のコミュニティのなかだけで完結するのではなく，社会全体で構想，実施，展開される事象となっている[12]．国民市民の誰もがイノベーション・プロセスに関与する可能性を持っているのであり，もしその可能性が制約されたり，閉ざされてしまうのならば，現代社会におけるイノベーションからこの国が落伍していってしまうおそれがある[13]．世界の多くの国民国家において，イノベーションは単なる科学・技術界における行為・事象ではなく，あらゆる社会的・経済的営為に及ぶ事象であるというコモンセンスができてきている．その証左として各国では，創造力を富ませることによって課題を解決するために，迅速柔軟に制度構築や運用変更がなされ，組織変更や取引慣行の改革が自然体で進められている．まさに「国民皆革」の暗黙のコモンセンスが確立していると推察される．もし我が国

---

[12]　一方，我が国は，影響のあるマスメディアでの報道内容を見ても，イノベーションは科学・技術のドメイン内での行為・事象であると誤解されており，旧態依然の制度とその運用，組織慣行，取引慣行が変革創始と変革駆動を妨げている．既存の制度，慣行を「このようにあらためれば世界が開ける」と説いてみたところで，既存の仕組の便益の享受者は，提案された変革がイノベーションとして成功するかどうかは不確実であることに逡巡し，結局は，変革は創始されず，旧弊が固定されたままになっている．このような保守的な思考と態度が日本国内で当たり前になってしまっているのは，自らがイノベーションの当事者である，あるいは当事者になりうるという「国民皆革」の認識に乏しく，変革創始やイノベーションに対して傍観する態度思考が支配的であることによるといわざるを得ない．

[13]　本書で何度も危惧を表明したように，イノベーションが複線循環かつ終点未定（open end）の継続的改善のプロセス，分担協調型のプロセスであることがコモンセンスとなっておらず，単線型プロセスのみをイノベーションと考える意識の呪縛が強い．こうした誤解は多くの機会損失を生んでいるといっても過言ではない．

コラム 「国民皆革」のための人材育成・能力構築

「国民皆革」を進めていくためには，教育システム，人事制度も見直されなければならない．

1　教育システム

「国民皆革」においては次のような人物像が望まれている．

- 何らかの専門知を持つ：何らかの専門知を極めることで他分野も洞察できる．
- Be exceptional を信条とする：自分が他と異なることにためらうことなく自らの個性を磨くとともに，多様性に対する尊敬心を持っている．
- やりながら，対話しながら学ぶ能力がある．
- 着想や技術が持つ社会的意義やその潜在可能性を想像し理解できる．
- 異分野関係者と協働するための組織構成（team building）力がある．
- 観察に基づき課題を把握したりニーズを発見できる．

これらの能力は，日本の教育システムでは必ずしも重視されてこなかったおそれがある．継続的教育機会を充実させることを含め，高等教育機関はこうした能力の構築に積極的な役割を果たさねばならない．

2　挑戦と流動を支える人事制度などの構築

日本が経済成長をしていた右肩上がりの時代は，失点をしない者が昇進していくような側面があった．しかし「国民皆革」を展開していくためには，失点主義から得点主義に人事評価の原則を転換していかねばならない．すなわち，失点（失敗）を少なくしている者よりも，得点（成果）を挙げる者を評価していくことによって挑戦する者や挑戦からの学びを尊ぶとともに，挑戦しない者は評価しないような人事評価基準に変えていく必要がある．

当事者意識を持たない「評論家」よりも，顧客・社会に対する責任を起点とする当事者意識を持って職務を実行する者を高く評価する必要もある．

加えて，「国民皆革」が進むと，人材流動は必然となるが，年金，住宅ローンや住宅資産価値の保持などにおいて流動する人材が不利にならないように諸制度も改革していく必要もある．

が，イノベーションを進めていくことを欲するのであれば，「国民皆革」という標語のもとに，提言2,3を核にした包括策が立案され実行されていかねばならない．

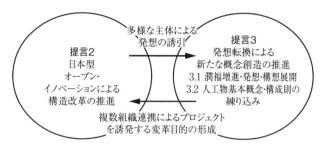

図 12.7 「日本型オープン・イノベーション」と「発想転換による新たな概念創造」との相乗効果による変革創始の推進

　日本型オープン・イノベーションによる構造改革の推進（提言2）と，発想転換による新たな概念創造の推進（提言3）とは，図12.7に示すように相補的・相乗的関係にある．すなわち，日本型オープン・イノベーションを企図することによって，ユーザーを含む多様な主体がイノベーション・プロセスに参画するようになって，潤福増進から発想した変革構想を展開したり（提言3.1），人工物基本概念および構成則の練り込みを推進する（提言3.2）．逆に，潤福増進から発想した変革構想展開（提言3.1）や，人工物基本概念および構成則の練り込み推進（提言3.2）は，複数組織連携によるプロジェクトを誘発するような変革目的の形成を促すことにより，日本型オープン・イノベーション創始の促進要因になると考えられる[14]．

12.7　提言4-6序論：イノベーション駆動力の強化

　提言1-3が効を奏し，変革駆動力を潜在的に秘めたイノベーション・プロジェクトが立ち上がったとしても，さらに価値創成網を拡充させて，臨機適宜に価値創成源が投入されていかない限り，イノベーションと呼びうるような豊益潤福の増進には帰結していかないおそれがある．イノベーション・プロセスを創始する活動・行動を第一の矢とすれば，イノベーション・プロセスを駆動させていくための価値創成網を着実に形成していくことが第2の矢となる．端

---

14) イノベーション・コミュニティの継続的拡充は，起業家や変革推進者（innovator）にとっては変革創始のための資金調達が容易な環境をもたらすことにもなるであろう．

的に表現すれば，第1の矢は始めるための矢であり，第2の矢は繋げるための矢である．次節12.8節以下では，第2の矢を有効にすべく，変革創始されたイノベーション・プロセスにおける変革駆動力を向上させるための戦略を提言する．

　第11章で述べたように，イノベーション・プロセスの進行が遅いと，種々の「雑音」が高まって，イノベーション・プロジェクトの求心力が弱まってプロセスの停止・中止に追い込まれるおそれもある．また，その人工物が市場の競争環境下におかれている場合，他の競争者に比べて市場投入が遅れることは，市場競争上の不利にとどまらず，先行製品・サービスがデファクト標準や価値測定の物差しを確立してしまって，新たな製品・サービスが入り込む余地がなくなってしまうことも考えられる．それゆえに，変革創始されたイノベーション・プロセスが早く駆動すればするほど，こうした懸念はなくなり，豊益潤福の増進を実現できる可能性は高まっていく．

　第11章では，イノベーション・プロセス促進のための要諦として下記の3点を挙げた．

- 戦略的連携による価値創成網の拡充
- やりながら学んでいくプロセスの促進
- 必要に応じた集中的な経営資源の投入

　これら3点の要諦に対応し，12.8-12.10節では，以下のような，イノベーション駆動力の増進策を提言する．

- 提言4：知の融合機会の組織的拡大（戦略的連携による価値創成網の拡充に対応）
- 提言5：「やりながらの学び」による持続的価値向上（やりながら学んでいくプロセスの促進に対応）
- 提言6：機会・リスク評価に基づいた経営資源投入のための包括策推進（必要に応じた集中的な経営資源の投入に対応）

　本書では，IPMモデルを用いて何度も行きつ戻りつ繰り返されるプロセスとしてイノベーション・プロセスを描いてきた．これは，スパイラル状の繰り返しプロセスとして表現することもできる（図2.7）．上記の提言4-6を実行することによって，図12.8に示すように，繰り返しプロセスの各段階で，イノベ

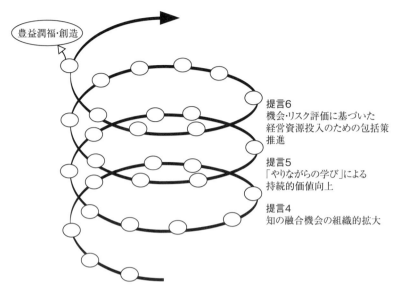

図 12.8 変革創始から豊益潤福の増進にいたるまでのプロセス

ーション・プロセスの駆動力を向上させていくことが期待される．

12.8 提言4：知の融合機会の組織的拡大

第11章で指摘した複合障害要因による「不動如山」状況（図11.12）を打開するためには，次のような隘路を乗り越えていく方策が打たれなければならない．

① 企業官僚主義の蔓延（過度の垂直統合，評価主義など）．
② 過度の自前主義，知財戦略の未成熟による戦略的提携活動の不活発．
③ 小さくスタートして育てていくやり方（lean startup）の可能性，重要性に対する認識の低さ，成功体験の乏しさ．
④ 成功可能性・不確実性を同定するためのプロトタイピングの機会の乏しさ．

日本型オープン・イノベーションによる構造改革の推進（提言2）を実行していくことにより，これらの隘路のうち，①企業官僚主義の蔓延や，②過度の

自前主義，知的財産保護主義による戦略的提携活動の不活発の弊害を緩和していくことが期待される．ただし，日本型オープン・イノベーションはプロジェクト・ベースでの有期の活動であるため，強固な企業官僚主義や過度の自前主義を根本から改めうるだけの継続的効果を生みうるかは未知数である．

①，②の隘路を根本的に克服するためには，個々のイノベーション・プロジェクト，とくに複数組織連携型の日本型オープン・イノベーション・プロジェクトで得られた経験知を，他のイノベーション・プロジェクトでも役立たせていくための仕組が形成されていくことが必要である．こうした仕組が機能することで社会全体としては経験知が雲散霧消することなく継続的に蓄積され，持続的に利活用されていくことが期待される．また③，④の隘路を乗り越えていくためにも，継続的・組織的な取り組みができる仕組が必要である．

こうした認識に基づき，本書では，継続的な取り組みをするための仕組を構築していくことを念頭に，「知の融合機会を組織的に拡大していくこと」を提言する（提言4）．ここで知の融合機会の拡大とは，ユーザーを含むさまざまな主体との連携により，生み出そうとしている人工物の基本概念や構成則を試行錯誤によるフィードバックを通じて磨き上げ，技術変化，市場構造，ユーザーの反応に係わる予測困難性を克服していくことを指す．これにより，小さくスタートして育てていくやり方（lean startup）や，成功可能性・不確実性を同定するためのプロトタイピングが推進されていくことも期待される．

ひとくちに「知の融合促進」といっても，さまざまな方策が含まれる．現代の日本の状況を勘案し，本書ではとくに次の3つの方策をとることを提言する．

提言4.1：価値創成の「発進台」としてのプロトタイピング促進

提言4.2：中間組織による「場」と「繋がり」の育成

提言4.3：知の戦略的空間集積──日本型イノベーション・ディストリクトの形成推進

以下，これらの諸提案の内容について解説する．

12.8.1　提言4.1：価値創成の「発進台」としてのプロトタイピング促進

第11章では，複合障害要因による「不動如山」状況（論点5）を脱却し，山を動かしていくには，プロトタイピングは有効であるが，日本においては，そ

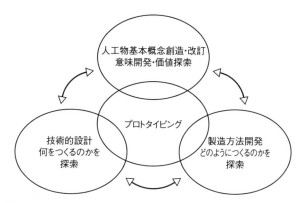

図 12.9　立ち上がったイノベーション・プロセスを駆動させるためのプロトタイピングの概念

の機会が乏しいことを指摘した．そこで，ここでは，「山」を動かすため，中間組織において，プロトタイピング活動を振興し，価値創成の「発進台」としていく方策を講ずることを提言する．

(1) プロトタイピングとは何か

　プロトタイピングとは，人工物（製品・仕組・サービス）開発の初期段階での試作行為である．試作品を製作しさまざまな角度から評価して変更・改良を加えていくことにより完成品が形づくられていく．すでに本書では第 7 章でデザイン思考におけるプロトタイピングのあり方を紹介し，着想したアイデアに具体的な形を与えていく行為がプロトタイピングであるとした．また，望みにかなっていること（desirability），経済的実現可能性（viability），技術的実行可能性（feasibility）の 3 条件を斟酌し製品開発することが，プロトタイピングであるという Brown の考え方を紹介した．

　では，変革創始されたイノベーション・プロセスを駆動させていくプロトタイピングとは，どのような行為なのであろうか？　本書では，これらの既往の考え方もふまえ，イノベーション・プロセスの立ち上がり段階で行うべきプロトタイピングとして，図 12.9 のような循環的な探索プロセスを提言する．

　図 12.9 の概念図において，プロトタイピングは，3 つの側面を持つ行為とし

て描かれている．

　第1の側面は，人工物の基本概念の磨き上げであり，変革創始段階で創造され練り込まれた人工物の基本概念をさらに改訂していく行為である．試作されるプロトタイプの形や機能が持っている意味を考え，新たな意味の創造や意味の再定義を検討しつつ，どのような豊益潤福を実現するのか探索していく．

　第2の側面は，技術的設計（engineering design）の磨き上げである．人工物（製品・仕組・サービス）の基本概念や人工物構成則（アーキテクチャ）の設計をもとに，構想を形（configuration of concept）にしつつ，人工物の機能を工学的に定義していく．これには次の行為が含まれる．

- 人工物の構成要素の繋がり方，はたらき方を決めていくこと
- 各構成要素の形状，材料，仕様を決めていくこと
- 意図したとおりの機能，性能を発揮するのか評価していくこと

　第3の側面は，製造方法の開発（production design）であり，人工物をいかにして実現するかを考案し，実際に試作しつつ，人工物の製造方法・実現方法を検討し開発していく行為である．

　第1，第2の側面が何を（what）つくるかを決める行為であるのに対し，第3の側面はどのように（how）つくるのかを決める行為である．これら3つの側面は，相互に関連する．たとえば，製造方法の制約が，技術設計の内容の改訂をもたらすこともあれば，技術設計の内容が新たな製造方法の開発を促すこともある．また意味創造や意味変換の内容によって，技術設計の内容が変更されることもあれば，逆に技術設計の内容が新たな意味の創造・変換をもたらすこともある．さらに，人工物構成則が製造方法を規定する一方で，新たな製造方法が，新たな人工物構成則を生み出すこともある．

　プロトタイピングはモノの試作だけにとどまるものではない．本書で何度も述べてきたように，現代社会では，モノ（ハードウエア）とサービスは融合の度合いを高めており，試作対象は，製品・仕組・サービスすべてのことがらに及ぶ．

　プロトタイピングとは，人工物基本概念創造，技術的設計・製造方法の開発が混然融合した行きつ戻りつの反復的プロセスをとりつつ，何らかのモノ（ハードウエア），ソフトウエア，サービスあるいはそれらの融合物を試作しつつ具

体化していく行為であるといえる．その非定型な反復的プロセスにおいては，人工物基本概念創造，技術的設計，製造方法開発の担い手が，相互にコミュニケーションをとりつつ協働し，適宜分担しつつも，レビュー・見直し，ニーズの再定義による要件・目的の変更や，新たな選択肢の出現には柔軟迅速に対応し[15]，必要に応じて新たな価値創成源やその提供者を誘引していく[16]．

前述のように，現代のイノベーションでは何を（what）つくるかと，いかにして（how）つくるかという命題は不可分の度合いを高めていると考えられる．着想した技術設計の内容をすぐ形にして，望みにかなっていることや，経済的実現可能性，技術的実行可能性を検証し，さらに次なる改良案を考えていくというプロセスが繰り返されていけば，それだけ卓抜した成果がプロトタイピングから得られる可能性は高まっていくと考えられる．

(2) プロトタイピングの意義

プロトタイピングが，イノベーション・プロセスの駆動に対して持つ意義は，そのプレゼンテーション効果である[17]．具体的には，次のような効果が期待できる．

① アイデアが具体的な形になり試用できることによって，経営層をはじめ

---

[15] このようなプロセスの様態を英語では，agile な開発プロセスと呼んでいる．ここで agile とは，ソフトウエア開発のプロジェクト・マネジメントなどに用いられている手法で，プロセスを短期の作業段階に細分化し，その短期の段階が終了するたびに，段階分けと作業内容の変更を行い対応していくことを意味する．

[16] プロトタイピングを通じて何をつくるのか，という目標が磨き上げられていく．プロトタイピングは，ユーザーや関係者の反応や受け取り方を勘案しながら開発しようとする人工物（製品・仕組・サービス）を磨き上げていく．プロトタイピングは，まさに何をつくるのかを明確化していく動的プロセスであるといってよい．プロトタイピングは，ちょっとした改善を含め，用いる技術を明確にすることでもあり，内容を盛り込み磨くこと，使い方に関するルールや規則をつくること，盛り込む用途の優先付をすることでもある．何をつくるのかを定義することは技術的であるとともに表象的である．人々が技術に対して与える意味を検討・検証するだけでなく，ユーザーや資金提供者や供給者の話を聞いたうえで彼らの解釈を反映するように人工物を磨き上げていくことになる．

[17] プロトタイピングによって，第11章に述べた次のような創始不全の問題を緩和することも期待される．「膨大な列挙された課題を解決するか，何らかの見通しが成り立たない限り，実行しない，という行動方針をとりやすい．結果として，その動きは遅く，課題をつぶし終えた頃には，イノベーションは次のステージに進んでいるなど，時機を逸してしまうこともしばしばである」．

関係者が，アイデアの内容や可能性（とくにユーザーの受け取り方）について，五感を動員して理解，予測，評価する手がかりを与える．
② イノベーション・プロセスを進ませるにあたって
  ・いかなる価値創成源が必要となるのか
  ・いかなる豊益潤福が生まれることが期待できるのか
  ・いかなる課題，不確実性・リスクがあるのか
を具体的に評価することができる[18]．
③ 試作を通じて開発された製造方法を出発点に，事業展開のためにスケールアップするにはどのようにしたらよいのか具体的に検討することができる．それぞれの個々のユーザーにとっては別々の意味を持った人工物でありながら，構成部品レベルでは規模の経済を発揮できるような製造方法を確立していく手がかりも提供する．

なお，本書で繰り返し述べてきたように現代のイノベーションの諸類型，諸アプローチにおいてユーザーが重要な役割を果たしていることから，プロトタイピングのプロセスにユーザーが関与することは十分にありうる．とくに，近年の3次元プリンターなど積層造形法の普及は，ユーザー・つくり手間の境界を曖昧にするとともに，両者の関係の多様化を進行させており，近い将来ユーザーがイニシアチブをとるプロトタイピングが行われるようになることは十分に考えられる[19]．

過去10年以上にわたって繰り返し「我が国は，優れたものづくり能力がありながら，イノベーションが低調である」という指摘がされてきたが，有効な戦略をとりえてこなかった．プロトタイピング活動を奨励することによって，狭義のものづくり力である製造方法開発力（いかにしてつくるのかに係わる能力）に，技術的設計力（つくり出すモノ・コトを具現化する能力）と概念創造力（つく

---

[18] 山中俊治は「プロトタイピングは，技術がもたらすものへの予感を形にするための思考プロセスであり，その有効性を検証するための実験試作でもありますが，一方で広く社会に対して技術の価値を表明するショーピースの役割も果たします．よくデザインされたプロトタイプは，技術者の夢を生活者の幸福へとつなぐフィジカルコンテンツなのです」と述べている（山中 2016）．
[19] 3次元プリンターなどの積層造形法は，すばやく（rapid）試作をする（プロトタイピング）という意味のラピッド・プロトタイピング（rapid prototyping）の手段としても脚光を浴びている．

り出すモノ・コトの意味を創造する能力）が加わったイノベーション，言い換えれば包括的な広義のものづくり力によるイノベーションが日本列島のうえに多数展開していくことが期待される[20]．

12.8.2　提言 4.2：中間組織による「場」と「繋がり」の育成

第 11 章では，複合障害要因による「不動如山」状況（論点 5）を脱却し，山を動かしていくには，プロトタイピングは有効であるが，プロトタイピングの場としての中間組織が未整備であることを指摘した．また，イノベーション・プロセスを駆動させていく価値創成網の繋がり形成のための変革促進役が不足していることを論点として掲げた（論点 6）．

これらの問題点を解消するため，ここでは，中間組織による「場」と「繋がり」を育成することを提言する（提言 4.2）．具体的には中間組織に価値創成の場をおき，変革促進役が「繋がり」を育成することで価値創成網を拡充させていく．第 10 章で述べたように，中間組織は，コミュニティやネットワークづくり，技能やノウハウの収集，前向きなイメージの醸成，装置の提供，資金提供，諸活動の指標となるルールの策定，不確実性に対する仕組など，変革を駆動するにあたって直面する課題の解決にさまざまな側面から支援する「場」を提供することで，知の融合プロセスを推進する．

(1)　「場」の育成：プロトタイピングを担う中間組織の整備

プロトタイピングは異種多様な主体による協働から生まれるものであり，何らかのモノの試作が含まれることから，何らかの物理的な「場」が必要である．それぞれのプロトタイピングは，有期のプロジェクト活動とみなすことができ，臨時的に編成された組織によって進められる．こうした有期性や臨機性が目的に対する適応性と迅速性を生む．ただし，プロトタイピングの量・頻度が高い場合は，「場」がその都度編成されるよりも，継続的に利用可能である方がそ

---

20) ただし，ものづくりへのこだわりと，意味開発の活動とが，開発に関与する主体間での対立や紛争を生む可能性もある．プロトタイピング活動が agile な（すばやい）プロセスを踏みつつも，対立紛争で頓挫せずに進んでいくためには調整役，推進役が必要となる．また，成功例を数多くつくっていくことで「勝ち馬」に乗っていくとよいという雰囲気をつくり，プロトタイピングによる変革駆動力を増強していく必要もある．

れぞれのプロトタイピングの効率性・実効性は向上すると考えられる．それゆえ，プロトタイピング活動を活性化させるには，臨機応変かつ迅速な価値創成源の利活用が可能なある種の中間組織がその実行主体として活動することが望ましい．そこで，試作するための設備の提供や，図 12.9 に示すような人工物概念創造力，技術的設計力，製品開発力などプロトタイピングに必要な能力の支援のできる中間組織を整備することを提言する．

そのためには中間組織自身がさまざまな方法での試作を迅速に繰り返し展開していける能力[21]や，試作されたモノ・コトを評価し継続的に改善していく能力を具える必要がある．

これらの能力を支援・提供をするために，中間組織はこうした能力を持つ人材を備えるだけでなく，必要に応じて，外部人材を組織化することによって，能力の支援・提供をする．

こうした設備と能力を持った中間組織が設けられることによって，プロトタイピングを継続的に実行していくことが可能になる．なお，まったくの基盤なしにゼロから出発して上記の要件すべてを満たすような中間組織をつくりあげることは現実的ではない．また，さまざまなプロトタイピングを担う中間組織が日本列島各所に必要になってくることを勘案するならば，いくつかの要件をすでに満たしている大学，研究機関，組合などを母体に中間組織を設けていくことが現実的であると思われる．

(2) 「繋がり」の育成：変革促進者のインフォーマル・ネットワーク整備

それぞれのプロトタイピングには特有の目的があり，必要となる価値創成源も千差万別である．目的に応じて図 12.9 に示した機能を中間組織が果たしていくようにするため，また，プロトタイピングをもとにイノベーション・プロセスを駆動させていくためには，多様なプレーヤーの「繋がり」を育成し価値

---

21) 海外に我が国のものづくり現場が移転してしまう前は，さまざまな技術・技能を持った中小規模工場（いわゆる町工場）の地理的集積とネットワークがあり，さまざまな試作を迅速に行うことで，プロトタイピングを担っていたと思われる．産業構造の転換でこうした町工場のネットワークが弱体化したいま，国のイノベーション能力を維持向上させる観点からは，ここで提言するように迅速にプロトタイピングを行っていける中間組織を形成していく必要がある．

表 12.3 各職域における変革促進役

企業・組織内レベル
- 技術開発部門の変革促進役
- 業務管理部門の変革促進役
- 営業部門の変革促進役
- 経営層の変革促進役

価値連鎖レベル
- サプライアーの変革促進役
- 製造者の変革促進役
- ユーザー・グループにおける変革促進役
- 資金提供者の変革促進役

国・地域レベル
- 研究機関の変革促進役
- 技術的中間機関の変革促進役
- 政策機関・政府の変革促進役

創成網を適宜拡充させていくことが不可欠である．

そこで，図10.2に示したように，それぞれのプロトタイピング・プロジェクトにおいて必要となる価値創成網の形成を推進する役目を担う変革促進者 (Promotor)[22]のネットワークを整備することが必要になる．前章で述べたように，日本では変革促進役を欠いていることから，価値創成網の繋がり形成に支障が出ている．

繋がり形成役としての変革促進者を育成し，職域を越えたインフォーマル・ネットワークを育成強化していかねばならない．具体的には，表12.3に示す各職域の変革促進役が活動していけるように，その役割を認知し，彼らの活動がけっして本務外の余計な仕事をしているのではなく，社会の変革に貢献しているという意味で評価・賞賛の対象としていけるようなコモンセンスを醸成していくべきである．

表12.3のうち，とくに「資金提供者の変革促進役」の認知・育成は急務である．近年，イノベーションに係わる投資を国などの公的資金に頼る論調が目立つが，提言6で詳述するように，公的資金は，民間では引き受けが容易ではない長期的な視点または俯瞰的な視点から，成果を寛容に忍耐強く待ってくれ

---

[22] ここでいう変革促進者（Promotor）は，前章で述べた橋渡し機能，すなわち，創造された機能から得られる意味や潜在効用（implication）を洞察し，価値創成網に参画の望まれる主体群にその潜在効用を説明していく役割も担う．

る資本 (patient capital) の引き受けや，パイロット・プロジェクトへの支援など，補完的な役割をするのが本来のやり方であり，民間資金がイノベーションへの投資の主役たるべきである．イノベーションに係わる投資構造やそれに係わる意識を改革するためにも[23]，変革志向に富んだ「資金提供者の変革促進役」の人材層を厚くしていかねばならない．

12.8.3　提言4.3：知の戦略的空間集積——日本型イノベーション・ディストリクトの形成推進

第11章において，イノベーション・コミュニティ基盤の脆弱さ（論点7）を指摘した．その脆弱さを改善するためには，第10章で学んだイノベーション・ディストリクトの概念が多くの示唆を与えてくれる．

プロトタイピングにおける，モノ・コトの試作の場は，空間的近接性が重要である．すぐに試作できることは，それだけ試行錯誤の回数を増やし，また，試作の場が近いことは，ひんぱんなやりとりを通じてイマジネーションを膨らませていく意味でも有利である．このようにして形成された知識・情報は，場所への固着性（第4章，第10章）が高い知識・情報と考えられる．

そこでプロトタイピング，およびそれに続くイノベーション・プロセスにおける変革駆動力を高めるために，特定領域の設計知・製造知を空間的に集積させる戦略を講ずることを提言4.3として提案する．実際，科学，高度技術を基盤にしたイノベーションは地理的に集積したところに生起しており，発明者とイノベーターとの地理的近接性がこうした集積地域での持続的なイノベーションの連鎖を起こしているとする文献もある（Branscomb 2002）．

そこで，プロトタイピングの場を核に，日本型イノベーション・ディストリクトを形成することを提言する．プロトタイピングによって誘引されてくる何らかの特異な価値創成源の空間的集積の場となる中間組織が，イノベーション・ディストリクトの核となる．

イノベーション・ディストリクトのなかでは，価値創成網を構成する主体間で連携・協働が繰り返し行われ，いわずもがなの共通の技術規範，設計思想な

---

[23]　なお，プロトタイピングは内容によってはいわゆるクラウド・ファンディングの対象にもなりうると思われる．

どが暗黙知として形成されていく．その結果，いちいち仕様書など明示的な情報をつくらなくとも，技術的要求条件を以心伝心でコミュニケーションできるようになる．このようなコミュニケーションのあり方は，ノイズの多く含まれている膨大な量の情報を交換するよりも効率的で，プロセスの変革駆動を柔軟迅速に高めていくであろう．

　知の空間集積のための日本型イノベーション・ディストリクトの戦略構想は，今後の国土の空間利用に係わる計画や政策とも整合が図られるべきである．こうしたマクロ政策が実り，真田がいう，「少量・変量，多品種，高品質でかつ，高利潤が追求できる中堅中小企業を日本全国各地に，一次産業も含めた全業種に拡大し，山椒は小粒でもぴりりと辛い日本企業をパッチワークのように配置する」構想が実現していくことも期待される（真田 2015）．

　まちづくりのレベルで考えれば，空洞化した地区の空き家建築などを活用して，プロトタイピングなどのための価値創成源の特異な集積がなされる場を形成し，イノベーション・ディストリクトの核としていくことも考えられる．

　第 10 章の記述（10.4.3 項）をふまえるならば，次のような点に留意し，日本型イノベーション・ディストリクトを構想し具現化していくべきである．

① 核になりうる地域内の価値創成源を同定する
　イノベーション・ディストリクトは一朝一夕に形成されるものではない．その土地に貼り付いた，特異な情報・知識の集積があり，核となる組織とイノベーション・コミュニティがあり，さらにはさまざまな新たな価値創成源を積極的に誘引する受容性がなければならない．集積を戦略的に進展させていくことによりイノベーション・ディストリクトを形成していくためには，地域のなかに眠っている宝物ともいうべき価値創成源を含め，形成の核になる地域の価値創成源を読み取り，発見していくことが肝要である．

② プロトタイピングを担う中間組織を設定・設立する
　地域内外からの価値創成源を誘引し，それらを紡ぎあわせつつ価値創成網を構築して，事業組織・実践組織に橋渡ししていく中間組織を設定もしくは設立する．中間組織は，プロトタイピングを通じて，地域内企業の協業・連

コラム　知的産業の空間集積性に関する分析例

　藤田は，東京において蓄積した専門的な知識を活用し，顧客企業の事業活動にサービスを提供する業種がどのくらい空間的に偏在しているのかを業種別電話帳タウンページのデータを利用し分析をした．下図の事例のように，多くの知識活用型業種の分布には，空間的な集積性が見られる．集約した空間には，何らかの情報・知識が貼り付いていることによると推察される．イノベーション・ディストリクトを構想する際には，こうした既存の空間的集約性をふまえて構想するとよいと思われる．

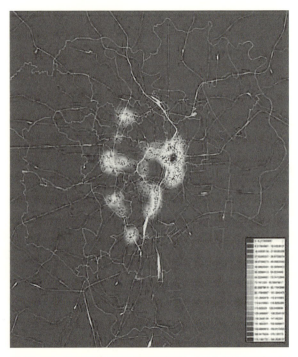

図 12.10　知的産業の空間集積性事例：ソフトウエア産業の地理的分布（藤田 2015）

携の媒介役，情報知識の流通など，横繋がりの密度，速さを高める役割も果たしていく．

③ 特異な集約のデモンストレーションによるさらなる集約の促進

　プロトタイピングを変革創始点にした変革の成功例を生み出し，特異な価値創成源の集約の成果としてさまざまなメディアを介して宣伝する．これによりその特異な集積に魅力を感じる多様な人材を世界中から誘引し，さらに価値創成源の集約の特異性を高め，イノベーション・ディストリクト内のコミュニティを拡充していく．また伴せて，危険負担資本（risk capital）などイノベーションを駆動させていくための資金の提供者の関心をひいて資本の調達しやすさも高めていくべきである[24]．

12.9　提言5：「やりながらの学び」による持続的価値向上

　プロトタイピングなどをきっかけにして，イノベーション・プロセスの駆動を増速させていくためには，試作された人工物（製品・仕組・サービス）が，技術的にも，経済的にも，社会的にも受け入れられ，普及し，豊益潤福を増進していくように，人工物を改良改善し磨き上げていかねばならない．

　留意すべきことは，こうした磨き上げは，1回限りではなく，継続的・反復的・集積的な学びをふまえたものとなることである．そこで，本書は提言5として，実践知の集積により人工物を磨き上げ，持続的に価値を向上させていくことを趣旨に「『やりながらの学び』による持続的価値向上」を提言する．

　ここで，実践知とは，イノベーションをやりながら学んでいく（learning though innovating）ことで得られる経験知を指す．本書で述べてきたように，やりながら学んでいくことは，現代社会におけるイノベーション・プロセスを駆動させるうえで重要な要素となっている[25]．実際，海外の研究者は，「やりながらの学び」について，次のようにさまざまな概念を提案している．

① やりながら・使いながらの学び（learning by doing and using）

　新たな人工物やそこに用いられている技術を目的に適うように試行錯誤を繰

---

[24] 「提言6：機会・リスク評価に基づいた経営資源投入のための包括策推進」の実行に不可欠な，機会の大きさやリスクを評価できる人材も誘引する．
[25] 以下，本段落の記述は，（Flowers 2010）による．

り返し学んでいくことを指す（Arrow 1962; Rosenberg 1982）．なお，Rosenbergは，やりながらの学び（learning by doing）は生産現場での学びといった意味合いが強く，ユーザーからのフィードバックを指し示すためには，使いながらの学び（learning by using）という用語を使った方がよいと述べており，航空機を例にユーザーからのフィードバックの重要性を示している．

② 交りながらの学び（learning by interacting）
　価値創成網のなかで多様な主体間の連携協働により新技術が生まれていくことを通じて得られる学びを指す（Lundvall 1988; Cornish 1997）．

③ 規制しながらの学び（learning by regulating）
　日常的慣行から法制度に至るまでの何らか形で「ゲームのルール」を制定して変革を進めていくことにより得られる学びを指す（Sørensen 1996）．たとえば地球温暖化ガス排出抑制のための排出権取引制度の運用から得られる「実践知」も含まれる．

　これらのさまざまな「やりながらの学び」を実践し，持続的に価値向上させていくためには次のような方策を展開していかねばならない．

(1) 「やりながらの学び」の重要性に関する共通認識の構築
　現代のイノベーションの駆動力となるやりながら学んでいく（learning though innovating）ことは，行きつ戻りつの複線的プロセスを前提としている．にもかかわらず，第11章で指摘した，イノベーション・プロセス駆動促進に関する経験知の未成熟（論点8）さが放置されていると，イノベーションが単線的プロセスであることのみを暗黙の前提に思考する前時代的傾向は改まらない．その結果，本来行きつ戻りつの繰り返しプロセスにおける教訓のネタとなるべき小さな失敗や停滞に対して，短兵急な判断をして，プロセスそのものを中止したり，換骨奪胎してしまう挙に出てしまうおそれがある．
　こうした不毛で非寛容な状況が生じることを避けるためには，「やりながらの学び」が現代のイノベーションを駆動させるための不可欠の要素であるとい

う共通認識を社会全体で構築していかねばならない．具体的には次のようなコモンセンスをこの国で形成していかねばならない．

- 新たな人工物に対する人々の反応を予測することには不確実性があり，実際に試用・仮実装してみない限り，人々の反応に係わる知識は得られない．
- 試用・仮実装を通じて「やりながら学ぶ」ことによってはじめて，創造しつつある人工物の新たな意味を開発したり，使用価値（value in use）を高めていくことができる．
- 「やりながらの学び」を進め，価値創成網に参加している主体に実践知が蓄積していくことは，さらに別種のイノベーション・プロセスを発生させイノベーションの多重展開を生んでいく契機にもなる．

(2) 「やりながらの学び」のための回路の構築

「やりながらの学び」のための組織的能力を向上させていくためには，人工物の開発者・供給者とユーザーとの間に何らかの双方向のコミュニケーションができる回路を構築し，実践知を蓄積させ，人工物の継続的改善に結びつけていく仕組を整備していかねばならない[26]．具体的には，次のような方策をとることが考えられる．

① サービス提供型供給方式への転換

単にモノを供給・提供するという発想を脱して第8章で学んだようなサービスを提供する供給方式（servicizing）に転換していく．人工物の開発者・供給者はサービス提供のための交渉・対話を通じて，ユーザーとの双方向のコミュニケーション回路を構築し，さまざまな「やりながらの学び」による実践知を蓄積させていくことができる[27]．

② リード・ユーザーが主役のニッチな市場での試用・仮実装の推進

問題・課題を解こうとする積極的姿勢があるからこそ，使いながらの学び

---

[26] こうした，ユーザーとの双方向回路に基づく実践知をLundvallはイノベーションの基盤であると主張している（Lundvall 1985, 2010 など）．
[27] Toffel が同様に主張をしている（Toffel 2008）．

(learning by using) から実践知が得られる．一般的な市場で試用・仮実装を展開するよりも，本書で述べたようにそのニーズは特殊であるもののリード・ユーザーは自ら抱える問題・課題を能動的に解いていきたい動機付けを持っている．一般的な市場よりもリード・ユーザーが多数存在するニッチな市場において試用・仮実装を進めた方が双方向のコミュニケーションは確立しやすく，「やりながらの学び」から，より充実した実践知を収集できる機会は高まると考えられる．

③　「ユーザーの代理人」からのフィードバックの推進
　一般のユーザーが人工物を使用することによって得た「やりながらの学び」は，フィードバックされづらいおそれがある．そこでユーザーと人工物の供給者との間に「ユーザーの代理人」が介在して「やりながらの学び」をフィードバックしていくコミュニケーション回路を構築していく方策をとる．具体的には，「ユーザーの代理人」というポジションに有能な技術者がいて，ユーザーに対して人工物の使用や運用の最適化のための助言や支援をしていくことを通じて「やりながらの学び」を翻訳しフィードバックしていく．しかるに技術者の大半が供給者側組織に所属しているのが現状であり，「ユーザーの代理人」という立場に立つ技術者を増やしていくには，新たな技術者のキャリアパスを構築する必要がある．提言3.2：人工物基本概念および構成則の練り込み推進についてと同様に技術者配置の是正のきっかけをつくるため「ユーザーの代理人」組織が企業を退職したシルバー技術者を活用することも考えられる．

(3)　「やりながらの学び」による暗黙知の翻訳
　「やりながらの学び」において得られる知識には，言語など明示的情報として記述されない暗黙知が数多く含まれている．その暗黙知を，実践知として人工物の改善・改良に利用可能にするためには，何らかの形式知への転換が必要になる．そのためには，次のようないずれかの方策がとられるべきである．

①　センシングによるデータの解析をもとにした翻訳
　マイクロナノマシン技術などの発展によって，センサー類は徹底的に低廉化

していき，近い将来あらゆる人工物に，相当な空間密度で何らかのセンサーが設置される可能性が高い．こうした技術動向をふまえるならば，センシングによるデータを解析することによって，「やりながらの学び」の内容を推定し，形式知に翻訳することができるようになることが期待される．その翻訳内容は，人工物を継続的に改善させていく磨き上げに活用することに加え，IoT においてユーザーの反応をふまえてモノを制御したりモノ同士の関係を調整するためのアルゴリズムに翻訳されていく途を拓くことになる．

② 「ユーザー代理人」による翻訳

前記のユーザーの代理人組織に所属する技術者を介したフィードバックは，暗黙知であるユーザーによる「使いながらの学び」の形式知への「翻訳」であるとみなすことができる．「ユーザーの代理人」は，①のセンシングデータの解析にも関与する（例：6.4.1 項）ほか，行動観察（6.4.1 項）や，ユーザーの対話，聞きとりを通じて，ユーザーが使いながら得た暗黙知を翻訳していく．

「やりながらの学び」で得られた実践知をもとに試作中の人工物を磨き上げイノベーション・プロセスの増速に利用するイノベーション手法は第 11 章でも紹介したように，米国などでは lean startup ともいわれている．しかし，日本ではこうしたやり方にまだなじみがなく，人々のイノベーションの進め方に関する考え方・基本的発想は旧態にとどまっているおそれが高い．提言 5 が実行され「やりながらの学び」で得られた「実践知」の利用によりプロセスの駆動が増速され持続的に価値が向上していく事例が増えていけば，人々のマインドセット（基本的発想）が変わり，変革駆動力の強化だけでなく，変革創始における隘路の改善にも好影響を与えることが期待できる．

12.10　提言 6：機会・リスク評価に基づいた経営資源投入のための包括策推進

提言 1-5 を実行したうえで必要となるのは，開発された人工物（製品・仕組・サービス）がもたらす豊益潤福を増進していく方策である．市場経済を通じて人工物を普及させる場合，豊益潤福の増進とは，事業の拡大策ということ

になり，情報，知識，能力といった知的価値創成源だけでなく，資金をはじめとする事業拡大のための経営資源が価値創成源として重要になる．開発された人工物が本格実装するに足るだけに磨き上げられた段階では，経営資源を逐次投入するよりも，時機を失わぬ集約的な投入が望まれる．しかるに，10億ドル以上の企業価値のある巨大ベンチャー企業は2015年10月時点で世界に141社存在し，その企業価値の総額は5000億ドルに達するといわれているものの，そのなかに日本企業は一社も入っていない[28]．このことに象徴されるように，日本では，ベンチャー企業（start-ups）など変革の担い手への資金投入への隘路を放置させてしまっているおそれがある．

① 与信枠の限定

日本において今後進行していかなければならないイノベーションの主役は，臨機応変に迅速な行動のできるベンチャー企業や，日本的オープン・イノベーション（提言2）の担い手である複数異種組織の連携によるプロジェクト組織である．しかし，こうした主役となるべき主体に対して金融機関が信用を供与するかは未知数で，仮に供与するとしても，その与信枠は限定的となるおそれがある．

② 不確実性の存在および投資回収の時間スケール

金融機関は一般的にはよりリスクの低い対象への投資，より早い投資資金の回収を好む傾向があると思われる．しかるに，開発された人工物が本格実装するに足るだけに磨き上げられた段階に至っても，事業規模拡大の成否には不確実性があり，かつ仮に成功したにせよ豊益潤福の増進により投資のリターンが得られるまでに一定期間を要する．不確実性や，投資回収の時間スケールが金融機関の性向と整合しない可能性がある．

---

28) 2015年11月30日付『日本経済新聞』記事による．なお，同記事によると調査は米調査会社CBインサイツによって行われたという．上位には，Uber（オンデマンドタクシー配車サービス，米国），Xiaomi（スマートフォン大手，中国），Airbnb（個人の空き部屋をインターネットで仲介，米国）などの企業が並んでいる．http://vdata.nikkei.com/prj2/ni2015-globalunicorn/（retrieved on 30 November. 2015）．

規模拡大のための資金調達に係わるこれら①，②の隘路は，第11章で指摘したイノベーション・プロセス駆動促進に関する経験知の未成熟（論点8）さとは無縁ではないと考えられる．経験知がないために，経験を得る機会を失うという悪循環を断ち切り，時機を得た豊益潤福の増進による規模拡大を図るめ，提言6として，「機会・リスク評価に基づいた経営資源投入のための包括策推進」を提言する．

　ここで，機会・リスク評価とは英語でいうcalculated riskを指し，機会・リスク評価に基づいた経営資源投入とは，期待利益が期待損失を上回ることを評価できた場合にはリスクを冒してもある行動を起こすという意志決定方法[29]により経営資源を投入していくことをいう．言い換えれば，機会・リスク評価に基づいた経営資源投入とは，期待される豊益潤福の大きさと，種々の不確実性がもたらすリスクを評価し，両方を比較考量して，経営資源を投入していくことを指す．米国・中国・インドで巨大な非上場のベンチャー企業（start-ups）が急速に誕生している背景には，こうした意志決定の思考回路がはたらき多種多様な危険負担資本（risk capitalおよびventure capital）を成長させ，規模拡大のための資金需要を支えていると推察される．一方，日本ではとくにバブル経済崩壊後の過去四半世紀のデフレ基調の経済環境下において国民一般の未来に向けて投資をするという性向を逼塞させてしまってきた．そのため国内の危険負担資本の成長は阻まれている．この異常な停滞から脱して日本においても，機会・リスク評価による意志決定による経営資源の集約的投資ができていくようにしていくためには，その前提となる次のような評価能力を涵養しなければならない．

[29) たとえば，明治時代の経済ジャーナリスト野城久吉は，次のような商機獲得の心構えを説いているが，これは今日でいうところのcalculated riskによる意志決定行動にあたると思われる．
　「夫れ何が故に狼狽するや．真実を外にして外事に迷ひ，積り方を知らずして法を立てることをせず，早く取りたぐらんとせしが故なり．夫れ積り方をつつまやかにして，その法立を精しくし，心を静めて慮りをよくし，損を覚悟して行ふ時は，当たらずと雖も遠からじ．」（野城 1910, pp. 514-515, 573）

① 機会の大きさに関する評価能力
- 進行中のイノベーション・プロセスはいかなる豊益潤福をもたらしうるのかを洞察し評価する能力
- その豊益潤福はいかなる意味・意義を持ち,その増進はどのような社会的変革をもたらしうるのかを予測し評価する能力

② リスクに関する評価能力
進行しているイノベーション企図について,
- どのような不確実性による,どのような技術的リスクが存在するのかを同定し評価する能力
- 技術的リスクへの対処方策とその経済性,有効性について評価する能力
- 事業実行上,どのような経済的・社会的課題があり,それがいかなる事業上のリスクに発展するのかを予測する能力
- 事業上のリスクに対して,どのような対処方法があり,その経済性や有効性はいかばかりであるかを評価する能力

以上のような①機会の大きさに関する評価能力,および②リスクに関する評価能力を向上させ経験知を蓄積させることによって,機会・リスク評価に基づいた経営資源投入が可能となっていく.そのために,次のような包括策を講じていくことを提案する.

(1) 評価の担い手像の明確化

　機会の大きさおよびリスクに関する評価能力を誰が担っていくのかを明確にする.従来から,日本には技術の目利きが不足している,という言い方がされてきた.これは,機会の大きさおよびリスクに関する評価能力を持った人材層が薄い,ということも指していたと考えられる.ただし,技術の目利きは,科学推動型のイノベーションにおいては,評価能力の有効な担い手となりうるが,本書で紹介してきた多様な類型・アプローチのイノベーションを推進していくためには,技術にとどまらず,変革企図が社会にもたらしうる豊益潤福全般について,機会の大きさ,およびリスクを評価する能力が必要である.技術の目利きにとどまらず,第7章で示した洞察的解釈者 (interpreter) にもなりうる

人材が評価の担い手になるべきである．

(2) 担い手の育成

　洞察的解釈者にして技術にも通暁しているマルチ人材，あるいは技術者にして洞察的解釈者にもなりうるようなマルチ人材を育成していくためには，従来の職域を越えた能力を涵養するような実践的な学びの機会が提供されていかねばならない．それは，既存の職能者に異なる専門分野の能力を付与する，クロスオーバー的な能力構築機会である．

　たとえば，英国における大学などの連携による「目利きバンカー」の養成策は示唆的である．英国の Barclays 銀行ケンブリッジ支店の実績によれば，ケンブリッジ域内でのさまざまな技術的イノベーションに対し金融支援を展開してきたところ，投融資の損失率 (loss rate) は，全行平均の6分の1で，良好な運用成績を収めているという (House of Commons 2013)．これは，技術的イノベーションの内容を理解し，十分なコミュニケーションのもとに継続的系統的に支援を行ってきた実践知の賜であるという．そこで，英国の大学では，金融関係者を主対象に，工学の研修コースを設け，「目利きバンカー」を育成する試みも展開しているとのことである．

　これらの実績や試みは，日本でも大いに参考になる．地域の金融機関をはじめとして，変革企図に富む顧客企業と継続的に近しい関係を持っているバンカーは数多くいると想像される．しかし，彼らの多くは，いわゆる文科系教育を受けているため，技術的なイノベーションに対する評価をすることが容易ではないと思われる．そこでそうした人材を対象に，大学などが現代の工学・医学・農学など技術のあらましや，イノベーションのダイナミズムを五感を動員して学べるような機会を提供することによって，「目利きバンカー」を増やしていくことができるように思われる．

　なお，「目利きバンカー」が，必要とされる評価対象すべてをカバーできるとは限らない．現代のイノベーションの複雑さや多面性を勘案するならば，一人がすべての事象に係わる機会の大きさとリスクを評価することは困難であり，むしろ「目利きバンカー」だけでなく，金融的素養を持った「目利きエンジニア」など，さまざまなマルチ人材を越境人材として育成し，これらの多様な越

境人材による混成チームを構成することで，洞察的解釈者にして技術にも通暁している評価者，もしくは技術者にして洞察的解釈者にもなりうる評価者の役割を果たせることになると思われる．

(3) 評価実践による経験知の蓄積

　機会の大きさおよびリスクに関する評価能力は，実践を通じて構築され蓄積されていくと考えられる．前記のさまざまな越境人材による混成チームが，評価の場数を踏んでいくことで，評価のための実践知が蓄積されていく．この混成チームは，イノベーション・プロセスを駆動させようとしている起業者・事業者と，変革駆動や豊益潤福の規模拡大に必要な経営資源の出資者との間に入って，機会の大きさ，成長性，リスクに関する起業者・事業者の主張内容の検証結果を提供することにより，金融機関をはじめとする出資者が機会・リスク評価による意志決定をすることを支援する．こうした評価経験を通じて，機会の大きさおよびリスクを評価する能力が磨かれていくと考えられる．

(4) 多種多様な資金の呼び込み促進

　本書で繰り返し述べてきたように，イノベーション・プロセスは単純な単線プロセスではなく，行きつ戻りつ繰り返しながら，大略的には，変革創始，プロトタイピング，変革駆動増速，規模拡大策という段階を踏みつつ進捗していくと考えられる．その段階ごとに必要とされる経営資源は異なり，資金の種類・規模も異なる．

　日本において，機会の大きさ・リスクに関する評価能力を充実していくことができれば，危険負担資本の成長を促しその規模が拡大し規模拡大のための資金調達を容易にしていくことができる．加えて長期安定的な収益を目論む資金を変革創始，変革駆動増速，規模拡大策に幅広く呼び込んでいくことも不可能ではないと思われる．たとえば，次のような呼び込み方が考えられる．

① 海外危険負担資本の誘引

　日本ではベンチャー・キャピタルなど危険負担資本の規模が英語圏に比べて小さいといわれている．ならば，海外の危険負担資本を日本に誘引することも

一策である[30]．成功例が増え，日本には成長するイノベーションのシーズがある，ということが明確になっていけば，さらに危険負担資本が集まるという好循環が生まれることになる．

こうした流れが起きれば，ニューヨーク，ロンドンなどベンチャー・キャピタリストが集積した都市に日本の起業者・事業者が出かけていき，資金調達することも不可能ではなくなっていくであろう．高い成長性と，リスク評価の信頼性という2条件が満たされている限り，投融資を含む金融支援は国境を越えボーダレスに行われるはずである．

② 長期安定資金による寛容に成果を忍耐強く待ってくれる資本（patient capital）の組成・設立

年金・生命保険の掛け金の運用は長期安定的になされるべきものであり，その点においてはイノベーションのように一般的には一定のリスクのある対象は運用先にはなじまない．しかしながら，SRI（Socially Responsible Investment）という考え方が世界の機関投資家に広まり，長期安定的な運用のためにも，持続可能性を向上させる対象に優先的に投資をするという動きが，国際的に拡がっている．こうした背景をふまえ，年金・生命保険を資金源にして持続可能性を向上させる事業に投資をするためのファンドが組成され，国境を越えて，良い案件に投資をしていく動きが始まっている．たとえばイノベーションが目指す内容が地球温暖化ガスの排出抑制に結びつくものならば，こうしたファンドからの長期資金の提供がイノベーションの規模拡大に馴染む場合もあると考えられる[31]．

---

30) ただし，投機的利益を最大化することのみを指向するベンチャー・キャピタルもいることに注意・留意する必要がある．たとえば特定の疾病に係わる薬を製造する会社がもっぱら投機の対象になってしまうと，薬価だけが上昇し，治療が受けられない患者が出てしまうような弊害が生じるおそれがある．海外のベンチャー・キャピタルの誘致にあたっては，豊益潤福に係わる理念の共有ができる相手先を選んでいく必要がある．
31) 一般的には，何らかの公的ファンドを設立することが望まれる．また，民間では十分には引き受けられない分野であるがゆえに，いわゆる政府系金融機関が一定の役割を果たすことも望まれる．ただ，日本の財政状況の現今の状況を勘案するならば，長期安定的な資金を提供できるようにしていけるかどうかは不透明であるといわなければならない．日本の財政力に影響されない patient capital の設立・獲得が模索されるべきである．

日本では，ベンチャー企業のひとつの発展形は株の公開であると考えられているように思われる．しかし，株を公開することなく資金を獲得し，長期にわたって規模拡大を図るとともに新たな変革創始への再投資を図っていくことが適切な場合もある．それゆえに，企図するイノベーションの内容や，それをとりまく社会的環境によって出口を多様化させるような，臨機応変で柔軟な規模拡大策をとりうる方策の構築と実行が望まれていると考えられる．

12.11　提言まとめ：プロセス・組織構造の根本的改革へ

イノベーションは人が人のために行う活動である．それだけに，単に技術的方策だけでなく，提言1-6に示したような社会システムに係わる戦略は必須である．提言1-6は，第11章で整理した論点をふまえた，日本の国全体のイノベーション・システム（National Innovation System）のパフォーマンスを向上させるための方策である．現代のイノベーションは多くの主体の営為が集積する活動であり，複雑な社会現象でもある．国全体のイノベーション・システムのパフォーマンスは価値創成源の集積性と連結性に依存する．それだけに一面観に束縛されることなく，提言1-6をセットとした，包括的なアプローチが不可欠である．

これらの提言を包括的アプローチとして実行することによって，イノベーションにおける良い流れ（イノベーション・プロセス），良い繋がり（価値創成網）をつくっていくことができ，変革創始，変革駆動増速，および豊益潤福の規模拡大に寄与することができる．加えて，提言5,6を実行していくことは，イノベーション・プロセスの多重展開促進にも寄与するとも考えられる．こうした創始，増速，拡大，展開促進が積み重なっていくことで，実践知が各主体に蓄積し，マインドセット（基本的な考え方）も変え，社会経済的環境をも変革していくことが期待される．

大きな技術革命および社会の枠組変化が進行する時代にあって，いままでの慣行的なやりかた（プロセス）や旧態依然とした組織の枠組（価値創成網）を温存してイノベーションの果実だけを期待するというのは，後世からのそしりを受ける不作為となることは間違いない．私たちは根本から変わらなければなら

ないのである．

参考文献

Arrow, K. J. (1962) "The Economic Implications of Learning by Doing," *Review of Economic Studies*, Vol.29: 155-173.
Branscomb, L. and P. E. Auerswald (2002) "Between Invention and Innovation an Analysis of Funding for Early-stage Technology Development," NIST GCR: 02-841.
Cornish, S. (1997) "Product Innovation and the Spatial Dynamics of Market Intelligence: Does Proximity to Markets Matter?," *Economic Geography*, Vol. 73(2): 143-165.
Feldman, M. P. and D. F. Kogler (2010) "Stylized Facts in the Geography of Innovation," Hall, B. H. and N. Rosenberg (eds.), *Handbook of the Economics of Innovation*, Vol. 1, Elsevier, pp. 381-410.
Flowers, S. and F. Henwood (2010) *Perspectives on User Innovation*, Series on Technology Management, Vol. 16, World Scientific.
Hall, B. H. and N. Rosenberg (eds.) (2010) *Handbook of the Economics of Innovation*, Vol. 1, Elsevier.
House of Commons (2013) Science and Technology Committee Bridging the Valley of Death: Improving the Commercialisation of Research Eighth Report of Session 2012-13.
Innovate America (2005) National Innovation Initiative Summit and Report," *Council on Competitiveness*, Washington, DC.
Lundvall, B.-Å. (1985) *Product Innovation and User-Producer Interaction*, Aalborg University Press, Aalborg.
Lundvall, B.-Å. (1988) "Innovation as an Interactive Process: from User-producer Interaction to the National System of Innovation," Dosi, G., C. Freeman, R. Nelson, G. Silverberg and L. Soete (eds.), *Technical Change and Economic Theory*, Pinter Publishers Ltd, London. pp. 349-369.
Lundvall, B. and B. Johnson (1994) "The Learning Economy," *Journal of Industry Studies*, Vol. 1(2): 23-42.
Lundvall, B.-Å. (2010) *National Systems of Innovation: Toward a Theory of Innovation and Interactive Learning*, Vol. 2, Anthem Press.
OECD (2015) Business enterprise R-D expenditure by size class and by source of funds, OECD StatExtracts. http://stats.oecd.org/Index.aspx?DataSetCode=BERD_SIZE (retrieved dated on 4 January 2015)
Rosenberg, N. (1982) *Inside the Black Box: Technology and Economics*, Cambridge University Press.
Soete, L. and A. Arundel (1993) "An Integrated Approach to European Innovation and Technology Diffusion Policy (a Maastricht memorandum)," EUR15090 (Luxembourg).
Sørensen, K. H. (1996) "Learning Technology, Constructing Culture. Socio-technical Change as Social Learning," STS Working Paper no. 18/96, University of Trondheim, Centre for Technology and Society.
Stewart, J. and S. Hyysalo (2008) "Intermediaries, Users and Social Learning in

Technological Innovation," *International Journal of Innovation Management*, Vol. 12(3): 295-325.
Toffel, M. W. (2008) "Contracting for Servicizing," *Harvard Business School Technology & Operations Mgt. Unit Research Paper*, 08-063.
小川紘一（2014）『オープン＆クローズ戦略――日本企業再興の条件』翔泳社.
真田幸光（2015）メールマガジン「最近の韓国・中国・台湾経済情勢について」2015年1月5日号.
藤田大樹（2015）「都市における知識産業の集積メカニズムに関する研究」東京大学大学院工学系研究科修士論文.
藤本隆宏・武石彰・青島矢一（2001）『ビジネス・アーキテクチャ――製品・組織・プロセスの戦略的設計』有斐閣.
藤本隆宏（2007）『ものづくり経営学――製造業を超える生産思想』光文社.
野城久吉（1910）『商機』民友社.
山中俊治（2016）東京大学生産技術研究所機械生体部門山中俊治研究室 HP. http://www.design-lab.iis.u-tokyo.ac.jp/about.php（retried on 11 March 2016）

おわりに

　筆者は，建築技術者であり，イノベーション・マネジメントを専攻した者ではない．ただ，建築に係わる分野で，イノベーションを実現しようと苦闘してきた人間である．また，近年では大学研究所の管理職として，さまざまな産学連携のプロデュースに係わってきた．こうした体験を通じて，ささやかながらイノベーション・マネジメントに関する経験知は蓄積させてはきている．だが，この程度の浅学非才の人間が，イノベーション・マネジメントに関する本を執筆するというのは不遜であるとのそしりを免れえない．にもかかわらず，筆者が無謀の挙に出たのは，座視しているだけでは，現代のイノベーションの本質に係わる正鵠を得た理解がコモンセンスとして形成されていかない，それではこの国のイノベーションの停滞と閉塞は続いていってしまうという危機感が募ったからである．

　筆者は，自らがプレーヤーとして，またプロデューサー役として，イノベーション・マネジメント上での課題にぶつかるたびに，解決のヒントがないか，文献類を渉猟してきた．その過程を通じて思い知ったのは，英語圏諸国と我が国との間には，イノベーション・マネジメントに関する学術の蓄積に隔絶たる差異があるということであった．情報化社会が切り拓く，人・組織の新たな関係は，イノベーションのやりようをも大きく変容させつつある．英語圏では，こうした大変容に対して敏感で，さまざまな，新たなやりようが試みられている．また多様化・複雑化の進展という現実をふまえ，パラダイムシフトを生むような名著が続々出版され，それらが示唆した新たなパラダイムのもとに，新たなイノベーションが生まれる，という学術と実践の連鎖も起きているように見受けられる．こうした学術理論と，実務者による経験知の連関がイノベーションに関する巨大な知識群を形成し拡大させているといっても過言ではない．

　一方，日本では，イノベーションの多様化のダイナミズムを直視せず，過去の特定のやりようだけを雛形にイノベーションを発想している事例がいまだに

見受けられる．特定のイノベーション類型を前提に制度設計がなされ，組織が構築され，人々の発想範囲が限定されてしまっているおそれもあるといわねばならない．それでは，適用範囲をふまえつつ，新たなイノベーションのやりようがあれこれ試みられる可能性は乏しい．新たなイノベーションのやりようが試みられなければ，新たなやりように係わる経験知がたまらないので，さらに遅れをとるという負のスパイラルにはいってしまう．

　何とか，こうした状況に歯止めをかけたい．こうした思いで筆者は本書の上梓を決意した．

　筆者が腐心したのは，英語圏や日本の学術研究で蓄積された膨大な知を，いかにしてイノベーション・マネジメントで参照できるようにしていくかということであった．そこで出てきたアイデアが，イノベーションの各類型・アプローチのやりようを「設計図」の書式——IPMモデルと価値創成網——を用いて描き出し，「やりよう設計事例集」として整理していくという着想であった．

　こうした着想は，筆者が建築技術者であることとは無縁ではないように思う．構造力学，建築環境工学，建築計画学など，建築に係わる学理は発展をとげている．しかし，こうした学理だけでは，建築は設計できない．理論を理解する能力や理論を用いて分析評価する能力と，設計というものごとを構成していく活術とは別種の能力であり，その活術の涵養のためには「設計事例集」が有効なのである．「設計事例集」が整備されることで，学理を設計に応用・適用していく手がかりが得られるといってもよい．IPMモデルと価値創成網によるプロセスと組織様態の構造化は，学術で得られた知を，やりようの設計に適用していくための，変換促進材であるともいえる．

　注意すべきことは，IPMモデルと価値創成網による構造化は，イノベーションの類型・アプローチのやりようをマネジメントをする観点から理解するためのものであって，それぞれの類型・アプローチに係わる既往研究の蓄積すべてを反映しているものではない，ということである．言い換えれば，本書の各章における，各類型・アプローチに関する解説は，マネジメントをする観点から記述されたものであり限定的であるということである．各章あるいは各節の内容に関連して大著が続々出版されている．そこで，各章末には，本文で引用した文献に加え，その類型・アプローチをさらに深く学習するための文献も加え

て参考文献リストを作成した．

　いずれにせよ，本書の意義は，マネジメントをする観点から，共通の下敷き——IPMモデルと価値創成網——を用いてさまざまな類型・アプローチを記述したという俯瞰性にあると考えられる．俯瞰性ゆえにこそ，それぞれの類型・アプローチの差異や適用範囲（有効に機能しうるコンテクスト）を同定する一助になると考える．ただ，俯瞰性に重きを置くがゆえに，取り上げた各類型・各アプローチ，また各事項に関する記述が限定的で偏りもあるというそしりは免れえない．俯瞰性に重きを置いたがゆえの不充分さとしてただひたすら読者の皆様のご理解とご寛容を乞う次第である．

　本書は，多くの方々の示唆と激励なくしては実現しなかった．そのすべての方々に心からの謝意を表するとともに，とくにお世話になった方々のお名前を記しておきたい．

　吉田敏氏は2006年4月に東京大学大学院工学系研究科に技術経営戦略学専攻が設立されて以来，「イノベーション・マネジメント」の授業を分担してきた．本書は，同氏とともに練り上げてきた教科内容を反映したものである．

　東京大学エグゼクティブ・マネジメント・プログラム（EMP）同窓会の大沢幸弘会長をはじめ，小池聡氏，鶴田靖人氏，鈴木貴子氏，関根千津氏，高岡本州氏，赤井厚雄氏，上原淳氏は，企画の段階で，産業界・実業界においてもこうした本は必要とされていると背中を押して下さっただけでなく，結局2年以上もかかってしまった遅筆の筆者を励まし続けて下さった．また，ニューヨーク在住の神谷秀樹氏には下稿をお読みいただき，貴重なご示唆を下さった．

　そして何といっても東京大学出版会編集部丹内利香氏の尽力と，忍耐と寛容なくして本書は成立しなかった．2014年春以来，当初は半年で書き上げると豪語していた筆者の遅筆に辛抱強くつきあって下さった．ほぼ10日に1度のペースでおめにかかり，その間にできた下原稿をもとに，議論をして下さった．議論で得られた示唆によって，本書の構成は何度も変わり，用語や表現は何度も書きあらためられた．英語圏からの輸入された概念も能う限り和語に置き換えるという方針のもと，筆者の拙い語彙を刺激し，たとえば，豊益潤福，国民皆革などの造語につきあって下さった．文献リスト，図版，表記のチェックに至るまで精力的に取り組んで下さったことに厚く御礼申し上げたい．

最後に私事を述べさせていただくことをお許しいただきたい．

　本書の執筆中，筆者と私的にかかわりのある二人の著者に啓発を受けた．一人は，竹内芳夫氏である．本書で度々用いた「活術」という概念や，第12章で提言に盛り込んだ calculated risk という考え方は，『名将の戦略　リーダーの個性と戦略発想過程の追跡』（産業能率大学出版部）をはじめとする竹内芳夫氏の一連の著書から受けた啓発に基づいている．これらの著書に巡り会ったのは，著者の亡父の書棚に所蔵されていたからで，それは竹内氏と亡父がクラスメートであった縁による．さらに竹内芳夫氏は，筆者が卒業した高校の先輩でもあり，その応援歌の作詞者でもある．筆者は「春は御苑の花吹雪　秋は池畔の月の色」というフレーズではじまる文語調の応援歌を口ずさんだ10代のみぎりから竹内氏の言の葉の薫陶を受けていたことになる．

　もう一人は，野城久吉という明治時代のジャーナリストである．『商機』（民友社）という大冊を著すなど投機活動に係わる著書を残しているが，第12章にも引用したように今日でいうところの calculated risk への対処について示唆的な言葉を遺している．実は野城久吉は筆者の曽祖父にあたる．

　慶應に生を受け明治時代を駆け抜けた野城久吉も，大正に生を受け戦中戦後を生き抜いた竹内芳夫氏も，リスクと対峙しながら，だからといってやめたり先延ばしにするのではなく，また姑息におちいることなく，がっぷり四つに組むように腰をすえて，慎重に細心にリスクを評価したうえで，時機を逃さず決断行動すべきことを説いている．また，そもそも野城久吉も竹内芳夫氏も国内外の事例を同一視野で扱い，国境を越えたある種の普遍性を求めていることも印象的である．

　翻って，平成に入ってからの我々はどうなのだろう．国際化，グローバル化という標語とは裏腹に，私たちは国内の事象だけに関心を払う偏狭な視野におちいりがちで，リスクをしっかり評価せずに無謀なことをするか，リスクがあるから行動しないという両極端に陥ってしまっているのではあるまいか．イノベーションを進めていくためには，calculated risk という考え方を奉じて停滞から抜け出していかねばならないことを，鬼籍に入った先人たちが呼びかけているような気がしてならない．

　かく左様に，私たちは変わらなければならないのである．本書が変わるため

のきっかけになれば誠に幸いである．

2016 年 4 月

野城智也

索　引

事項索引

A

A-A@Pマトリックス　33
A-Aマトリックス　86, 131
additive manufacturing（積層造形法）　362
agile（すばやい）　351
architectural innovation　89

B

bees（ミツバチ）　253, 262, 263, 294
β受容体　71

C

calculated risk　342, 403
catalytic innovations　250
CMOSセンサー　209
CoI（communities of innovation）　269
common pains　292
communities of practice　269, 270
configuration system　165
crowd sourcing　287
Cyber-Physical System　236, 322, 361

D

de facto 標準　361
de jure 標準　361
demand pull innovation　65
design integrity　186
design thinking　190
desirability　197, 387

disruptive innovation　98
DTP（Design To Order）　161

F

feasibility　197, 387
focal point　127
functional economy　218

G

gatekeeping and brokerin　289
GDP　308, 310
geography of innovation　274
good dominant logic　220

H

HEMS　121, 206, 287
　——道場　288
heterogeneous なニーズ　115
homogeneous なニーズ　115
how　iii, 147, 363, 376, 380, 389
HTML　172
human centered design thinking　193

I

incremental innovations　79
Industrial Internet　236
industry 4.0（industrie 4.0）　322, 357, 361
innovation approach　179
innovation community　269
innovation intermediary　281
inside-out　122, 369
integrated solution　225

IoT　121, 163, 236, 288, 293, 322-329, 361
IPMモデル　18, 19, 21-24, 36, 58-60, 67-69, 74, 82, 95, 96, 153, 154, 158, 160, 165, 167, 168, 171, 195, 196, 198-202, 222, 227, 228, 249, 412
iPS細胞　83
ITS（Intelligent Transportation System）　322
ivermectin　57

L

lean startup　339, 340, 385, 386, 401
learning by doing　109, 130, 230, 231, 274, 295
learning by interacting　226, 274, 295
learning by using　109, 226, 274, 295
learning though innovating　397
LED　57
LINUS　172

M

market pull innovation　65
MEMS（Micro Electromechanical Systems）　300
modular innovation　89
MRI　92

N

national innovation system　318, 354
NIH（Not Invented Here）症候群　117-119, 121, 331

O・P

outside-in　122, 369
patient capital　407
P-Aマトリックス　32, 346
POE（Post Occupancy Evaluation）　214
pre-competitive research　302
professional community　270

Promotor　269
PSS（Product Service System）　225

R

radical innovation　81, 98
risk capital　301

S

science community　270
science push innovation　54
SDL（Service Dominant Logic）　217
servicising　218
social innovation　243
SoS（system of systems）　320, 322, 327
　——概念　325
　——構想　355, 357-360
　——戦略　328, 329, 357
SRI（Socially Responsible Investment）　407
sticky information　88, 273
ΣA-A 価値創成網・関与主体間　87
ΣA-A マトリックス　33, 34

T

TEA　314
technology foresight　328
technology push innovation　54
TLO　293
trees（樹木）　253

U・V

user-driven innovation　156
user innovation　155, 156
viability　197, 387

W

WEB-API　288
what　iii, 147, 202, 363, 376, 381, 388, 389

索　引　417

WWW（World Wide Web） 171, 172, 321

ア 行

アーキテクチャ 11, 78, 85, 89, 91, 94, 95, 97, 120, 130, 138, 329, 336, 359, 379, 380, 388
空き家建築 395
アジャイル 190
新しい組み合わせ（新たな組み合わせ） 5, 7, 10, 266, 280
新たな「意味」 201-203
新たな概念創造 364, 372, 383
新たな取り組み・率先（initiative） 9-12, 18, 19, 21, 38, 39, 45, 251, 255, 257, 259, 318, 330
ありよう（＝非連続的変化の様態） v, 15, 16, 18
アルゴリズム 137, 162, 163, 224, 236, 238, 323, 401
暗黙知 75, 113, 135, 137, 138, 140, 148-151, 161, 226, 274, 278, 400
暗黙要求条件（暗黙的欲求／ニーズ、暗黙の課題・ニーズ） 21, 159, 175, 176, 378
いえかるて 257, 258
胃カメラ開発 169
行きつ戻りつ 23
異質性 271, 273, 294, 317, 319
以心伝心 113, 129, 137-139, 142, 331, 395
イニシアチブ 114-116, 142, 147, 156, 173
イノベーション・アプローチ 15, 179, 180, 194, 200, 207-209, 213, 226, 227, 229, 230, 243, 249, 266 326, 330, 336, 337, 360, 397
イノベーション・コミュニティ 266-269, 271-273, 276, 280, 281, 295, 301, 321, 327, 344, 346, 349, 351, 364, 370, 371, 381, 397
イノベーション・ディストリクト 272, 294, 295, 297, 298, 301, 302, 394-397
イノベーションの集積 43, 300
イノベーションのジレンマ 97, 98, 106, 107
イノベーション（の）多重展開 34, 35,
38, 46, 279, 360, 399
イノベーションの中心点 127, 130
イノベーション（の）地理学 272-274, 278
イノベーションの定義 9, 10
イノベーションの民主化 155-157
イノベーション・プロセスの結合 39-43
イノベーション・プロセスのパフォーマンス 44
イノベーション・プロセスの分割 39, 41-43, 133, 379
イノベーション・プロセス・メタモデル（IPMモデル） 18, 19, 21-24, 36, 58-60, 67-69, 74, 82, 95, 96, 153, 154, 158, 160, 165, 167, 168, 171, 195, 196, 198-202, 222, 227, 228, 249, 412
イノベーション・メタモデル（IMモデル） 15-18, 47, 53, 85
イノベーション類型 51, 53, 78, 88, 89, 112, 146, 330, 365, 376, 377
意味（人工物の） 84, 92, 95, 97, 103-106, 200-210, 272, 326, 338, 377, 378, 388, 390, 391, 399
意味（の）創造 108, 200, 202, 204, 205, 209, 337, 338, 377-379, 388
意味（の）転換 104-106, 108, 325, 388
意味（の）変換 200, 205-207, 209, 325, 377
インターネット 38, 92, 174, 251, 321
インテグラル化 85
インテグラル型 86, 87, 131, 138
インプット 217, 220-222, 227, 228, 232
インペリアル・ウェスト 298
ウォークマン 22, 34, 201, 203
ウプサラ 301
液晶技術 62
駅馬車 4, 6, 81, 99, 147
エコシステム（ビジネス・エコシステムの別項目） 278, 318
遠距離交流 280
押し引き互動型イノベーション 71, 73, 74, 330, 363
「オタク」型ユーザー 174

オープン・イノベーション　112, 120, 122, 123, 125-131, 136-143, 300, 364, 368-372, 380, 383, 385, 386
オープンソース　164
折りたたみ自転車　93

カ 行

海外資金比率　345
開業率　316
解探索　187-190
概念・解決策創造　11, 21, 22, 26, 32, 57, 67, 68, 74, 84, 96, 108, 153-157, 167, 168, 170, 199, 202, 225, 227, 248, 272, 330, 335, 363, 364, 372, 373, 376
概念創造力　390, 392
開発リードタイム　132
回路（ユーザーとの）　158, 226, 232-234, 236, 274, 399
科学者コミュニティ　270
科学推動型イノベーション　53-65, 330
科学的発見・技術開発　11, 21, 22, 35, 56-59, 63, 68, 74, 82-84, 329, 330, 376
カーシェアリング　218
加速度センサー　37, 209
課題引動型イノベーション　65-71, 330, 363
課題引動（demand pull）的　72, 200
課題・ニーズの定義　11, 21, 22, 67-69, 83, 153, 154, 159, 161, 163, 167, 330, 335, 363, 364
課題・ニーズの変化　116-117, 120
価値創成源　18, 26-30, 35, 37, 40, 45, 46, 74, 79, 80, 118, 119, 124-134, 136, 152, 163, 175, 198, 199, 204, 205, 208, 266-268, 272-275, 280-282, 295, 301, 331, 334, 338, 339, 348, 350-352, 366-370, 390, 392, 394, 395, 397, 401, 408
　　――の結集　127, 128, 130
　　――の集積（集約）　46, 128, 279-281, 366, 397, 408
　　――の吸い込み　30, 125, 267, 268
　　――の専有性　129-131, 140, 142

　　――の探索　124, 370
　　――の調達（収集）　79, 119, 123, 125, 131, 267, 334, 351, 352, 369
　　――（の）誘引　302, 339, 351, 352, 366-371, 373, 379, 389, 394, 395, 397
価値創成の「発進台」　385, 386
価値創成網　18, 24-35, 39-42, 45, 46, 64, 79, 84-87, 94, 97, 100, 101, 112-143, 175, 196-198, 207-209, 237, 250-253, 257, 259, 261, 262, 266-269, 271, 272, 280, 282, 295, 301, 302, 318, 319, 325, 329, 331, 336-339, 344, 345, 364, 373, 375, 377, 379, 383, 384, 391-395, 398, 399, 408
　　――・関与主体間マトリックス　85-87, 131, 137, 364
　　――（の）形成　129, 179, 190, 191, 196, 198, 207, 208, 250-252, 256, 259, 261-263, 266, 268, 269, 271, 272, 282, 295, 318, 329, 331, 334, 343, 367, 371, 373, 383, 393
　　――にまきこみ　364, 370, 375
　　――の形成不全　320, 321, 338, 339
　　――のマトリックス表現　30-34
価値連鎖　104, 269
活術　380
活動・行動ノード　19, 22
カップリング・モデル　73
家庭用自動製麺機　335
加入容易性　277
関与主体間マトリックス　131
機械学習　162, 234
機会・リスク評価　385, 401, 403, 406
起業　317
　　――のしやすさ　314
企業家　247
起業家　6, 7
起業活動　314, 316
企業官僚主義　340, 386
危険負担資本　301, 397
汽車　4, 6, 83, 146
技術革新　6
技術−経済上のパラダイム転換　44, 318, 321, 357-359
技術システムの複雑化・大規模化　115,

118, 134, 142
技術動向洞察　283, 328
技術の意味（implication of technology）　321, 361
技術の複雑化・大規模化　114, 119, 120
技術の膨張　114
技術流通の仕切り　283, 289
技術ロードマッピング　283-285
期待利益　340
機能売り　223-225
機能設計　96, 376
機能創造　204, 205, 337, 338, 377
機能提供を基軸とする経済　218
規範（norm）　377
共感の拡がり（連鎖）　251, 252, 255, 258, 260, 262
供給推動（supply push）的　72, 200
共創　17, 225-227, 231-235, 239, 271, 292
共通の痛み領域　292
巨大ベンチャー企業　402
近距離交流　280
空調機　230
国全体のイノベーション・システム　318, 319, 330, 354, 358, 408
　　──のパフォーマンス　330, 349, 408
組み込み　170, 229, 234, 323
　　──ソフトウェア　21, 137, 231, 235, 236, 324, 346
クラウド・ソーシング　287
クラウド・ファンディング　248
クラスター　275, 279, 297
繰り返しプロセス　267
クールビズ　247
クローズド・イノベーション　112, 120, 143
経営資源投入　352, 385, 401
形式知　140, 149
携帯電話　91, 92, 105, 172, 204
結果・効果ノード　19
原子力発電　83
建設技能技術者　259, 261
建築家　182
効果評価　21, 22

交換価値　214
構成則　1, 21, 84, 85, 88-97, 127, 138, 166, 225, 272, 278, 329, 337, 347, 348, 359, 360, 365, 372, 373, 376, 377, 379, 380, 383, 386, 388
　　──イノベーション　89-92, 94, 97, 330, 336, 348, 363, 379
　　──戦略者　272, 344
構成部品　379
　　──イノベーション　89-91, 94, 97
公設試験研究機関　289
構造が不明瞭な問題　188, 189, 238
構造的脆弱性（脆弱さ）　128, 130, 141-143
構想を形にすること（configuration of concept）　388
交通系カード・システム　39
行動観察　161
国際規格化　361
国際分業　278, 346, 348, 356
国内人工林の持続性向上　254
国民皆革　344, 346, 382
固着　148, 150, 173
　　──情報　88, 136, 137, 148, 152, 166, 175, 176, 273, 275
　　──知識　135-137, 152, 175
　　──能力　136, 137
コミュニケーション回路　42, 48, 74, 226, 234, 237, 266, 267, 400
コンテクスト　200, 204, 233, 374, 375
コンビニエンス・ストア　70, 105
コンピューター支援外科　83

サ　行

再生医療　83
再生可能エネルギー　329
サービサイジング　218
サービス　213, 217, 219, 221, 222, 224
　　──中心のロジック　217-222
　　──・プロバイダー　215-217
3次元プリンター　57, 100, 172, 292, 362, 390

試験溶鉱炉　290
思考回路　186-191
自己完結型（の）価値創成網　112, 113, 115, 117, 120, 141, 142
自己完結的　322
資金調達　64, 244, 284, 294, 383, 407
試作　283, 290
市場地位変化　97
指針（principle）　377
システムのシステム（SoS）　320-323, 326, 329, 355, 356, 362, 379
　　——戦略　355, 356
自前主義　118, 119, 121, 124, 331, 340, 351, 370, 386
持続可能性　8
持続的な森林経営　255
実践学習　230, 231
実践共同体　270
実践知　397, 400, 401
実装・適用　21, 22, 153-159, 176, 227, 228, 330, 335
指定席券発券システム　69
自動運転　100
自動車の廃棄ガス規制　329
自動制御　231, 234
自動掃除用ロボット　335
死の谷　58, 59, 61-64
社会的イノベーション　243-250, 251-253, 262, 263
社会的価値　246, 247, 252, 257, 259, 262
　　——に基軸をおいたイノベーション・アプローチ　349, 363, 377
社会的企業　254
社会的起業家　252, 253, 255, 259, 261-263
　　——精神　253
社会的責任投資　248
社会的変革　9, 11, 13, 20
社内完結型価値創成網　112
社内プロジェクト　366
周施　283
住宅履歴書　257, 258
就労履歴管理システム　259-261
主導権　130, 131, 140, 325

潤福増進　334, 335, 365, 373, 383
使用価値　213-215, 217, 219, 221-223, 225, 227, 229, 323, 324, 327, 399
　　——に視座をおいたイノベーション・アプローチ　228, 349, 363, 377
　　——の乖離　229, 231
　　——の「見える化」　225
　　——を提供することを取引の基本単位とする経済　223
使用データ解析　226
蒸気機関　54, 83
消費財　149, 150, 152
情報化社会　357
少量生産　151, 152
食の潤福　375
食器乾燥機　157
シリコンバレー　298, 298
新技術システム　43, 318-322, 357, 359
人工物基本概念　336, 337, 365, 373, 376, 378, 383, 388
　　——の創造（設定）　95, 336, 337, 377, 388
人工物（の）構成則（アーキテクチャ）　85, 94, 138, 329, 336, 359, 360, 379, 380, 388
　　——の設計　95, 96, 130, 376, 379, 380
人工物の性能評価　103
新市場による地歩崩壊　103, 104
垂直統合組織　122, 206, 331-334, 364, 368-370, 373
垂直統合による可能性狭窄　331, 364, 367, 370
推論理論　238
筋の悪い問題　188, 189, 238
スマート・エネルギー・マネジメント・システム　161
スマートハウス　287, 288
スマートフォン　92, 326, 379
すりあわせ　139, 176, 228, 232
生活の質　8, 213
生細胞超解像イメージング　170
生産技術研究奨励会　285, 286
　　——特別研究委員会　285

索引　421

生産拠点の移転　348
生産・具現化　11, 21, 22, 57, 79, 227, 228, 330
制振構造の建築　114
製造者イノベーション　156
製造方法の開発（production design）　388
製品・仕組・サービスの開発　11, 21, 22, 170, 202, 227, 330, 376
生命現象　362
赤外線サーモグラフィ　36
積層造形法　390
設計の統合性　186, 199
センサー　37, 91, 163, 209, 231, 234, 236, 323, 361, 400
センシング　22, 230-232, 234-236, 400
　　──・データ　162, 238, 323, 324, 400
漸進的イノベーション　79, 80, 89-91, 97, 221, 336, 337, 348
船頭多くして船山に登る　186
専門家コミュニティ　270
専門的ユーザー　148, 152
総合起業活動指数　314
相互運用可能性（相互に接続して運用すること）　94, 121, 287, 292
創造的な破壊　5
想定外の用途開発　158, 159
創発　276
足跡データ　162
外モジュラー・内インテグラル　137, 139
ソフトウェア　93, 165, 170-172, 190, 224, 231, 236, 323, 324
　　──開発　351
　　──のダウンロード　93

タ　行

大量生産　8, 44, 62, 64, 149-151
　　──システム　54
ダーウィンの海　60-63
多義性　206
多重展開　34-38, 40, 41, 46, 65, 209, 210, 277, 279, 360, 399, 408
宅急便　68, 70

だったら自分でつくってみよう（つくってしまおう）　151, 152, 156
多様化　115
多様さこそが力　119, 132
多様性　271, 273, 294
単線型プロセス　54, 56, 59, 65, 348
炭素繊維技術　63
地球温暖化ガス排出抑制　329
地球規模　124, 129, 139, 280
知識結合　287-289, 291, 294
知識の不可分性　134
知的財産　129, 130, 283, 284, 293, 340, 385
知の溢れ出し　274
知（識）（の）集積・集約　124, 146, 147, 150, 173, 275, 278, 279, 298, 299, 394
知の融合　384-386, 391
知の流通性　343
地歩持続　98
　　──型イノベーション　98-100, 337
地歩の確かな組織群　263
地歩崩壊　98
　　──型イノベーション　97, 98, 100, 101, 106, 107, 173, 326, 330, 336, 349, 363, 377
中間工場　289, 290
中間組織　272, 280-293, 301, 302, 342, 358, 359, 370-371, 391, 392, 394, 395
チョットクール　193
地理的近接性　274, 280, 299, 394
地理的（空間）集積（集約）　272, 273, 277, 280, 294, 297, 302, 392, 396
繋がり育成　391, 392
繋ぎ役　252, 253, 262, 281
ツールキット　154, 164-166
適応性　39, 45, 79, 120, 126-128, 133, 134, 138, 202, 238, 391
デザイナー　182, 205, 272, 337, 344
デザイン　180, 182-185
　　──言語　208
　　──講話体　207, 208
　　──思考　161, 190-198, 200-202
　　──に駆動されたイノベーション　191, 200-203, 207-209
　　──に励起されたイノベーション・アプ

ローチ　179, 349, 363, 377
デジタル化　136, 139
デジタル家電　172
デジタルカメラ　82, 84, 91, 100, 207, 326
デジュール標準　359
鉄道　148
デファクト標準　350, 361
電気自動車　82, 83, 114
東京大学生産技術研究所　289, 290
統合サービス理論　221, 222
統合的な解決策　225
洞察的解釈者　108, 204, 205, 207, 208, 272, 337, 342, 344, 376, 378, 405
特異性　275, 397
特許出願　114
トップダウン・アプローチ　320-322, 359, 362
取引コスト　129, 131, 140, 143
トレーサビリティ・システム　254-256

ナ　行

内視鏡　169
ないのであれば作ればいい　170
9グリッド・マトリックス　239
何をつくるのか（何を？を定義する）　134, 363, 364, 376, 381, 389
ニーズ（・課題）の多様化　115, 116, 118, 141, 142, 149
日本型イノベーション・ディストリクト　394
日本型オープン・イノベーション　364, 365, 368-371, 380, 383, 385, 386
乳がん措置後の患者　164
人間本位の考え方（発想）　8, 180, 191
人間本位のデザイン思考　191-197, 202

ハ　行

バイオ医薬品　297
媒介役　286, 289, 294
ハイブリッド車　91
パイロットプラント　283

破壊的イノベーション　99
パーキンソン病患者　164
橋渡し　64, 143, 153, 158, 163, 294, 300
　——機能　343, 393
はずみ車役　286, 289, 294
パーソナル・コンピューター　39
抜本的イノベーション　81-85, 89, 91, 97, 99, 330, 336, 348, 363, 380
発明者　272, 344
ハードディスク　105
場の育成　391
半導体　165
汎用品　205
光触媒　58
惹きつけ　276, 277, 297
非サービス・プロセス　221, 222
ビジネス・エコシステム　41-43, 134, 278, 280
ビデオカメラ　207, 326
ひとまとまりの解決策　224
ひとまとまりの使用価値　325
1人あたりのGDP　310
百家争鳴　359
ヒューリスティクス　162, 238
評価軸の変換　106
非連続　4, 6, 9, 10, 16, 18, 81, 82, 84, 101, 189-191
貧困からの脱却　243
フィードバック　73, 74, 80, 150, 151, 176, 228, 400
フェアトレード　248
不確実性　129, 133, 141, 142, 147, 340, 341, 342, 385, 390, 391, 399, 402, 404
不可分なまとまり　138
複数組織連携型プロジェクト　366-368, 370
複線（型）循環プロセス　56, 67, 262, 274, 348
普通の人　335, 373, 374
「不動如山」状況　339-341, 385, 391
プラットフォーム　287
プロジェクト　125-129, 141, 143, 170, 270, 283, 365-371, 386

——組織　129, 365, 371, 372, 391
プロセスのらせん状表現　23
プロダクト・プロバイダー　215-217
プロトタイピング　108, 340, 341, 386-394
プロプラノロール　71
文科系人材　375
文化人類学　194
分業　132, 136
分担協調型イノベーション　17, 88, 121, 124, 125, 134, 146, 148, 152, 364, 379, 381
分断的イノベーション　99
文理分離の弊害　336
ペニシリン　54
変革駆動力　46, 179, 191, 274, 276, 336, 346, 384, 394
変革創始　156, 158, 159, 160, 179, 193, 194, 202, 204, 205, 208, 223, 249, 316, 337, 363, 364, 388
　——点　18-22, 24, 82, 83, 228, 329, 330
　——点が偏在　329
　——を促進　346
変革促進役（変革促進者）　269, 270, 272, 342-344, 376, 392, 393
変革展開力　46
変革の構想者　374
ベンチャー企業 (start-ups)　107, 108, 143, 295, 301, 315, 316, 372, 408
ベンチャー・キャピタリスト　294
ベンチャー・キャピタル　61, 143, 284, 407
変動の増速　118
豊益潤福　v, 9-12, 36-39, 43, 46, 186, 207, 333, 342, 364, 371, 388, 390, 404, 406, 408
　——を増進　56, 58, 79, 81, 153, 155, 176, 193, 205, 233, 246, 262, 294, 310, 312, 313, 316, 350, 351, 358, 361, 379, 397, 401, 403, 404
紡績機　54
ほどほどのイノベーション　250
ボトムアップ・アプローチ　320, 322, 359

マ 行

マイクロナノマシン　400
マイクロファイナンス　67, 243, 248
マインドセット　373, 380, 408
マスメディア　251, 260
学び
　規制しながらの——（learning by regulating）　398
　実践しながらの——（learning by doing/using/interacting）　17, 24, 46, 79, 274, 276
　使いながらの——（learning by using）　79, 108, 213, 398, 399
　つくりながらの——　165
　交わりながらの——（learning by interacting/interaction）　213, 275, 398
　やりながらの——（learning by doing）　108, 213, 226, 271, 295, 350, 351, 384, 397, 398, 400, 401
　——のプロセスの即地性　274
魔の川　61
マヨネーズ　168
無人飛行機　205
目利きエンジニア　405
目利きバンカー　405
目利き不足　343
木材動産担保金融システム　256
モジュラー化　85-87, 131-136, 166, 167, 379
モジュラー型　86, 87, 131
餅は餅屋　119
モノ売り　223
物差し（指標）　225
モノ中心のロジック　220, 221
モビリティ・サービス　327

ヤ 行

厄介な問題　189
やりよう（＝イノベーションの進め方）　18
有機食品　67
誘発者　374
ユーザー・イノベーション　146, 155, 156,

173, 176, 226, 227, 363, 377
ユーザー・インタフェース　134, 164
ユーザー観察　226, 227
ユーザー関与（の）レベル　153
ユーザー（の）組織（化）　174, 175
ユーザー知　149-151, 175
ユーザーと製造者の境目の曖昧化　361, 390
ユーザー（の）代理人　154, 159, 161, 163, 164, 337, 400, 401
ユーザーのニーズ　147, 152, 207, 225
ユーザー・ファクトリー　292
良い流れ　良い繋がり　226
用途開発　57, 62

ラ　行

ライフサイクル価値　216
らせん状　29
リスクの大きさ（calculated risk）　341, 342
リード・ユーザー　155, 156, 173-176, 399
理念の共有　262
量子ドット　35, 36
レビュー・見直し　21, 22, 69, 163, 330
レント　46
ローエンド　101-103, 105
　――による地歩崩壊　101
ロボット　57, 201, 205, 362

固有名索引

A

Allessi 社　200, 201, 206
AllSeen Alliance　325
Apple 社　134, 135, 163, 184
Artemide 社　200

B

Berners-Lee, Tim　171
Bird Kettle　201, 206
Black, James Whyte　71
Branscomb, L. M.　60
BRIDGE　163
Brown, T. 193, 197, 199, 387
Bush, V.　54, 55

C

Campbell, W.　56
Center for Social Innovation at the Stanford Graduate School of Business　244
Chesbrough, H.　120, 122, 123, 127, 369
Christensen, C. M.　97, 101-106, 126, 250
Clark, K. B.　88, 92, 94
COMMA ハウス　287, 292
Cornell 大学　300

D

d.school　192
Dyer, Henry　186

E

ECHONET Life　288
Ehlers, V.　59

F

Feldman, M. P.　274, 276
Ford, Henry　44, 149
Forum on Social Innovations　244
Freeman, C.　43, 54

G

GE 社　166, 236, 325

Global Entrepreneurship Monitor (GEM)
　Report　314
Grameen　243
Groák, S.　126

H

Heiscala, R.　245
Hepburn, J. C.　181
Howells, J.　282

I・K

IBM　39, 223
IDEO　193
Imperial College London　298
InnoCentive　287
IoT特別研究委員会　293
i.school　192, 193
ISO　293
ITS　277
Keirstead, B. S.　44

M

Martin, R. L.　190
Mulgan, G.　245, 253
M-Pesa　250
mPower　164
Myers, S.　66, 72

N

NASA　55, 287
NIH　55
NIST　60
NSF　55, 66

O

OECD　123, 244
ONA　55
Open Interconnect Consortium　325

P・R

Perez, C.　34
Phills, J. A.　245
Porter, M. E.　275
Ries, E.　339

S

Sage Bionetworks　163, 164
Sampson, S. E.　221
Samsung社　184
Schmookler, J.　66, 72
Schumpeter, J. A.　1, 3-10, 16, 34, 146, 147, 152
Share the Journey　164
Smith, Adam　214
Stanford Social Innovation Review　244
Stanford大学　244

T

Technion　300
Torvalds, Linus　172

V

Vargo, S. L.　217, 220
Verganti, R.　200, 207, 208
Von Hippel, E.　87, 88, 136, 146, 148, 155, 156

W・Y

Wellcome Trust Sanger Institute　298
Wii　201, 209
Yunus, Muhammad　243

ア・カ行

赤崎勇　57
天野浩　57

荒川泰彦　35
上田完次　223
英国ヤング財団　245
欧州原子核研究機構（CERN）　171
大村智　56
小川紘一　136, 148
児玉文雄　59, 62, 63

サ　行

榊裕之　35
坂田一郎　276, 280
真田幸光　395
生活クラブ組合　167

タ・ナ行

東京大学生産技術研究所　277

中野明彦　170
西ケンブリッジ　298
ニューシャテル　300
丹羽清　6
任天堂　201

ハ・マ行

パルミサーノ・レポート　322
藤田大樹　396
藤本隆宏　138
森下有　239

ヤ　行

野城久吉　403
山中俊治　186
山中伸弥　59

著者紹介

野城智也（やしろ・ともなり）

1957 年　東京都生まれ．
1985 年　東京大学大学院工学系研究科建築学専攻博士課程修了．
　　　　建設省建築研究所，武蔵工業大学建築学科助教授，
　　　　東京大学大学院工学系研究科社会基盤工学専攻助教授などを経て，
現　在　東京大学生産技術研究所教授．工学博士．
　　　　（2009-2012 年に同所長を歴任．）

受賞歴

「持続可能性の向上に資する建築生産のあり方に関する研究」（日本建築学会賞，2006 年）．

主要著書

『サービス・プロバイダー——都市再生の新産業論』（彰国社，2003），『実践のための技術倫理——責任あるコーポレート・ガバナンスのために』（共著，東京大学出版会，2005），『住宅にも履歴書の時代——住宅履歴情報のある家が当たり前になる』（共著，大成出版社，2009），『建築ものづくり論——Architecture as "Architecture"』（共著，有斐閣，2015）ほか

イノベーション・マネジメント
プロセス・組織の構造化から考える

2016 年 5 月 30 日　初　　版
2019 年 5 月 30 日　第 2 刷

［検印廃止］

著　者　野城智也

発行所　一般財団法人　東京大学出版会

　　　　代表者　吉見俊哉

　　　　153-0041 東京都目黒区駒場 4-5-29
　　　　http://www.utp.or.jp/
　　　　電話 03-6407-1069　Fax 03-6407-1991
　　　　振替 00160-6-59964

印刷所　株式会社平文社
製本所　牧製本印刷株式会社

Ⓒ 2016 Tomonari Yashiro
ISBN 978-4-13-042143-0　Printed in Japan

[JCOPY]〈出版者著作権管理機構　委託出版物〉
本書の無断複写は著作権法上での例外を除き禁じられています．複写される場合は，そのつど事前に，出版者著作権管理機構（電話 03-5244-5088，FAX 03-5244-5089, e-mail: info@jcopy.or.jp）の許諾を得てください．

技術経営論

丹羽　清　A5 判・384 頁・3800 円

技術が社会に多大な影響を与える高度技術社会の現在，企業に求められる新しい経営学とは？　米国・日本における大学や企業セミナーなどの講義経験をふまえ，技術と経営の両面からバランスよく体系立てて書かれた初の「標準的」テキスト．

イノベーション実践論

丹羽　清　A5 判・176 頁・2600 円

日本企業飛躍の道がここにある！　理論と実際のビジネスを統合した新しい実践論．基本的な考え方から，問題点の扱い方，そして効果的実現に向けたアプローチまでを提示．イノベーションを志す企業人と学生の必読書．

実践のための技術倫理　　責任あるコーポレート・ガバナンスのために

野城智也, 札野　順, 板倉周一郎, 大場恭子　A5 判・216 頁・2400 円

欠陥・事故隠し，データ改竄といった企業における技術的不祥事の背景にあったものはなにか．それを防ぐにはなにが求められているのか．エンジニアの人たちが自信をもって活動するために重要な，組織のなかで「技術倫理」を実践する力を養い，責任あるコーポレート・ガバナンスを実現するための能力を高めるテキスト．エンジニア・企業関係者必携！

社会技術論　　問題解決のデザイン

堀井秀之　A5 判・288 頁・3000 円

複合的な要因が絡む社会問題はどのように解決すればよいのか？　東京大学でのイノベーション教育 (i.school) や福島の原子力発電所事故，ソーシャルエンタープライズなどを事例に，問題解決の手法を体系化．

ここに表示された価格は本体価格です．ご購入の際には消費税が加算されますのでご了承ください．